앙코르 캄보디아

『진랍풍토기』 역주

앙코르
캄보디아

『진랍풍토기』 역주

주달관 짓고
폴 펠리오 옮기고
박세욱 다시 옮기다

Mémoire sur les coutumes du Cambodge

역락

회화에서 말하는 '구상'과 '추상'이라는 구분의 경계에 대하여 고민한 적이 있다. 그 경계를 찾아야[찾도록] 하는 우리로서는 당황스럽다. 저자와 역자의 구분도 이렇다고 할 수 있을까? 이 책은 대부분이 주석과 해설로 구성되어 있으므로, 그 구분은 더욱 희미해지기 때문이다.

우리에게 확실히 저자는 역자보다 높은 자리에 있다. 주변에서 곧잘 묻는다. 왜 역주서만 내느냐고. 여지없이 저서를 우위에 둔 질문이다. 솔직한 대답은 선행 연구보다 더 나은 진척을 내야 하건만 역량의 부족으로 그러하지 못하기 때문이다. 이미 누군가는 나와 같은 생각을 했었다는 점을, 책을 읽으면 읽을수록 알게 되더란 말이니, 책을 쓴다는 것은 '위대한' 일임에는 분명하다.

생선의 가시 부분은 부모가 먹고, 살은 자식에게 주는 것이 인지상정인데, 요즘은 만사가 거꾸로다는 느낌이 많이 든다. 이 작업도 결국 폐기물만 잔뜩 물려주게 되는 것은 아닐런지. 다만 '거친' 일은 연장자가 길을 터주는 이치라는 생각만 하기로 한다. 참고하기 어려운 자료들을 소위 학자들이 번역하지 않는다면, 학문의 걸음은 나아가지 못하고 수평 이동만 할 것이다. 번역이 없으면 연구는 더뎌진다. 학자들의 학술 행위들을 검증할 수 있는 도구를 빼앗으면 안 된다는 생각이랄까. 그리고 원문을 보여주면 적어도 이차적 연구에 따른 오해를 최소화할 수 있지 않을까.

본 역주서는 폴 펠리오가 주달관의 『진랍풍토기』를 두 차례 역주한 것을, 다시 우리말로 역주한 책이다. 이런 책이 왜 필요한가 묻는다면 나는 대답하지 못한다.

원나라 역사서인 『원사(元史)』 외국 열전에는 캄보디아가 없다. 말하자면, 주달관(周達觀)의 『진랍풍토기(眞臘風土記)』는 원나라 시기, 더 정확히는 13세기 말 캄보디아를 알 수 있는 유일한 자료인 셈이다. 당시 수도였던 앙코르 지역이 고스란히 목격되어 증언으로 남겨졌다. 앙코르 와트를 한 번이라도 들어본 사람이라면, 어떤 답을 주지 않을까 기대할 것이다. 문제는 주달관의 증언을 검증하고, 그가 옮겨 놓은 지명들과 캄보디아어 단어들을 확인하는 작업이 쉽지 않다는 점이다.

결과적으로 주달관의 『진랍풍토기』가 아니었다면, 앙코르 와트 사원의 복원은 상당한 어려움을 겪었을 것이다. 13세기 말 캄보디아 도읍 앙코르의 역사, 문화, 지리의 가장 자세하고 가장 오래된 이 주달관의 기록은 프랑스의 중국학자 아벨 레무사(Jean-Pierre Abel-Rémusat, 1788~1832)의 주목을 받으면서 1819년 처음 외국어로 번역되었다. 이후 1902년 하노이 극동프랑스학교에 교수로 부임해 있던 폴 펠리오는 레무사의 번역본을 토대로, 판본검토부터 역주까지 '철저한' 학문적 고증이 이루어졌다. 펠리오는 이 책을 역주한 뒤에 둔황으로 나갔고, 캄보디아는 그의 연구 필드에서 약간 멀어져 있었다. 하지만 학계에서는 캄보디아 연구성과가 속속 나타나고 있었다. 특히 에띠엔느 아이모니에(Étienne François Aymonier, 1844~1929), 조르주 세데스(George Cœdès, 1886~1969) 같은 동료들의 지적은 마침내 1902년 역주를 고치지 않을 수 없게 만들었다. 여기에서 우리는 펠리오의 '책임지려는' 학문적 자세를 가늠해 볼 수 있다.

　조르주 세데스는 1911년부터 발표해오던 연작,『캄보디아 연구(Etudes cambodgiennes)』를 통해, 직접 펠리오의『진랍풍토기역주』에 관한 추가 주석을 붙였다. 세데스의 첫 번째 주석은『극동프랑스학교학보(Bulletin de l'Ecole française d'Extrême-Orient)』1918년 호에 실렸고, 두 번째 추가 주석 은『통보(T'oung Pao)』, 1933년 호에 실렸다. 확실히 펠리오는 1918년 세데 스의 추가 주석을 반영하고 있지만, 그러나 1933년의 주석에 대해서는 아 무런 언급이 없다. 그렇다면 펠리오가『진랍풍토기역주』의 개정보완작업 을 진행한 시기는 1918~1933년일 것이다. 그는 1945년 10월 26일 죽었다.

　의문스럽게도 펠리오는 작업을 완성하지 못했다. 펠리오에게는 여러 작 업이 걸쳐져 있었을 것이다. 미완성 원고라고 해서 낙담할 정도는 아니다. 사실상 전부나 마찬가지이다. 중요하게 수정되거나 보완되어야 할 부분들 은 이미 다 채워졌기 때문이다. 두 번째『진랍풍토기역주』는 1951년 동료 와 후학이 유고(遺稿)에 약간 보완하는 주석을 붙여 출판되었다. 보충 주석 을 단 두 학자는 우리에게 잘 알려진 조르주 세데스와 폴 드미에빌(Paul Demiéville, 1894~1979)이다.

　둔황 석실에서 나온 문서에서 부(賦) 작품들을 다루고 있었던 나는 매일 같이 드나들던 파리 한학연구소 도서관에서 1951년 이 사후 보완 교정본 을 접했다. 당시는 한 페이지만 읽으면 되었기 때문에, 1997년 재판본은 구입하지 않았다. 내가 쓰다듬을 고양이가 아니었기 때문이다. 그로부터 정확히 20년이 지났다.

　현재까지 역자는『진랍풍토기』에 있어서 펠리오의 성과를 넘어선 역주 서를 보지 못했다. 중국이나 일본의 학자들은 펠리오의 역주를 쫓아가는

데 급급하며, 그를 넘어설 만한, 이렇다 할 의견도 개진하지 못했다. 중국의 시아 나이[夏鼐] 씨는 펠리오의 두 역주본, 조르주 세데스의 두 추가 주석과 사이공, 랑군 등지의 영사를 지낸 미국의 로렌스 브릭스(Lawrence P. Briggs, 1880~?)가 조르주 세데스의 연구를 따라간 『고대 크메르 제국(The Ancient Khmer Empire)』(Philadelphia, 1951), 그리고 타카하시 타모츠[高橋保]의 「진랍풍토기에 보이는 캄보디아어에 관하여(『眞臘風土記』にみえるカンボジア語について)」의 연구를 따르고 있다. [夏鼐, 『眞臘風土記校注』, 中華書局, 1981]

사실 시아 나이 씨가 교주(校注)한 책의 십중팔구는 펠리오의 해설과 주석을 분석하는데 할애되어있다. 게다가 펠리오의 첫 번째 역주와 세데스의 1918년 주석은 펑 청쥔[馮承鈞] 씨의 중국어 번역본을 따르고 있다. 그뿐만 아니라 불어 원문을 참고한 것으로 보이는 펠리오의 두 번째 역주본과 세데스의 1933년 주석은 상당 부분 오독과 오해로 원만하지 못하다. 타카하시 타모츠의 설명은 펠리오의 두 번째 역주본을 따르고 있으며, 의견을 개진한 부분은 극히 적고, 있더라도 수긍하기 어려운 것들이다. 이 타카하시 씨의 논문을 개진한 역주본이 바로 와다 히사노리(和田久德)의 『진랍풍토기—앙코르 시기의 캄보디아(眞臘風土記—アンコール期のカンボジア)』(1989)이다.

펠리오의 사후 역주본은 미국 외교관 존 질만 다르시 폴(John Gilman D'Arcy Paul, 1887~1972)이 1993년 처음 영어로 번역되었고, 2001년 마이클 스미시스(Michael Smithies)가 번역 출판한 바 있다[『The Custom of Cambodia』, Bangkok, The Siam Society]. 이러한 펠리오의 역주본을 번역한 것 이외에 『진랍풍토기』의 영어번역본은 2007년에야 모습을 드러냈다[『A Record of Cambodia, the Land and Its People』, Silkworm Book, Chiangmai, 2007]. 이 영어 역주본은 시아 나이 씨의 교주본을 저본으로 삼고 있다.

결국, 이러한 성과들은 펠리오의 사후 역주본에서 출발하고 있는 셈이다. 이제 이들이 근거 삼고 있는 펠리오의 원문을 여러분 앞에 역주하여 내놓는다. 최소한, 오해가 오해를 낳는 일은 없어야 하기 때문이다. 캄보디아의 역사와 문화, 그리고 그 이미지들을 유의미하게 알고 싶다면 이 책을 빠뜨릴 수 없을 것이다.

주달관의 기록은 이미 우리에게 소개된 바 있다. 먼저 2003년 서규석 씨가 펴낸 『신화가 만든 문명: 앙코르 와트』(리북, 2003)에서 해당 번역문이 선보였다. 이후 전자불전 문화재콘텐츠연구소에서 『사고전서』본을 저본으로 번역해 낸 『진랍풍토기: 앙코르 문명에 관한 최초의 기행문』(백산문화, 2007년)으로 이어졌다. 이 작업이 한문 원문을 바탕으로 번역해 낸 첫 성과인 셈이다. 이로부터 6년 뒤인 2013년 최병욱 씨가 대만 진 룽화[金榮華]의 『진랍풍토기교주』(中正書局, 1976)를 저본으로 번역하고 '현대적인' 해설을 붙인 책이 소개되었다. 우리나라에서는 첫 역주라는 점에서 주목할만한 작업이다. 처음은 항상 서툴기 마련이다. 그러나 2016년 이 책의 '개정본'이 나왔지만 아쉽게도 '개정된' 모습을 보여주지는 못했다. 이제 소개하는 펠리오가 남긴 미완의 책도 완역으로 가는 하나의 '과정'이기를 고대한다.

본 역주서는 크게 4부로 구성한다. 1부에서는 펠리오의 1902년 역주본을 우리말로 다시 역주했다. 또 펠리오가 가장 완전하고 가장 오래된 판본이라 확신한 『고금설해(古今說海)』본의 원문을 그대로 옮겨 두었다. 2부에서는 조르주 세데스의 1918, 1933년의 추가 주석을 역주하여 펠리오가 수정과 보완을 추가할 수밖에 없었던 과정을 보여주고자 했다. 3부에서는 1951년 사후 보완본을 역주하여 완결성을 더했다. 4부는 별첨 자료로 14세기까지 캄보디아와 관련된 중국 사료들을 소개하여 후속 연구와 독자들의 이해를 돕고자 했다.

'대강' 전체적 내용을 파악하고 싶은 독자라면, 3부, 즉 1951년 미완의 보완편집본부터 읽기를 권장한다. 그러나 결국 미완이므로 그 이후는 다시 1902년 역주한 것으로, 돌아오게 될 것이고, 이러한 회귀는 또 다른 의문을 낳을 것이다. 그렇다면 역자의 의도는 성공을 거둔 셈이다. 펠리오 씨의 학문적 '성장' 과정을 보여주기 위해 순차적으로 편집했다는 점에 유념해 주기 바란다.

이 책으로 폴 펠리오의 굵직한 연구들은 어느 정도 국내에 소개된 셈이다. 동서양 교류와 연관한 주제로 국내에 소개되지 않은 것이 있다면, 펠리오가 1933년 『통보』(237~452쪽)에서, 뒤펜다크(J. J. L. Duyvendak)가 마환(馬歡)의 『영애승람(瀛涯勝覽)』을 소개한 『다시 검토한 마환(Ma Huan Re-examined)』(Amsterdam, Noord-Hollandsche uitgeversmaatschappij, 1933)을 중심으로 쓴 「15세기 초 중국의 대항해(Les Grands voyages maritimes chinois au début du XVe siècle)」라는 방대한 작업이 남아있다. 이 성과는 이미 역주해 놓고 있지만, 내가 수행한 『영애승람역주』가 미출간 상태이므로, 미뤄두고 있다. 또 다른 펠리오의 역작은 바로 마르코 폴로의 여행기에 관한 주석으로 1951년 사후 유작으로 발표된 영어본이다. 이 책만 역자의 짐으로 남겨둔다. 몇 페이지씩 역주하고 있지만, 진척이 미미하다.

돌아보면 아쉬운 작업이 많다. 2019년 조여괄의 『제번지』를 역주했다. 캄보디아 조목을 참고하여 다시 보니 '이 책을 읽고 낼 껄'이라는 후회가 몰려온다. 부디 개정본을 낼 기회가 주어지기만 간절히 바란다. 이 바람은 몇 년 더 기다려야 할 것 같다. 만약 내가 『제번지』를 번역할 때, 펠리오의 이 작업이 번역되어 있었더라면, 얼마나 나의 역주가 탄탄해졌을까? 이

것이 바로 역주서가 중요한 이유이다. 하지만 이 『진랍풍토기』는 그런 아쉬움이 적을 것이다. 펠리오의 작업이 매우 치밀하여서 나는 그의 뜻만 잘 살리면 되었기 때문이다.

평가하는 사람들은 작업의 효용과 가치랄까, 또는 기대효과를 많이 운운한다. 이렇게 반문하고 싶다. 필요한지 불필요한지 어떻게 알 것이며, '필요한 것'만 공부할 것인가? 앞서 언급한 저 사람들은 왜 이러한 작업을 남겼겠는가? 정말이지 작업의 기대효과를 작업자에게 묻는 것은 그야말로 우문(愚問)이다. 고양이가 관절이 좋으므로, 그 고기를 먹으면 관절에 좋으리라고 생각하는 사람은 없다.

조금이라도 감염병 상황이 안정되면, 직접 현장을 답사하며, 필요한 시각 자료를 첨부하고 싶었다. 아쉽지만, 이후 다시 보완하고 고치기로 하고 옛 연구자료에서 필요한 그림이나 사진을 몇 장 첨부했다.

2019년에 마친 초고를 붙들고 서문을 쓰노라니 고민이 이만저만이 아니다. 누가 이 책을 출판해 줄까! 내 탄식을 들은 벗이 선뜻 나서 주었다. '또한 즐겁지 아니한가!'

앙코르 사원 한 모퉁이에서 사랑하는 아내와 함께
작업의 땀을 말릴 수 있기를 간절히 소원하며
2021년 8월 8일 연구소에서 역자 씀.

차례

일러두기

1. 본서는 폴 펠리오가 『극동프랑스학교학보(Bulletin de l'Ecole française d'Extrême-Orient)』, 1902년, 123~177쪽에 발표한 「진랍풍토기(Mémoire sur les coutumes du Cambodge)」 역주본과 1951년 펠리오 사후 유작으로 출판된 『주달관의 진랍풍토기: 개정본, 미완의 해설(Mémoire sur les coutumes du Cambodge de Tcheou Ta-Kouan: Version nouvelle, suvie d'un commentaire inachevé)』를 우리말로 역주한 책이다.

2. 펠리오는 자신이 저본으로 삼은 『고금설해(古今說海)』본의 원문을 제시하지 않아, 그에 따라 번역문 아래 옮겨 두었다.

3. 고유명사의 발음표기는 국립국어원의 표준 표기법을 따랐고, 인명의 경우 국적에 따라 그 발음 체계를 따랐다. 본문에 등장하는 중화민국 이전의 저자들과 서명들은 모두 우리식 독음으로 표기했다.

4. 펠리오가 캄보디아어를 알파벳으로 옮기면서, 표기한 악센트를 그대로 따랐지만, 이 중 악센트의 경우는 표기할 방법이 없어 비슷한 것으로 대체하거나, 아니면 부차적인 악센트는 발음에 크게 영향을 주지 않으므로 뺀 예도 있다.

5. 펠리오의 방식에 따라 역자가 보충한 말은 '[ ]'로 표시했고, 펠리오가 한자 고음(古音)을 표기하면서 '*'로 표기한 것을, 역자는 역시 '[ ]'로 바꾸었다.

6. 펠리오가 고도서의 출처를 밝히면서, 'recto(앞면)', 'verso(뒷면)', 'ff' 등으로 표기한 것은 '쪽'과 '엽'으로 단순화했다.

7. 역자의 주석은 '밑줄'로 구분하였다.

8. 서명은 '『 』'로, 편이나 논문은 '「 」'로 표기했다.

9. 원문의 원주(原註)는 '【 】'로 표기했다.

10. 다음과 같은 약칭을 사용했다.

『통보』: T'oung Pao

『JA』: Journal Asiatique

『BEFEO』: Bulletin de l'École française d'Extrême-Orient

『차이나리뷰』: China Reviews

『JChBRAS』: Journal of the China Branch of the Royal Asiatic Society

『JMBRAS』: Journal of the Malayan Branch Royal Asiatic Society

앙코르
캄보디아

『진랍풍토기』 역주

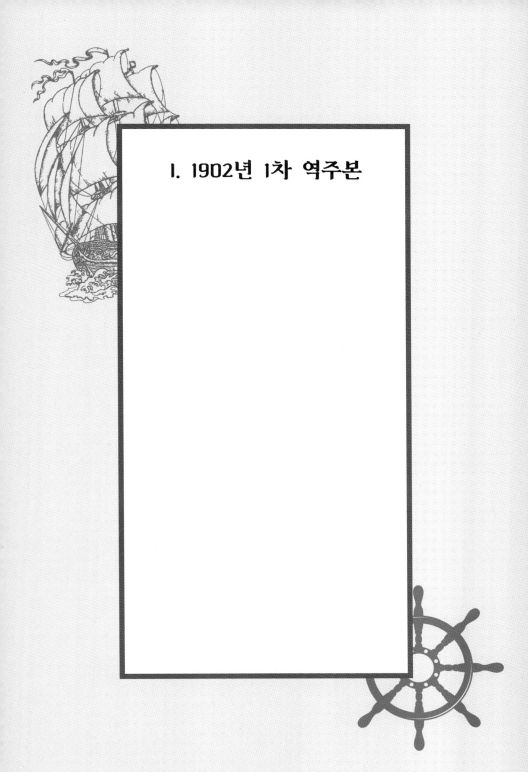

I. 1902년 1차 역주본

들어가며[Introduction]

"진랍(眞臘)은 임읍(林邑)의 남서쪽에 있다. 원래는 부남(扶南)의 속국이었다.···왕의 성은 크샤트리야(Ksatriya, 刹利)이고 이름은 치트라세나(Citrasena?, 質多斯那)였다. 그의 선조들은 점차 국력을 키워갔다. 치트라세나는 부남을 정복했다. 그는 죽었다. 아들 이샤나세나(Īçānasena) 즉 이사나선(伊奢那先)[1]이 그를 계승했다. 그는 이사나성(伊奢那城, Īçānapura)에

---

[1] 분명히 이사나(伊奢那)로 읽어야 한다. 11세기에 편찬된 『신당서』(권 221, 3쪽)만 이금나(伊金那)로 쓰고 있다. 『신당서』는 『수서』의 내용을 베껴놓은 것에 지나지 않는다. 『북사』, 『구당서』도 같은 자료를 끌어왔는데, 『신당서』의 편찬보다 이전의 것들이다. 따라서 이사나로 읽어야 하는 것을 입증해 준다. 샤반느 씨는 『신당서』를 활용하면서, '이금나'로 읽었다(『Les religieux éminents qui allèrent chercher la loi dans les pays d'occident』, 58쪽). '이사나'로 본 것은 슐레겔 씨가 처음으로 보인다. 그러나 그의 설명은 부정확으로 오류를 담고 있다. '이사나'는 「변예전(邊裔典)」의 것으로 그것이 전부이다. 권이나 페이지에 관한 어떠한 참조 사항도 없다. 그런데 「변예전」은 슐레겔이 우리에게 알려주고 있는 것처럼, 동시대에 편집된 백과사전 『도서집성』 외국전의 한 부분일 따름이다. 각 주제에 관한 인용문들은 매우 다양한 저술에서 가져온 것이고, 그 출처는 매양 명시되었다. '이금나'보다 '이사나'가 더 낫다고 제시하는 것은 아니다. 『수서』의 문단을 인용할 때는 '이사나'로 썼고, 『신당서』를 인용할 때는 '이금나'로 썼다. 24사의 역사가들(청나라 역사를 제외하고)만큼이나 옛날에 확정되고 그만큼 독립된 텍스트들을 『도서집성』에서 인용해올 필요까지는 없었다. 우리가 생각하는 것처럼 '금(金)'은 '사(奢)'자에 대한 필사자의 오류이고, 이러한 오류는 오래되었으며, 강희제시기에 편집된 것들보다 이전이다.

그러나 다른 어려움이 시트라세나의 아들 이름에도 나타난다. 『수서』에서 "(시트라세나는) 죽었다[死]. 子伊奢那先代立. 그는 이사나성(伊奢那城)에 살았다"라고 하였다. 레무사(Rémusat)와 데르베이 생 드니스(d'Hervey de Saint-Denys)는 중간의 문장을 "그의 아들 이사나선대(伊奢那先代)가 그를 계승했다"라고 번역했다. 이는 그럴법하지 않다. '계승하다'는 의미의 '대립(代立)'은 '대(代)'자를 음역자로 보기에는 너무 명확하다. 우리가 이름에 들어간다고 생각하는 마지막 글자 '선(先)'자는 앞의 아버지 이름과 너무 정확한 음역에 비추어 볼 때 상당히 뜻밖이다. 이는 세나(senā)의 음역자로 보인다. 따라서 전체 이름은 이샤나세나(Īçānasena), 시바(Çiva)의 이름인 이샤나(Īçāna)로 읽히며, 이샤나푸라(Īçānapura)는 '시바(Çiva)의 도시'이다. 세나(senā)를 '선(先)'자로 음역하는 것과 관련하여, 나가세나(Nāgasena)의 이름이 『미란다왕문경』에서는 나선(那先)으로 표기되어 있고, 상가세나(Saṅghasena)를 승가사나(僧伽斯那)와 승가선(僧伽先)이라는 두 개로 음역하는 것을 참고하시오(난

살았다."[2] 이것이 바로 24사(史) 중에서 가장 먼저 진랍을 언급한 원문이다. 이것이 거의 변함없이 중국인들이 캄보디아를 부르는 명칭이었다. 이 문장은 7세기에 편찬된 『수서(隋書)』(권82, 4쪽)에 보인다. 이 모든 정보는 616년 또는 617년[3] 중국에 살았던 진랍의 한 사신에게로 거슬러 올라가는 것 같다. 임읍은 대체로 참파이다. 오늘날 캄보디아를 포괄하고 있었던 부남은 서쪽으로 더 멀리 펼쳐져 있었음이 틀림없다. 그러나 이 고대 왕국에 관한 연구는 여전히 숙제로 남아있다.

치트라세나와 그의 아들 이샤나세나에 관한 정보를, 어느 시기까지 끌고 갈 수 있을까?[4] 역사가들이 『수서』에서 가져온 만큼 이샤나세나는 이 사신이 616~617년 중국에 갔었던 때에 재위했던 군주였을 것이다. 『신당서(新唐書)』의 내용은 『수서』와 조금 다른데, 치트라세나를 언급하지 않고 다만 크샤트리야 이금나(伊金那, Īçāna)을 말하면서, 정관(貞觀, 627~649) 연간 초에 부남을 정복했다고만 말하고 있다. 이 정보는 실제로 별개의 전승

조분유, 『A catalogue of the Chinese Translation of Buddhist Tripitaka』, 별첨자료 I, no37과 에텔(Ernest John Eitel), 『Hand-Book of Chinese Buddhism』, 상가세나 조목).

비슷한 문제가 일반적으로 염고진대(閻膏珍代)라 불리는 쿠샨인에 대해서도 제기되는데, 이 이름의 마지막 글자는 틀림없이 '립(立)'자와 붙여, 즉 염고진대립(閻膏珍代立)은 "염고진이 그를 계승했다"로 읽어야 한다.

2 『수서』, 권82, 「서역전」, 1835~1836쪽. 眞臘國, 在林邑西南, 本扶南之屬國也. … 其王姓刹利氏, 名質多斯那. 自其祖漸已強盛, 至質多斯那, 遂兼扶南而有之. 死, 子伊奢那先代立, 居伊奢那城.

3 『수서』는 이 사신을 대업(大業) 13년(617)에 두었다. 그러나 대업 13년은 안 될 것도 없는 의녕(義寧) 원년(617)과 혼동되었다. 한 연호에 속하는 해의 첫 번째 달이면서 이전 연호의 마지막 달인 것이다. 한편 『북사』에서 대업(大業) 12년(616)이라고 한 것이 맞을 수도 있다.

4 슐레겔에 따르면(『통보』, II, II, 176쪽), 캄보디아는 이미 중국인들이 유송(劉宋, 420~478) 시기에 '진랍'이라 불렀다고 한다. 그러나 그는 그에 대한 어떠한 참고 사항도 제시하지 않아 그러한 언급의 흔적을 찾을 수 없다.

을 근거로 하는 것일까? 해답은 쉽지 않다. 그러나 두 텍스트로부터 분명
히 끌어낼 수 있는 것은, 7세기 초에 캄보디아가 독립되어 있었고, 그 군
주인 이샤나세나는 이사나성(伊奢那城), 즉 이샤나푸라에 거주하고 있었다
는 점이다. 그런데 현장(玄奘, 602~664)은 정확하게 시암(Siam, 현 태국)과 참
파 사이에 이상나보라(伊賞那補羅, Īçānapura)를 거명하고 있고(권3, 83쪽), 샤
반느 씨는 이 텍스트를 캄보디아인의 비문에서 제공하는 정보와 연결하여
626년 캄보디아를 통치한 사람이 이샤나바르만(Īçānavarman) 왕임을 보여
주었다(『Les religieux éminents qui allèrent chercher la loi dans les pays d'oc-
cident』, 58쪽).

　진랍(眞臘)5이라는 명칭의 기원은 레무사 시기에도 역시 모호했다. 슐레
겔 씨는 '찬다(Tchanda, Chanda)'로 표기했다.6 말레이어 'd'의 설음적 음가7
와 곤륜(崑崙)을 푸로 콘도르로 옮기는 것으로 보아 '찬다'는 사실상 가능한
재구성이다. 그러나 이 가설은 오늘날까지 파기되거나 보완되지 않은 채
로 남아있다. 다만 이 단어의 첫 번째 음절 'zhen(zhan)'은 이 지역의 지명
속에 나타나는 빈도에 주목하시오. 『진랍풍토기』는 도나이(Donnai) 강어
귀에 있는 '진포(眞蒲)'라는 나라를 알려주고 있고8, 『영외대답(嶺外代答)』
(1178년, 권10, 17쪽)은 캄보디아의 '점리파(占里婆)'라는 성을 언급하고 있으
며, 조여괄(趙汝适, 13세기 초반)의 『제번지(諸蕃志)』(권1, 4쪽)는 캄보디아의 속
국 중에 '진리부(眞里富)'를 언급하고 있고, 이 명칭은 다른 곳에서는 '탐리

5　47쪽 주71을 참고하시오.
6　『통보』, II, II, 176쪽. 『통보』두 번째 시리즈, 1901년 「Geograpical notes, XVI: 수
　마트라섬의 고대 국가들」에서 삼불제의 어원을 설명하며 언급되었다.
7　『인도의 불가사의한 것들에 관한 책(Le Livre des merveilles de l'Inde)』, 308쪽
　케른(Kern)의 주석을 참고하시오.
8　48쪽을 참고하시오.

부(吞里富)'로 되어있는데, '[zhen(zhan)]+li-fu'라는 음절로 분리하려 하고 있다. 결국, 참파 사람들의 명칭과 비교해야 할 것이다.

캄보디아 사람들은 자신들을 '크메르(Khmèr)' 또는 '캄부자(Kamvuja)'라고 불렀다. 오늘날에도 "캄보디아란 명칭은 스록 캄푸차(srŏk Kampučā, Kambujā) 또는 스록 크메르이다."[9] '크메르'란 명칭은 참파 사람들의 비문에 크비르(Kvir) 또는 크미르(Kmir) 형태로 나타나는데, 오늘날 참파어로는 쿠르(Kur)에 해당한다.[10] 『구당서』[11]와 『신당서』[12]는 '길멸(吉蔑)'이라 표기하고 있다. 앞으로 보게 되겠지만 아랍인들은 이 나라를 '코마르(comar)'로 알고 있었다. 오늘날 "시암인들이 캄보디아를 지칭하기 위해 사용한 보통 명칭은 정확하게 '크메르'로 표기하지만 '카멘(Khamen)'으로 발음된다. 문어적이고 공식적인 언어로 그들은 캄푸샤(Kamphuxa) 또는 캄풋(Kamphut)을 사용한다."[13] 안남인들은 차오-만(Cao-man, 高蠻) 또는 차오-멘(Cao-mên, 高綿)으로 쓴다.

다른 명칭인 캄부자(Kamvuja 또는 Kambuja)는 어디에서 나온 것인가? 슐레겔에 따르면, 원래의 형태는 플루메리아 아쿠티폴리아(Plumeria acutifolia)의 말레이어 명칭인, '셈보자(Sĕmbodja)'와 같은 어원을 가지는 켐보자

---

9 피노(Finot) 씨의 주석.

10 아이모니에, 「참의 비문에 관한 첫 번째 연구(Première étude sur les inscriptions tchames)」, 『JA』, 1891, 1~2호, 31쪽을 참고하시오.

11 권197, 2쪽. 『구당서』는 10세기에 편찬되었다. 『구당서』는 941년 후진(後秦) 고조의 명으로 착수되어 945년 200권으로 완성되었다.

12 권221, 3쪽. 신당서는 11세기에 편찬되었다. 『신당서』는 1044년 북송 인종의 명으로 편찬에 착수하여, 구양수(歐陽修, 1007~1072)가 완성한 다음 1060년에 재상 증공량(曾公亮, 999~1078)이 진상한 것으로 알려져 있다.

13 동양어학교(Ecole des Langues Orientales)의 시암어 교수인 로르주(Edouard Lorgeou, 1848~1925) 씨가 나에게 알려준 것이다.

(Kĕmbodja)이다. 옛날 팔렘방을 부르는 '셈보자[三佛齊]'도 이와 같다. 이 명 칭이 캄보디아에 적용된 것은 명나라(1368~1643) 시기이다.[14] 사실 그 명칭이 원래 말레이어와 비슷했을 수도 있으나 옛날에는 캄보디아에 적용되었다는 것을 추가해야 하며, 이 새로운 사실은 슐레겔 씨의 타당성을 약화시킨다. 분명히 '캄부의 아들'이란 뜻인 캄부자의 전통적 어원은 전혀 그럴법하지 않고, 인도의 캄보자(Kamboja)에 따른 설명을 수긍하게 하지 않는다. 또한, 슐레겔 씨가 이 명칭을 배제하려는 주장은 우리에게 받아들여질 수 없다. 그는 "아프가니스탄 어디에나 '캄보자'가 있으나, 벤페이(Benfey)에 따르면(『A Sanskrit-English dictionary』, 159쪽), 이 이름은 복수 남성 명사이므로 말레이어 '캄포자'와는 아무런 관련이 없다."[15]라고 하였다. 캄부자(Kambuja) 또한 캄보자와 같이 복수형이므로 충분히 거부할 수 있다. 그리고 파니니(Pāṇini, 기원전 4~6세기 산스크리트어 문헌학자)에 따르면, 사람들의 이름이 규칙적으로 나라 이름처럼 복수로 사용된다(『Grammatik』, I, 2, 51). 따라서 우리는 하나의 가능성으로 확실하게 제시된 어원을 받아들일 따름이다. 마지막 말에 관하여, 어떻게 귀결되든지 우리는 상당히 심각한 불확실함에 봉착한다. 모든 것이 그것을 믿도록 하므로, 그 의미가 맞는다면,

---

14 『통보』, II, II, 176쪽. "물론 켐보자란 명칭은 우리가 오늘날 캄보디아로 부르는 나라를 말레이 사람들이 부르던 것이다. 왜냐하면, 그 민족들은 자신들을 크메르라고 불렀다. Kam-put-chi(甘孛智), 감포지(澉浦只) 같은 이름들이 켐보자였던 것은 명나라, 14세기 동안일 뿐이다. 우리가 지도에서 채택하여 나타낸 것은 켐보자이다."

15 『통보』, II, II, 176쪽에 다음과 같이 설명했다. "아프가니스탄에는 캄보자라는 곳이 있다. 그러나 이 명칭은 벤페(Theodor Benfey, 1809~1881)의 『A Sanskrit-English Dictionary』의 159쪽에 따르면, 남성 복수형으로, 말레이의 캄보자와 아무런 관련이 없다(There was Kambodja somewhere in Afghanistan; but…this name is, according to Benfey(『Skt. Dict.』, p. 159) a masc. pluralis, and can thus have nothing to do with the Malay Kambodja.)"

일반적으로 그 명칭은 14세기에 나타날 뿐이다. 피노(Louis Finot, 1864~
1935) 씨는 "캄부자 또는 더 일반적으로 캄부자(Kamvuja)는 9세기부터 참파
와 캄보디아의 비문에 들어있다. 이 명칭이 나타나는 가장 오래된 비문은
817년 나짱(Nha Trang)의 포 나가르(Po Nagar)의 비문이다."(『캄보디아와 참파
의 산스크리트어 비문들(Inscriptions sanscrites du Cambodge et Champa)』,
XXVIII 비문의 9행, 266쪽). 상반되게 말레이 어원을 가지지만 캄보디아
에서 옛날부터 사용된 '캄부자(Kambuja)'란 명칭이 외국인들에게는 알려지
지 않았다는 것인가? 『마하왐사(Mahavaṃsa), 스리랑카 연대기』는 곧바로 12
세기 실론에서 '캄보자(Kamboja)'를 일반적으로 사용하고 있었음을 보여준
다. 이는 인도가 알았던 명칭임이 틀림없고 따라나타(Tāranātha, 1575~1634)에
게 찾을 수 있는 것이다(A. Schiefner의 번역본, 262쪽). 그렇다면 중국인들에
게만 이 명칭이 명나라(1368~1643) 시기에 나타난다는 것으로 이해해야 하
는가? 이제 우리가 출판할 새로운 번역의 텍스트는 고대 캄보디아에 관한
기초적인 중국 문헌이며, 레무사(Jean-Pierre Abel-Rémusat, 1788~1832)가
1819년부터 소개한 것으로, 원나라의 13세기까지 거슬러 올라간다. 그렇
지만 '캄부자(Kambuja)'란 명칭을 제시하고 있으며, 『명사』가 캄보디아 문
화에 관한 정보 대부분을 이 책으로부터 가져왔다. 따라서 슐레겔 씨는 이
분야의 연구에 있어서 풍부해질 수 있는 새로운 길을 연 것처럼 보이지만,
우리가 보기에, 지금부터 하나의 진실로서 그의 가설들을 받아들이는 것
은 모래 위에 집을 짓는 것이리라.

'캄보디아'란 명칭은 17세기 초 중국에서 최후의 변형, 더 정확히는 굴
절을 겪게 되는데, 그 이름은 동포채(東埔寨)[16]가 되었다. 『해국도지(海國圖

16 『명사』 권324를 참고하시오. 여기 펠리오가 『명사』에서 언급한 '동포채'는 바로 간

志)』(1844년, 권8, 13쪽)와 마찬가지로 『동서양고(東西洋考)』(1618년, 권3, 8쪽)의 캄보디아 조목에서도 이 이름으로 되어있다. 『동서양고』(앞에 언급한 곳)는 캄부자의 왜곡된 형태를 보여준다. 어떻게 된 것일까? 틀림없이 글자 상의 혼동 때문이다. '동(東)'자는 '간(柬)'자와 상당히 유사하다. 그런데 일본의 학자들은 모리스 꾸랑(Maurice Courant, 1865~1935)의 정보에 따라 '간포채(柬埔寨)'로 썼고, 『동경제국대학교 도서관의 일본과 중국 도서 서목 (Catalogue des livres japonais et chinois de la Bibliothèque de l'Université Impériale de Tōkyō)』[17]은 『간포채국지(柬埔寨國志)』의 저자는 인도차이나의 사물들을 잘 연구했다는 설명을 제시하고 있는데, 왜냐하면 『안남 연대기 [大越史記全書]』를 재인쇄한 사람이 바로 이 히키타 도시아키(引田 利章, 1851~1890)이기 때문이다. 따라서 '간(柬)'이 원래 글자였는데, '동(東)'으로 왜곡되었으며, 이 철자는 '간(柬)'이 '칸'으로 발음되는 해상의 한 지역에서 왔다고 볼 수 있을 것 같다. 두다르 드 라그레(Doudart de Lagrée, 1823~1863) 와 프랜시스 가르니에(Francis Garnier, 1839~1873)의 『인도차이나에서의 탐사 여행(Voyage d'exploration en Indo-Chine)』이라는 번역본에는 간포치(柬埔治)'로 되어 있다.

　이 서문은 우리를 캄보디아 역사로 숨 막히게 하거나, 중국 저자들이 쓴 이 주제에 관한 정보들을 모아두고자 하는 것도 아니다. 우리가 보기에, 아직 충분히 기술되지 않은 두 가지 사실들만 상기시키고자 한다. 먼저 아랍의 지리학자들은 캄보디아를 종종 언급하고 있다는 것이다. 9세기 아랍 여행자들은, 그것들만을 취해보자면, 알로에 즉 알 코마리(al-comáry)

_____

포채(柬埔寨)이다. 『명사』, 권324, 「진랍전」, 8396쪽.
17　東京圖書館增加書目錄第壹編, 토쿄, 1889, 97쪽.

를 생산하는 '코마르(Comar)'란 나라에 관해 길게 말하고 있다.[18] 레이노는 '코마르'를 코모린 곶(cap Comorin, 카니아쿠마리)으로 확인했다.[19] 알프레드 모리(Alfred Maury, 1817~1892)는 더 명확하게 하지는 못했지만, 이러한 위치 추정의 오류를 알았고 '코마르'란 나라가 인도차이나에 있어야 한다는 것을 보여주었다.[20] 알마수디(Al-Mas'udi, 896?~956)는 아부 제이드(Abou Zeyd)의 이야기를 따랐는데,[21] 『황금목장(Les Prairies d'or)』의 편집자들이 부주의하게도 '코마르'란 나라를 어떨 때는 코모린 곶으로, 어떨 때는 아쌈(Kāmarūpa)으로 보았다.[22] 그러나 오늘날 코마르와 크메르가 같다는 것은 보편적으로 받아들여지고 있다.[23] 아부 제이드와 알마수디는 이 나라에 관하여 다음과 같은 이상한 이야기를 서술하고 있다.

"옛날 코마르 왕국은 천성적으로 성마른 성격을 가진, 한 젊은이의 수중에 들어갔다. 어느 날 그 왕은 궁궐에 앉아 있었는데, 그 궁궐은 이라크

18 레이노(Reinaud), 『9세기 인도와 중국으로 간 아랍인들과 페르시아인들의 여행 기록(Relation des voyages faits par les Arabes et les Persans dans l'Inde et à la Chine dans le IXe siècle de l'ère chrétienne)』, I, 97쪽 이하.

19 레이노, 앞의 책, II, 48쪽.

20 알프레드 모리(Alfred Maury), 「아랍인과 페르시아 사람들이 9세기 중국으로 가기 위해 취했던 여정의 몇몇 지점에 관한 검토(Examen de certains points de l'itinéraire que les Arabes et les Persans suivaient au IXe siècle pour aller en Chine)」 (『Bulletin de la Société de Géographie』, 1846년 4월, 별쇄본, 28쪽 이하).

21 알마수디(Al-Mas'udi), 『황금목장(Les Prairies d'or)』, I, 170~175쪽. 『황금목장』은 『Kitāb Murūj al-Dhahab wa-Ma'ādin al-Jawhar』이란 알마수디의 책을 바르비에 드 메이나르(Barbier de Meynard, 1826~1908)와 빠베 드 꾸르떼이(Pavet de Courteille, 1821~1889)가 프랑스어로 번역한 책으로, 왕립 인쇄소에서 1861~1869년에 걸쳐, 9권으로 출간되었다.

22 『황금목장(Les Prairies d'or)』의 색인을 보시오.

23 『아불페다의 지리서(Géographie d'Aboulféda)』, II(II), 127쪽과 반 데르 리트(Van der Lith), 『인도의 불가사의한 것들에 관한 책(Le Livre des merveilles de l'Inde)』, 222쪽과 헨리 율(Yule), 버넬(Arthur Coke Burnell)의 『영국-인도 용어사전(Hobson-Jobson)』, 코마르 조목(런던, 1903, 237쪽) 등을 참고하시오.

의 티그리스강과 비슷한 강물을 굽어보고 있었다. 궁궐에서 바다까지는 하루 여정의 거리가 있었다." 당시 왕은 괴이한 욕망이 있었다. 그는 대신에게 말하기를 "나는 쟁반 위에 놓인 자베즈(Zabedj) 왕의 머리를 눈앞에서 보고 싶다"라고 하였다. 자베즈, 즉 자바 왕국의 대왕이었던 마하라자(mahārāja)는 막강한 왕이었다. 그래서 그 대신은 질투심에서 나온 말로 이해하고 입에 담지도 말 것을 간청했다. 그 젊은 군주는 다른 사람들에게 경솔하게 그 말을 하게 되었고 그 말은 마하라자의 귀에 들어갔다. 처벌은 곧바로 이루어졌다. 마하라자는 비밀리에 엄청난 함대를 보냈다. "코마르의 왕은 함대가 수도로 들어오는 강으로 들어왔을 때도, 마하라자의 군사들이 상륙했을 때도 그에게 닥쳐오는 위험을 알지 못했다." 자바 사람들은 궁궐을 장악하고 왕을 잡았다. 그의 관리들은 도망쳐 버렸다. 그 왕의 머리는 주제넘은 언행에 대한 대가였다. 마하라자는 돌아오면서 코마르의 사람들에게 새로운 왕을 뽑게 했다. 그러나 그는 백성들에게 오만함을 어떤 벌로 처벌했는지를 알리기 위해 정복한 적의 머리를 자베즈에 가지고 왔다. 그리고 명령을 내려 그 머리를 씻고 방향 처리를 하게 했다. 그 머리를 화병에 넣어 코마르의 왕좌를 차지한 왕에게 보냈다. "이러한 사건에 관한 소식이 인도, 중국의 왕들에게 퍼져나갔고, 마라라자는 그들을 놀라게 했다. 이때부터 코마르의 왕들은 매일 아침 일어나서는, 존경의 표시로 마하라자를 경배하며 자베즈를 향해서 절을 했다."24

이 전설은 역사적 범주에서 완전히 사라진 것은 아니었다. 그 기억은

24 레이노(Reinaud), 『9세기 인도와 중국으로 간 아랍인들과 페르시아인들의 여행 기록(Relation des voyages faits par les Arabes et les Persans dans l'Inde et à la Chine dans le IXe siècle de l'ère chrétienne)』, I, 98~104쪽.

여러 가지 변형을 거치면서 메콩강과 그 유역의 고대 도시들에도 떠돌아 다녔다. 그러나 이 일은 9세기 말에 있었고, 앙코르 톰(Angkor Thom)은 9세기 초에 건설되어 900년 수도가 되었다.[25] 아이모니에 씨에 따르면 주도권은 그때까지 오늘날 프레이 크레바스(Prei Krebas, Prey Kabbas) 주에 있는 앙코르 보레이(Angkor borei)로 확인된 비야다푸라(Vyâdhapura)가 가지고 있었다. 앙코르 보레이는 메콩강에 있지 않지만, 상당히 가깝게 있다. 그 도시를 가로지르는 메콩강의 지류는 "이곳에서 80~100m 폭으로, 우리의 함포선들이 언제나 들어갈 수 있을 정도로 깊으며, 우기에는 3~4m 더 불어 오른다." 앙코르 보레이는 "바다의 정크선들이 쉽게 접근할 수 있는 항구였다."[26] 정확하게 크메르 비문들은 이 시기 자바인들의 침공을 언급하고 있고, 스독 깍 톰(Sdok Kak Thom) 비문(1052년)[27]은 자바를 802~859년경에 재위한 프라메슈바라(Parameçvara, Jayavarman II)의 추억과 연결 짓고 있다.[28] 특히 이 왕 아래에 "박식하고 학문을 완성한 브라만 히라냐다마(Hiraṇyadāma)가 자나파다(Janapada)에서 왔는데, 그의 군주는 이 캄보디아에서 자바에 대한 (정신적) 종속관계 조약을 폐기하기를 바랐기 때문에 (이 브라만을) 샤크라바르틴(cakravartin)이었던 황제에게 탄원하는 의례적 절차를 만들게 했다."라고 하였다. 그러나 괄호 안에 들어가 있는 단어들은 아이모니에(Étienne François Aymonier, 1844~1929) 씨가 추가한 것임을 기억해야 하며, 특히 '정신적'이라는 단어에 주목할 필요가 있다. 아이모니에

---

25 아이모니에(Aymonier), 「앙코르 와트의 근래 비문들(Les inscriptions modernes d' Angkor Vat)」, 『JA』, 1899년 11~12월호, 493쪽.
26 아이모니에, 『캄보디아(Le Cambodge)』, I, 197~198쪽.
27 아이모니에, 「스독 깍 톰 비석(La stèle de Sdok Kâk Thom)」, 『JA』, 1901년 1~2월호, 46쪽.
28 앞에 언급한 논문, 26쪽.

씨는 "나는 '정신적'이란 단어를 보탠 것과 관련하여, 현재까지 어떠한 단서도 없으며, 캄보디아가 그 시기에 자바의 물리적 지배하에 있었다고 추측하게 할 뿐이다."[29]라고 하였다. 그래도 최소한 아부 제이드의 전설과 캄보디아 텍스트 사이에 이상한 일치가 있지 않은가? 프라메슈바라(Parameçvara, Jayavarman II)가 앙코르 와트의 건설을 시작한 것은 이러한 종속관계에서 벗어나기 위해서였던가? 게다가 이 시기에 남쪽에서 오는 해적들이 인도차이나를 괴롭히고 있었던 것 같다.[30] 참파의 비문들은 787

---

29 앞에 언급한 논문, 27쪽

30 이러한 연관성은 비문들이 자바를 오늘날 우리가 부르고 있는 바로 그 섬으로 이해하고 있다는 것을 짐작할 수 있다. 그런데 문제는 여전히 풀리지 않는다. 다음과 같이 어떤 문제가 있는지 살펴보자. 현재로서는 두 가지 형태가 있다.

첫째, 야바드위빠(Yavadvipa), '보리의 섬'은 우선 수마트라에 적용되어야 할지라도 자바섬의 산스크리트 명칭이다. 프톨레마이오스의 이아바디우(Iabadiou)와 법현(法顯)의 야바제(耶婆提)에 대응하는 것이 이 명칭이다. 이 이름은 원칙적으로 인슐랜드(Insulande)에서 자바(Djava)로 되지만, 자바의 산스크리트 비문들은 야바드위빠의 형태를 유지하고 있다. 인슐랜드라는 지리적 용어는 동남아시아 섬들(Asie du Sud-Est insulaire), 말레이제도, 인도양 군도를 총칭하는 말로, 인도차이나, 오스트레일리아, 인도양과 태평양 사이의 바다를 지칭하는 명칭이다.

둘째, 크메르인과 참파 사람들의 비문에서 언급되었으며, 또한 라오스의 이름이기도 했던 자바(Javā)이다. 중국어 사바(闍婆), 캄보디아어 츠바(Chvā), 안남어 짜바(chà và, 柬吧)에 해당하는 것은 바로 자바(Djava로 발음함)이다. 그런데 캄보디아에서 통치하기 위해 어떤 왕이 왔다는 것은 매우 이상하고, 자바섬이란 이름이 왜 메콩강의 나라들에 의해 불렸는지 모르며, 슐레겔 씨는 어떤 난관들이 사바(闍婆)를 같은 자바섬과 자바 그 자체만으로 추정하지 못하게 하는지를 보여주었고, 인도차이나에서 츠바와 차바는 원래 말레이 사람들을 지칭하는 것이지 자바 사람들이 아니다. 따라서 문제는 다음과 같다. 우리는 절대적으로 야바드위빠(자바섬)과 자바를 분리해야 하는가? 이것이 바로 슐레겔 씨가 제기하고 있는 것이고, 그는 중국 자료에만 근거하여 자바를 '하와이무궁화(Hibiscus rosa-sinensis)'란 뜻의 자바(Djavā) 또는 자빠(Djapā)로 재구성하고, '자바(Djavā)'란 이 나라를 말레이반도에 위치시켰다. 참과 크메르 비문들이 대중적이며 산스크리트어 형태에서 멀어진 명칭에서 파생된 형태를 표현하고, 이 명칭이 자바, 수마트라를 통칭하도록 매우 확장되고 상당히 부정확해졌다. 그래서 사람들은 마르코 폴로가 같은 말레이반도의 한 부분으로 소자바를 언급한 것으로 기억한다는 것을 시인할 것인가? 이 명칭은 끌링(kling)이 자바와 캄보디아 사람들에게 힌두와 동의어가 된 것처럼 '말레이

년에 "자바의 군대가 배를 타고 와서 판두랑가(Pàṇḍurāṅga, 현 Phan Rang)
에 있는 시바(Çiva)의 사원을 불태운"[31] 일을 상기시키고 있다. 통킹에서
"푸로 콘도르라는 섬에 사는 사람들과 말레이인들이, 곳곳에서 약탈당하
고 황폐해진 이후로 짜우(chàu)의 주인들이 될 수 있었던"[32] 시기는 바로
8세기 중반이다. 우리가 캄보디아 역사의 이 분야에서 위험을 감수하는
것은 몹시 주저하는 이 난관 때문이다. 크메르의 비문들은 아랍 지리학자
들만큼이나 이상하다. 그러나 우리가 연구해 나가려 하는 일련의 사실들
이 있고, 틀림없이 더 능력 있는 사람들이 더 체계적인 작업으로 이어 갈
것이라고 기대해 본다.[33]

또 우리가 주목하고자 하는 다른 점이 있다. 즉 캄보디아와 실론(스리랑카)
과의 관계이다. 1071년 비자야 바후(Vijaya Bāhu)가 타밀인들에게서 실론을

사람'에 해당하게 될 것이다. 보는 바와 같이 문제는 순수 중국학이 아니다. 어쨌든
두 번째 가설은 슐레겔 씨가 고려하지는 않았지만, 검토 없이 버려질 수 있는 것은
아닌 것 같다.

31 아이모니에(Aymonier), 「참파인의 비문에 관한 첫 번째 연구(Première étude sur
les inscriptions tchames)」, 『JA』, 1891년 1~2월호, 20쪽.

32 쯔엉 빈 끼(Trương Vĩnh Ký), 『안남사 강좌(Cours d'Histoire Annamite)』, I, 35쪽.

33 코마르를 캄보디아로, 코마르의 강을 메콩강으로 추정하는 것은 반드시 센프(Senf)를
참파에 위치시킬 것을 전제한다. 왜냐하면, 센프는 서양에서 중국으로 갈 때 코마르
다음에 있기 때문이다. 아불페다(Aboulféda)는 분명하게 "센프 반도의 서쪽에 코마
르(Komàr, 크메르) 반도가 있다."(『아불페다의 지리서(Géographie d'Aboulféda)』,
II(II), 127쪽)라고 했다. 율은 자바이(Zabai)-센프(Senf)-참파(Champa)-캄폿(Kampot)
이라는 네 개의 등가를 제기했다(『왕립 지리학회의 발표자료(Proceedings of the
Royal Geographical Society and Monthly Record of Geography)』, 1882, 649~660).
발굴된 비문들은 남게 되는 세 가지 등가로부터 분리하게 한다. 즉 캄폿과 참파는
현격한 차이가 있다. 센프는 어디에 연결시킬 것인가? 바르트 씨는 율의 확신에 따라
그곳을 캄폿으로 볼 것을 주장했다(『학자들의 저널(Journal des savants)』, 1901년
7월호, 435쪽 이하). 이와 같은 추정들이 코마르를 다시 문제 속에 빠뜨렸다. 그러나
바르트 씨는 자신의 첫 번째 견해를 포기했다(『BEFEO』, II, 98쪽). 따라서 그곳으로
주장하는 것은 무의미하다.

탈환했을 때, 불교는 그곳에서 거의 소멸되어있었다. 옛날 번영을 회복하기를 바랐던 왕은 '라만냐'(Rāmñña, Rāmānya, 페구)란 나라에 두 승려를 요청하여 그의 동맹 아누룻다(Anuruddha) 왕에게 보냈다.[34] 그러나 12세기에 파라크라마 바후(Parākrama Bāhu) 왕 시기에 이러한 우호 관계는 끝났고, 라만냐 왕은 실론 왕의 사신들을 무력으로 사로잡고 이들이 캄보자(캄보디아)에 갈 것이라는 구실을 내세웠다.[35] 그리고 조금 뒤 "랑카(Laṅka)의 군주(즉 파라크라마 바후)가 캄보자 나라에 보냈던 공주를 무력으로 체포했다."[36]

이렇게 12세기 중반에 한쪽의 실론과 다른 쪽의 인도차이나 사이의 정규적인 관계는 유지되었다. 캄보디아는 절정에 달해 있었다. 참파와의 끊임없는 다툼은 불행한 것만은 아니었다. 캄보디아는 당시 힘든 위기를 견뎌냈다. 중국인들에 따르면[37], 1177년에 표류해 온 중국인의 자문 덕택으로[38] 참파의 왕은 캄보디아를 정벌하여 수도를 탈환하고 왕을 죽였다. 그

---

34 『마하왐사(Mahavaṃsa)』 위예시나(Wijesinha)의 번역본, 콜롬보, 1889, LX, 4행 이하; 에드워드 뮐러(Edward Müller), 『실론의 옛 비문(Ancient inscriptions in Ceylon)』, 런던, 1883, 61쪽을 참고하시오.

35 『마하왐사(Mahavaṃsa)』, 76, 35행, 229쪽; 리스 데이비즈(Rhys Davids), 「12세기 파라크라마 바후의 남인도 정복(The conquest of South India in the XIIth century by Parākrama Bāhu)」, 『JSAB』, XII, 197~201쪽.

36 『마하왐사(Mahavaṃsa)』, 76, 35행, 230쪽; 리즈 데이비즈는 "왕실 혈족의 여러 처녀"로 언급했다(앞에 언급한 출처).

37 『송사』, 권489, 7쪽과 『제번지』, 권1, 3쪽. 『송사』의 정보는 중국정사외국전 DB를 참고하고, 『제번지』의 기록은 『바다의 왕국들』, 64쪽을 참고하시오.

38 『영외대답(嶺外代答)』, 권2, 10쪽, 참파 조목. 건도(乾道) 계사년(癸巳年, 1173), 민(閩) 사람 중에 서반(西班)으로 전선(銓選)이 되었다가 길양군(吉陽軍, 현 해남도 남부) 도감(都監)으로 나간 자가 있었는데 바다로 부임하다가 표류하여 점성(占城, 참파)에 이르렀다. 이 나라가 진랍(眞臘)과 코끼리를 타고 치르는 전투에서 크게 승리하지 못한 것을 알고 왕에게 기마전의 이점을 말해주고 활과 쇠뇌를 말 위에서 쏘는 법을 가르쳐 주었다. 참파 왕은 매우 기뻐하며 배를 갖추어 길양군으로 보내고 후한 예물을 주었다. 이에 따라 말 수십 필을 사서 전투하여 승리했다(乾道癸巳, 閩人有以西班到選, 得官吉陽軍都監者, 泛海之官, 飄至占城. 見其國與眞臘乘象以戰, 無

러나 1199년 캄보디아 왕이 보복하고 참파 왕의 자리에 캄보디아 사람을 앉혔다.[39] 캄보디아에 관하여 허구성이 짙은 중국의 전승을 거슬러 올라가게 하는 것은 바로 10~13세기, 즉 찬란했던 세기들이다.[40] 사람들은 세기 초에 사람들이 속담처럼 동로마의 보물을 인용했던 것과 마찬가지로 크메르의 산물들을 자랑했었다.[41] 캄보디아는 조공품으로 더는 만족을 주지 못했다.[42] 몽골의 황제는 그것들에 대해 화를 냈다. 그리고 1283년에 사도(唆都, Sagatou, Söghetei)에게 참파를 정벌하게 하고 캄보디아에 두 관리를 파견했으나 더는 새로운 소식이 없었다.[43] 원나라는 다른 시도를 했다. 1295년 한 사신이 황제의 명을 받고 캄보디아로 갔다. 그는 1296년에 주달관(周達觀)[44]을 수행시켜 캄보디아로 출발했다. 주달관은 자신의 견문을 『진랍풍토기(眞臘風土記)』로 남겼다. 주달관이 따라간 사신행은 성공을 거두었고 존경을 받았으나, 그의 말을 다 믿기에 그는 일에 있어서 너무 타산적이었다. 사실 공식적이고 정규적인 관계들이 1296년의 사신행에 따른 것이라는 어떠한 흔적도 없다. 이를 입증해 주는 것은 바로 1520년 황성증(黃省曾)의 『서양조공전록(西洋朝貢典錄)』 서문이다.[45] "원나라 시기에, 사람

大勝負, 乃說王以騎戰之利, 敎之弓弩騎射. 占城王大悅, 具舟送至吉陽. 厚齎. 隨以買馬, 得數十匹, 以戰則克). [『영외대답』, 사고전서본, 권2, 11b]

39 『송사』, 앞에 언급한 곳과 『제번지』, 앞에 언급한 출처.

40 58쪽을 참고하시오.

41 옛사람들은 "세상에는 세 가지 값진 것이 있는데, 로마 제국의 부유함, 페르가나의 말 그리고 중국의 사람이다."라고 하였다.

42 『원사』에는 캄보디아의 열전이 없다.

43 52쪽을 참고하시오.

44 그러므로 레무사가 생각했던 것과는 달리 주달관은 사신이 아니었다. 그 원문은 명백하다. 52쪽을 참고하시오.

45 메이어스(Mayers), 「중국인의 탐험들(Chinese Explorations)」, 『차이나리뷰』, III, 223쪽에 따라 인용했다.

들은 먼 곳까지 이루어진 팽창을 자랑했고, 자바와 캄보디아는 잘 알려졌고 아주 가까웠다고 하였다. 그렇지만 이 시기에 이 나라들은 한 차례도 중국에 경의를 표하지 않았다."[46]

　그러나 이미 캄보디아의 운명은 기울기 시작했지만, 적들은 이들 옆에서 성장해가고 있었다. 1296년의 사신은 근래 시암과의 전쟁을 통해 황폐해진 평야를 만났다.[47] 당시 캄보디아에서 시암 사람의 이름으로 불렸던 것으로 보이는 '남쪽의' 불교 승려들이 아마도 침략의 선봉이었을 것이다. 이것이 바로 더는 멈출 수 없는 첫 번째 징조였다. 15세기 초 영락제(永樂帝, 1402~1424년 재위)는 바다를 통해 환관들로 구성된 대규모 사신단을 보냈고, 이들은 참파, 수마트라, 시암을 방문했지만, 이들 중 누군가가 캄보디아에 갔을 가능성은 거의 없다.[48]

　따라서 『진랍풍토기』는 이 시기 캄보디아가 정체된 상태로 있었다는 비판을 담고 있다. 말하자면 더 나아가지도, 또 너무 몰락하지도 않은 상태로 말이다. 주달관은 가장 번성했던 시기의 이 문화에 대한 그림을 우리에게 보여주고 있다. 결국, 저자는 중국인이고, 그리고 구법(求法) 승려들은 오래전부터 얼마나 세심하고 정성스럽게 중국 여행자가 자신의 여행 기록을 가지고 있었는지를 보여주었다. 물론 그 자세한 것들은 비판의 여지가 있고, 캄보디아인들이 중국인들에 대해 주달관이 그들에게 돌렸던 그러한 경배심을 가졌을 리는 없지만[49], 그러나 종종 사람들은 그런 부정

---

46 황성증은 『서양조공전록』「자서(自序)」에서 "원나라 시기에 이르러 넓게 확장되었으나 참파, 자바는 아주 가까웠다고 하지만 여전히 강성하여 한 번도 항복하지 않았다(至前元號爲廣拓, 而占城·爪哇亦稱密邇, 迺堅不一屈內款)"라고 하였다.

47 123쪽을 참고하시오.

48 메이어스, 앞에 인용한 출처, 223쪽을 참고하시오.

49 109쪽을 참고하시오.

확함이 있게 된 이유를 추측한다. 예를 들어 주달관이 브라만 우상들을 분명하게 불교적 도상들과 구분할 줄 몰랐다면,[50] 당시 캄보디아인들의 눈에 그 분별이 그렇게 분명하지 않았을 수도 있을 것이다. 어떤 생략은 우리를 놀랍게 한다. 말하자면 수도를 언급하지 않고 그곳을 자세하게 묘사하고 있는 것은 이상하다. 그는 그곳을 '도시'라는 뜻의 '앙코르' 또는 '노코르'(Nokor, nagara)[51]로 부르는 것으로만 이해했을까? 일반적인 방식으로, 진실과 이야기의 진실성을 인식하는 것이 옳다. 이것이 바로 경이로운 것이 그 내면에 들어있다고 하는 건륭(乾隆, 1735~1796년 재위) 시기의 문헌학자들의 지적이다.

주달관 자신에 관해, 그가 관직을 맡지 않았고, '초정(草庭)'이란 자(字)를

---

50 도시의 문들을 장식하고 있는 조상들을 예로 들 수 있다(61쪽을 참고하시오). 마찬가지로 불촌(佛村, 49쪽)이라는 명칭은 기원으로 브라만 조상을 공유하고 있다고 할 수 있다.

51 조여괄(趙汝适)은 이 수도를 언급했다(『제번지』, 권1, 3쪽). 그러나 복건어로 '룩웍(Luk-wok)'으로 발음되는 녹올(祿兀)이라는 매우 이상한 이름으로 말이다(조여괄은 13세기 초부터 천주(泉州)의 외국 무역을 담당하는 지방관이었다). 이 명칭은 즉각 로벡(Lovek)을 연상시킨다. 그리고 뮌헨 아카데미 발표자료(Sitzungsberichte, 1898, I, 487쪽 이하)에서 『제번지』의 이 부분을 번역했던 히어트 씨는 "로벡, 이 옛 도읍의 유적은 우동(Oudong)의 북쪽으로 약 10km 지점에 있다."라고 하였다. 그러나 13세기 초에 도읍은 언제나 앙코르에 있었다는 것은 분명하다. 그리고 한편으로 15세기 이 도시가 앙코르와 바바우르(Babaur) 다음으로 캄보디아의 수도가 되기 이전 시기에 로벡이 중요한 도시였다는 흔적이 없다(아이모니에, 『Le Cambodge』, I, 223쪽을 참고하시오). 아이모니에 씨는 그 도시는 이 시기에 건설되었다고 분명하게 말하고 있다(『Le Cambodge』, I, 226쪽). 따라서 룩웍과 로벡을 분리해야 할 것이다. 아니면, 이 가설이 우리에게는 더 그럴 법해 보이지만, 13세기의 『제번지』가 18세기 말까지 필사본으로 전승되는 과정에서(1783년에 처음으로 간행됨) 새로운 수도의 이름이 원본의 언급에 가필되었다는 것을 인정해야 할 것이다. 하지만 앙코르의 한 비문이 숲에서 르보(Lvo)의 군대를 이끈 브라 캄라텡 앙 슈리 자야 싱하 바르만(Vraḥ Kamrateṅ aṅ çrï Jaya Siṅha varman)에 관해 언급하고 있는 것을 상기해야 한다(아이모니에, 『옛 크메르 비문에 관한 몇 가지 언급(Quelques notions sur les inscriptions en vieux Khmer)』, 별쇄본, 85쪽). 그러나 르보란 나라는?

가졌으며, 영가(永嘉) 출신이라는 것 이외에 우리가 아는 것은 아무것도 없다.[52] 이 '영가'란 도시도 12세기에 있었고, 주거비(周去非)의 고향으로 1178년에 간행된 『영외대답(嶺外代答)』은 외국에 관한 귀중한 정보들을 우리에게 제공하고 있다.[53] 주달관은 고위층의 사람들과 관계를 맺고 있었기 때문에 1296년 사신을 수행하는 임무를 맡았다.[54] 그는 13세기에 간행된 『제번지(諸蕃志)』를 알고 있었고,[55] 그의 친구 중의 한 명으로 '야선해아(也先海牙)'라는 몽골인을 거명하고 있으며,[56] 건륭의 문헌학자들은 저명한 오구연(吾邱衍)이 『진랍풍토기』를 가상하게 여겼다는 것을 알려주고 있다.[57] 우리는 주달관에 관하여 다른 저술인 『성재잡기(誠齋雜記)』를 알고 있을 뿐이고, 이 책은 『설부(說郛)』[58]에 잔권(殘卷) 형태로 수록되어 있는데, 말하자면 잡론(雜論)을 모은 책이다. 이 책은 주달관의 이름을 가지고 있는데, 그로 추정하는 것은 『성재잡기』와 『진랍풍토기』의 두 문장이 같은 것으로 확인되는 것 같다.[59]

우리는 5종의 『진랍풍토기』 원문을 알고 있다. 그러나 2종은 우리가 접근할 수 없고, 이들은 『고금일사(古今逸史)』와 『역대소사(歷代小史)』(명나라

---

52 이 설명들은 『고금설해(古今說海)』 본 『진랍풍토기』 권두에서 찾을 수 있다.

53 『영외대답』은 『지부족재총서(知不足齋叢書)』에 수록되어 있다. 이 주제에 관해서는 『제12차 로마 국제 동양학 학술대회 보고서(Actes du douzième Congrès international des Orientalistes, Rome)』, 1901, 140쪽을 보시오.

54 52쪽을 참고하시오.

55 51쪽을 참고하시오.

56 90쪽을 참고하시오.

57 42쪽을 참고하시오.

58 『설부』에 관해서는 와일리(Wylie), 『중국 문헌에 관한 설명(Notes on Chinese literature)』, 136쪽을 참고하시오. 『성재잡기』는 31부(部)에 들어있다.

59 59쪽 주106과 128쪽을 참고하시오.

이식(李栻)의 책)에 들어있는 것들이다.[60] 우리가 따를 나머지 세 텍스트는 다음과 같다.

첫째, 『고금설해(古今說海)』본(A). 『고금설해』는 명나라 시기에 편집되었다. 우리는 명나라 원본을 가지고 있지 않아, 1821년 재인쇄본을 사용한다.

둘째, 『설부』의 62부(部) 본(B). 『설부』는 도종의(陶宗儀)가 14세기에 편집한 상태로는 존재하지 않는다. 우리는 1647년 도정(陶珽)의 개정본을 사용한다.[61]

셋째, 『도서집성(圖書集成)』본(C). 이 방대한 총서는 청나라 시기에 나왔다. 동판으로 된 초판본은 아주 희귀하다. 극동프랑스학교에는 그 사본을 소장하고 있다. 19세기 중반에 『도서집성』의 2종의 재인쇄본이 만들어졌다. 하나는 통상적인 판형으로, 초판본과 거의 같게 만들어졌으나 여백들이 조금 더 크다. 우리는 북경에서 완전하지 않은 사본을 확보했다.[62] 다른 하나는, 작은 판형으로 상해에서 편집되었는데, 오늘날 중국학자들에게 잘 알려진 판본이다. 프랑스 국립도서관은 완전한 『도서집성』을 소장하고 있지는 않지만, 외국에 관한 부분인 「변예전(邊裔典)」을 가지고 있다. 이 부분에서 레무사는 『진랍풍토기』의 텍스트를 찾아냈고, 그의 번역은 1819년부터 알려지게 되었다.[63] 그 원문은 「변예전」에 있는 그대로 아시

---

60 『회각서목(滙刻書目)』에 들어있는 이 두 총서의 목록을 보시오.

61 와일리(Wylie), 『중국 문헌에 관한 설명(Notes on Chinese literature)』, 136쪽을 참고하시오.

62 이 판본 중에서, 극동프랑스학교는 「변예전(邊裔典)」의 몇 권을 소장하고 있을 뿐이다.

63 레무사의 번역은 같은 해 따로따로 동데이-뒤프레(Dondey-Dupré) 출판사에서 출간되었고, 이리에·말트-부륀(Eyriès et Malte-Brun) 출판사의 『여행, 지리 그리고 역사에 관한 새로운 기록들(Nouvelles annales des voyages, de la géographie et de l'histoire)』제3책으로 출간되었다. 레무사의 이 번역은 『13세기 말 그 나라를

아학회를 위해 클라프로트(Julius Heinrich Klaproth, 1783~1835)가 1833년 출판한 『중국명문집(Chrestomathie chinoise)』에서 다시 인쇄되었다.

우리가 A, B, C로 표기한 세 텍스트는 같은 가치를 가지지는 않는다. 레무사가 알았던 C판본은 세 텍스트 중에서 가장 열악하다. 사실 A에 없는 것은 B에도 없다. 그 반대의 경우는 진실이 아니다. 결국 C는 B와 같은 결함을 가지고 있고 C에만 보이는 결함은 더 있다. 그래서 우리는 이미 A에서 B로 그리고 B에서 C로의 계통 관계를 설정하려 했다. 의문스러운 상황이 우리를 결정하게 한다. '언어' 단락에서 C는 명백한 불연속성을 보여주는데 이는 이미 레무사에게 강한 인상을 주었다.[64] 그렇지만 중국의 편집자들은 이 판본을 따르지 않은 것 같다. 왜냐하면, 어떠한 주석도 이 점을 알려주지 않고 있으며, 텍스트의 변경을 의심할 만한 인쇄상의 실마리도 없기 때문이다. 여기에서 B는 C와 같지만, A는 전혀 다르며, B와 C는 정확하게 A의 앞면과 뒷면에 해당하는 곳이 비어있다는 점으로 확인된다. 따라서 B와 C는 A에서 나왔다는 결론에 이르는 것 같다. 그러나 A는 1821년의 것인가? 틀림없다. 그러나 중국의 재인쇄본들은 종종 인쇄 배치까지 원판을 재연한다. 따라서 1821년 판본의 모든 페이지는 명나라 판본

방문한 중국 여행가에 따른 캄보디아 왕국의 기술(Description du royaume de Cambodge, par un voyageur chinois gui a visité cette contrée à la fin du XIIIe siècle, …)』이라고 제목이 붙여졌고, 한 장의 지도를 포함하고 있다. 그 지도는 1829년 『아시아학의 새로운 선집(Nouveaux mélanges asiatiques)』, 제1책, 100~162쪽에서 재인쇄 되면서 삭제되었다. 우리는 레무사의 번역 이외의 다른 것에 대해서는 모른다. 『중국 문헌 사전(Bibliotheca sinica)』, 1262 조목이 『중국의 외래 인들에 대한 민족분류(Ethnographie des peuples étrangers à la Chine, 文獻通考)』, II, 476~488쪽의 캄보디아 조목을 『진랍풍토기』에서 재판한 것으로 설명한 것은 실수이다. 다른 곳에서와 마찬가지로 데르베이 생 드니스(d'Hervey de Saint Denys) 후작의 작업은 마단림(馬端臨) 책의 단순한 번역일 뿐이다.

64 85~87쪽을 참고하시오.

의 페이지와 같은 글자들로 시작하고 끝나는 것이 얼마든지 가능하다. 그리고 글자의 규칙적인 배열로 볼 때, 빠뜨리지 않았다는 것을 보장해 준다. 유일한 변화는 건륭 연간(1736~1795)에 재편집된 서지사항들이 각 저술의 앞머리에 추가된 것이다. 어쨌든 우리가 원본을 가지고 있지 않은 이러한 고찰은 B와 C에 모종의 의미를 재부여할 수 있고, 그것은 사실상의 계통에 따라 A에는 들어있지 않은 것이다. C에 대해서는 아무것도 없다. 왜냐하면, 많은 공백 또는 삭제된 것들이 거의 B 페이지의 모퉁이들 또는 B의 조판이 결함이 있는 곳에 해당하고, C의 편집자들이 원문을 가져온 것은 바로 B에서 또는 B에서 파생된 것에서 가져왔기 때문이다.[65] B에 관하여 말하자면, A와의 면밀한 대조는 경우에 따라 우리가 '천(千)'자 보다는 '간(干)'자가 더 났다고 생각하는 이본을 제공해 줄 뿐이다.[66]

인도차이나 연구의 50년 이래로 이루어진 커다란 성과를 통해 입증된 『진랍풍토기』의 새로운 번역이 우리에게 출간되었다. 옛 연대기록에 없는 이 나라에 관한 중국의 모든 자료가 종합되어, 체계적으로 번역하고 주석해야 바람직할 것이다. 이는 고유한 전승의 유동적인 내용들을 시공간 속에 위치시키는 새로운 지표가 될 것이다. 이는 우리가 오늘날 가지고 있는 이 전체 저술에 대한 기여이고, 우리의 초석이다. 우리의 작업에 약점들을 인식하고 있다. 아주 종종 난제들이 나의 조사과정을 농락했다. 그렇지만 적어도 나는 모호해 보이는 것을 지적해 냈다. 더 준비된 사람들이 나의 결론을 수정하거나 확인해주기를 바란다. 이 작업을 수행하도록 밀어주

---

65 이러한 관찰은 그다지도 자부했던 『도서집성』의 편집자들조차도 자신들의 자료를 선택하는 데 있어서 통찰력 있는 비판을 언제나 행하지 않았다는 것을 보여준다는 점에서 더 일반적인 중요성을 띤다.

66 50쪽을 참고하시오.

고, 아이모니에 씨와 같이 그의 주석들을 보완하기를 바랐던 학교장이신 피노 씨에게 감사의 마음을 전한다. 우리에게 이것은 이런 스승들의 지도로 학문의 세계로 입문하는 영광이자 행복한 순간이다. 또한, 나는 까바똥 (Antoine Cabaton, 1863~1942) 씨에게 많은 정보를 얻었다.[67]

폴 펠리오

---

67 피노, 아이모이네 그리고 까바똥 씨의 주석들은 각각 'L.F.(루이 피노)', 'E.A.(에띠엔느 아이모니에)', 'A.C.(앙뜨완 까바똥)'으로 표기하여 수록했다.

『사고전서총목제요(四庫全書總目提要)』

　　『진랍풍토기』 1권은 원나라 주달관(周達觀)이 지은 것
이다. 달관은 온주(溫州) 사람이다. 캄보디아는 원래 남해에 있는 작은 나
라로 부남(扶南)의 속국이다. 그 뒤에 점차 강성해졌다. 『수서(隋書)』「외국
전」에 처음으로 보이고, 『당서(唐書)』와 『송사(宋史)』에 모두 기록되어 있
으나, 조공을 항상 바친 것은 아니었다. 그래서 실려 있는 풍토와 방물(方
物)은 종종 소략하여 갖추어지지 않았다. 원나라 성종(成宗) 정원(貞元) 원년
인 을미년(1295)에 사신을 파견하여 그 나라에 황제의 명을 알렸는데, 달관
이 수행했다. 대덕(大德) 원년(1297)이 되어서야 돌아왔다. 시종 3년 동안
그 풍속을 다 알아내서 그가 보고 들은 것을 기록한 것이 이 책으로, 40장
이다. 문장의 뜻이 사뭇 완비되고 타당하지만, 다만 36장은 안에 인륜을
더럽혀 신이 견책하는 일을 기술하면서, 천도(天道)의 일정한 법으로 설명
하지 않고 부처에 공을 돌리니 그 소견이 매우 비루하다. 『원사(元史)』는
「진랍전」을 두지 않았으므로, 이 책을 얻어 본말을 상세하게 갖추면 그래
도 그 빠진 것들을 보완할 수 있을 것이다. 그래서 속국에 관해 알려주는
사람들의 책을 소중하게 보관하고 교정해야 한다.[68] 주달관이 이 책을 지
어 오구연(吾邱衍)에게 보여주자, 오구연이 제시(題詩)를 지어 찬탄해 마지
않았다.[69] 오구연이 지은 『죽소산방시집(竹素山房詩集)』을 보면, 오구연도
그 서술한 공에 탄복하고 있다.

---

68 펠리오 씨가 옮긴 이 번역을 원문대로 직역하면 "그러므로 갖추어진 것을 살피고
　　교정하여, 직방(職方)의 기록으로 삼아야 할 것이다."
69 오구연에 관해서는 와일리(Wylie), 『중국 문헌에 관한 설명(Notes on Chinese lit-
　　erature)』, 34, 112쪽을 참고하시오. 나는 이 시집을 가지고 있지 않다.

眞臘風土記一卷, 元周達觀撰. 達觀, 温州人. 眞臘本南海中小國, 爲扶南之
屬. 其後漸以強盛. 自隋書始見於外國傳, 唐·宋二史並皆紀錄, 而朝貢不常至.
故所載風土方物, 往往疏略不備. 元成宗元貞元年乙未, 遣使招諭其國, 達觀隨
行. 至大德元年丁酉乃歸. 首尾三年, 諳悉其俗. 因記所聞見爲此書, 凡四十則.
文義頗爲賅贍, 惟第三十六則内記瀆倫神譴一事, 不以爲天道之常, 而歸功於佛,
則所見殊陋. 然元史不立眞臘傳, 得此而本末詳具, 猶可以補其佚闕. 是固宜存
備參訂, 作職方之外紀者矣. 達觀作是書成, 以示吾邱衍. 衍爲題詩, 推挹甚至.
見衍所作竹素山房詩集中, 蓋衍亦服其敘述之工云.

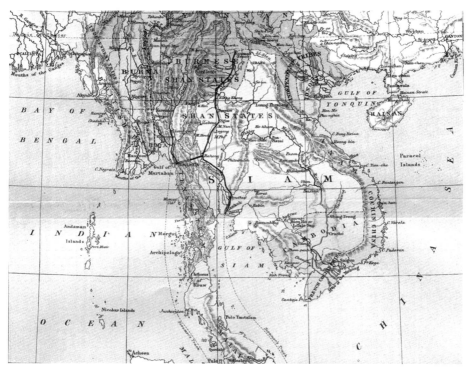

『Scottish Geographical Magazine』(V. II), 1886년 인도차이나 지도의 캄보디아 부분. 오른쪽 상단에서 광주-7시 방향에 해남도의 동북쪽의 작은 점들[펠리오 씨가 '칠주(七洲)'로 추정하는 곳]-베트남 중부의 꾸이년-메콩강 입구를 거슬러 올라 톤레삽 호수를 건너 앙코르에 이르는 주달관의 여정을 확인하시오.

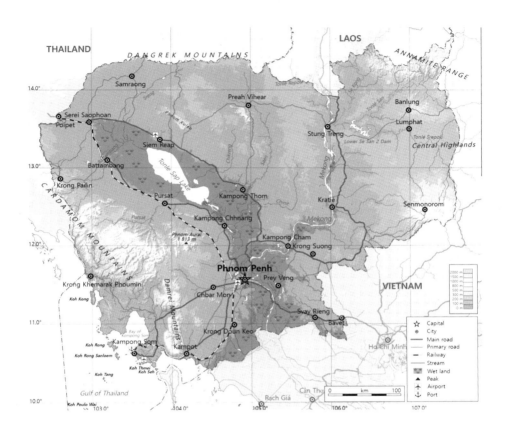

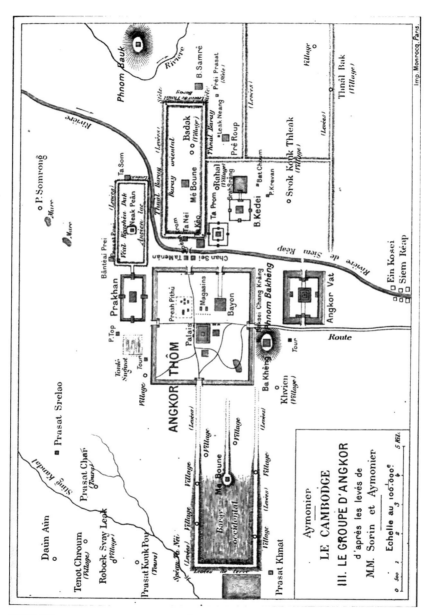

아이모니에(Etienne Aymonier, 1844~1929), 『캄보디아(Le Cambodge)』, III, Paris, E. Leroux, 1904.

진랍의 풍토에 관한 기술

저자: 원나라의 주달관은 자(字)가 초정(草庭)으로,
영가(永嘉)[70] 출신의 민간인이었다.

개관[總敍]

진랍은 '점랍(占臘)'이라고도 한다.[71] 고유한 명칭은 감

패지(甘孛智)이다. 현 왕조에서는 서번(西番)[72]의 경전들에 근거하여 이 나라

---

70 플레이페어(Playfair), 『중국의 성과 도시』, no8955를 참고하시오. 온주(溫州)에 속
한 현(縣)으로, 위도 28도 01분, 경도 120도 311분이다.

71 간혹 진랍(眞蠟)이라고도 하지만 진랍(眞臘)이 일반적인 표기이다. 점랍(占臘)이 또
한 『송사』(권 489, 「진랍전」, 15세기에 편찬되었음)에 언급되었다. 『명사』(권 324,
「진랍전」, 18세기에 편찬됨)에 따르면, 캄보디아는 1199년 참파[占城]를 정복했을
때 점랍(占臘)이란 명칭을 가졌으며, 원나라 시기에 진랍이란 명칭으로 다시 불렸
다. 『안남에 관한 기술(Mémoires sur l'Annam)』(14세기 초)은 여전히 점랍으로 쓰
여 있다(생송(Sainson)의 번역본, 96쪽). 앞의 서문 23쪽을 참고하시오. <u>여기 『안남
에 관한 기술』은 바로 14세기 탁레(Tǎc Lê)가 지은 『안남지략(安南志略)』으로, 까
미 오구스트 장 생송(Camille Auguste Jean Sainson, 1868~1954)이 불어로 번역하
여, 북경 라자리스트 인쇄소에서 1896년 출간되었다. 생송은 이 책으로 1900년 스
타니스라스 상을 받았다.</u>

72 서번(西番)은 일반적으로 티베트 사람들을 지칭한다. 분명히 서번의 경전들을 산스크리
트어로 된 문헌들로 이해해야 한다. 주달관이 여기에서 어떤 텍스트를 암시하고 있는
지는 모른다. 따라나타(Tāranātha)는 캄보자(Kamboja)로 썼다(A. Schiefner의 번역본,
262쪽). 인도의 북서쪽의 캄보자에 관한 언급들은 중국의 불교 문헌에서만 보이는데,
399~421년 불타발타라(Buddhabhadra)가 번역한 『화엄경(Avataṃsaka Sūtra)』(『일본
대장경』, 天, VIII, 46쪽)에서는 '감보(甘菩)'로, 695~699년 실차난타(Śikṣānanda)의 번
역에서는 '감보차(甘菩遮)'로 썼다(『일본대장경』, III, 天, 25쪽). 두 번째 번역본의
45권을 해설하고 있는 『일체경음의(一切經音義)』는 감보차의 의미를 모르겠다고
하였다. 징관(澄觀)이 지은 『화엄경』 주석(806~820사이, 『일본대장경』, 28, IV, 8
쪽)은 '감보차'를 붉고, 희며, 둥근 모양으로 3개의 줄이 있는 한 과일의 이름인 감
포(紺蒲, Kambhu)로 설명하고 있다. 말하자면 캄보자의 여인들 얼굴이 이 과일과
닮아 그로부터 왕국의 이름이 나왔다는 것이다. 『동서양고(東西洋考)』(1618, 권3,
8쪽, 동포채(東埔寨, 캄보디아) 조목)와 『명사』(앞에 인용한 출처)는 감패지(甘孛智)
는 감파자(甘破蔗)의 잘못된 표기임을 알려주고 있다. 분명 1379년과 1387년에 『명

를 '감포지(澉浦只)'라 부르는데, 발음상 '감패지'와 가까웠기 때문이다. 온주 (溫州)[73]에서 바다로 나가면 그 경계이다. 정미(丁未)[74] 방향으로 가서, 민(閩) 과 광(廣)의 해외 여러 주(州)의 항구를 거쳐 파라셀 군도의 바다[칠주양(七洲 洋)][75]을 건너고 교지양(交趾洋)[76]을 거쳐 참파[점성(占城)][77]에 이르렀다. 참파 에서 순풍이면 15일이면 진포(眞蒲)[78]에 도착할 수 있는데 바로 캄보디아의 경계이다. 진포에서 곤신(坤申)[79] 지침으로 향하여 곤륜양(崑崙洋)[80]을 지나

사』가 인용한 캄보디아 왕의 이름에 들어가는 감무자(甘武者)와 감보자(甘菩者)를 재구성해야 하는 것은 또한 캄부자(Kam buja) 또는 캄부자(Kamvuja)이다. 그 이 름의 연원에 관해서는 앞의 서문을 참고하시오.

73 온주는 절강의 한 주(州)이다. 플레이페어(앞서 참고한 출처)는 위도 28도 01분(북), 경도 120도 31분(동)라고 하였다.

74 천간지로 방향을 지칭하는 관습에 관해서는 율리우스 하인리히 클라프로트(Julius Heinrich Klaproth)의 『나침판의 발명에 관하여 알렉산터 폰 훔볼트씨에게 보낸 서한(Lettre à M. le baron A. de Humboldt sur l'invention de la boussole)』, 파리, 1834를 참고하시오. 레무사는 남방 ¼ 남서쪽으로 해석했다. 중국의 나침판 으로는 남남서로 이해해야 한다.

75 메이어스, 『차이나리뷰』, III, 326쪽에서 "칠주는 마마도 파라셀 군도의 맨 밑바닥 부분 언거리에 표기된 섬들일 것이다"라고 한 것을 참고하시오.

76 '교지양'은 오늘날 안남의 해안까지 펼쳐져 있으므로 우리의 통킹만과 완전히 일치 하는 것은 아니다.

77 점성(占城)은 나라의 수도일 것이다. [루이 피노] "그들의 연대기 기술에 따르면(아이모 니에, 『Excursions et reconnaissances』, XIV, 77~92쪽과 116~206쪽), 참파 사람들은 연속적으로 세 수도를 가졌다. 바로 꽝 빈에 있는 발 슈리 바노이(Bal Çrī Banöy), 후 에 근처에 있는 발 한가우(Bal Hangau) 그리고 빈 딘 근처에 있는 발 앙구에(Bal Anguê)이다. 이러한 연대기에 따르면, 주달관이 여행할 시기에 참파의 왕, 안남의 연 대기에서 슈만(Chê-man)으로, 마르코 폴로가 아크람발르(Acrambale), 비문에서는 자야 심하바르만(Jaya Siṃhavarman)이라고 했던 포 데바타슈보르(Po Debataçvör) 가 거주했던 곳은 발 앙구에이다. 한편 안남의 연대기를 참고하면, 이 왕이 '후에'를 안남에게 넘겨준 것은 1305년이다. 그러므로 1296년에 수도는 여전히 '후에' 근처였 을 것이다."

78 진포는 바리아(Baria) 또는 생작(St. Jacques, 메콩강 어귀) 만 해안에 있어야 한다. 아이모니에 씨는 뒤에 나오는 진포의 소금에 관한 언급을 근거로 오늘날 주요 염 전이 있는 바리아로 보는 경향이 짙다.

79 남서쪽 ⅓ 서쪽.

서 하구로 들어갔다. 하구는 10여 개가 있지만, 네 번째 하구[81]로만 들어갈
수 있다. 그 나머지 하구들은 모래 때문에 얕아져 큰 배들이 통과할 수 없
다. 그렇지만 멀리 바라보면, 모두 긴 등나무, 고목, 누런 사구, 흰 억새로
되어있어 한눈에 쉬이 알아볼 수 없다. 그래서 뱃사람들이 하구를 찾는 것
을 어려운 일로 여긴다. 어귀로부터 물살이 순조로우면[82] 북쪽으로 15일을
가면 '사남(査南)'[83]이라고 부르는 곳에 이를 수 있는데, 바로 캄보디아에 속
한 행정구역 중 하나이다. 사남에서 더 작은 배로 갈아타고 물살이 순조로
우면, 10일 만에 반로촌(半路村)과 불촌(佛村)을 지나, 담양(淡洋)[84]을 건너 성

---

80 곤륜은 크게는 말레이시아를 지칭하고 좁은 의미로는 푸로 콘도르(Poulo Condor)
  군도를 의미한다. 원문에서는 푸로 콘도르 바다가 이 군도보다 더 북쪽으로 펼쳐
  져 있는 것으로 보인다.

81 우리는 아이모니에 씨에 따라, 이 네 번째 하구는 미토(Mỹ Tho)이고 이전의 세
  하구는 쏴랍(Soirap)의 것으로 생각한다.

82 조수는 3월과 4월에 메콩강에서 아주 먼 호수의 지류에까지 느껴진다. 게다가 높아
  진 수위의 지류의 흐름이 역류하며, 물은 대호수의 함몰지점으로 모이게 된다. 아
  이모니에, 『캄보디아』, I, 10쪽.

83 아이모니에 씨는 사남(査南)을 로레아 피이에(Roléa Piier) 주의 수상 마을이자 그
  지역으로 들어가는 항구인 캄퐁 치낭(Kampong Chhnang)으로 보았다. 이 가정은
  그럴법하다. 하지만 음성적 근접성이 분명하지 않고, 결정적으로 프놈펜을 배제해
  야 한다고도 생각하지 않는다. '사남'에 이르기 위해서는 15일을 가야 한다는 것과
  시엠레아프(Siem Reap) 강어귀에 이르려면 또한 10일이 필요하다는 것을 기억해
  야 한다. 캄퐁 치낭은 아마도 여행의 기한보다 가까울 것이다. 캄퐁 치낭과 대호수
  의 입구 사이에 있는 반로촌(半路村)과 불촌(佛村)이란 두 마을을 위치시키기 어렵
  다는 것과 '사남'을 꺄트르 브라(Quatre-Bras, 즉 프놈펜) 쪽에 위치시킨다면 문제
  가 없어진다는 점을 부언해 둔다. 반로촌은 캄퐁 치낭에 그리고 불촌(佛村)은 아마
  도 불교 숭배가 상당히 오래되었고 번성했던(아이모니에, 『캄보디아』, I, 226쪽)
  바바우르(Babaur)에 위치시킬 수 있을 것이다.

84 틀림없이 유럽인들이 말하는 대호수는 바로 톤레삽(Tonle Sap) 호수로서 '민물의
  바다 또는 수조'란 의미이다(아이모니에, 『캄보디아』, I, 9쪽). 이 명칭은 164쪽의
  담수양(淡水洋)으로 이어지는데, 같은 의미가 있다. 여기의 '담양(淡洋)'을 『성사승
  람(星槎勝覽)』(1436년에 간행된 비신(費信)의 책)의 '담양(淡洋)'과는 아무런 관계가
  없는 것 같다. 흐루너펠트는 그곳을 수마트라의 북동쪽 해안의 타미앙(Tamiang)
  으로 확인했다(『통보』, VII, 116쪽). 어쨌든 담양(淡洋)의 위치를 놓고 중국인들에

(城)에서 50리에 있는 간방(干傍)[취(取)]85에 도착한다.

_____

게는 약간의 혼동이 있었던 것으로 보인다. 『성사승람』은 '담양'이라는 '나라'에 관해 말하는 것이 아니라 그 이름을 '민물의 바다'란 의미로 설명하고 있다. 한편 수마트라에서 3일 만에 이곳에 이른다는 기술과 말라카(Malaca), 파항(Pahang), 그리고 수마트라(Sumatra) 이전에 그 명칭을 인용하고 있는 것은 결정적으로 캄보디아의 모든 호수나 강을 배제하는 것이다. 그러나 캄보디아를 직접적으로 알지 못했던 것으로 보이는 15세기의 환관들은 전하는 말로만 알 수 있었다. 황성증(黃省曾)이 1520년에 편찬한 『서양조공전록(西洋朝貢典錄)』은 『성사승람』, 그리고 그 자매편인 『영애승람(瀛涯勝覽)』(1416년에 잘못 가필됨), 그리고 우리에게는 불행하게도 알려지지 않은 『침위편(針位編)』이 담양에 관한 정보를 제공하고 있다고 설명하고 있는데, 그 정보들은 참파 조목과 캄보디아 조목 사이에서 『성사승람』의 것과 거의 같으며, 약간의 가감이 있지만, 수마트라를 상정할 만한 것이 전혀 없다. (메이어스의 『서양조공전록』 번역은 『차이나 리뷰』, III, 219쪽, 321쪽과 IV, 61쪽, 173쪽, 특히 III, 326쪽을 참고하시오).

85 이 명칭은 매우 확실하지 않다. 원문은 "可抵其地日干(또는 千)傍取城五十里"이다. 『고금설해(古今說海)』본은 '간(干)'자와 '천(千)'자 중간 형태의 한 글자로 쓰여 있고, 『설부(說郛)』「변예전(邊裔典)」은 '간(干)'자로 되어있다. 이는 오래된 혼동으로 우리의 텍스트는 더욱 덜 당혹스러운 글자를 제시하고 있다. '간'자와 '천'자 중에서 우리는 '간'자를 따르기로 하고, 명칭의 첫 부분을 캄퐁(Kampong)으로 재구성한다 (캄보디아 지리서에서 아주 흔하게 보이는 말레이어이다). 그러나 명칭의 두 번째 부분은 석연치 않다. 문장은 논쟁의 여지 없이 '리(里)'자 다음에 끝난다. 다음은 『제번지』의 인용문이 시작되기 때문이다. 그런데 레무사의 '간방취'라는 구두를 따르면, 나머지 네 글자는 '성 50리'로 공중에 뜨게 된다. 문맥상 톤레삽을 가로지른 뒤에 시엠레아프(Siem Reap) 강어귀에서 하선했으며 그곳은 성, 즉 수도인 앙코르 톰(Ankor Thom)에서 50리 지점이라는 것이 명백하다. 이 거리는 약간 멀기는 하지만 거의 정확하다. 따라서 '성(城)'자 앞에 '…로부터 떨어진' '…에 가려면'이란 뜻을 의미하는 한 글자가 필요하다. 그런 의미로 쓰인 글자 중에 우리 텍스트에서 가장 흔히 보이는 것이 '거(距)', '저(抵)'자이다. '취(取)'자에 이러한 의미를 부여하기에는 두 가지 어려움이 따른다. 하나는 캄퐁이 결코 단독으로 쓰이지 않는다. 아이모니에 씨는 '승리의 부두, 선창'이라는 의미의 캄퐁 체이(Kampong chei)로 재구성할 것을 제안했다. 다른 반론은 더욱 심각한 데, 바로 우리가 아는 한 어떠한 사전에도 취(取)자를 '…로부터 떨어진' '…에 가려면'이란 뜻으로 해석하지 않는다는 점이다. 우리가 알고 있는 한 가장 근접한 용법은 『해국견문록(海國見聞錄)』의 한 문장에 설명되어 있다(와일리(Wylie, 『중국 문헌에 관한 설명(Notes on Chinese literature)』, 48쪽; 1744년의 『남양기(南洋記)』, 1쪽). 바로 過七州洋取廣南外之呫嘩囉山而至廣南(광주에서 안남으로 가려면)으로, "파라셀 군도의 바다를 건너 꽝남의 밖의 첨필라산을 '따라가서[取]' 꽝남에 이른다."라는 것이다. 『해국도지(海國圖志)』(1844년 출간)의 캄보디아 조목은 원본에 위원(魏源)이 추가한 것으

『제번지(諸番志)』[86]에 따르면, 그 나라의 넓이는 7천 리이다. 이 나라의 북쪽으로 10일이면 참파에 도착하고, 남서쪽으로 15일 가면 시암[섬라(暹羅)]이며, 남쪽으로 10일을 가면 번우(番禺)[87]이고, 동쪽에는 대양이 있다. 옛날 통상이 활발했던 나라이다.

성조(聖朝)가 하늘의 신성한 명령을 받아[88] 사해(四海)에 펼쳐질 때[89], 원

───────────────

로, 『진랍풍토기』를 인용하고 있는데(권8, 17쪽), "曰千傍, 取城五十里"로 구두되어 있다. 따라서 위원은 '취(取)'자를 명칭의 부분으로 보지 않은 것이다. 원문이 바뀌지 않았다면, 우리가 따라야 하는 것은 바로 이 결론이다.

86 『제번지(諸番志)』는 히어트(Hirth) 씨의 연구로 잘 알려져 있다. 이 책은 13세기 천주(泉州)의 상무 감독관이었던 조여괄(趙汝适)의 저서이다. 그의 책은 18세기까지 필사본 형태로 남아있었고, 1783년 『함해(函海)』라는 총서에 수록되었다(히어트, 『중국연구(Chinesische Studien)』, I, 29쪽 이하를 참고하시오). 히어트 씨는 『통보』, 뮌헨 아카데미 『발표 자료(Sitzungsberichte)』, 『JRAS』에 여러 장을 번역하여 발표했다. 『통보』(VI, 322쪽)에서 '韓海'로 썼고, 조여괄의 책이 당시 재 인쇄되었다고(wieder abgedruckt) 말한 것으로 보인다. 우리는 1783년 이전의 판본에 관해 아는 것이 없다. 이후 『제번지』는 1805년에 『학진토원(學津討原)』에 수록되었다. 여기의 인용문은 현재까지 알려진 가장 오래된 것으로 생각한다. 이 인용문은 권1 3쪽에서 찾을 수 있는데 그 나라는 "7천여 리이다(約方七千餘里)"라고 하였다. 이로부터 『제번지』가 13세기 말에 어느 정도 유포되었음을 알 수 있다. 조여괄은 천주에서 들은 것을 단순히 기록해 두는 데 그치지 않은 것 같다. 캄보디아 왕좌에 관한 기술과 같은 몇몇 이야기들은, 적어도 간접적으로는, 『수서(隋書)』(7세기 전반에 편찬됨)에까지 거슬러 올라간다. 우리는 나중에 한편으로는 『제번지』와, 다른 편으로는 『문헌통고(文獻通考)』와 『송사』 사이의 유사성에 관해, 조여괄, 마단림(馬端臨), 탈탈(脫脫)이 공통의 출처를 가졌는지, 아니면 마단림과 탈탈이 조여괄에게서 직접 가져온 것인지를 검토해야 할 것이다.

87 이 나라에 대해서 우리가 찾은 것은 아무것도 없다. 번우(番禺)는 광주(廣州)의 한 구역 명칭으로, 옛날에는 광주 자체의 명칭으로만 알려졌을 뿐이다. 아미오(P. Amiot)가 Fan-yu(번우)는 시암의 남쪽에서 10일 거리에 있다고 언급하게 한 것은(『중국인들에 관한 기록들(Mémoires concernant les Chinois)』, XIV, 111쪽), 이 텍스트에서 약간 변경된 이문(異文)일 것이다. 여기 펠리오의 참고 사항 중에 쪽수는 112쪽의 오기이다. 사실 아미오 씨의 텍스트에는 한자를 병기하고 있지 않아 같은 글자의 '번우'인지를 알 수가 없다.

88 誕膺天命, 레그(Legges), 『The Chinese Classics』, 『Chou king』, V. III, 5쪽을 참고

수(元帥) 사도(唆都)[90]가 참파를 통치하라는 임무를 맡았다. 그는 이 나라에 호부백호(虎符百戶)[91] 한 명과 금패천호(金牌千戶)[92] 한 사람을 보냈으나 사로잡혀 돌아오지 못했다. 원정(元貞, 1295), 을미년(乙未年) 6월에 성천자(聖天子)는 사신을 보내 교서를 공표하게 하였는데, 나는 그를 수행하게 되었다. 다음 해인 병신년(丙申年, 1296) 2월 나는 명주(明州)[93]를 떠나 20일에 온주(溫州)에서 배를 탔다. 3월 15일 참파에 도착했다. 여정 중에 역풍의 방해를 받는 바람에 가을 7월이 되어서야 이르렀다. 우리는 신하가 되겠다는 서약을 얻어내고, 대덕(大德, 1297) 정유년(丁酉年) 6월에 우리의 배로 돌아왔다. 8월 12일 사명의 정박지[四明舶][94]에 이르렀다. 분명 관습과 이 나

하시오.

89 奄有四海, 레그(Legges), 『The Chinese Classics』, 『Che king』, IV. I(I), 60쪽을 참고하시오.

90 사도(唆都)는 생송(Sainson)의 번역본 『안남에 관한 기술(Mémoires sur l'Annam)』에 자주 언급되어있다. 건륭 시기의 역사가들은 '색다(索多)'로 쓰고 있다. 그의 전기는 『원사』, 권129에 들어있다. 바로 마르코 폴로의 사가투(Sagatou) 또는 소가투(Sogatou)로, 마르코 폴로는 1278년 그의 원정에 관해 기술하고 있다(율, 『마르코 폴로』, II, 249쪽). 『안남에 관한 기술』은 1282~1283년으로 가르쳐 주고 있다(47쪽과 149쪽을 참고하시오).

91 호부백호(虎符百戶). 글자 그대로 번역하자면 '호랑이 표시가 있는 조각을 가진 백부장'이란 뜻이다. 백호(百戶), 천호(千戶, 다음 주석을 참고하시오), 만호(萬戶)가 있었다(『원사』, 권98을 참고하시오). '호부'란 한나라 두시(杜詩)가 만들었다고 추정되는 명령권을 표시하는 징표였다(『후한서』, 「두시전」, 권61, 2쪽). 그 조각은 상부에 일종의 호랑이 머리로 되어있다. 『서청고감(西淸古鑑)』은 한나라 시기의 호부를 보여준다(권38, 8쪽).

92 금패천호(金牌千戶), 글자 그대로 번역하자면 '금으로 만든 조각을 가진 천의 장'이란 뜻이다. 마르코 폴로는 이러한 조각 또는 파이자(paizah)에 관한 긴 설명을 제시하고 있다(율, 『마르코 폴로』, I, 341쪽 이하). '백호(百戶)'는 은으로 만든 것, '천호'는 금 또는 금박의 은으로 만든 것, '만호'는 사자의 머리가 올라 있는 금으로 만든 조각을 받는다. 율은 이 조각 중 두 가지를 보여주고 있는데, 하나는 파스파 문자를 가지고 있고 다른 하나는 위구르 문자를 가지고 있다(율, 『마르코 폴로』, I, 344쪽).

93 명주(明州)는 당나라 시기 영파(寧波)의 이름이다(플레이페어, 앞에 언급한 출처, no5269).

라의 일들을 완전히 알아낼 수는 없었지만, 그 주요한 점들을 파악할 수 있었다.

眞臘國或稱占臘, 其國自稱曰甘孛智. 今聖朝按西番經, 名其國曰澉浦只, 蓋亦甘孛智之近音也. 自溫州開洋, 行丁未針. 歷閩·廣海外諸州港口, 過七洲洋, 經交趾洋到占城. 又自占城順風可半月到眞蒲, 乃其境也. 又自眞蒲行坤申針, 過崑崙洋, 入港. 港凡數十, 惟第四港可入, 其餘悉以沙淺故不通巨舟. 然而彌望皆修藤古木, 黃沙白葦, 倉卒未易辨認, 故舟人以尋港爲難事. 自港口北行, 順水可半月, 抵其地曰查南, 乃其屬郡也. 又自查南換小舟, 順水可十餘日, 過半路村·佛村, 渡淡洋, 可抵其地曰干傍, 取城五十里. 按諸番志稱其地廣七千里, 其國北抵占城半月路, 西南距暹羅半月程, 南距番禺十日程, 其東則大海也. 舊爲通商來往之國. 聖朝誕膺天命, 奄有四海, 唆都元帥之置省占城也, 嘗遣一虎符百戶·一金牌千戶, 同到本國, 竟爲拘執不返. 元貞之乙未六月, 聖天子遣使招諭, 俾余從行. 以次年丙申二月離明州, 二十日自溫州港口開洋, 三月十五日抵占城. 中途逆風不利, 秋七月始至, 遂得臣服. 至大德丁酉六月回舟, 八月十二日抵四明舶岸. 其風土國事之詳, 雖不能盡知, 然其大略亦可見矣.

---

94 사명(四明)은 절강 상우(上虞) 근처에 있는 진(鎭)의 이름이다(플레이 페어, 앞에 언급할 출처, no6655). 사명산(四明山)은 또한 영파 근처의 산 이름이다(앙리 코르디에(Henri Cordier), 『서구 열강과 중국의 관계사(Histoire des relations de la Chine avec les puissances occidentales)』, I, 496쪽). 그리고 1871년과 1898년 상하이에서 심각한 곤경에 빠졌었던 유명한 영파(寧波)의 탑을 중국인들은 '사명공소(四明公所)'라고 부른다. 여기서 저자는 사명공소 사건을 말하고 있다. 사명공소는 영파 사람들의 공소인데, 1849년 프랑스 조계지 관할 지역이었다. 프랑스 조계에서는 납세의무와 비위생적이라고 생각한 의총(義塚) 이전을 요구했다. 이에 영파인들과 프랑스 군사간에 벌어진 유혈 사건을 말한다.

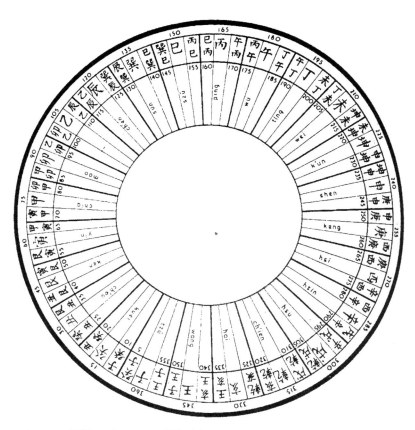

W. Z. Mulder, 『통보』, 37(1942), 1~14쪽에 따라 Paul Wheatley가 재구성한 방위표. 『말레이반도(The Golden Khersonese)』, Kuala Lumpur, Univ. of Malaya Press, 1961, 100쪽.

I. 담으로 둘러싼 도시[城郭]95

도시의 성은 둘레가 약 20리이다. 다섯 개의 문이 있는데, 각각 측면 두 문으로 덧대어 있다.96 동쪽의 두 문은 열려있고, 나머지 쪽은 하나뿐이다. 성 밖에는 큰 해자가 있고, 해자 위에는 다리를 놓아 접근하는 길이 있다. 다리의 양 끝에는 54개의 돌로 만든 신들이 있는데97, 돌로 만든 장군 상들과 비슷하며, 거대하고 무섭다. 다섯 개의 문은 같다. 다리의 난간들은 머리가 아홉인 뱀의 형상을 조각한 돌로 만들어졌다. 54개의 신이 뱀들을 손으로 잡고 있어 달아나는 것을 막고 있는 듯하다. 성문 위에는 돌로 만든 붓다의 머리 5개가 있고, 얼굴은 서쪽으로 돌리고 있으며 가운데에는 금으로 만든 하나가 있다.98 문의 양쪽은 돌로

---

95 [루이 피노(Louis Finot)] "800년경 야쇼바르만(Yaçovarman)이 수도에 세운 캄부푸리(Kambupuri) 또는 야쇼다라푸라(Yaçodharapura)이다(아이모니에, 『제11차 로마 국제 동양학 학술대회 보고서(Actes du XIe Congrès international des Orientalistes)』, 두 번째 섹션, 201쪽). 성의 둘레는 14,411m이다." ○『제번지』(13세기)는 이 도읍을 녹올(祿兀)로 제시하고 있다(36쪽과 주51을 참고하시오). ○주달관의 설명은 우리가 앙코르에 대해 알고 있는 것과 놀라울 정도로 일치하고 있다. 최근의 기술은 다음과 같다. "크메르 왕들의 거처는 강력하게 방어되어 있었다. 단(段)을 갖추고 외벽을 바른, 길이 120m와 깊이 4m의 해자가 사암으로 조각된 첨형 아치를 이고 있는 엄청난 양의 비엔 호아(bien hoa) 성벽을 둘러싸고 있다. 성은 흙으로 만든 내부 비탈에 의지하고 있고 도시 방향으로 기울어 낮아진다.··· 폭이 15m로 타일이 깔린 통로들을 통해 성에 접근하게 된다. 통로의 난간들은 나가(nāga, 반은 사람 반은 뱀)의 형태로 되어있고 거인들이 받치고 있다. ···뱀들은 거인들의 허벅지를 감고 있고 거인들은 뱀을 손으로 잡고 있다. ···다섯 개의 문이 성벽에 뚫려 있다. 서쪽, 북쪽, 남쪽의 면은 각각 하나이고, 동쪽의 면은 둘이다. 문들은 모두 두 측면 회랑을 통해 울타리 담장과 연결된 아치형 박공 건물에 나 있다. 이 건물에는 네 면에 브라마(Bhramā)가 받치고 있는 세 탑이 올려있다···중앙 건물과 회랑 사이에 들어있는 모퉁이에는 머리가 셋인 코끼리가 차지하고 있다···."(Fournereaux, 『앙코르의 유적, 그 예술과 역사 연구(Les Ruines d'Angkor, étude artistique et historique)』, 111~112쪽을 참고하시오).

96 "각 문에는 세 개의 통로가 보인다.···"(푸르네로, 앞의 출처, 150쪽).

97 한쪽에 54개면, 모두 108개로 신성한 숫자이다.

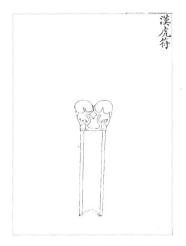

『서청고감(西淸古鑑)』(사고전서본), 권38, 14쪽

만든 코끼리 상이 조각되어있다. 성은 전체적으로 돌덩어리를 포개어 만들었고 높이는 2장(丈)쯤이다. 돌들은 매우 세밀하고 견고하게 연결되어 있어 잡초가 자라지 않는다. 총안은 없다. 성벽 위에는 몇 곳에 광랑(桄榔)[99]을 심어두었다. 간격을 두고 빈 집들이 있다. 성벽의 안쪽은 10여 장의 비탈과 같다. 그 높이로 큰 문이 있는데, 밤에는 닫고 아침에 연다. 문지기들이 있고 단 개[狗][100]들은 넘어 들어올 수 없다. 성은 정사각형이고 네 모퉁이에는 돌로 만든 탑 4개가 세워져 있다. 발가락이 잘린 죄인들은 더는 그 문들을 넘어 들어올 수 없다. 왕국[101]의 중심을 표현하는 금탑[102]이 있

---

98 이 문장은 사실과 부합하지도 않고 애매하다. 城門之上有大石佛頭五面向西方中置其一飾之以金. 앙코르의 문에는 다섯 개가 아니라 네 개의 머리가 올려있다. 다르게 구두해보면, '면(面)'자를 하나의 수사로 보아, 다섯 개의 머리는 머리로 이루어진 다섯 덩어리고 서문의 것은 금이 칠해졌다고 이해할 수도 있다. 그러나 이 가설을 입증할 것은 아무것도 없을뿐더러, 『동서양고(東西洋考)』(1618)에서 "성 위에는 다섯 개의 부처 머리가 있는데, 가운데 것은 금으로 장식되었다(城門之上石佛頭五, 飾其中者以金)"(권3, 10쪽)라고 설명하고 있는 것과 배치된다. 이들 브라마(Bhramā) 카투르무카(caturmukha, 네 개의 얼굴을 가진)는 사실 시바 판차나나(Çiva Pañcānana)들로 맨 위의 머리가 떨어졌다고 가정하면 원문에 접근시킬 수 있을 것이다.

99 Caryota ochlaudra. 사고 야자나무(sago-palm)

100 레무사는 여기의 개를 '노예'로 해석하고 156쪽에 노예들에게 주어진 '당(撞)'이란 이름과 연결했다. 이렇게 연관 지은 것은 원문의 '당(撞)'자를 잘못 읽어 나온 것으로 완전히 상상에 의한 것이다. 그곳의 '당'은 음역자이다.

101 아이모니에 씨가 '왕국'으로 표기하게 했는데, 틀림없이 여기서는 나가라(nagara),

고, 옆으로 20여 개의 돌로 만든 탑과 100여 개의 석실이 있다. 동쪽에는 금으로 만든 다리가 있는데, 다리의 양쪽에는 금으로 만든 두 사자가 있고, 금으로 만든 여덟 부처가 석실 아래에 놓여 있다. 금탑으로부터 북쪽으로 약 1리쯤에도 금탑[103]보다, 더 높게 구리로 만든 탑이 있는데 보기에 매우 인상적이다. 아래에는 돌로 말끔하게 만든 10개의 집이 있다. 또 북쪽으로 1리 남짓 되는 곳이 바로 군주가 거처하는 곳이다. 군주의 쉬는 거처에도 금탑[104] 하나가 있다. 이것이 바로 상인들이 이 나라에 와서, 돈을 마구 쓴 부귀한 캄보디아에 대해 찬탄을 자아냈던 것이 이러한 기념물

즉 왕국 보다는 도시로 이해해야 한다.

102 [루이 피노] "도시의 중심에 자리한 금탑은 바이욘(Bayon)임이 거의 확실하고, 실제로 20여 기 이상의 돌탑으로 둘러싸여 있다. 헤아려 보면 42개이다. 아이모니에 씨에 따르면, 이것들은 인드라바르만(Indravarman)이 890년에 세운 시바슈라마(Çivâçrama)일 것이다." ○[에띠엔느 아이모니에] "어쨌든 이 기념물은 정확히 도시의 중앙에 있는 것이 아니라, 분명히 남동쪽에 있다."

103 [루이 피노] "틀림없이 바푼(Bapuon)이다." ○[에띠엔느 아이모니에] "바이욘의 북쪽(약간 서쪽)으로 1리(400m)에 금칠한 기와 또는 공중으로 끝을 올린 구리판으로 만든 지붕이 올려져 있는 높은 피라미드인 바 푸온(Ba Phuon) 기념물이 있는데, 동탑의 높이이다." ○이들 탑 또는 금칠한 피라미드에 관해서는 반 우스토프(Van Wusthof)가 1641년에 본 비엔티안(Viêng Chăn, 이에 관해서는 『BEFEO』, I, 111쪽을 참고하시오)의 탓 루앙(Thạt Luông)에 관해 말한 것을 참고하시오. 즉 "이 피라미드는 전체가 황금 판으로 덮여 있는데, 천 파운드의 무게가 나간다고 한다."「네덜란드인의 캄보디아와 라우웬 왕국으로의 먼 여행과 1644년까지 있었던 일(Voyage lointain aux royaumes de Cambodge et Laouwen par les Néerlandais et ce qui s'y est passé jusqu'en 1644)」, 보에켈(P. Voelkel)의 번역본, 『지리학회학보(Bulletin de la Société de géographie)』, 1871, 여섯 번째 시리즈, II, 266쪽). "이 도시(Lakhôn)에는 황금으로 눈부신 25개의 탑이 있다."(같은 출처, 161쪽).

104 [루이 피노] "파미언아까(Phimeanakas=Akaçavimana, '하늘의 궁전') 야쇼바르만(Yaçovarman)이 889~910년에 세운 야쇼다라기리(Yaçodharagiri)에 해당한다." ○[에띠엔느 아이모니에] "왕궁은 이 탑 너머 1리에 있는 것이 아니라 매우 가까워 10여 미터에 불과하다. 궁궐 안에 다른 피라미드가 있는데 확실히 금칠로 되어있다. 즉 이것이 바로 오늘날 '파미언아까'라고 부르는 건물이다. 이 피라미드의 특별한 이 명칭은 푸르네로(Fournereau) 씨가 말하는 것처럼 궁전에 부여된 것이 아니다."

들 때문이라고 생각한다.

남문으로 나오면 반 리쯤에 돌탑이 있는데 노반(魯般)이 하룻밤에 세운 것이라고 한다.[105] 노반의 무덤은 남문 밖 1리쯤에 있는데 둘레가 약 10리

---

105 [루이 피노] "노반의 돌탑은 앙코르 톰과 앙코르 와트 사이의 거의 중간지점에 있는 프놈 바켕(Phnom Bakeng) 기념물과 상당히 일치한다. 노반의 무덤에 관하여 앙코르 와트 이외에 다른 것으로 볼 수 없다. 이 기념물은 둘레가 10리, 즉 4~5㎞라고 하니, 의심할 여지 없이 매우 큰 건물이었다. 앙코르 와트의 성은 거의 이러한 전개를 보여준다. 저자에 따르면, 두 기념물은 남문으로부터 ½리와 1리, 즉 500m 반경 안에 있으므로 거리가 현저하게 다를 뿐이다. 그러나 이 반경에는 주요 기념물의 흔적이 없으므로, 이러한 숫자들은 분명 잘못되었다." ○[에띠엔느 아이모니에] "전승이 전설의 노반에게 돌리고 있는 돌탑은 프놈 바켕의 북쪽 기슭에 있는 박세이 창 크랑(Baksei Chang Krang)이라는 높은 벽돌탑일 것이다. 아니면 더 확실히는 이 언덕을 뒤덮고 있는 중요한 기념물일 것이다. 소위 이 건설자의 무덤이라는 10리의 성곽이 두른 백여 채의 돌집은 분명 앙코르 와트 사원을 지칭하는 것 같다. 앙코르 와트의 성곽은 해자가 5,000m를 넘는데, 그 웅장함은 매우 간략하게 언급되었다. 이 성곽의 북동쪽 모퉁이에서 앙코르 톰의 남문까지의 거리는 '1리'라기 보다는 '1㎞'이다." ○노반은 캄보디아 사람의 이름이 아니다. 노반(魯般) 또는 노반(魯班)은 노나라의 유명한 장인의 별명으로, 공자와 동시대인이며 오늘날까지 목수의 신으로 숭배된다고 한다 (자일스, 『중국인명사전(Chinese Biographical Dictionary)』, no1424; 메이어스, 『중문 독자의 매뉴얼(The Chinese reader's manual)』, no13; 아레즈(Charles de Harlez), 『신과 신선에 관한 책(Le livre des esprits et des immortels)』, 281~283쪽을 참고하시오). 우리는 『맹자』에서 공수자(公輸子)의 능숙함에 관한 언급을 찾을 수 있는데(레그(Legges), 『The Chinese Classics』, II, 288쪽), 공수자는 노반의 실제 이름이다. 또 『예기』 「단궁(檀弓)」에도 그를 언급하고 있고, 그의 생평은 『노반경(魯班經)』이라는 책에 기술되어 있으며, 항상 나무로 저절로 움직이는 인형을 만드는 경이로운 장인이었다. 그러나 어떻게 앙코르 와트가 주달관에게서 노반의 무덤이 되었을까? 여기에서 주달관이 정보들을 수집할 수 있었던 방법을 소개해야 한다. 분명 그는 캄보디아어를 몰랐으므로, 캄보디아에 정착한 교민들에게 정보를 얻었을 것이다. 당시 그곳에는 왕성한 이주민집단이 형성되어 있었다. 오래된 이 이주민들은 자신들의 전통을 가져야 했다. 말하자면 노반의 무덤은 그들 전설 중의 한 대상이였음이 틀림없다. 그리고 앙코르 와트의 경이로운 것들에 관해 주달관이 침묵하고 있다는 것은 전설의 골조가 신비로운 기념물을 봉하도록 사원의 출입이 중국인에게는 금지되었다는 이와 같은 가정을 가능하게 한다. 민간전승의 기원은 모호하지만, 초자연적인 장인 노반과 사람들이 앙코르를 건설했다고 돌리는 비수 누카르만(Viṣṇukarma= Viçvakarman) 사이에 혼동이 중국인들의 사고에 형성되었을 것이다.

쯤 된다. 거기에는 백여 채의 돌집이 있다.

동지(東池)[106]는 성의 동쪽 10리에 있고 둘레는 백 리가량 되며 돌탑과 돌집들이 들어있다. 탑 안에는 누워있는 동불(銅佛)이 있는데, 배꼽에는 끊임없이 물이 흘러나온다.

북지(北池)[107]는 성의 북쪽 5리에 있다. 네모난 금탑과 10여 채의 돌집을 가지고 있으며, 황금사자, 금불상, 코끼리 동상, 말 동상 등 빠진 것이 없다.

城郭: 〔1〕州城周圍可二十里, 有五門, 門各兩重. 惟東向開二門, 餘向皆一門. 城之外皆巨濠, 濠之外皆通衢大橋. 橋之兩傍共有石神五十四枚, 如石將軍之狀, 甚巨而獰, 五門皆相似. 橋之闌皆石爲之, 鑿爲蛇形, 蛇皆九頭. 五十四神皆以手拔蛇, 有不容其走逸之勢. 城門之上有大石佛頭五, 面向四方. 中置其一, 飾之以金. 門之兩旁, 鑿石爲象形. 城皆疊石爲之, 可二丈. 石甚周密堅固, 且不生繁草, 却無女墻. 城之上, 間或種桄榔木, 比比皆空屋. 其內向如坡子, 厚可十餘丈. 坡上皆有大門, 夜閉早開, 亦有監門者, 惟狗不許入門. 其城甚方整, 四方各有石塔一座, 曾受斬趾刑人亦不許入門. 〔2〕當國之中有金塔一座, 傍有石塔二十餘座. 石

---

106 [루이 피노] "동쪽 호는 오늘날은 말라버린 인공 저수지로서, 뜨날 바레이(Thnal Baray)라는 통로가 두르고 있는 야쇼다라타타카(Yaçodharataṭāka)에 해당하는 것 같다. 그 중심에는 메본(Mébon)이라는 인공 섬에 세워져 있다." ○[에띠엔느 아이모니에] "동쪽 호는 비문에서 야쇼다라(Yaçodhara)의 연못으로 오늘날은 말라버렸고 바레이(Baray, 동쪽)라 부른다, 10리가 아니라 성에서 동쪽으로 고작 1㎞에 지나지 않는다. 그 둘레는 1백 리가 아니라 고작해야 7~8㎞에 지나지 않는다. 그 중간에 세워진 사원은 실제로 메본(Mébonne)이라 불리는 기념물이다." ○주달관의 『성재잡기(誠齋雜記)』는 이 문장을 다음과 같이 인용하고 있다(『설부』, 호(弓)31, 1쪽). "캄보디아에는 석탑 하나가 있는데 그 안에 동으로 만든 와불이 있다. 그 배꼽에서 쉼 없이 물이 흘러나오는데 그 맛이 중국의 술과 비슷하여 사람을 쉬이 취하게 한다(眞臘有石塔中一銅臥佛臍中常有水流味中國酒易醉人)."라고 하였다.

107 [에띠엔느 아이모니에] "북쪽 호는 프라칸(Prakhan)이란 커다란 기념물 전에 있으며 니악 쁘안(Neak Pean)이란 작은 사원이 둘러싸고 있는 프레아 레아크 닥(Preah Réach Dak)이라는 현재 말라버린 큰 연못이다. 정확히 말하자면 앙코르 톰 성벽의 북동쪽 모퉁이에서 십여 미터에 있다. 5리에 있다고 말하려면, 그 거리는 이 모퉁이의 가장 인접한 두 문 중 하나에서부터 계산되어야 한다.

앙코르 톰, 바이욘사원. 3층에 세운 작은 탑. 출처: Lucien Fournereau, 『Les RuinesKhmères, Cambodgeet Siam』, Paris, Ernest Leroux, 1890, 도판75.

屋百餘間, 東向金橋一所. 金獅子二枚, 列於橋之左右. 金佛八身, 列于石屋之下. 金塔至北可一里許, 有銅塔一座, 比金塔更高, 望之鬱然. 其下亦有石屋數十間. 又其北一里許, 則國主之廬也. 其寢室又有金塔一座焉. 所以舶商自來有富貴眞臘之褒者, 想爲此也. 〔3〕石塔在南門外半里餘, 俗傳魯般一夜造成. 魯般墓在南門外一里許, 周圍可十里, 石屋數百間. 〔4〕東池在城東十里, 周圍可百里, 中有石塔·石屋. 塔之中有臥銅佛一身, 臍中常有水流出. 〔5〕北池在城北五里, 中有金方塔一座, 石屋數十間. 金獅子·金佛·銅象·銅牛·銅馬之屬, 皆有之.

2. 주거[宮室]

　　　　　궁전, 관사(官舍), 귀족의 집[府第]들은 모두 동쪽으로 향하고 있다. 궁전은 금탑과 금교(金橋)의 북쪽에 있다. 바깥문에서부터 둘레는 5~6리이다.[108] 거처의 기와는 납으로 되어있고, 다른 건물들의 기와는 흙으로 되어있어 누런색이다. 다리의 기둥은 거대하고, 부처들이 조각되거나 그려져 있다. 건물 본채는 장관이다. 긴 베란다들, 지붕 덮인 복도들은 자유분방하며 크게 대칭을 이루지 않고 있다. 회의실은 황금 창틀을 가지고 있고, 좌우에는 창문을 따라 배열된 40~50개의 거울이 있는 네모난 기둥들이 있다.[109] 그 아래에는 코끼리들이 표현되어 있다. 궁전 내부에는 경

---

108 [에띠엔느 아이모니에] "궁전의 성곽은 실제로 약 2㎞의 둘레이다."
109 주달관은 왕좌를 기술하지 않았지만, 『수서』로부터 왕조의 사가들은 이 왕좌에 대해 더 많은 정보를 제공하고 있다. 그것들을 인용하여 마단림(馬端臨)은 캄보디아에서 왕좌의 배치는 적토(赤土)의 것과 같다(마단림, 『남중국 외래 인들에 대한 민족분류(Ethnographie des peuples étrangers à la Chine, Méridionaux) 문헌통고』, 데르베이 샌드니(d'Hervey de Saint-Denys)의 번역본, II, 478쪽)고 하였고, 「적토전」에는 "왕이 있는 단상의 양쪽에는 금속으로 만든 두 개의 큰 거울이 놓여 있고, 각 거울의 앞에는 황금으로 만든 화병이 있으며, 그 화병 앞에는 마찬가지로 금으로 만든 향로가 있다."(468쪽)라고 하였다.

이로운 곳이 많이 있다고 했다. 그러나 방어가 매우 삼엄하여 들어갈 수 없었다. 궁전에는 금탑[110] 하나가 있는데 그 꼭대기에서 왕이 잔다. 모든 현지인이 그 탑에는 머리가 아홉인 뱀의 정령이 사는데, 그것이 왕국의 주인[地主]이라고 했다. 그 정령은 매일 밤 한 여인의 모습으로 나타난다. 그녀와 함께 군주가 먼저 잠을 자며 성교한다. 왕의 서열 1위의 부인들도 감히 들어가지 못한다. 왕이 두 야경에 나와야 비로소 처첩(妻妾)들과 잘 수 있다. 이 뱀의 정령이 나타나지 않는 밤이 있으면 왕의 죽음이 임박한 시기이다. 왕이 하룻밤이라도 가는 것을 빠뜨리면 모종의 재난이 이른다.

왕자들과 고관들의 거처는 사람들의 집과는 다른 차원과 배치를 보여준다. 일반인과 변두리의 집들은 짚으로 지붕을 만들지만 단 가묘(家廟)와 침실은 기와로 덮을 수 있다. 개인의 공식적 서열에 따라 거처의 규모가 결정된다.

백성들의 집은 짚으로만 덮고 기와를 놓을 수 없다. 그 규모는 각자의 재산에 달려 있지만, 결코 귀족 집의 규모나 배치를 모방할 수 없다.[111]

---

110 파미언아까(Phimeanakas)로, 57쪽 주104를 참고하시오.

111 15세기의 환관들은 참파에서 같은 규칙들을 찾아냈다. "왕의 궁궐은 크고 솟구쳐 있고, 장식된 기와로 덮여 있으며 흙 담장으로 둘러싸여 있다. 짚을 섞어 우둘투둘하게 되어있다. 궁궐의 문은 단단한 나무에 온갖 종류의 동물 형상을 새겨 장식되어 있다. 왕실 관리들의 거처들은 모종의 규칙들이 지을 수 있는 높이를 결정한다. 일반 백성들은 집이 3척을 초과하면 벌을 받고, 지붕은 짚으로 덮는다."(메이어스, 「중국 탐사(Chinese Exploration)」, 『차이나리뷰』, III, 323쪽). 펠리오가 말한 15세기 환관들은 비신(費信)과 마환(馬歡)을 말한다. 마환이 남긴 기록인 『영애승람』은 역자의 주석과 함께 곧 출간을 앞두고 있으므로, 여기서는 비신의 『성사승람』[명 청권의 교주본, 전집 2쪽]의 해당 조목을 소개한다. "추장이 사는 곳은 높고 넓으며, 집, 문, 담장 모두 벽돌과 석회로 벽돌을 쌓았으며, 견고한 나무에 짐승의 모양을 새겨 장식했고 바깥은 벽돌 담을 둘렀다. 성곽의 방비에는 훈련된 병사들의 도구가 있는데, 독약을 바른 활촉, 칼, 표창 등이다. 부령(部領)들이 사는 곳은 등급에 따라 나뉘며 문의 높이에 제한이 있다. 아래 백성들은 띠를 엮어 지붕을 덮으며, 문은 3척을 넘지 못한다. 넘으면 죄가 된다(酋長所居高廣, 屋宇門牆俱磚灰甃砌, 及

Maison cambodgienne. Dessin de M. Maréchal.

캄보디아 사람들의 집. 마레샬(Maréchal) 씨의 그림. 출처: J. Moura, 『Le Royaumede Cambodge』, Paris, 1883, 193쪽(도판13).

宮室: 〔1〕國宮及官舍府第皆面東. 國宮在金塔·金橋之北, 近門, 周圍可五六里. 其正室之瓦以鉛爲之. 餘皆土瓦, 黃色. 橋柱甚巨, 皆雕畫佛形. 屋頭壯觀, 修廊複道, 突兀參差, 稍有規模. 其蒞事處有金窗, 檻左右方柱, 上有鏡約有四五十面, 列放於窗之旁. 其下爲象形. 聞内中多有奇處, 防禁甚嚴, 不可得而見也. 其内中金塔, 國主夜則臥其上, 土人皆謂塔之中有九頭蛇精, 乃一國之土地主也. 係女身, 每夜則見, 國主則先與之同寢交媾, 雖其妻亦不敢入. 二鼓乃出, 方可與妻妾同睡. 若此精一夜不見, 則番王死期至矣. 若番王一夜不往, 則必獲

堅硬之木雕琢獸畜之形爲華飾, 外周磚垣. 亦有城郭之備, 練兵之具, 藥鏃刀標之屬. 其部領所居, 亦分等第, 門高有限. 民下編茅覆屋, 門不過三尺, 過者即罪之)."라고 하였다. 보는 바와 같이 메이어스의 번역은 허술하다. 펠리오가 이후에도 왜 이 부분을 주석하지 않았는지 모르겠다.

災禍. 〔2〕其次如國戚大臣等屋, 制度廣袤, 與常人家迥別. 周圍皆用草蓋, 獨家廟及正寢二處許用瓦. 亦各隨其官之等級, 以爲屋室廣狹之制. 〔3〕其下如百姓之家, 止用草蓋, 瓦片不敢上屋. 其廣狹雖隨家之貧富, 然終不敢倣府第制度也.

3. 의복[服飾]

　　　　　　왕부터 시작해서 남녀 모두 상투 머리[椎髻][112]를 하고 어깨를 드러낸다. 그들은 간단히 천 조각[113]으로 허리를 두른다. 나갈 때 그들은 작은 천 아래로 두르는 큰 천을 더 걸친다. 많은 천의 등급이 있다. 왕의 천은 금 2~3냥의 값어치가 나가는데, 색깔과 섬세함이 가장 훌륭하다. 이 나라에서 사람들은 천을 짜지만, 시암과 참파에서 많이 오고, 가장 높이

---

112 [루이 피노] "현재 캄보디아인들은 바쿠(Bakous)를 제외하고 모두 짧은 머리를 하고 있다." ○이 이상한 추계(椎髻, 망치 모양으로 상투를 지음)라는 표현에 관해 우리가 알고 있는 가장 오래된 용례는, 안남 사람들이 세 번째 왕조의 건국자로 여기는 남월(南越, 광주)의 왕 조타(趙佗)와 관련하여 『전한서(前漢書)』(「육가전(陸賈傳)」, 권43 2쪽)에 보인다. 바로 "위(尉)인 조타는 망치 모양으로 상투를 하고 두 다리를 펴고 앉았다(尉佗魋結箕踞)." 말하자면 야만인들 속에 살면서 그들의 관습을 취했다는 말이다. 『강희자전』은 이 명사를 '병사들의 머리'라고 설명했다. 그러나 이 표현은 특히 외래인들을 무시하여 지칭하는 말로 사용한다. 왕종재(王宗載)는 그들을 "망치 모양으로 머리를 한 천한 사람들(魋結醜類)"이라고 하였다(드베리아(Devéria)가 『샤를르 드 아레즈의 선집(Mélanges Charles de Harlez)』, 99쪽에서 번역한 『사이관고(四夷館考)』의 서문). 반 우스토프(Van Wusthof)가 이미 캄보이아인들의 '짧은 머리'에 대해 언급했다(앞에 인용한 출처). 라무지오(Ramusio)는 『항해와 여행에 관하여(Delle navigationi e viaggi)』, 베니스, 1554, I, 372쪽에서 남편이 죽으면 자결하는 여인들에 관해 다음과 같이 말했다. "유덕함으로 귀까지 묶인 [여인들](le quali si tosano fine alle orecchie per gentilezza)." 아이모니에는 '바쿠(Bakou)'를 파고(pago), 즉 상투한 남자, 상류층 사람으로 설명했다.

113 [루이 피노] "캄보디아 사람들이 평소 입는 흰 면 옷은 시암인들에게 수입해 온 것이다. 옛날에 그들은 상의로 오른쪽 어깨를 내놓고 가슴을 두른 스카프를 걸쳤다. 하의는 삼폿(sampot)으로, 비단이나 면 조각으로 허리 주변을 두르는 것이며, 그 가장자리는 다리 사이로 올려, 헐렁한 속옷 역할을 하도록 허리띠 끝에 고정한다."

모두 부처를 숭배한다.

이 나라에는 미소년들이 많아 항상 10여 명 이상이 무리 지어 저잣거리를 돌아다닌다.[139] 한결같이 후한 선물을 대가로 중국인들을 유혹한다. 망측하고 비열하다.

人物: 〔1〕人但知蠻俗. 人物粗醜而甚黑, 殊不知居於海島村僻尋常閭巷間者, 則信然矣. 至如宮人及南棚【南棚乃府第也.】婦女多有其白如玉者, 蓋以不見天日之光故也. 大抵一布經腰之外, 不以男女皆露出胸酥, 椎髻, 跣足. 雖國主之妻, 亦只如此. 〔2〕國主凡有五妻, 正室一人, 四方四人. 其下嬪婢之屬, 聞有三五千, 亦自分等級, 未嘗輕出戶. 余每一入內, 見番主必與正妻同出. 乃坐正室金窓中, 諸宮人皆次第列於兩廊窓下, 徙倚以窺視, 余備獲一見. 凡人家有女美貌者, 必召入內. 其下供內中出入之役者, 呼爲陳家蘭, 亦不下一二千. 却皆有丈夫, 與民間雜處, 只於額門之前, 削去其髮, 如北人開水道之狀, 塗以銀硃, 及塗於兩鬢之傍, 以此爲陳家蘭別耳. 惟此婦可以入內, 其下餘人不可得而入也. 內宮之前後有絡繹於道途間. 〔3〕尋常婦女, 椎髻之外, 別無釵梳頭面之飾. 但臂中帶金鐲, 指中帶金指展. 且陳家蘭及內中諸宮人皆用之. 男女身上, 常塗香藥, 以檀麝等香合成. 家家皆修佛事. 〔4〕國中多有二形人, 每日以十數成羣, 行於墟場間. 常有招徠唐人之意, 反有厚饋, 可醜可惡.

---

139 이러한 것은 중국이나 캄보디아에서도 더는 존재하지 않는다. 9세기 아랍 여행자들은 이미 "중국인들은 이를 일삼는 소년들과 로트(Loth)의 낚시를 저지른다."라고 기록했다(Reinaud, 『9세기 인도와 중국으로 간 아랍인들과 페르시아인들의 여행 기록(Relation des voyages faits par les Arabes et les Persans dans l'Inde et à la Chine dans le IXe siècle de l'ère chrétienne)』, I, 54쪽). 같은 행위들이 16세기 말 필리핀으로 이주해온 중국인들에게 사용되었다(De Morga, 『필리핀 군도(The Philippine Islands)』, 런던, 1868, 304쪽).

7. 출산[産婦]

　　　　　　출산한 부인은 쌀로 밥을 지어 소금에 굴려 성기에 바른다. 하루 뒤에 제거한다. 이로써 산부는 산후증에 걸리지 않고 부인은 아가씨의 상태를 유지한다.[140] 내가 처음으로 이를 듣고, 놀라 전혀 믿지 않았다. 그러나 내가 묵고 있는 집의 딸이 아이를 낳아 그렇다는 것을 알게 되었다. 그다음 날 아이를 팔에 안고 강에 가서 씻었다. 정말 괴이한 일이다. 사람들은 이 나라의 여인들이 매우 음탕하다고 했다. 출산하고 하루 이틀 뒤에 남편과 잠자리를 가진다. 그 남편이 자신들의 욕망에 상응하지 않으면 주매신(朱買臣)[141]같이 버림받는다. 남편이 일로 멀리 불려가게 되면, 며칠 밤은 괜찮지만, 10여 일이 지나면 부인은 반드시 "나는 신[142]이 아니다. 어찌 혼자 잠을 잘 수 있는가?"라고 한다. 그녀들의 방탕함은 어디까지라도 간다. 그러나 나는 몇몇은 지조를 지키는 자도 있다고 들었다. 여자들은 매우 빨리 늙는데, 틀림없이 이들의 결혼과 출산이 너무 빠른 나이에 이루어지기 때문이다. 2~30세의 여인들은 중국 사람이 4~50세 된 것과 같다.

産婦: 〔1〕 番婦産後, 卽作熱飯, 抹之以鹽, 納於陰戶. 凡一晝夜而除之. 以此産中無病, 且收歛常如室女. 余初聞而詫之, 深疑其不然. 旣而所泊之家, 有女育子, 備知其事. 且次日卽抱嬰兒, 同往河内澡洗, 尤所怪見. 〔2〕 又每見人言,

────────────

140 이 정보는 인도차이나에서 산모를 불 앞에 쬐게 하는 출산에 관한 독특한 관습을 모르고 있음을 말해준다.

141 주매신은 기원후 116년에 죽었다. 가난을 견디지 못한 그의 아내에게 버림을 받은 것은 나무꾼이었을 때이다. 노력하여 고위직에 이르렀고, 그의 아내는 더욱 어려워져 다시 만나기를 원했다. 그러나 뱉은 침을 다시 주워 모을 수 있는지를 물으며 그녀를 거절했다. 낙담한 그녀는 목매 죽었다(자일스, 『중국인명사전(Chinese Biographical Dictionary)』, no465).

142 귀(鬼).

番婦多淫, 産後一兩日, 卽與夫合. 若丈夫不中所欲, 卽有買臣見棄之事. 若丈夫適有遠役, 只可數夜, 過十數夜, 其婦必曰, 我非是鬼, 如何孤眠. 淫蕩之心尤切. 然亦聞有守志者. 婦女最易老, 蓋其婚嫁産育旣早, 二三十歲人, 已如中國四五十人矣.

8. 소녀들[室女]

       딸을 가진 부모는 일반적으로 "남자들에게 요망될 수 있기를! 수백 수천의 신랑들이 장가들고 싶어 하기를!"이라고 기도를 한다. 부잣집의 딸은 7~8살에, 가난한 집의 딸은 간혹 11살 전에 승려나 도사에게 처녀성을 빼앗게 한다. 이것을 '진담(陣毯)'143이라고 한다. 매년 관

---

143 진담은 레무사가 생각했던 것과는 달리, 확실히 음역의 글자이다. 그러나 그 어원은 아직 재구성되지 않았다. 그것이 무엇이든 간에 이 의례는 현 캄보디아에서는 흔적을 남기지 않은 것 같다. 캄보디아 결혼식에서 성직자의 역할은 거의 무의미하다. 아이모니에 씨는 캄보디아에 사는 중국인들이 결혼적령기에 관한 신비로운 의식과 관련하여 이러한 이야기를 '그림자에 들어가는 것(entrée dans l'ombre)'처럼 통째로 만들어 냈다고 생각했다. 우리는 중국인들이 초대받지 못한 의례를 기술하면서 약간 미화했다고 보고자 한다. 그러나 진실의 실체를 입증할 만한 것이 아무것도 없다. 캄보디아 소녀들은 오늘날 15세 이전에 혼인하지 않는다. 그러나 17세기 말에, 시몬 드 라 루베르(Simon de la Loubère, 1642~1729)는 시암에서 소녀들은 "12세부터 아이를 가질 수 있고 어떤 경우는 더 빠르고, 대부분 40세를 넘기지 않는다. 따라서 관습은 아주 어렸을 때 결혼하며 소년들도 그 비율에 맞춘다."(『시암 왕국에 관한 기술(Descriptions du Royaume de Siam)』, 1714년 본, 2책, 암스테르담, I, 155쪽)라고 하였다. 바라제목차(Pratimokṣa)의 계율들이 이러한 이유로 용인하는 위반에 있어서, 모두가 동의하도록 관습이 그것을 시인하면 그만이다(『지리학회학보(Bulletin de la Société de géographie)』, 1871, 278쪽). ○우리는 이러한 관습을 언급한 다른 두 자료를 알고 있는데, 이 의례에 부여한 명칭으로 보아 이 언급들은 주달관의 이야기와 별개의 것을 따른 것 같다. 그러나 이 두 언급 사이에는 모종의 친연성이 있다. 첫 번째 자료는 마환(馬歡)이 1413년 정화(鄭和)의 항해를 수행하여 쓴 『영애승람』에 들어있다. 이 저서는 1416년으로 잘못 추정되었는데, 1422년에 죽은 영락제가 그 책에서 시호로 불렸기 때문이다. 그러나 그 책은 분명 15세기 초반으로 거슬러 올라간다. 그런데 시암 조목에서(『도서집성』 「변예전」, 시암조목, 7쪽을 재인용한 것) 다음과 같이 말

청에서 중국의 4월에 해당하는 달에 하루를 선택하여 온 나라에 그것을
알린다. 진담을 해야 하는 딸을 가진 모든 집은 그것을 관청에 알린다. 관
청에서 초 하나를 주면서 그 초에 표시해 준다. 그날 밤이 되면, 초에 불을
켜고 그 표시까지 타면 진담이 이루어진다. 한 달, 보름, 또는 열흘 전에
그녀의 부모는 승려나 도사를 선택하는데, 그들 가까이에 있는 불교나 도
교의 사원에 따라간다. 어떤 이는 정기적인 고객을 가지고 있다. 다소 이
름 있는 승려들은 관리나 부유한 사람들에게 선호되어 가난한 사람들은
선택할 여지가 없다. 관리나 부유한 사람들은 술, 쌀, 천, 비단, 빈랑, 은그
릇 등 1백 담(擔)에 달하는 선물을 하는데, 중국 은으로 2~3백 냥의 값어치
가 나간다. 적은 선물은 3~40 또는 10~20 담에 달하는데, 사람들의 형편에
따른 것이다. 또한, 가난한 소녀들이 의례를 치르지 않고 11살이 되는 것

하고 있다. "혼인에 승려들은 신랑을 맞으러 간다. 소녀의 집에 도착하여서 한 승
려가 소녀의 동정을 빼앗고 신랑의 이마에 붉게 칠하는데, 이를 '이시(행복한 시
장?)'라 부른다. 보기 추잡한 것이다. 3일 만에 승려와 부모는 빈랑을 실은 배에
부부를 태워 신랑집으로 보내면 잔치를 열어 풍악을 울린다(婚則僧輩迎婿至女家,
僧取女紅貼於男額曰利市, 陋不可言. 踰三日僧暨親黨擁檳榔綵舟送歸乃開筵作樂)." ○
왕기(王圻)가 16세기에 편집한 백과사전인 『삼재도회(三才圖會)』(와일리(Wylie),
『중국 문헌에 관한 설명(Notes on Chinese literature)』, 149쪽)는 앞서 본 두 텍
스트의 중간 형태의 원문을 보여준다(『도서집성』, 「변예전」, 권101, 27쪽, 진랍조
목). "여자아이가 9살이 되면 경전을 송(誦)해 주고 범(梵, 브라마)의 법을 행해
줄 것을 청한다. 손가락으로 동정을 제거해 이마에 붉게 표시하고 어미도 이마에
표시하는데 이것을 '이시(利市)'라고 한다. 이어서 이 여자아이는 결혼하는 날 기
쁨과 즐거움만 있을 것이다. 모든 여자아이는 10세가 되면 시집을 간다(生女至九
歲卽請僧誦經作梵法, 以手指挑損童身取其紅點額. 其母亦用點喚爲利市. 如此則其女
他日嫁人諧好歡洽, 凡女滿十歲卽嫁)." ○이 마지막 텍스트는 이렇게 성직자에게 초
야권을 준다는 해석으로 중요하다. 우리가 극동의 다른 나라에서 이와 비슷한 관
습에 관하여 알 수 있는 유일한 텍스트가 있는데, 같은 설명을 하고 있다. 필리핀
에서는 "또한 일부러 강간하여 처녀성을 빼앗은 사람들이 있는데, 그들은 결혼했
을 때 처녀이면 장애가 된다고 생각하기 때문에 대가를 받고 그것을 한다."고 하
였다(De Morga, 『필리핀 군도(The Philippine Islands)』, 1609년, 하클루트 협회
본, 런던, 1868, 304쪽)

은 이러한 비용을 감당할 수 없기 때문이다. 가난한 소녀들에게 진담을 행해주고 돈을 받지 않는 사람들도 있는데, 이것이 바로 사람들이 말하는 좋은 일이다. 1년에 한 승려는 한 소녀만 처녀성을 뺏을 수 있다. 한 소녀를 받아들였으면, 다른 소녀에게 약속할 수 없다. 이날 밤, 풍악을 곁들인 큰 잔치를 열어 친척과 이웃들을 불러 모은다. 대문 밖에는 높다란 단을 조립하여 그 위에 진흙으로 만든 사람과 동물 조상을 놓는데, 10여 개 이상이거나 서너 개를 두기도 한다.[144] 가난한 사람들은 놓지 않는다. 이것이 바로 옛 관습이다. 7일이 되어서야 그것을 치운다. 저녁에 사람들은 가마, 파라솔 그리고 풍악을 울리며 승려를 찾아가 데려온다. 다양한 색상의 비단으로 두 정자를 만들어 하나에는 소녀가 앉게 하고 다른 하나에는 승려가 앉게 한다. 그들이 나눈 이야기를 알 수 없다. 풍악의 소리가 요란하여, 잠을 설치더라도 금하지 않는다. 때가 되면 승려는 소녀와 함께 방으로 들어가 손으로 동정을 제거하고 그 손을 술에 담근다고 한다. 부모, 친척 그리고 이웃들이 그것으로 이마에 표시한다고 하며, 그것을 맛보기도 한다고 한다. 또 어떤 사람은 승려가 실제로 소녀와 성교를 한다고도 하며, 다른 이는 아니라고 한다. 중국인들은 이러한 일을 쉽사리 목격할 수 없으므로 정확한 진실을 알 수 없다. 날이 새면 그 승려를 가마와 파라솔 그리고 풍악을 곁들여 데려다준다. 이어 승려에게 천과 비단의 선물을 주고 소녀를 되사야 한다. 그렇지 않으면 그녀는 승려의 소유가 되어 다른 사람과 혼인할 수 없다. 이것이 바로 대덕(大德) 정유년(丁酉年, 1297) 4월 6일 밤에

---

144 이 인형들은 여전히 사용되기도 한다(무라(Moura)의 『캄보디아 왕국(Royaume du Cambodge)』, I, 339~340쪽을 참고하시오). 이는 새 배우자의 상징적 상속 몫임이 분명하다. ○약혼녀의 집 근처에 있는 큰 정자는 rung riep kar prapon '결혼식에 쓰는 헛간'이라 부르는데, 힌디어의 '판델(pandel)'이다.(무라, 앞의 출처)

본 것이다. 그 전에 부모는 딸아이의 옆에 잤지만, 이 의례를 한 뒤로는 그녀를 집에서 내보내, 원하는 곳으로 가게 하는데, 제약이나 감시를 하지 않는다. 혼인에 천으로 예물을 하는 관례가 있지만[145] 큰 의미가 없는 형식이다. 많은 사람이 먼저 정부로 취했던 여인과 혼인한다. 그들의 관습은 부끄러워하거나 놀랄 만한 대상이 아니다. 진담의 밤에는 한 거리에 그 의례를 치르는 집이 10여 가구 이상인 경우도 있다. 성에서 승려나 도사에게 가는 사람들이 길에서 서로 엇갈리기도 하며, 풍악의 소리가 들리지 않는 곳이 없다.

室女: 〔1〕人家養女, 其父母必祝之曰, 願汝有人要, 將來嫁千百箇丈夫. 富室之女, 自七歲至九歲. 至貧之家, 則止於十一歲, 必命僧道去其童身, 名曰陣毯. 〔2〕蓋官司每歲於中國四月內, 擇一日頒行本國應有養女當陣毯之家, 先行申報官司. 官司先給巨燭一條, 燭間刻畫一處, 約以是夜遇昏點燭, 至刻畫處, 則爲陣毯時候矣. 先期一月, 或半月, 或十日, 父母必擇一僧或一道, 隨其何處寺觀, 往往亦自有主顧. 向上好僧皆爲官戶富室所先, 貧者亦不暇擇也. 官富之家, 饋以酒·米·布帛·檳榔·銀器之類, 至有一百擔者, 直中國白金二三百兩之物. 少者或三四十擔, 或一二十擔, 隨家之豐儉. 所以貧人家至十一歲而始行事者, 爲難辦此物耳. 亦有捨錢與貧女陣毯者, 謂之做好事. 蓋一歲中, 一僧止可御一女, 僧旣允受, 更不他許. 〔3〕是夜, 大設飮食·鼓樂, 會親隣. 門外縛一高棚, 裝塑泥人·泥獸之屬於其上, 或十餘, 或止三四枚, 貧家則無之. 各按故事, 凡七日而始撤.

---

145 納幣. 이 천을 보내는 것은 중국에서 쓰는 방식으로, 자일스의 사전(no8972)에서는 '혼인을 맺는다'라는 의미가 있다. 『수서』(7세기)에 따르면(권82, 「진랍전」, 4쪽), "아내를 데려오는 자들은 옷 한 벌을 보낼 뿐이다(娶妻者唯送衣一具)."라고 하였고, 이를 베끼고 있는 『북사』(7세기)는 사관들을 거쳐 마단림에게까지 그대로 전해진, 이해할 수 없는 이본을 가지고 있다. 데르베이 드 생드니는 이를 벗어나고자 원문을 말하고자 하는 것과 다르게 번역했다(『남중국 외래 인들에 대한 민족분류(Ethnographie des peuples étrangers à la Chine, Méridionaux)』, II, 480).

既昏, 以轎·傘·鼓樂迎此僧而歸. 以綵帛結二亭子, 一則坐女於其中, 一則坐僧其中, 不曉其口説何語. 鼓樂之聲喧闐, 是夜不禁犯夜. 聞至期與女俱入房, 親以手去其童, 納之酒中. 或謂父母親隣各點於額上, 或謂俱嘗以口, 或謂僧與女交媾之事, 或謂無此. 但不容唐人見之, 所以莫知其的. 至天將明時, 則又以轎·傘·鼓樂送僧去. 後當以布帛之類與僧贖身. 否則此女終爲此僧所有, 不可得而他適也. 余所見者, 大德丁酉之四月初六夜也. 〔4〕前此父母必與女同寢, 此後則斥於房外, 任其所之, 無復拘束隄防之矣. 至若嫁娶, 則雖有納幣之禮, 不過苟簡從事. 多有先姦而後娶者, 其風俗既不以爲恥, 亦不以爲怪也. 陣毯之夜, 一巷中或至十餘家. 城中迎僧道者, 交錯於途路間, 鼓樂之聲, 無處無之.

9. 노예[奴婢]146

　　노비처럼 일을 시킬 미개인들을 산다. 많이 가진 사람은 백 명을 넘고, 적게 가진 사람은 10~20명을 가지며, 단지 매우 가난한 자들만이 가지지 않는다. 미개인들은 외딴 산간의 사람들이다. 그들은 별도로 '당적(撞賊)'147이라는 종족을 구성한다. 성안으로 데려오면, 그들은 감히 밖으로 나오지 못한다. 말다툼에서 상대에게 '당'이라고 지칭하면, 그는 뼈에 사무치게 증오하는데, 그만큼 이 사람들은 인간 아래로 간주하였다.

---

146 [에띠엔느 아이모니에] "그 중국인(주달관)은 미개 종족에게서 산 노예들을 말했을 뿐이다. 또한, 부채 때문에 된 노예, 반란이나 포로의 후손 농노들도 들어가야 한다." ○불교의 영향에도 불구하고 노예제도는 캄보디아에 존재했다. 그렇지만 노예들을 해방해주는 것은 자선사업이라고 '근래의' 비문들은 자주 상기시키고 있다(아이모니에, 「앙코르 와트의 근래 비문들(Les inscriptions modernes d' Angkor Vat)」, 『JA』, 1899년 11~12월호, 501쪽을 참고하시오).

147 [루이 피노] "톤레사프 호수의 서쪽에 있는 산간을 차지하고 있는 미개 민족인 당(撞)을 참고하시오(아이모니에, 『캄보디아』, I, 25쪽)." ○당적(撞賊)에 관해서는, 번작(樊綽)의 『만서(蠻書)』에서 자주 사용되는 '만적(蠻賊)'을 참고하시오.

어리고 힘센 자들은 1매(枚)[148]에 100포(布)[149]의 값이 나갔고, 늙고 약한 자들은 30~40포의 값어치이다. 그들은 누(樓)[150] 아래에서만 앉고 누울 수 있다. 일이 있어야 누에 올라올 수 있지만, 무릎을 꿇고, 안잘리(añjali)[151]를 하며, 절을 한 다음에 나아갈 수 있다. 그들은 자신들의 주인을 '파타(巴馳)'로, 여주인을 '미(米)'[152]로 부른다. 파타는 아버지를 뜻하고 미는 어머니를 뜻한다. 그들이 잘못을 저지르면 그들을 매질하는데, 미동도 하지 못하고 머리를 숙인다. 암컷 수컷[153]이 그들끼리 짝을 짓지만, 주인은 결코 그들과 성관계를 갖고 싶어 하지 않는다. 어떤 중국인이 그곳에 혼자 너무 오래 있어서, 한 번씩 그중 한 여자와 거래를 하는데, 주인이 그것을 알면, 다음날 그와 함께 앉으려 하지 않는다. 미개인과 관계했기 때문이다. 한 여자가 외국인과 임신하여 아이를 낳게 되면, 숫자에 넣지 않기 때문에 누가 그 아비인지를 따지지 않고, 오히려 노비들이 아이 가지는 것을 이용한다. 바로 미래의 종들인 셈이다. 노비들이 달아나면 다시 잡아 와, 얼굴에 파랗게 표시한다. 간혹 그들을 잡아두기 위해 목에 쇠고리를 채우는데, 어떤 자는 팔과 다리에 쇠고리를 차고 있다.

奴婢: 〔1〕人家奴婢, 皆買野人以充其役, 多者百餘, 少者亦有一二十枚, 除至

---

148 원문에는 사람이 아니라 사물을 세는 양사인 '매(枚)'자를 사용하고 있다.
149 포(布), 천의 단위이다.
150 캄보디아인의 집은 필로티 위에 지어진다(아이모니에, 『캄보디아』, I, 35쪽을 참고하시오).
151 합장(合掌)은 중국인들이 산스크리트어 '안잘리(añjali)'를 번역하는데 사용하는 표현이다. 그러나 이는 정확하게 '안잘리 하는 것(añjaliputa)'에 해당하지 않는다. 중국 불교도들은 손바닥을 합치는데, 이것이 바로 합장이 의미하는 것이다.
152 아래의 85쪽을 참고하시오.
153 '빈(牝)'과 '모(牡)'는 동물의 수컷과 암컷을 가리킨다(「바와 쿠(vā et ku)」, 아이모니에, 『JA』, 4-5-6월호, 1883, 448쪽을 참고하시오).

貧之家則無之. 蓋野人者, 山野中之人也. 自有種類, 俗呼爲撞賊. 到城中, 皆不
敢出入人之家, 城間人相罵者, 一呼之爲撞, 則恨入骨髓, 其見輕於人如此. 少
壯者一枚可直百布, 老弱者止三四十布可得. 祇許於樓下坐臥. 若執役, 方許登
樓, 亦必跪膝合掌頂禮而後敢進. 呼主人爲巴馳, 主母爲米. 巴馳者父也, 米者
母也. 若有過, 撻之, 則俯首受杖, 略不敢動. (2) 其牝牡者自相配偶, 主人終無
與之交接之理. 或唐人到彼久曠者不擇, 一與之接, 主人聞之, 次日不肯與之同
坐, 以其曾與野人接故也. 或與外人交, 至於有妊養子, 主人亦不詰問其所從來.
蓋以其所在不齒, 且利其得子, 仍可爲異日之奴婢也. (3) 或有逃者, 擒而復得,
必於面刺以靑, 或於項上帶鐵以錮之, 亦有帶於臂腿間者.

10. 언어[語言][154]

이 나라는 독특한 언어를 가지고 있다. 소리들은 (고유
한 언어를 가진 사람들과) 상당히 비슷할지라도, 참파와 시암 사람들은 그 말을
이해하지 못한다. 1은 '매(梅)', 2는 '별(別)', 3은 '비(卑)', 4는 '반(般)', 5는 '패
감(孛監)', 6은 '패감매(孛監梅)', 7은 '패감별(孛監別)', 8은 '패감비(孛監卑)', 9
는 '패감반(孛監般)', 10은 '답(答)'이라고 하고, 아버지는 '파타(巴馳)', 삼촌도
'파타', 어머니는 '미(米)'라 하는데, 다른 나이 든 부인들도 '미'라고 하며,
형은 '방(邦)', 누나도 '방', 동생은 '보온(補溫)'이라 하고, 외삼촌은 '흘뢰(吃

---

154 [루이 피노] "인용된 단어들은 대부분 오늘날 캄보디아어와 일치한다. 1, muy; 2,
pi(bi); 3, bei(pi); 4, buon(puon); 5, pram; 6, pram muy; 7, pram pil; 8, pram
bei; 9, pram buon; 10, dap이고, 형은 반(baň, paň)이며 동생은 파온(paón)이다.
아버지는 àpuk(àbuk)이라고 하지만, 파타우(patau)는 '가장'이란 의미로 원주민
의 방언에 들어있다. 어머니는 '므다이(mdai)'지만 대부분의 방언에서는 'mi' 또는
'mé'이다. 삼촌은 'mā'이다. 구문과 언어의 다양성에 관해 말한 이것은 상당히 정
확하다." ○이처럼 외삼촌의 호칭만 의문으로 남아있다.

1	mooi	moi	mui	muoi
2	paar	por	par	bar
3	phéé	phéc	pai	pê
4	phoon	phoon	pon	puon
5	pram	pram	song	pram
6	kadang	kadang	ṗéat	prau
7	kanul	kanuol	thpol	pos
8	kentey	cratey	thcol	pham
9	kensaor	kensa	thkê	chhen
10	rai	ra	khchot	jet

숫자 발음. 왼쪽부터 삼레 | 포르 | 추오이 | 프농. 출처: J. Moura, 『Le Royaumede Cambodge』, Paris, 1883, 444쪽.

賴)', 고모부도 '흘뢰'라고 한다.[155]

　일반적으로 단어의 어순을 거꾸로 한다.[156] 이처럼 말하자면, 이 사람이 장삼(張三) 동생이면 '장삼의 보온(補溫)'이라 말하고, 이 사람이 이사(李四)의 외삼촌이면 '이사의 흘뢰(吃賴)'라고 한다. 다른 예로 그들은 중국을 '비세(備世)'[157], 관리를 '파정(巴丁)'[158], 문인[159]을 '반힐(班詰)'[160]이라 한다. 그런데 중국의 관리에 대해서 그들은 '비세파정'으로 말하는 것이 아니라 '파정

155　두 번째 흘뢰는 우리의 교정사항이다. 원문은 "외삼촌은 '흘뢰'라고 하고, 고모부도 '패뢰'라고 한다(呼舅爲吃賴, 姑夫亦呼爲孛賴)"로 되어있다. 그런데 두 번째 용어는 틀림없이 첫 번째 것과 같아야 한다. 패뢰는 149쪽의 '패뢰(Prah)'라는 것으로 우리를 이끄는 것 같다. 이 때문에 나는 '흘뢰'로 재구성했다.

156　여기에서 『설부』와 「변예전」의 문장의 탈락이 시작되는데 시작하는데, 정확히 우리 텍스트의 중복된 페이지에 해당한다(서문을 참고하시오).

157　이 명칭은 우리에게 알려진 것이 없다. ○[루이 피노] "야쇼바르만(Yaçovarman, 889~910)이 세운 로레이(Lolei)의 한 비문은 자신이 통치하는 영토가 중국(cīna)과 바다로 경계를 이룬다(『Inscriptions sanscrites de Campa et du Cambodge』, LVI, 399쪽). 오늘날 크메르어로 중국인은 '첸(čěṅ)'이다. 참파 사람들에게, 중국은 'Lor noɡar', 즉 로브(Lov, Lô[o의 개구음]로 발음)의 '나라'란 뜻이다."

158　69쪽을 참고하시오.

159　원문에는 오늘날 '과거시험 자격 합격자'를 지칭하는 용어인 수재(秀才)로 되어있다.

160　판디타(paṇḍita)로 70쪽을 참고하시오.

1	muy	nung	satu	sa
2	pir	san	duo	dua
3	bey	sam	tigo	clau
4	buon	si	ampat	pac
5	pram	ha	limo	lĕmu
6	pram muy	hoc	annam	nam
7	pram pil	chet	tujo	tuju
8	pram bey	pet	dolopan	dopan
9	pram buon	cao	sambilan	samlan
10	dap	sip	sapulo	saphu

숫자 발음. 왼쪽부터 캄보디아어ㅣ시암어ㅣ말레이어ㅣ참파어. 출처: J. Moura, 『Le Royaumede Cambodge』, Paris, 1883, 504쪽.

비세'라고 하고, 중국 문인들에 대하여서는 '비세반힐'이라고 하지 않고 '반힐비세'라고 한다. 일반적으로 이와 같으며 이것이 주요한 규칙이다. 관청들은 고관들에 의한 심의 방식이 있고, 문인들은 문인들에 의한 대화법이 있으며, 승려와 도사들은 승려와 도사들의 언어가 있고, 촌락의 말투가 다르다.[161] 이는 중국과 완전히 같은 경우이다.

語言: (1) 國中語言, 自成音聲, 雖近而占城·暹人, 皆不通話説. 如以一爲梅, 二爲別, 三爲卑, 四爲般, 五爲孛藍[162], 六爲孛藍梅, 七爲孛藍別, 八爲孛藍卑, 九爲孛藍般, 十爲答呼. 呼父爲巴駝, 叔·伯亦呼爲巴駝. 呼母爲米, 姑·姨·嬸姆以至鄰人之尊年者, 亦呼爲米. 呼兄爲邦, 姊亦呼爲邦. 呼弟爲補溫. 呼舅爲吃賴, 姑夫亦呼爲吃賴. (2) 大抵多以下字在上, 如言此人乃張三之弟, 則曰補溫張三. 彼人乃李四之舅, 則曰吃賴李四. 又如呼中國爲備世, 呼官人爲巴丁, 呼秀才爲班詰. 乃呼中國官人, 不曰備世巴丁, 而曰巴丁備世. 呼中國之秀才, 不曰備世班詰, 而曰班詰備世. 大抵皆如此, 此其大略耳. 至若官府則有官府之議論,

_____

161 [에띠엔느 아이모니에] "사용되는 어휘는 상대의 사회적 조건에 따라 종종 변한다."
162 원문에는 모두 '감[監]'자를 보여주는데, 학자들 모두 그 원음에 따라 '람[藍]'자로 교정하고 있다. 그에 따라 고치는 것이 맞다.

秀才則有秀才之文談, 僧道自有僧道之語説. 城市村落, 言語各自不同, 亦與中
國無異也.

11. 미개인[野人]163

　　　　두 종류의 미개인이 있다. 첫 번째는 통상언어를 이해
하는 미개인들로 바로 성에 노비로 팔리는 자들이다. 다른 종류는 문명에
순응하지 않고 언어를 이해하지 못하는 미개인들이다. 이 종족은 집에서 거
주하지 않고 가족들을 데리고 산간을 돌아다니며 머리에는 점토 항아리를

이고 다닌다. 그들
이 야생동물을 만나
면 활과 표창으로
때려잡아, 돌로 불
을 피워 고기를 익
혀 함께 먹고 다시
떠난다. 이들의 성
정은 사나우며 그들
의 독은 매우 위험
하다. 본래의 무리
속에서도 종종 서로
죽인다.164 최근 들

트퐁(Thpong) 여자 미개인.
출처: J. Moura, 『Le Royaume
de Cambodge』, Paris, 1883,
321쪽(도판21).

프농(Phnông) 미개인.
그젤(Gzell) 씨의 사진.
출처: J. Moura, 『Le Royaume
de Cambodge』, Paris, 1883,
225쪽(도판15).

---

163 [에띠엔느 아이모니에] "오늘날처럼 그들은 복종하는 사람과 복종하지 않은 사람
　　으로 나뉜다."
164 여기에서 『설부』와 「변예전」의 원문이 다시 시작되어 레무사의 번역도 그에 따른다.

어 두구(荳蔲)와 면을 경작하고 베를 짜는 사람들도 있다. 그러나 그들의 천
은 매우 조잡하고 문양들은 매우 불규칙하다.

　野人: 野人有二種. 有一等通往來話言之野人, 乃賣與城間爲奴之類是也. 有
一等不屬敎化, 不通言語之野人, 此輩皆無家可居, 但領其家屬巡行子山, 頭戴
一瓦盆而走. 遇有野獸, 以弧矢標槍射而得, 乃擊火於石, 共烹食而去. 其性甚
狠, 其藥甚毒, 同黨中常自相殺戮. 近地亦有種荳蔲·木綿花·織布爲業者, 布甚
麤厚, 花紋甚別.

12. 쓰기[文字]

　　　　　공식적인 문서와 마찬가지로 일반 글은 수사슴, 암사슴
의 가죽과 검게 물들인 다른 것에 쓴다.[165] 높이와 폭의 크기에 따라서 각
자가 생각대로 자른다. 그들은 중국의 '백악(白堊)'과 비슷한 가루를 사용하
여, '사(梭)'[166]라고 부르는 막대를 만든다. 이 막대를 손에 쥐고 양피지 위
에 글자들을 쓰는데 지워지지 않는다. 다 쓰면 막대를 귀에 꽂는다. 글자들

---

[165] 15세기 환관들은 참파의 문자에 관해 다음과 같이 기술한다. "그들은 가죽에 흰
것으로 빗질하여 글자를 쓴다. -주 그들은 부드럽게 두무질한 양가죽을 사용하거
나 검게 그을린 나무에 흰색 안료에 적신 막대를 사용하여 쓴다."(메이어스, 『차
이나 리뷰』 III, 323). 이제 캄보디아에서는 양피지를 사용하지 않는다. 비신(費信)
은 『성사승람』[평청쥔 교주본. 전집. 3쪽]에서 "이 나라에는 종이나 붓 같은 도구
가 없고 단지 양가죽을 두무질하여 얇게 만들어 검게 그을린 다음, 대나무를 깎아
붓으로 만들어 흰 석회를 찍어 글자를 쓰는데 지렁이가 구불구불한 모습이다(其
國無紙筆之具, 但將羊皮搥薄薰黑, 削細竹爲筆, 蘸白灰爲字, 若蚯蚓委曲之狀)."라고
하였다.

[166] 백악(白堊). [앙뜨완 까바똥] "현지인들이 물에 녹여 흰색 물감으로 사용하는 부드
러운 흰 흙인 '데이 사 퐁(Dey sâ pon)'이다(아이모니에, 『캄보디아-프랑스어 사
전(Dictionnaire čam-français)』)." ○[에띠엔느 아이모니에] "흰 흙으로 만든 사
(梭)는 캄보디아어에서 '흰 흙' '회'를 뜻하는 'ti sa'[dei sa로 발음]로 보인다. ○아
이모니에, 『캄보디아』, I, 42쪽을 참고하시오.

은 또한 누가 썼는지 알아낼 수 있다. 젖은 것으로 문지르면, 글자들이 지워진다. 글자 대부분은 크게는 회홀(回鶻, 위구르) 문자와 유사하고, 위에서 아래로의 방향이 아니라[167] 항상 왼쪽에서 오른쪽으로 쓴다. 나는 자신들의 문자는 거의 몽골[蒙古] 문자처럼 발음되며 2~3개만 일치하지 않는다고 야선해아(也先海牙)[168]에게 말하는 것을 들었다. 예로부터 인장은 없었다. 소송장에 있어서, 사람들은 대서소에 가서 쓴다.

文字: 尋常文字及官府文書, 皆以麂鹿皮等物染黑, 隨其大小闊狹, 以意裁之. 用一等粉, 如中國白堊之類, 磋爲小條子, 其名爲梭. 拈於手中, 就皮畫以成字, 永不脫落. 用畢則插於耳之上. 字跡亦可辨認爲何人書寫, 須以濕物揩拭方去. 大率字樣, 正似回鶻字. 凡文書皆自後書向前, 却不自上書下也. 余聞之也先海牙云, 其字母音聲, 正與蒙古音相鄰, 但所不同者三兩字耳. 初無印信, 人家告狀, 亦有書鋪書寫.

13. 원단과 절기[正朔時序]

항상 그들은 중국의 시월을 정월로 삼는다. 이 첫 번째 달을 '가득(佳得)'[169]이라 한다. 궁궐 앞에 천명 이상을 넣을 수 있는 커다란

---

167 펠리오는 '아래에서 위로'라고 번역했으나 실수로 생각하여 교정하였다.

168 틀림없이 혼동된 이 이름은 도종의(陶宗儀, 14세기)에 의해 생략되었는데, 그의 『설부』(「변예전」과 레무사의 책에도 마찬가지로 생략되어 있음)와 『화사회요(畫史會要)』(『패문재서화보(佩文齋書畫譜)』, 권2, 13쪽의 문장)에서도 마찬가지이다. ○이 이름과 연관된 인물을 찾을 수 없었다. 이 이름은 분명 몽골어이다. '야선(也先)'은 『송사』의 저자인 탈탈(脫脫)의 동생인 야선첩목아(也先帖木兒)의 이름에 들어있고, '해아(海牙)'는 『안남지략』에서 종종 언급되는 아리해아(阿里海牙)의 이름에 들어있다(Sainson의 번역본과 특히 그 색인 등을 보시오).

169 [에띠엔느 아이모니에] "음력 1월은 바로 크메르인의 카르티카(kartika, katik으로 현재는 kādāk으로 발음함)에 해당한다(10~11월)." ○이들 축제에 관해서는 아이모니에, 『캄보디아』, I, 45~47쪽을 참고하시오. ○'카틱(katik)'은 음성적으로 한자

단을 조립한다. 완전히 등과 꽃으로 장식한다. 맞은편에 20장 남짓 되는 지점에 나무 기둥들을 세우고 높은 비계로 설치하는데, 탑을 세우기 위한 버팀대 형태로[170] 높이는 20여 장이다. 매일 밤 서너 개 또는 대여섯 개를 짓는다. 꼭대기에는 불화살과 폭죽을 올려놓는다. 이러한 비용은 속주(屬州)와 귀족의 집에서 댄다. 밤이 되면 군주에게 행사에 참석해 달라고 요청한다. 사람들은 불화살과 폭죽을 발사한다. 불화살들은 백여 리를 날아가고 폭죽은 투석기처럼 크며 폭발음은 온 성을 뒤흔든다. 관리와 귀족들은 명절에 초와 빈랑을 나누어 주는데 비용이 상당하다. 군주도 행사에 외국의 사신들을 초청한다. 보름 동안 이렇게 하고 그친다. 매달 축제가 있다. 네 번째 달에 그들은 "공놀이를 한다."[171] 아홉 번째 달은 '압렵(壓獵)'인데, 압렵은 성안에 온 나라의 사람들을 모이게 하여 궁전 앞에 열병하게 한다.[172] 다섯 번째 달에 사람들은 "붓다의 물을 찾아간다." 사람들은 나라 곳곳에 있는 불상을 모아 물로 가져가 군주가 보는 앞에서 그것들을 씻는다.[173] "단단한 땅 위에 배를 몰아가게 하고,"[174] 왕은 축제에 참석하기 위

음역에 잘 부합하고, 대체로 중국의 음력 2월은 11월에 해당하는 것 같다. 그러나 실제로 [루이 피노] "캄보디아의 1월은 체트(čét, 산스크리트어로는 caira) 3~4월에 해당한다. '신년 축제(bon čól chan)'는 특히 오늘날에는 모래로 만든 작은 탑(phnom khsàč)을 세우고 불상을 세례하는 것으로 구성된다. 불화살과 폭죽은 캄보디아 축제에서 중요한 역할을 해왔고, 사람들은 그것들을 높은 대나무 비계에 장치해둔다. 승려들은 이 나라의 훌륭한 불꽃 제작자들이다. 4월, 5월, 7월, 8월 그리고 9월의 축제는 더는 행해지지 않는다. 그러나 캄보디아인들이 전통적으로 매달 한 차례의 축제가 있었던 것은 틀림없다." ○15세기 환관들에 따르면, 자바의 한 해는 10월에 시작한다(메이어스, 『차이나 리뷰』 IV, 178쪽을 참고하시오). 캄보디아인에게는 한 해의 시작조차도 절대적으로 확정되어 있지 않다(아이모니에, 『캄보디아』, I, 43쪽).

170 如造搭撲竿之狀.

171 포구(抛毬).

172 壓獵者聚一國之衆皆來城中教閱於國宮之前.

해 누각에 오른다. 일곱 번째 달에 사람들은 "벼를 불태운다." 이때 벼가
익으면, 사람들은 남문 밖으로 나가 벼를 구해 부처를 경배하며 태운다.
수많은 여인이 수레나 코끼리를 타고 이 의례에 가지만, 왕은 가지 않는다.
여덟 번째 달에는 '애람(挨藍)'이 있다. 애람은 바로 '춤'이다. 재능 있는 악
사들을 선발하여 매일 궁궐에 들어가 애람을 추게 하고, 또한, 돼지[175]나
코끼리 싸움도 있다. 왕은 외국의 사신들을 초대하여 참석하게 한다. 축제
는 열흘 동안 이어진다. 다른 달에 관한 것을 더는 기억하지 못하겠다.

이 나라에는 천문에 능통한 사람들이 있는데[176], 해와 달의 일월식을 계
산할 수 있다. 그러나 큰 달, 작은 달[177]에 대해서는 우리들의 것과는 아주
다른 체계가 있다. 그들도 윤년을 가지게 되어있지만, 아홉 번째 달만 계
산에 넣는다.[178] 그 이유를 모르겠다. 매일 밤은 4경으로만 나누고[179] 7일

---

173 우리의 번역이 정확하지 않을지도 모른다. 五月則迎佛水聚一國遠近之佛皆送水來與
　　國主洗身. 아마도 그 '국(國)'은 나가라(nagara), '성'과 촌락을 의미하는 것 같다
　　(56쪽 주101을 참고하시오).

174 陸地行舟. 분명 배 경주일 것으로 보이는데, 원문이 바뀐 것인지 모르겠다. '육지
　　행주'는 중국의 속담 표현으로 불가능한 것을 지칭할 때 사용한다(자일스의 사전,
　　no7432를 참고하시오).

175 「변예전」(권97, 17쪽)은 부남(扶南)에 닭과 돼지 싸움이 있는 것을 알려주고 있다.

176 [루이 피노] "캄보디아의 천문가들은 '호라(hora)'라고 불린다."

177 大小盡. 중국인들에게 '대진(大盡)'과 '소진(小盡)'은 각각 30일과 29일의 달을 지칭한다.

178 이는 결국 그들의 한 해는 두 번째 달에 시작하므로 윤달은 언제나 한 해의 마지
　　막이라는 말로 귀결된다. 중국의 옛날 관습이 이와 같았다. "전한(前漢) 초기에 윤
　　달은 언제나 두 번째 음력 9월이다."(Édouard Chavannes, 「La chronologie
　　chinoise de l'an 238 à l'an 87 avant J.-C.」, 『통보』, VII, 2쪽). 그러나 캄보디아
　　의 관습은 이와 같지 않다. 주달관의 언급에서 사실인 것은 바로 중복되는 캄보디
　　아 사람들의 같은 달이다. "19년 기간 동안 13개월의 7년이 있도록, prat-
　　hamāsāth(prathamāṣāḍ ha)와 tutiyāsāth(tutiyāṣāḍha)로 āsāṭh(āṣāḍha, 네 번째
　　달, 6~7월)를 둘로 나누어 3~4년마다 한 달이 들어가게 된다."(아이모니에, 『캄보
　　디아』, I, 43쪽)

179 [루이 피노] "밤은 5베유(yām, 산스크리트어로는 yāma)로 나뉜다." ○175쪽에서

을 한 주기로 삼는데[180] 이는 중국인들이 '개폐건제(開閉建除)'[181]라고 하는 것과 비슷하다. 이 오랑캐들은 '성'도 없고 '이름'도 없으며[182] 출생한 날을 셈에 넣지 않는다. 그러나 많은 사람이 태어난 날을 이름으로 삼는다. 두 번째 날은 매우 길하고, 세 번째 날은 상관없고, 네 번째 날은 불길하다는 전통이 있어, 어느 날은 동쪽으로 갈 수 있고 어떤 날은 서쪽으로 갈 수 있다. 여인들도 이를 계산할 줄 안다. 주기의 열두 동물[183]은 중국의 것과

다섯 번째 베유를 언급하고 있다. 주달관은 분명 중국의 오경(五更)으로 보았을 것이다. 베유(veille)는 고대 로마에서 하룻밤을 4등분한 시간의 단위이다.

180 바로 한 주(周)를 말한다. 각 요일은 행성의 이름으로 지칭된다(아이모니에, 『캄보디아』, Ⅰ, 42쪽).

181 "날짜는 길한 12개의 신으로 지칭되는데, 바로 건(建), 제(除), 만(滿), 평(平), 정(定), 집(執), 파(破), 위(危), 성(成), 수(收), 개(開), 폐(閉)이다. 1884년의 원단은 첫 번째 신 '건'으로 지칭되었고 이어지는 날들은 순서에 따라 지칭되었다."(Pierre Hoang, 『A notice of the Chinese calendar and a concordance with the European calendar』, Zi-Ka-Wei, 1885, 21쪽). 주달관이 피에르 호앙의 달력에 있는 마지막 두 글자로 시작하고 있는 것을 알 수 있다.

182 성(姓)과 명(名).

183 十二生肖. ○이 자료는 캄보디아의 동물 주기를 둘러싸고 논란이 되는 문제에 새로운 시각을 제시한다. 참파, 시암에서와 마찬가지로 캄보디아에서도 중국과 마찬가지로 찾을 수 있는 12마리의 동물로 지칭되는 12간지를 사용한다고 알고 있다. 참파 사람들에게서만 12 동물의 명칭이 다르다. 캄보디아와 시암 사람들에게 그 명칭들은 같으며 캄보디아어나 시암어도 아닌 한 언어에 속한다(아이모니에, 『캄보디아』, Ⅰ, 43쪽, Ⅱ, 18쪽). 조합하여 60갑자를 이루는 12간지 체계는 중국의 것과 일치하고, 그 명칭들이 그 체계 그대로 중국에서 들어왔다는 아이모니에게 전적으로 동의한다. 그러나 우리의 텍스트는 13세기 말 캄보디아 사람들이 순수한 캄보디아어로 된 명칭으로 주기의 해를 지칭했다는 것을 보여준다는 점에서 흥미롭다. 그런데 이와 같은 시기에 시암인들은 이미 현재의 명칭을 사용하고 있었다. [루이 피노] "타이어로 된 가장 오래된 비문으로, 1292년 조금 뒤의 람캄행(Rāma Khomheng)비문에서 주기의 동물 명칭들은 오늘날과 같다. 용은 'maroṅ', 돼지는 'kur', 양은 'mamee'이다(『인도-차이나의 파비 미션(Mission Pavie Indo-Chine, 1879-1895, Vol. 2: Études Diverses)』, 178쪽 이하)." 따라서 현재의 명칭은 이 12간지 체계가 들어올 때, 캄보디아에 직접 들어온 것이 아니라, 이미 존재하고 있었던 시암이 지배권을 쥐고 있을 때 시암에서 캄보디아로 들어온 것으로 보인다. 어쨌든 아이모니에가 주장한 것처럼(『참파인들과 그들의 종교(Les

일치하지만 그 이름은 다르다. 말은 '복새(卜賽)'[184], 닭은 '란(欒)'[185], 돼지는 '직노(直盧)'[186], 소는 '개(箇)'[187] 등등으로 부르는 것처럼 말이다.

正朔時序: 〔1〕每用中國十月以爲正月. 是月也, 名爲佳得. 當國宮之前, 縛一大棚, 上可容千餘人, 盡掛燈毬花朶之屬. 其對岸遠離二十丈地, 則以木接續縛成高棚, 如造搭撲竿之狀, 可高二十餘丈. 每夜設三四座, 或五六座, 裝煙火爆杖於其上, 此皆諸屬郡及諸府第認直. 遇夜則請國主出觀, 點放煙火爆杖, 煙火雖百里之外皆見之. 爆杖其大如礮, 聲震一城. 其官屬貴戚, 每人分以巨燭·檳榔, 所費甚夥, 國主亦請奉使觀焉. 如是者半月而後止. 〔2〕每一月必有一事, 如四月則抛毬, 九月則壓獵, 壓獵者, 聚一國之衆, 皆來城中, 敎閱於國宮之前. 五月則迎佛水, 聚一國遠近之佛, 皆送水來與國主洗身. 陸地行舟, 國主登樓以觀. 七月則燒稻, 其時新稻已熟, 迎於南門外燒之, 以供佛. 婦女車象往觀者無數, 主却不出. 八月則挨藍, 挨藍者舞也. 點差伎樂, 每日就國宮內挨藍, 且鬪猪·鬪象, 國主亦請奉使觀焉, 如是者一旬. 其餘月分, 不能詳記也. 〔3〕國人亦有通天文者, 日月薄蝕皆能推算, 但是大小盡却與中國不同. 閏歲, 則彼亦必置閏, 但只閏九月, 殊不可曉. 一夜只分四更. 每七日一輪. 亦如中國所謂開·閉·建·除之類. 番人旣無姓名, 亦不記生日. 多有以所生日頭爲名者, 有兩日最吉, 三日平平, 二日最凶. 何日可出東方, 何日

Tchames et leurs religions)』, 34쪽), 참파에서 고유한 명칭에 의한 주기년 표기에 대해 그 체계의 도입을 안남인의 정복 이후로 내려가게 하는 것은 불가능하다. 『진랍풍토기』는 그것이 고립된 예가 아님을 보여준다. ○"현 캄보디아의 12주년의 명칭들은 다음과 같다. 소는 'čhlau', 호랑이는 'khàt', 토끼는 'thăs', 용은 'roň', 뱀은 'msàň', 말은 'momi', 양은 'momê', 원숭이는 'rok', 닭은 'rokà', 개는 'ča', 돼지는 'kŏr', 쥐는 'čut'이다." ○모호한 연상작용으로 아이모니에 씨는 중국과 주기를 다음과 같이 참의 전승과 연결했다(앞의 책, 41쪽). "Po Ovloh(Allah)가 그 형식을 창조하고 모든 동물의 몸체를 만들어 12간지 사용법을 중국에 가져와 퍼뜨렸다."

184 [루이 피노] "캄보디아어로 접두어를 더해 'sèh'"
185 [루이 피노] "캄보디아어 'măn'"
186 [루이 피노] "캄보디아어 'čruk'"
187 [루이 피노] "캄보디아어 'kó'"

可出西方, 雖婦女皆能算之. 十二生肖亦與中國同, 但所呼之名異耳. 如以馬爲卜
賽, 呼鷄之聲爲欒188, 呼猪之聲爲直盧, 呼牛爲箇之類也.

14. 재판[爭訟]

사람들의 소송은 사소한 일이라도 항상 군주에게까지
간다. 옛날에는 몽둥이로 때리는 벌은 없었고 다만 벌금형만 있었다고 한
다. 매우 중대한 경우에 그들은 목을 자르거나 매지 않고 서문 밖에 구덩
이를 파서 죄인을 그곳에 넣고 돌덩이와 흑으로 채운다. 그 아래로는 손가
락과 발가락을 자르거나 팔을 자르기도 한다. 간음과 노름은 금지하지 않
지만 간통한 여인의 남편이 적발해 내게 되면 두 쐐기 사이에 정부의 발을
묶는데, 그 고통을 참을 수 없어, 모든 자신의 재산을 그에게 넘겨주면 풀
려날 수 있다. 속이고 기만하는 사람들도 있다.

집의 대문 앞에 죽은 자가 있으면 끈으로 성 밖 빈 땅으로 끌고 간다.
그러나 면밀한 조사를 요청할 수 있는 것은 아무것도 없다. 도둑을 잡은
사람은 그를 감금하고 욕보일 수 있다.

그들은 또한 뛰어난 방법을 가지고 있다. 어떤 사람이 물품을 잃어버려
누군가를 의심하고, 그 누군가가 변호하면 그들은 솥에 기름을 끓이게 하
여 의심하는 사람의 손을 거기에 담근다. 그가 죄가 있으면 그의 손은 타
버리고, 그렇지 않으면 살과 피부가 예전처럼 그대로 유지된다.189 오랑캐

---

188 펠리오는 1951년 개정본에서는 원문의 '란[欒]' 자를 '만[蠻]' 자로 읽고 있다[22쪽].
189 물이 기름을 대신하기도 하지만 이와 같은 신명 재판이 이미 부남에 존재했었다
(「변예전」, 권97, 17쪽). 신명 재판은 참파 사람들에게도 행해졌다. 가장 일반적인
것은 '악어가 있는 늪지'를 위험에 빠지지 않고 건너는 것으로 행해진다(메이어스,
『차이나 리뷰』 III, 323쪽). [에띠엔느 아이모니에] "캄보디아인의 관습은 아직 남

의 방법이 이와 같다.

그러나 두 가정이 소송이 걸려 누가 옳은지 누가 잘못했는지를 모르는 경우, 궁궐 앞에 12개의 작은 돌탑이 있는데[190], 두 상대 각각이 이 탑 중 하나에 앉게 한다. 두 탑 아래에는 쌍방을 감시하는 두 가족이 있다. 하루, 이틀, 사흘, 나흘 뒤에 잘못이 있는 사람은 모종의 현상이 나타나거나, 궤양, 종기들이 생기고, 감기 또는 심한 열병에 걸린다. 옳은 사람은 작은 질병도 걸리지 않는다. 이처럼 그들은 정당함과 부당함을 판결한다. 이것이 바로 그들이 '하늘의 판단'이라고 하는 것이다. 이 나라에서 신적인 중재가 이와 같다.

爭訟: 〔1〕民間爭訟, 雖小事亦必上聞國主. 初無笞杖之責, 但聞罰金而已. 其人大逆重事, 亦無絞·斬之事. 止於城西門外掘地成坑, 納罪人於内, 實以土石, 堅築而罷. 其次有斬手足指者, 有去鼻者. 但姦與賭無禁. 姦婦之夫或知之, 則以兩柴絞姦夫之足, 痛不可忍. 竭其資而與之, 方可獲免, 然裝局欺騙者亦有之. 或有死於門首者, 則自用繩拖置城外野地, 初無所謂體究檢驗之事. 〔2〕人家若獲盜, 亦可施監禁拷掠之刑. 却有一項可取. 且如人家失物, 疑此人爲盜, 不肯招認, 遂以鍋煎油極熱, 令此人伸手於中. 若果偷物, 則手腐爛, 否則皮肉如故云. 番人有法如此. 〔3〕又兩家爭訟, 莫辨曲直. 國宮之對岸有小石塔十二座, 令一[191]人各坐一塔中. 其外, 兩家自以親屬互相隄防. 或坐一二日, 或三四日. 其無理者, 必獲證候[192]而出, 或身上生瘡癤, 或咳嗽發熱證之類. 有理者略無纖事. 以此剖判曲直, 謂之天獄. 蓋其土地之靈, 有如此也.

아있다."

190 [에띠엔느 아이모니에] "실제로 왕국 앞에는 벽돌로 만든 10여 개의 탑이 있다."
191 펠리오는 원문의 '일(一)'자를 '이(二)'의 오기로 읽고 있다. 문맥상 당연한 교정이다.
192 원문의 '증후(證候)'는 뒤에 나오는 '열증(熱證)'으로 고려할 때, 펠리오처럼 '증(症)'자로 읽는 것이 맞다.

15. 질병과 나병[病癩]

사람들은 자주 병에 걸리는데, 대체로 너무 자주 목욕하고 끊임없이 머리를 씻는 것에서 기인한다. 종종 저절로 낫는다. [사람들은 보통 병에 잘 걸리는데, 대부분 물에 들어가 목욕하고 자주 머리를 씻으면 저절로 낫는다] 많은 문둥병 환자가 거리에 나와 있는데, 그들과 함께 먹고 잠을 자도 사람들은 병에 걸리지 않는다. 이 질병은 이 나라에서 발생한 것이라고 한다. 옛날 어떤 왕이 이 병에 걸렸는데[193] 이 때문에 경멸받지 않았다. 내 어리석은 생각으로 보면, 그들이 이 병에 걸리는 것을 보면 지나친 정욕과 목욕을 남용하기 때문이다.[194] 캄보디아 사람들은 욕망을 만족시키자마자 목욕하러 간다고 한다. 이질에 걸린 사람 중에 적어도 열에 여덟아홉은 죽는다. 시장에서 약을 팔지만, 중국의 약과는 매우 달라 나는 전혀 알 수 없었다. 또 사람들에게 의식을 행해주는 일종의 무속들이 있는데 정말 가소롭다.

病癩: 國人尋常有病, 多是入水浸浴, 及頻頻洗頭, 便自痊可. 然多病癩者, 比比道途間. 土人雖與之同臥同食亦不校. 或謂彼中風土有此疾. 曾有國主患此疾, 故人不之嫌. 以愚意觀之, 往往好色之餘, 便入水澡洗, 故成此疾. 聞土人色慾纔畢, 皆入水澡洗. 其患痢者十死八九. 亦有貨藥於市者, 與中國不類, 不知其爲何物. 更有一等師巫之屬, 與人行持, 尤可笑.

---

193 [루이 피노] "아이모니에 씨가 야쇼바르만(Yaçovarman, 889~910년 이전)으로 봐야 한다는 사람은 바로 '나병에 걸린 왕'인 'sdač kŏmlěn'이다(『제11차 로마 국제 동양학 학술대회 보고서(Actes du XIe Congrès international des Orientalistes)』, 두 번째 섹션, 211쪽)."

194 『어찬의종금감(御纂醫宗金鑑)』은 목욕과 나병과의 관계를 설명하고 있다(『통보』, N.S. II, 157쪽).

16. 죽은 사람[死亡]

죽은 사람들에게 있어, 관은 없고 다만 일종의 돗자리 같은 것이 있다. 그들은 시신을 천으로 덮는다. 장례 행렬에서 그들도 깃발과 작은 깃발, 악기를 사용한다. 길을 따라서 볶은 쌀 두 반(枠)[195]을 뿌린다. 성 밖 멀고 사람이 살지 않는 곳에 이르러 시신을 버리고 간다. 독수리, 개들이 시신을 먹으러 오기를 기린다. 빨리 다 없어지면 그들의 부모가 덕을 가져, 이러한 보상을 얻었다고 한다. 동물들이 시신을 먹지 않거나 부분적으로 먹는다면, 그들의 부모가 어떤 죄가 있어 이러한 결과가 나왔다고 말한다. 이제 조금씩 죽은 사람들을 불에 태우기 시작한 사람들이 있는데, 모두 중국인 후손들이다. 부모가 죽었을 때 자식들은 상복을 입지 않지만, 아들은 머리를 밀고, 딸은 이마 위에 거의 동전 크기만 하게 머리를 자른다. 이것이 바로 효성스러움의 표시이다.[196] 군주는 탑에 매장하지만[197] 사람들이 몸체를 묻는지 뼈만 묻는지는 모르겠다.[198]

---

195 兩枠炒米. '반(枠)'은 어떤 단위일까? 『강희자전』 반(枠) 조목에 인용된 두보(杜甫)의 시편들 속에 나오는 용법을 참고하시오. 아마도 '반(半)', 즉 다섯 말을 지칭하는 것 같다. 페틸롱(Corentin Pétillon), 『문학적 은유(Allusions littéraires)』, I, 357쪽을 참고하시오. 펠리오 씨가 언급한 두보(杜甫)의 시구는 「시월 1일(十月一日)」의 6구를 말한다. 5구와 대구를 이루므로, 함께 보면, "찐 쌀은 천 채의 집과 같고 달인 당은 다행히도 한 쟁반이네(蒸裏如千室, 焦糖幸一枠)"라고 하였다. 여기의 '반(枠)'자는 '반(盤)'으로, 쟁반 또는 밥그릇이라는 의미가 있다.
196 [루이 피노] "캄보디아인들의 장례는 머리를 삭발하고 흰옷을 입는다."
197 "왕의 화장은 아주 화려하게 행해진다. 남은 뼈는 금으로 만든 유골 단지에 넣어 궁에 놓고 기념일이나 의례에서 아들이 경배하고, 손자들은 'caiti' 또는 피라미드에 유물함을 넣는다(아이모니에, 『캄보디아』, I, 48쪽).
198 이것이 당시 캄보디아의 장례인지 이 모든 단락은 정확한 설명을 제시하고 있지 않다. 따라서 당시의 관습에서 캄보디아뿐만 아니라 중국에서라도 이러한 불충분한 점을 설명할 수 있는 것을 찾아야 한다. 먼저 오늘날 캄보디아에서 거의 규정화되어있는 화장은 이미 순수 캄보디아인들에 의해 13세기에 행해졌다는 것은 확실하다. 『수서』(권82, 4쪽)에 따르면, 캄보디아에서 죽은 사람은 엄숙하게 운반하여,

死亡: 人死無棺, 止貯以篁席之類, 蓋之以布. 其出喪也, 前亦用旗幟·鼓樂之

_____

"향나무로 태우고 재는 금 또는 은제단지에 수습하여 흐르는 물에 넣는다. 가난한 사람들은 자신들이 채색한 항아리를 사용하기도 한다(以五香木燒屍, 收灰以金銀瓶盛, 送于大水之内. 貧者或用瓦, 而以彩色畫之)."라고 설명하고 있다. 그러나 주달관에게 강한 인상을 주었던 것은 두 번째 장례 방식이었던 것으로 보인다. "망자를 태우지 않는 사람들도 있는데, 그들은 산으로 망자를 데려가 야생 짐승들이 먹게 한다(亦有不焚, 送屍山中, 任野獸食者)"라는 것이었다. 이후의 텍스트들은 직접 강에 버리는 것을 제외하고는 이러한 내용에 보탠 것이 없다. 세 가지 장례 방식은 이상하게도 '화장(火葬)', '조장(鳥葬)', '수장(水葬)'으로 불렸다(De Groot, 『중국의 종교체계(The Religious System of China)』, III, 1384쪽 이하를 참고하시오). 그러나 새의 먹이로 시신을 내다 버리는 사람들은 가난한 사람들이라고 한 『수서』에서 제시하고 있는 설명은 충분하지 않다. 이는 육신을 죽어가는 비둘기나 굶주린 호랑이의 생명을 구제하기 위해 제공한 붓다의 예를 흉내 낸 것으로, 야생 짐승에게 버려져 죽는 것을 요구하는 것은 적선(積善)을 행하는 것이었다. 캄보디아는 19세기 유명한 한 사례를 보여주고 있다. "앙두엉(Ang-Duong)왕이 죽은 뒤(1859)에, 그가 임종에서 말한 바람대로 사람들은 육신을 작은 조각으로 잘라 금쟁반에 놓고 새들에게 먹도록 했다."(Moura, 『캄보디아 왕국(Le Royaume du Cambodge)』, I, 354쪽). 그렇다고 해서 '장례의' 세 방식이 모순되는 것은 아니다. 독수리들이 장례용 식사를 끝내고 나면, 뼈들은 소각되었을 수 있고(앙 두엉의 경우), 어쨌든 남게 되는 뼈는 군주의 경우라면, 황금으로 된 유골함에 수습되었으며, 화장대에서 나온 재와 모든 잔존물은 줄지어 강가로 가져가 묻어 버렸을 수 있다(무라, 앞에 언급한 출처를 참고하시오).

　　이러한 장례 관습은 캄보디아에만 있었던 것은 아니다. 인도차이나와 인슐랜드 전역에서 찾아볼 수 있다. 적토(赤土)에서는 물 중간에 화장대를 세우고 주어진 순간에 물속으로 흘려보낸다(『남중국 외래 인들에 대한 민족 분류(Ethnographie des peuples étrangers à la Chine, Méridionaux)』, II, 470쪽). 임읍(林邑)에서는 화장한 뒤에 왕의 잔존물들은 황금 항아리에 넣어 바다에 넣고, 고관의 것들은 은 항아리에 넣어 강어귀에 넣고 일반 개인의 것은 단순히 항아리에 흐르는 물에 버린다(앞의 책, 424쪽). 돈손(頓遜)에서는 심지어 병자가 죽기도 전에 '거위와 닮은' 큰 새들에게 먹도록 내다 버린다(앞의 책, 446쪽과 「변예전」을 재인용한 『삼재도회(三才圖會)』, 권 99 돈손 조목, 3쪽을 참고하시오). 15세기의 환관들에 따르면, 자바에는 "화장하거나, 물에 던지거나, 개들에게 내다 버리는 세 가지 장례 방식이 있다." 이는 래플스(Raffles, 『History of Java』, I, 364쪽)가 말한 것과 거의 일치하는데, "불로 하는 것은 'óbong', 물로 하는 것은 'árung', 유기하는 것은 'setra'이다."라고 하였다. 시암에 관해서, 『영애승람』(15세기, 「변예전」, 권101, 시암 조목, 7쪽에 인용된 것)과 『명외사(明外史)』(앞에 언급한 출처, 23쪽)은 가난한 사람들이 '황금색의 새들'에게 유기하는 것을 언급하고 있다. 리바데니르(Ribadeneira)는 시암에서 사람들이 강에 시신을 버려 악어들이 먹게 하거나 사원 근처에 버려 새들이 먹게 하는 것을 효도하는 행위라고 여긴다고 섬뜩하게 기술했다(『군도의 역사(Historia

屬. 又以兩杵, 盛以炒米, 繞路抛撒, 擡至城外僻遠無人之地, 棄擲而去. 俟有鷹
犬畜來食, 頃刻而盡, 則謂父母有福, 故獲此報. 若不食, 或食而不盡, 反謂父母
有罪而至此. 今亦漸有焚者, 往往皆唐人之遺種也. 父母死, 別無服制, 男子則

_____

De Las Islas Del Archipelago)』, 바르셀로나, 1601, 182쪽). 루베르(de La Loubère)
는 이러한 관습을 가난한 사람들의 것으로 돌렸다. "승려들에게 사례할 재물이 없
는 사람들은 들판 높은 곳에 부모의 시신을 유기하거나 발판에 놓아 독수리나 까마
귀들이 먹게 하는 것을 영광으로 생각했다."(『시암 왕국(Du Royaume de Siam)』,
1714년본, 암스테르담, I, 378쪽).
　　엄밀하게 말하자면 이처럼 매장하는 것은 인도의 문명이 스며든 이들 나라에서
흔한 장례 방식은 아니었다. 그러나 매장은 중국에서 지배적인 방식이었다. 주달관
에 따른다면, 캄보디아에서 화장하는 사람들이 정확하게 중국인 후손들이라고 한
진술은 어떻게 된 것인가? 주달관이 시신을 방치하는 것에 관해 그렇게 길게 언급
하고, 반대로 확실하게 목격한 화장에 관해서는 그렇게 짧게 지나가면서 화장하는
사람들을 조국의 후손들에게 돌린 것은 그에게 첫 번째 방식은 새로웠고, 반면 두
번째 방식은 완전히 익숙한 것이었으므로 그런 것이 아닐까. 드 그루트 씨는 중국
의 화장 역사에 관해 권위 있는 연구를 했다(『중국의 종교체계(The Religious
System of China)』, III, 1391~1417쪽). 근본적으로 불교적 기원을 가지면서 중국
종교의 기본적인 관념과는 상반되었지만, 화장은 몽골 왕조(1260~1368) 시기에 흔
하게 이루어졌다. 그러나 드 그루트 씨에 따르면, 대중들에게는 절대로 받아들여지
지 않았다. "시신을 빨리 처리하는 설득력 있는 이러한 방식들은 결코 제국에서 확
정된 관습으로 위치를 확보하지 못했다"(앞의 출처, 1384쪽). 논문에 약간의 유보사
항이 들어있지 않을까? 마르코 폴로에게 특별한 인상을 주었던 중국 관습 중 한
가지를 들라면, 바로 화장일 것이다. 사람들은 우상을 숭배하며 지전(紙錢)을 사용
하고 망자를 태운다. 이것이 바로 제국의 거의 모든 지역의 기술에서 찾을 수 있는
세 가지 특징들이다. 틀림없이 유럽의 매장문화에 젖은 마르코 폴로는 특히 중국에
서 그들의 관례적 사고와 상반되는 것을 언급했을 것이다. 그리고 중국에서 지배적
이었던 순간에 중국에서 행해진 화장 관습을 그렇게 일관적으로 언급하지 않았을
리가 없다. 이러한 것은 몇몇 지역에 한정된 것이었음이 틀림없다. 드 그루트 씨는
절강과 강서에서 화장하는 관습이 깊게 뿌리를 내렸다고 언급했다. 특히 절강에서,
한 시골의 관료 계급 사람일지라도, 관을 종종 '열린 들판에 놓고' 들어있는 시신과
함께 불태운다. 하우크헤이스(van Braam Houckgeest)가 1795년에 그 나라를 지
나면서 이유를 물었는데, 사람들은 캄보디아 일부에서 매장에 반대하는 것을 같은
이유를 들어 대답했다고 한다. 즉 "땅이 낮아 물에 들어가게 되므로 시신을 매장할
수 없다."라는 것이었다(드 그루트, 앞에 인용한 책, 1397, 1409, 1414, 1416쪽을
참고하시오). 그런데 드 그루트 씨의 정보들을 확인해주는 것은 주달관이 정확히
절강 출신이라는 점이다. 그래서 그는 고향에서 행해지는 것과 같은 장례를 치르는
모든 캄보디아인을 중국 후손들로 추측했을 것이다.

髡其髮, 女子則於顖門翦髮似錢大, 以此爲孝耳. 國主亦有塔葬埋, 但不知葬身
與葬骨耳.

17. 농사[耕種]

일반적으로 이 나라에서는 연간 3~4모작을 한다. 한 해 내내 중국의 5~6월과 비슷하다. 사람들은 서리와 눈을 모른다. 한 해의 반은 비가 내리고, 한 해의 반은 비가 전혀 내리지 않는다. 네 번째 달에서 아홉 번째 달까지는 매일 오후에는 비가 내린다. 톤레삽 호수의 물이 7~8장 불어 오른다. 큰 나무들은 물에 잠겨 겨우 그 끝만 삐죽하게 나온다. 물가에 사는 사람들은 산으로 물러난다. 두 번째 달에서 세 번째 달까지는 한 방울의 비도 떨어지지 않는다. 톤레삽 호수는 작은 배만 접근할 수 있고, 깊은 곳도 3~4척 정도밖에 되지 않는다. 사람들은 더 아래로 내려간다. 농사를 짓는 사람들은 벼가 익는 때, 수량이 증가하는 시기, 수량이 이르는 정도를 계산하여 소유한 땅에 따라 파종한다. 밭갈이에는 소를 이용하지 않는다. 쟁기, 낫, 괭이는 중국의 것과 같으나 만드는 것이 다르다. 그들은 씨를 뿌리지 않고도 수확이 되는 천연 밭을 가지고 있다. 물이 1장까지 오를 때, 벼도 그만큼 자란다. 특별한 종자로 생각된다.[199]

땅에 비료를 주고 채소를 경작하면서 그들은 동물의 오물을 사용하지 않는데, 더러운 것으로 혐오하기 때문이다. 그곳에 사는 중국인들은 그들에게 오물에 관해 이야기하지 않는다. 중국인들이 퇴비를 쓰는 방법이 비루하다고 여기기 때문이라고 생각한다. 두세 가정씩 구덩이 하나를 파고

---

199 [에띠엔느 아이모니에] "수중 벼는 잘 설명되어있다. 수량의 증가 속도나 높이가 어떻든 사실상 그 이삭은 항상 수면에 떠서 있다."

풀로 덮는다. 그 구덩이가 차면 그 구덩이를 메우고 다른 곳에 다른 구덩이를 판다. 그곳에 다녀온 뒤에는 연못으로 가서 왼손으로 씻는데, 오른손은 음식을 먹는 데 사용하기 때문이다.[200] 종이를 사용하는 중국인들을 보면[201] 그들을 조롱하고 문을 닫아버린다. 서서 오줌 누는 여인들이 있으니[202] 가소롭다.

耕種: 〔1〕大抵一歲中, 可三四番收種. 蓋四時常如五六月天, 且不識霜雪故也. 其地半年有雨, 半年絶無. 自四月至九月, 每日下雨, 午後方下. 淡水洋中水痕高可七八丈, 巨樹盡没, 僅留一杪耳. 人家濱水而居者, 皆移入山後. 十月至三月, 點雨絶無. 洋中僅可通小舟, 深處不過三五尺, 人家又復移下. 耕種者指至何時稻熟, 是時水可淹至何處, 隨其地而播種之. 耕不用牛, 耒耜鐮鋤之器, 雖稍相類, 而製自不同. 又有一等野田, 不種常生, 水高至一丈, 而稻亦與之俱高, 想別一種也. 〔2〕但糞田及種蔬, 皆不用穢, 嫌其不潔也. 唐人到彼, 皆不與之言及糞壅之事, 恐爲所鄙. 每三兩家共掘地爲一坑, 蓋其草. 滿則墳之, 又別掘地爲之. 凡登溷既畢, 必入池洗净. 止用左手, 右手留以拿飯. 見唐人登厠, 用紙揩拭者笑之, 甚至不欲其登門. 婦女亦有立而溺者, 可笑可笑.

---

200 오른손을 깨끗하게 하고 왼손은 더럽게 하는 구분은 인도차이나와 인슐랜드의 인도화한 나라에 사는 중국인들이 유의하는 것이다.

201 9세기 아랍 여행자들은 이미 이에 대해 놀라움을 표시하고 있다(Reinaud, 『Relation des voyages faits par les Arabes et les Persans dans l'Inde et à la Chine dans le IXe siècle de l'ère chrétienne)』, I, 23, 56쪽을 참고하시오).

202 이는 중국에서 남자들이 오줌 누는 방식이다. 쭈그리고 앉아 오줌을 누는 아랍인들은 이 점에서 성인들에게 보이는 매우 이상한 어떤 습관을 중국인에게 돌린다(레이노, 앞의 책, 118쪽을 참고하시오).

18. 나라의 지형[山川]

진포(眞蒲)에 들어간 뒤로, 모든 쪽에 낮게 숲을 이룬
빽빽한 잡목림이다. 큰 강의 넓은 어귀가 백 리에 걸쳐 펼쳐져 있고, 곳곳
에 짙은 음영, 고목과 긴 등나무의 무성한 나무들이 있다. 거기에 동물의
울음소리가 뒤섞인다. 강의 중간지점에 처음으로 거대한 평야가 보이는데
나무 한 그루 없다. 또 멀리 바라보아도 풍부한 곡식들뿐이다. 들소들이
수백, 수천으로 모여 있다. 이어 백 리에 걸쳐 펼쳐진 대나무 능선이 있다.
이 대나무의 가지에는 가시가 나 있고 새싹의 맛은 매우 쓰다. 지평선의
네 귀퉁이에는 높은 산들이 있다.[203]

山川: 自入眞蒲以來, 率多平林叢眛, 長江巨港, 綿亘數百里. 古樹修藤, 森陰
蒙翳, 禽獸之聲, 遝雜其間. 至半港而始見有曠田, 絶無寸木, 彌望芃芃禾黍而
已. 野牛以千百成羣, 聚於其地. 又有竹坡, 亦綿亘數百里. 其竹節相間生刺, 筍
味至苦. 四畔皆有高山.

19. 산물[出産]

산에는 많은 이상한 나무가 있다. 나무가 없는 곳에는
코뿔소와 코끼리들이 모여 산다. 희귀한 새들, 괴이한 짐승들이 셀 수 없
이 많다. 가장 귀중한 산물은 물총새 깃[204], 상아, 코뿔소의 뿔[205], 밀랍들

---

203 [에띠엔느 아이모니에] "캄보디아의 다른 지역과 관련된 것으로 보이는 마지막 문
    장을 제외하고, 모든 단락은 현 프랑스령 코친차이나의 대강(大江) 델타지역에 관
    해 기술하고 있다."
204 에나멜 광택이 나는 매우 반짝이는 패물로 알려져 있다. 광주에서 물총새의 섬세
    한 깃털을 금속에 붙여 만든다.
205 코뿔소의 뿔은 약물에 들어가기도 한다. 아랍 여행자들은 엄청난 값이 나가는 허
    리띠를 중국에서 만든다고 적고 있다(Reinaud, 『Relation des voyages faits par

이고, 더 일반적인 것은 강진(降眞)[206], 두구,[207] 화황(畵黃)[208], 자경(紫梗)[209],

---

les Arabes et les Persans dans l'Inde et à la Chine dans le IXe siècle de l'ère chrétienne)』, I, 29, 34, 36쪽).

206 Myristica iners. (Frederick Porter Smith, 『중국의 자연사와 약재에 관한 기고 (Contributions Towards the Materia Medica & Natural History of China)』, 상해, 1871, 128쪽과 슐레겔, 『통보』, N.S., II, 127쪽을 참고하시오). 강진(降眞)은 강진향(降眞香, Dalbergia odorifera T. Chen.)을 말한다. 강향(降香), 자등향(紫藤香)이라고도 한다. 조여괄의 『제번지』 하권에서는 별도의 조목으로 "강진향(降眞香)은 스리비자야[三佛齊], 자바[闍婆], 파항[蓬豊]에서 나는데 광동, 광서 여러 군(郡)에도 있다. 향기는 강하고 멀리 가며 사악한 기운을 막아준다. 천주(泉州)의 사람들은 제석(除夕)에 빈부를 막론하고 모두 섶을 태우는 것처럼 이것을 태우는데, 그 값이 매우 저렴하다. 스리비자야[三佛齊]의 것이 가장 좋고 향기와 맛이 맑고 멀리 간다. 일명 '자등향(紫藤香)'이라고도 한다."라고 하였다(자세한 사항은 『바다의 왕국들』, 362쪽을 참고하시오). 『동의보감』에서도 "성질은 따뜻하고 평(平)하며 독이 없다. 돌림 열병이 유행하거나 집안에 괴이한 기운이 있을 때 강진향을 피우면 나쁜 기운을 물리친다(性溫平, 無毒. 主天行時氣. 宅舍怪異. 燒之辟邪惡之氣)."라고 하였다.

207 두구(荳蔻, 豆蔻)는 우리나라 국어사전에 따르면, 육두구(Myristica fragrans)를 말한다고 설명하고 있다. 그러나 이시진은 1116년 『본초연의(本草衍義)』를 쓴 구종석(寇宗奭)의 설을 인용하여 "두구는 초두구이다. 이는 육두구를 상대한 명칭이다(豆蔻, 草豆蔻也. 此是對肉豆蔻而名)."라고 하였다. 즉 두구라고 하면 초두구를 말한다는 것이다. 이 초두구는 백(白)두구, 소(小)두구와 더불어 생강과에 속하는 식물이다. 이들 백·소·초두구는 사인(砂仁)의 대체 약물로 알려졌으며, 중국에서 상견된다. 한편, 진장기(陳藏器, 681~757)의 설명에 따르면, "육두구는 호국에서 나며, 호국의 말로 가구륵이라 한다. 큰 선박이 [중국으로] 들어오면서 있게 된 것이지 중국에는 없었다(肉豆蔻生胡國, 胡名迦拘勒. 大舶來卽有, 中國無之)."(사고전서본 『본초강목』, 권14, 50쪽)라고 하였고, 존 크로포드에 따르면, 육두구(Myristica fragrans)는 몰루카스 제도를 원산지로 설명하였다(『A Descriptive Dictionary of the Indian Islands & Adjacent Countries』, 304쪽). 여기 진랍의 두구는 초두구일 것이다.

208 화황(畵黃)은 알려지지 않았다. 뒤에 보이는 설명은 『변예전』과 레무사의 이본인 강황(薑黃), 즉 Curcuma longa(스미스, 앞의 책, turmeric 조목)의 말린 뿌리와 전혀 부합하지 않는다. 그러나 우리는 고무나무인 '등황(藤黃)'을 생각해 볼 수 있는데, 캄보디아와 관련하여 종종 언급되는 산물 중의 하나이고, 영어 명칭은 gamboge인데 나라 이름과 같다(율, 『Hobson-Jobson』, 캄보디아 조목). 『본초강목』(사고전서본), 권18하(58a)에서 이시진은 "오늘날 화가들이 사용하는 등황(藤黃, Garcinia morella)은 모두 졸여 제련한 것으로, 핥으면 사람을 마비시킨다. 생각건대, 주달관의 『진랍기』에 '나라[도성]에는 화황(畵黃)이 있는데, 바로 수지(樹脂)

대풍자의 기름[大風子油]210이다.

_____

이다. 그곳 사람들은 칼로 나뭇가지를 찍어 [수지가] 떨어지게 하여 이듬해 수확한다.'라고 하였다. 곽의공(郭義恭)이 말한 것과 조금 다른 것 같은데, 하나의 산물이 아닌지 모르겠다(今畫家所用藤黃, 皆經煎煉成者, 舐之麻人. 按周達觀眞臘記云, 國有畫黃, 乃樹脂. 番人以刀斫樹枝滴下, 次年收之. 似與郭氏說微不同, 不知卽一物否也)."라고 설명했다. 이로써 볼 때, 화황은 화가들이 안료로 사용하는 등황을 지칭하는 명칭임을 알 수 있다. 여기 이시진이 인용한 문장은 우리의 판본과는 다른 판본이었던 것 같다. 한편, 마환의 『영애승람』(기록휘편본) 섬라국 조목에는 등결(藤結)이라는 산물이 보이는데, 바로 『국조전고(國朝典故)』본의 등황(藤黃)이다. 등황은 영어로 감보지(gamboge)로 옮기는데 라틴어 감보지움(gambogium)에서 나왔고, 캄보디아 국명은 여기에 어원을 둔다는 설이 있다. 주로 상좌부 불교 승복을 염색하는 데 사용하는 황색 안료로 등황나무과[Guttiferae]의 줄기에서 나는 수지이다. 등황은 크게 캄보디아와 태국산[Garcinia hanburyi], 인도와 스리랑카산[Garcinia morella], 미얀마 산[Garcinia elliptica, Garcinia heterandra]으로 나뉜다. 캄보디아와 미얀마의 등황은 임읍(林邑)[베트남]으로 유입되었고, 이를 월황(越黃) 또는 월황(月黃)이라는 안료로 중국 전통 회화에서 많이 사용되었다. 약용으로는 충치에 [액을] 떨어뜨려 이를 뽑을 때 사용했다(『본초강목』(사고전서본), 권18하(58a)).

209 자경(紫梗)은 콩과 식물(Erythrina)로 만드는 저급한 옻을 말한다(스미스, 앞의 책, 107쪽). 자경(紫梗)은 자광(紫鉚, '광'으로 읽음), 자광(紫礦), 적교(赤膠)라고도 부르는 염료이자 약재를 말한다. 이시진은 "광(鉚)은 광(鑛)과 같다. 이것은 빛깔이 자주색이며 모양이 광석과 같은데, 쪼개 열면 붉으므로 '자광'이라 부른다. 요즘 남쪽 나라에서는 가지에 달린 것을 채취하는데, 바로 자경(紫梗)이라고 하는 것이다(鉚與礦同. 此物色紫, 狀如礦石, 破開乃紅, 故名. 今南番連枝折取, 謂之紫梗是矣)."라고 설명했다(『본초강목』(사고전서본), 권39(19b)). 또, 연지(燕脂) 4종 중에서, 자광(紫礦)으로 만드는 호연지(胡燕脂)를 이순(李珣)의 『남해약보(南海藥譜)』를 참고하여, "오늘날 남쪽 사람들은 대부분 자광으로 연지를 만드는데 속칭 자경(紫梗)이라는 것이다. 대개 혈병(血病) 처방에 넣는다(今南人多用紫礦燕脂, 俗呼紫梗是也. 大抵皆可入血病藥用)."라고 설명하였다(『본초강목』(사고전서본), 권15(46b)).

210 대풍자유(大風子油)는 'Lucrabau 열매'(Gyncadia odorata)의 기름이다(스미스, 앞의 책, Lucrabau 씨 조목). 대풍자(大風子, 大楓子)라는 약용 열매 씨는 주거비의 『영외대답』 또는 조여괄의 『제번지』 하권에도 기록되지 않은 점으로 보아, 송나라 시대에는 알려지지 않은 것 같다. 13세기에 들어서 알려진 것으로 보이는 이 열매는 원나라 주달관(周達觀)의 『진랍풍토기』에 처음으로 언급되어 있다. 지노카르디아 오도라타(Gynocardia odorata)라는 학명을 가지는 인도차이나와 인도 동남부에서 나는 교목의 열매 씨이다. 씨의 껍질을 벗겨내고 기름을 짜거나[大風子油], 또는 기름기를 제거하여 가루로 만들어 외용한다. 풍병(風病)과 피부병을 치료하는 데 효과적으로 알려져 있다. 대풍자의 약효는 원나라 주진형(朱震亨)이

물총새는 상당히 잡기 어렵다. 우거진 숲에는 연못이 있고, 연못에는 물고기가 있다. 물총새는 숲에서 물고기를 잡으러 온다. 캄보디아인들이 물가에서 잎으로 가리고 숨어 있다. 수컷을 유혹하기 위해 암컷을 새장에 넣어 두고 손에는 그물을 들고 있다. 새가 날아오기를 기다렸다가 그물로 잡는다. 어떤 날은 3~5마리를 잡지만 간혹 온종일 한 마리도 잡지 못한다.

상아를 채취하는 사람들은 산에 사는 사람들이다. 죽은 코끼리에서 두 개의 어금니를 얻는다. 옛날 코끼리는 해마다 어금니가 빠진다고 하는데, 그런 것은 아니다. 수렵으로 죽인 동물에서 나온 상아가 최상품이다. 그다음 가는 것은 짐승이 자연사한 뒤 얼마 되지 않아 얻은 것이다. 가장 하품은 수년 뒤에 산에서 찾아낸 것이다.

밀랍은 촌락의 썩은 나무에 있다. 개미처럼 가는 흉갑을 가진 날개 달린 곤충에게서 생산된다. 캄보디아 사람들은 그것을 채취한다. 배 한 척마다 2~3천 덩어리를 채집하며, 큰 덩어리는 30~40근이고, 작은 것도 18~19근 이하는 아니다.

희고 결이 있는 코뿔소의 뿔이 상품이고 하품은 검은 것이다.

강진(降眞)은 깊은 숲에서 난다. 오랑캐들은 그것을 자르는 데 상당한 어려움을 겪는다. 바로 나무의 심으로, 둘레에 8~9촌에 이르는 백목질(白木質)이 있다. 작은 나무에는 적어도 4~5촌 두께이다.

두구는 미개인들이 산에서 재배한다.

『본초연의보유(本草衍義補遺)』에 수록하면서 약재로 공인되었다. 니담(Joseph Needham)은 중국인들이 알고 있는 대풍자의 효능은 인도에서부터 전해진 것이라고 하였다(『Science and Civilization of China』, I, 212~213쪽). 하지만 『진랍풍토기』, 『도이지략』, 『영애승람』, 『성사승람』, 『동서양고』 등에서 말하는 대풍자의 산지는 캄보디아 아니면 태국이다.

화황은 나무의 수지이다. 캄보디아인들은 일 년 전에 나무를 째서, 수지
가 흘러나오도록 내버려 두었다가 그다음 해에 채취한다.

자경은 나무의 가지에서 난다. 상기생(桑寄生)[211]과 비슷하다. 얻기 힘들다.

대풍자 기름은 큰 나무의 열매에서 나온다. 그 열매는 코코넛과 비슷하
며 10여 개의 씨가 들어있다.

간혹 후추도 있다. 등나무 주변에서 자라 녹초자(綠草子)처럼 서로 얽혀
자란다. 청녹색의 것이 가장 쓰다.

出產: [1] 山多異木, 無木處乃犀·象屯聚養育之地. 珍禽奇獸, 不計其數. 細色
有翠毛·象牙·犀角·黃蠟. 麤色有降眞·荳蔲·畫黃·紫梗·大風子油. [2] 翡翠, 其得也
頗難. 蓋叢林中有池, 池中有魚, 翡翠自林中飛出求魚, 番人以樹葉蔽身, 而坐水
濱, 籠一雌以誘之. 手持小網, 伺其來則罩之. 有一日獲三五隻, 有終日全不得
者. [3] 象牙則山僻人家有之. 每一象死, 方有二牙, 舊傳謂每歲一換牙者, 非也.
其牙以標而殺之者, 上也, 自死而隨時爲人所取者, 次之, 死於山中多年者, 斯爲
下矣. [4] 黃臘出於村落杇樹間, 其一種細腰蜂如螻蟻者, 番人取而得之. 每一船
可收二三千塊, 每塊大者三四十斤, 小者亦不下十八九斤. [5] 犀角白而帶花者爲
上, 黑爲下. [6] 降眞生叢林中, 番人頗費砍斫之勞, 蓋此乃樹之心耳. 其外白, 木
可厚八九寸, 小者亦不下四五寸. [7] 荳蔲皆野人山上所種. 畫黃乃一等樹間之脂.
番人預先一年以刀斫樹, 滴瀝其脂, 至次年而始收. [8] 紫梗生於一等樹枝間, 正
如桑寄生之狀, 亦頗難得. [9] 大風子油乃大樹之子, 狀如椰子而圓, 中有子數[212]
十枚. [10] 胡椒間亦有之, 纏藤而生, 纍纍如綠草子, 其生而靑者更辣.

---

211 상기생(桑寄生) 또는 상상기생(桑上寄生)은 명칭이 지시하는 것처럼 뽕나무에 기
    생하는 것이다(스미스, 앞의 책, mulberry-epiphyte조목을 참고하시오).
212 원문에는 '부(敷)'자로 쓰여있으나, '수(數)'자로 읽어야 한다.

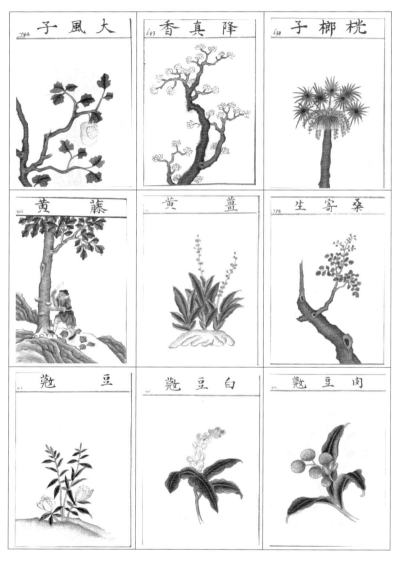

『중국 약용식물론과 라틴어 번역(Traité chinois de botanique médicale et traduction en latin)』(I), 18세기 익명의 사본. 제안냉 드 샹블랑(1722~1897)의 컬렉션(Collection Jehannin de Chamblanc). Ms 387.

20. 상업[貿易]

이 나라에서 교역에 능숙한 사람은 여인들이다. 그래서 그곳에 온 중국인들은 여인과 혼인하여, 그녀의 상업적 수완을 이용한다. 상시적인 점포는 없으나 땅바닥에 펴는 일종의 돗자리를 사용한다. 각자 자기 자리가 있다. 관리에게 자릿세를 낸다고 들었다. 작은 거래에는 쌀, 곡물, 중국제품을 지불하고, 그다음은 천을 사용한다. 큰 거래에는 금과 은을 사용한다.

일반적으로 이 나라의 사람들은 매우 순진하다. 그들이 중국인을 보면, 그에게 경외심을 보이며 '부처'라고 부른다. 중국인을 보자마자 땅에 엎드려 절을 한다. 얼마 전부터 몇몇이 중국인들을 속여 손해를 끼친다. 이는 그곳에 온 사람들이 많아졌기 때문이다.

貿易: 〔1〕國人交易皆婦人能之, 所以唐人到彼, 必先納一婦人者, 兼亦利其能買賣故也. 〔2〕每日一墟, 自卯至午卽罷. 無鋪店, 但以蓬席之類鋪于地間, 各有處, 聞亦有納官司賃地錢. 小交關則用米穀及唐貨, 次則用布. 若乃大交關, 則用金銀矣. 〔3〕往往土人最朴, 見唐人頗加敬畏, 呼之爲佛, 見則伏地頂禮. 近亦有脫騙欺負唐人者, 由去人之多故也.

21. 갈망하는 중국 상품들[欲得唐貨]

내가 생각하기에, 이 나라에는 금과 은이 나지 않는다. 사람들이 높이 치는 것은 중국의 금과 은이고, 그다음은 이중 실로 짠 가볍고 얼룩덜룩한 비단이다. 이들 상품 다음으로는 진주(眞州)213의 주석,

---

213 진주(眞州)는 송나라 시기 강소성 양주(揚州)의 현인 의징(儀徵) 지역의 명칭이었다(플레이페어, 『중국의 성과 도시』, no 8541).

여인들이 상품의 무게를 달고 있는 장면. 앙코르 바이욘 사원의 남쪽 회랑 부조. 출처: Wikimedia.

온주(溫州)의 옻칠한 쟁반214, 천주(泉州)215의 푸른 도자기, 수은, 주사, 종이, 유황, 초산염, 백단, 아이리스의 뿌리216, 사향, 쇠솥, 구리 쟁반, 수주(水珠)217, 알레리이스 기름[aleuriíes 桐油], 체, 나무 빗, 바늘이다. 더 일반

214 온주(溫州)에 관해서는 48쪽을 참고하시오.
215 자이툰(Zaytun)으로 유명한 천주(泉州)는 복건성, 북위 24도 56분, 동경 118도 51분에 위치한다(펠레이페어, 앞의 책, no 1499).
216 백지(白芷), Iris florentina(스미스,『중국의 자연사와 약재에 관한 기고(Contributions Towards the Materia Medica & Natural History of China)』, 관련 조목). 백지(白芷)는 구릿대(Angelica dahurica)의 뿌리를 말린 약재이다. '아이리스 플로렌티나(Iris florentina)'는 향제비꽃으로, 역시 뿌리 추출물로 향료를 만들기도 한다. 하지만 이 아이리스는 지중해 연안 지역이 원산지로 알려져 있다. 펠레오 씨는 2차 번역본에서 '안젤리카'로 번역했다.
217 수주(水珠), 글자 그대로의 의미는 '물 진주'인데, 어떤 진주를 말하는지 알려지지 않았다. 「변예전」에는 '목주(木珠)'로 되어있는데, '수(水)'자와 '목(木)'자의 혼동에서 비롯된 것이다. 수주(水珠), 현재 의미로는 '물방울' 또는 수옥(水玉), 즉 '수정(水晶)'을 의미한다. 시아 나이 씨는『도이지략』, 진랍(眞臘) 조목에 보이는 교역상품 중에 '노랗고 붉은 소주(黃紅燒珠)'가 보이는 것을 들어 여기 수주(水珠)가 소주(燒珠)의 잘못으로 추정했다(『진랍풍토기교주』, 150쪽). 하지만 '소주(燒珠, 유리

적인 것으로는 명주(明州)의 돗자리[218]이다. 특히나 그들이 얻고자 하는 것
은 바로 콩과 밀이지만 수출이 금지되어 있다.[219]

欲得唐貨: 其地想不出金銀, 以唐人金銀爲第一, 五色輕縑帛次之. 其次如眞
州之錫鑞·溫州之漆盤·泉州之靑甆器, 及水銀·銀硃·紙劄·硫黃·焰硝·檀香·白芷·
麝香·麻布·黃草布·雨傘·鐵鍋·銅盤·水珠·桐油·篦·箕·木梳·針. 其麤重則如明州之
蓆. 甚欲得者則菽·麥也, 然不可將去耳.

22. 식물[草木]

　　　　　다만 석류, 사탕수수, 연꽃과 연근, 토란, 복숭아, 바나
나, 궁(芎)[220]만이 중국과 공통적이다. 리치와 오렌지는 같은 모양이지만

제품)'가 중국산이라는 근거도 없을뿐더러, '수'자와 '소'자는 자형상, 발음상 혼동
할 여지가 전혀 없다.

218　52쪽을 참고하시오.

219　중국인들은 언제나 곡물의 수출을 반대했다. 예를 들어 말하자면, 1871년 9월 13
일 중국과 일본 사이에 체결된 조약(Henri Cordier, 『서구 열강과 중국과의 관계
사(Histoire des relations de la Chine avec les puissances occidentales)』, I,
401쪽에서 인용됨)은 쌀에 대한 전반적인 수출 금지(21조)와 홍콩의 섬인 평주(坪
州)와 요녕의 우장(牛莊) 즉 영구(營口)로부터 콩깻묵 수출을 금지(22조)를 규정하
고 있다. 위의 조약은 바로 일청수호조규(日淸修好條規)이다.

220　궁(芎)은 피를 맑게 하려고 달여 먹는 약용식물이다(자일스, 사전, no4698). 궁(芎)
은 궁궁(芎藭), 즉 천궁(川芎, Cnidium officinale Makino)은 중국 원산으로 우리
나라에서도 많이 재배는 한약재로 향료로도 쓰인다. 『제번지』 소길단(蘇吉丹) 조
목에 "후추를 채취하는 사람들은 매운 기운이 닥치기 때문에 대부분이 두통을 앓
지만, 천궁(川芎)을 먹으면 낳을 수 있다(採椒之人爲辛氣薰迫, 多患頭痛, 餌川芎可
愈)."라고 하였다(『바다의 왕국들』, 120쪽). 조선 영조 때 활동한 의사 조정준(趙
廷俊)의 『급유방(及幼方)』(권13)의 설명에 따르면, "천궁은 성질이 맵고 따뜻하다.
풍한(風寒)이 머리에 들어간 두통을 치료하고, 묵은 피를 제거하고 새 피를 생성
하게 하며 맺힌 것을 풀고 기를 운행하게 시켜 머리와 눈을 맑게 하며, 핏속에서
기를 조절하는 약재이다(川芎辛溫, 治風寒入腦頭痛, 破宿血, 生新血, 開鬱行氣, 淸
利頭目, 血中氣藥)."라고 한 것을 참고할 만하다.

시다. 다른 모든 식물은 중국에서 전혀 보이지 않는다. 나무의 종류들은 많고, 향기롭고 아름다운 꽃들은 더 풍부하다. 수생 꽃들은 수천 종이지만 그들의 이름은 모르겠다. 복숭아나무[221], 자두나무, 살구나무, 매실나무, 소나무, 측백나무, 삼나무, 편백 나무, 배나무, 대추나무, 미루나무, 버드나무, 계피 나무, 난초, 국화는 없다. 연초에(중국식으로), 이 나라에는 이미 연꽃이 있다.

草木: 惟石榴·甘蔗·荷花·蓮藕·桃·蕉·芎與中國同. 荔枝·橘子狀雖同而酸, 其餘皆中國所未曾見. 樹木亦甚各別, 草花更多, 且香而艶. 水中之花, 更有多品, 皆不知其名. 至若桃·李·杏·梅·松·柏·杉·檜·梨·棗·楊·柳·桂·蘭·菊·蘂之類, 皆所無也. 其中正月亦有荷花.

23. 조류[飛鳥]

조류 중에서 공작, 물총새, 앵무새는 중국에 알려지지 않았다. 매, 까마귀, 백로, 참새, 가마우지, 황새, 두루미, 야생 오리, 검은머리 방울새와 같은 다른 것들은 모두 중국에 있는 것들이다. 까치, 기러기, 꾀꼬리, 두우(杜宇)[222], 제비, 비둘기는 그들에게 없다.

飛鳥: 禽有孔雀·翡翠·鸚鵡, 乃中國所無. 餘如鷹·鴉·鷺鷥·雀兒·鸕鷥·鸛·鶴·野鴨·黃雀等物皆有之. 所無者, 喜鵲·鴻鴈·黃鶯·杜宇·燕·鴿之屬.

---

221 이 단락의 첫 번째 문장에는 오류가 있는데, 바로 복숭아가 캄보디아에 있다고 하는 것이다. 그러나 다른 이본을 제시할 아무런 근거가 없다.

222 두우가 어떤 새인지 모른다. 이 명칭은 중국의 전설에서 주나라 시기에 살았고 쏙독새로 변했다고 하는 황제의 한 후손으로 언급되었다(자일스, 『중국인명사전 (Chinese Biographical Dictionary)』, no2071).

24. 네발짐승들[走獸]

동물들로, 코뿔소, 코끼리, 들소, 그리고 산마(山馬)가 있는데 중국에서는 없다. 아주 많은 호랑이, 표범, 곰, 멧돼지, 순록, 사슴, 노루, 원숭이, 여우 등이 있고, 약간의 사자[223], 성성(猩猩)[224]과 낙타[225]가 있다. 닭, 오리, 소, 말, 돼지, 양들을 언급하는 것은 무의미하다. 말들은 매우 작다. 소들은 넘쳐난다. 사람들은 소의 등에 타지만 죽은 것을 먹거나 가죽을 벗기지 않는다. 이 동물들은 인간을 위해 힘을 소진했다는 이유로 썩도록 기다린다. 그들은 소에게 수레를 지울 뿐이다. 옛날에는 거위가 없었지만 얼마 전부터 중국에서 가져온 선원들 덕분에 이 종을 가지게 되었다. 고양이처럼 큰 쥐가 있는데, 어떤 쥐는 그 머리가 완전히 강아지 머리와 닮았다.

走獸: 獸有犀·象·野牛·山馬, 乃中國所無者. 其餘如虎·豹·熊羆·野猪·麋鹿·麞麂·猿·狐之類甚多. 所少者, 獅子·猩猩·駱駝耳. 鷄·鴨·牛·馬·猪·羊所不在論也. 馬甚矮小, 牛甚多, 生敢騎, 死不敢食, 亦不敢剝其皮, 聽其腐爛而已. 以其與人

_____

223 사자는 완전히 사라졌다. 그래서 132쪽을 보면 사자의 가죽이 당시 왕실의 물품이었음을 알 수 있다.

224 성성(猩猩)은 인도차이나의 동물로, 일종의 큰 원숭이인데, 중국인들은 이 짐승이 놀라운 능력을 갖췄으며, 사람을 잡아먹는다고 하였다. 어떤 동물이 이러한 전설을 낳았는지 알 수 없다. 이에 관해서는 『안남지략』(생송의 번역본, 540쪽)의 주석을 보시오.

225 캄보디아에는 낙타가 없다. 슐레겔 씨는 농사에 활용되는 수마트라의 탁타(橐駝, 낙타)를 언급하고 있는 『당서』의 한 문장과 관련하여, 혹이 달린 소 즉 봉우(峯牛)로 봐야 한다고 하였다(『통보』, N.S., II, 178~179쪽). 『신당서』, 권222하, 「실리불서전(室利佛逝傳)」(6305쪽)에 실리불서(스리비자야)의 산물을 언급하면서 "나라에는 남자가 많다. 탁타(橐它)가 있는데 표범의 무늬에 무소의 뿔이 있다. 타거나 경작하는 데 활용하여 타우표(它牛豹)라고 부른다(國多男子. 有橐它, 豹文而犀角, 以乘且耕, 名曰它牛豹)."라고 하였다. 슐레겔은 "이 동물은 틀림없이 Bos bulalus, Sondaica, 즉 인도로부터 수입한 제부(Zebu, 뿔이 길고 등에 혹이 있는 소)에서 나온 보통 소로서 낙타처럼 혹이 있다. 수마트라의 코뿔소는 두 개의 뿔이 있다."라고 설명했다(『통보』, 「Geograpical notes, XVI」, 178쪽, 주99).

出力故也, 但以駕車耳. 在先無鵝, 近有舟人自中國攜去, 故得其種. 鼠有大如
猫者. 又有一等鼠, 頭腦絶類新生小狗兒.

25. 채소[蔬菜]

채소로는 양파, 겨자, 파, 가지, 수박, 호박, 왕과(王
瓜)[226], 현채(莧菜)[227]가 있고, 순무, 상추, 치커리, 시금치는 없다. 첫 번째
달부터 호박이 난다. 호박 식물들은 여러 해 자란다. 목화 나무는 집 높이
를 넘어 자란다. 십여 년 동안 자란다. 내가 이름을 모르는 채소들이 많이
있고, 식용 수생 채소들도 많이 있다.

　蔬菜: 蔬菜有葱·芥·韭·茄·西瓜·冬瓜·王瓜·莧菜. 所無者蘿蔔·生菜·苦蕒·菠薐
之類. 瓜·茄正月間卽有之. 茄樹有經數年不除者. 木綿花樹高可過屋, 有十餘年
不換者. 不識名之菜甚多, 水中之菜亦多種.

---

226 Thladanthia dubia(자일스, 사전, 과(瓜) 조목). 왕과(王瓜)란 박과의 여러해살이
　　풀 왕과(Thladiantha dubia Bunge, 쥐참외)의 열매를 말하는 것으로 보인다. 이
　　시진은 이 명칭에 대하여, "토과(土瓜)는 그 뿌리가 땅의 기운이 되며, 그 열매는
　　과(瓜, 박)와 비슷하다. 혹자는 뿌리 맛이 박과 비슷하므로 토과라고 한다고 한다.
　　'왕'자는 무슨 의미인지 모르겠다. '박[瓜]'자는 박자(雹子, 여기의 '박'자는 '박雹'
　　자와 발음이 같은 것으로 보아, 박을 말하는 것으로 보임)와 비슷한데, 익으면 붉
　　은색이 되고 갈까마귀들이 즐겨 먹으므로, 속칭 적박(赤雹), 노아과(老鴉瓜)라고
　　부른다. 하나의 잎에 하나의 수염이 달려 시골 사람들은 공공수(公公鬚)라고 부른
　　다(土瓜其根作土氣, 其實似瓜也. 或云根味如瓜, 故名土瓜. 王字不知何義. 瓜似雹子,
　　熟則色赤, 鴉喜食之, 故俗名赤雹·老鴉瓜. 一葉之下一鬚, 故俚人呼爲公公鬚)."(『본초
　　강목』(사고전서본), 권18상(43a)라고 왕과의 여러 명칭을 설명하고 있다. 이어서
　　"왕과는 3월에 싹이 트는데, 덩굴에는 수염이 많으며, 여릴 때는 먹을 수 있다(王
　　瓜三月生苗, 其蔓多鬚, 嫩時可茹)."라고 하였다(앞의 출처).
227 Chenopodium rubrum(스미스, 『중국의 자연사와 약재에 관한 기고』, 59쪽). 현
　　채(莧菜)는 우리나라 본초 서적에는 비름에 대응시키고 있다. 'Chenopodium ru-
　　brum'는 옥시바시스 루브라(Oxybasis rubra), 즉 '빨간명아주(red goosefoot)'로
　　번역된다. 명아주는 비름과의 한해살이풀로, 나물과 약재로 사용한다.

26. 물고기와 파충류[魚龍]

물고기와 거북류 중에서 가장 많은 것은 검은 잉어이다. 또 매우 풍부한 것은 잡종 잉어, 초어(草魚)[228]이다. 토포어(吐哺魚)[229]가 있는데, 큰 것은 최소 두 근은 나간다. 내가 이름을 모르는 많은 물고기가 있다. 이 물고기들은 톤레삽 호수에 있다. 그러나 모든 종류의 많은 바닷물고기, 뱀장어, 붕장어들이 있다. 캄보디아인들은 개구리를 먹지 않아 밤에는 길에 널려 있다. 거북과 이구아나는 합저(合苧)처럼 크다. 육장(六藏) 거북도 먹는다.[230] 사남(查南)의 새우는 한 근 이상이 나간다. 진포의 거북

---

228 초어(草魚)란 사전적 정의에 따르면, 민물고기로 영어로는 'grass carp'라고 하며, 수초를 먹기 때문에 붙여진 이름이라고 한다. 환어(鯇魚)라고도 하는데, 잉어의 일종으로 학명은 'Ctenopharyngodon idella'이다.

229 [앙뜨완 까바똥] "'토하는 물고기'는 틀림없이 민물에 사는 돌고래 중 하나(Pianistidae)로, 열대 나라의 강에 산다. 이들 돌고래는 수증기로 가득 찬 숨을 코로 배출하거나, 그 코 또는 입으로 들이켠 물을 수면에서 내뿜는다. 이라와디강에는 오르셀라 플루미날리스(Orcella fluminalis) 돌고래가 살고 있고, 메콩강에서도 찾아볼 수 있다."

230 '육장'보다 '합저'를 더 이해할 수 없다. 원문은 "黿鼉大如合苧, 雖六藏之龜, 亦充食用"이다. '육장(六藏)'에 관하여 대만의 진 롱화(金榮華) 씨는 『진랍풍토기(眞臘風土記校注)』(1976, 96쪽)에서 네 개의 발, 머리와 꼬리를 감추는[六藏] 거북이라는 의미로 해석했다. 이러한 의미의 쓰임은 구나바드라(393~468)가 5세기에 한역(漢譯)한 『잡아함경(雜阿含經)』, 권43에서 찾을 수 있다. 석가세존은 비구들에게 다음과 같은 일화를 들려준다. "옛날, 어느 강 풀 속에 어떤 거북이가 그 속에 살고 있었다. 그때, 한 야간(野干, 들개류)이 굶주려 먹이를 찾아 돌아다니다가 멀리 거북이[龜虫]를 보고 달려가 잡았다. 거북이는 [야간이] 오는 것을 보고 곧바로 머리와 꼬리 그리고 네 다리를 감추었다[藏六]. 야간은 지켜보며 머리와 다리가 나오기만 하면 잡아먹으려 했다. 한참 거북이를 지켰으나 끝내 머리를 내밀거나 다리를 내밀지 않아 야간은 굶주림에 지쳐 화를 내며 갔다(過去世時, 有河中草, 有龜於中住止. 時有野干飢行覓食, 遙見龜虫, 疾來捉取. 龜虫見來, 卽便藏六, 野干守伺, 冀出頭足, 欲取食之. 久守龜虫, 永不出頭, 亦不出足, 野干飢乏, 瞋恚而去)." 여기에서는 분명히 '장육'이라 표현했음을 확인할 수 있다. 또 소식(蘇軾, 1037~1101)이 쓴 「기오헌(寄傲軒)」이란 시에 "얻으면 호랑이가 '을(乙)'자를 지닌 듯이 하고, 잃으면 거북이가 머리, 꼬리, 그리고 사지를 감춘 듯이 하네(得如虎挾乙, 失若龜藏六)"라고 하였다. 펠리오가 의문을 가지고 있는 점은 바로 '장육'이란 표현이 이미 있는

이 다리는 8~9촌에 달한다. 배처럼 큰 악어들이 있는데, 네 다리를 가지고 있어 용과 흡사하지만, 뿔이 없으며, 배는 매우 바삭바삭하다. 톤레삽 호수에서 쌍각류(<u>대합이나 모시조개 따위처럼 조가비가 두 짝 있는 조개를 통틀어 이르는 말</u>), 두족류(<u>연체동물에 속하는 강으로 발이 머리에 달림</u>)를 잡을 수 있다. 게는 보이지 않는다. 생각건대, 있지만 사람들이 먹지 않는 것이리라.

魚龍: 魚鱉惟黑鯉魚最多, 其他如鯉·鯽·草魚亦多. 有吐哺魚, 大者重二斤已上. 有不識名之魚亦甚多, 此皆淡水洋中所來者. 至若海中之魚, 色色有之. 鱔魚·湖鰻, 田雞土人不食, 入夜則縱橫道途間. 黿鼉大如合竿, 雖六藏之龜, 亦充食用. 查南之蝦, 重一斤已上. 眞蒲龜脚可長八九寸許. 鰐魚大者如船, 有四脚, 絶類龍, 特無角耳. 肚甚脆美. 蛤蜆·螺蜠之屬, 淡水洋中可捧而得. 獨不見蟹, 想亦有之, 而人不食耳.

27. 발효 음료[<u>醞釀</u>]

네 종류의 술이 있다. 첫 번째는 중국인들이 '밀당주(蜜糖酒)'라고 하는 것으로, 누룩을 사용하여 꿀 반, 물 반을 섞어 만든다. 두 번째는 캄보디아 사람들이 '붕아사(朋牙四)'라고 하는 것으로, 나무의 잎으로 만든다. 붕아사는 나뭇잎을 지칭하는 말이다. 세 번째는 생쌀 또는 남은 밥으로 만드는데, '포릉각(包稜角)'이라 부른다. 포릉각은 쌀이다.[231] 마

<u>데, 왜 거꾸로 도치하여 '육장'이란 표현을 썼을까 하는 점이다. 거북이라면 누구나 다 아는 사실을 주달관이 '육장'으로 왜 다시 부연 설명했는지 의문이 드는 것은 사실이다. 그렇지만 '육장'으로 도치시켜 쓸 개연성이 높으므로, 여기서는 "머리와 꼬리 그리고 네 다리를 감추는 거북일지라도 먹어 치운다"라는 의미로 읽어야 할 것이다. '합저'에 관하여 최병욱 씨는 黿鼉大如合竿의 '합저'를 '볏단'으로 해석했는데(『진랍풍토기』, 산인, 2016, 193쪽) 무엇을 근거했는지 모르겠다.</u>

231 [에띠엔느 아이모니에] 포릉각(包稜角)을 앙카(angkâ), 옛날에는 '도정한 쌀'인 랑

지막 종류는 '당감주(糖鑑酒)'인데, 사탕수수로 만든다. 게다가 강으로 들어가 강을 따라가면 교장주(茭漿酒)232가 있다. 물가에서 자라는 일종의 교(茭)가 있는데, 사람들이 그 즙을 발효시켜 만든다.

> 醞釀: 酒有四等. 第一等唐人呼爲蜜糖酒, 用藥麴, 以蜜及水中半爲之. 其次者, 土人呼爲朋牙四, 以樹葉爲之. 朋牙四者, 乃一等樹葉之名也. 又其次, 以米或以剩飯爲之, 名曰包稜角. 蓋包稜角者米也. 其下有糖鑑酒, 以糖爲之. 又入港濱水, 又有茭漿酒. 蓋有一等茭葉生於水濱, 其漿可以釀酒.

28. 소금, 식초, 간장, 누룩[鹽醋醬麴]

캄보디아에는 소금을 만드는데 구속이 없다. 진포(眞蒲), 파간(巴澗)233 그리고 바닷가 다른 곳에서는 가열하여 증발시킨다. 산간에도 광물이 있는데, 그 맛이 바다의 소금을 능가한다. 사람들은 그것을 잘라 용품을 만들 수 있다.

사람들은 식초를 만들 줄 모른다. 신 음료를 만들고자 할 때는 '함평(咸平)'이라는 나뭇잎을 사용한다. 나무가 싹이 트면 사람들은 그 싹을 사용하고, 나무가 열매를 맺으면 사람들은 그 씨를 사용한다. 밀이나 콩이 없어

코(ranko, 즉 릉각)로 본다. ○참파인들이 쌀로 빚은 술에 관해서는 메이어스, 『차이나 리뷰』, III, 324쪽을 참고하시오.

232 122쪽에서는 카장 잎으로 배를 덮는다고 하였다. 교(茭)는 말레이의 카장, 더 완전하게 옮기자면 교장(茭萉)과 같은 식물임이 틀림없으며, 이것은 집을 덮거나 술을 만드는 데 사용한다. 교장주(茭漿酒)는 『동서양고』(1618, 권4, 4쪽 말라카 조목)에 언급되어있다. 참파인들이 카장을 사용한 것에 관해서는 메이어스, 『차이나 리뷰』, III, 322쪽을 참고하시오. 주에서 펠리오는 '장(漿)'자를 '장(章)'자로 옮겼는데, 오자로 보인다.

233 아이모니에 씨는 속짱(Soc-Trang)과 박리에우(Bac-Lieu) 지역으로 보고자 했다. 그럴 법은 하지만 확실한 것은 아니다.

장을 담글 줄 모른다. 그들은 누룩을 만들지 않는다. 그들은 꿀, 물 그리고 나뭇잎으로 술을 만든다. 중국 시골의 백주와 비슷한 일종의 독한 액체를 사용한다.

鹽醋醬麴: 〔1〕醝物國中無禁, 自眞蒲·巴澗濱海等處, 率皆燒. 山間更有一等石, 味勝於鹽, 可琢以成器. 〔2〕土人不能爲醋, 羹中欲酸, 則著以咸平樹葉, 樹旣生莢則用莢, 旣生子則用子. 亦不識合醬, 爲無麥與豆故也. 亦不曾造麴, 蓋以蜜水及樹葉釀酒, 所用者酒藥耳, 亦如鄕間白酒藥之狀.

29. 누에와 뽕나무[蠶桑]

캄보디아 사람들은 누에를 기르지 않고 여인들은 바느질을 모른다. 목면포를 짤 줄만 안다. 또 실을 잣을 줄 몰라 손으로 실타래를 만든다. 그들에게는 베 짜는 장비가 없어 (천의) 끝을 허리에 묶고 다른 한쪽에서 매는 일을 하는 것이 고작이다. 북으로 대나무 조각만 있다. 최근 시암인들이 양잠에 전념하고 있는데, 뽕나무와 누에는 시암에서 온 것이다.

모시풀은 없고 다만 낙마(絡麻)234가 있다. 시암인들은 비단으로 진한 견직 옷을 짠다. 시암인들은 바느질과 수선을 할 줄 안다. 캄보디아인들은 옷이 찢어졌을 때, 시암인들에게 돈을 내고 수선한다.

蠶桑: 〔1〕土人皆不事蠶桑, 婦人亦不曉針線縫補之事, 僅能織木綿布而已. 亦不能紡, 但以手理成條. 無機杼以織, 但以一頭縛腰, 一頭搭上. 梭亦止用一竹

---

234 마(麻)의 일종이다. 낙마(絡麻)에 관하여, 시아 나이 씨는 온주(溫州) 방언으로 대마(大麻)를 '낙마(絡麻)'라고 한다고 하였다. 앞 '亦無麻苧' 구의 '마저'와 중복되자, 저마(苧麻)의 도치 형태로 읽었다. 결과적으로 저마와 대마를 말하는 것으로 캄보디아에 없는 산물이라 했다(『진랍풍토기교주』, 2000, 164쪽).

管. [2] 近年暹人來居, 却以蠶桑爲業. 桑種蠶種, 皆自暹中來. 亦無麻苧, 惟有絡麻. 暹人却以絲自織皂綾衣着, 暹婦却能縫補. 土人打布損破, 皆倩其補之.

30. 기물[器用]

중산층의 사람들은 집은 있지만, 탁자, 의자, 냄비 또는 양동이가 없다. 쌀을 익힐 때 그들은 흙으로 만든 솥을 사용하고 국을 만들 때는 흙으로 만든 냄비를 사용한다. 그들은 세 개의 돌을 묻어 아궁이를 만들고 코코넛을 국자로 사용한다. 밥을 먹을 때에는 흙이나 구리로 만든 중국식 접시를 사용한다. 국에는 나뭇잎을 사용한다. 그것으로 작은 잔을 만드는데, 가득 담아도 흐르지 않게 한다. 또한 교(茭)[235]의 잎으로 작은 숟가락을 만들어 국을 떠서 입에 넣는다. 마치면 버린다. 신이나 부처에게 올리는 제사에도 마찬가지이다. 그들 옆에는 또한 주석이나 흙으로 만든 사발이 있어 물을 가득 담아 거기에 손을 적신다. 밥을 집는 것은 손가락만 사용하는데, 밥이 손가락에 붙으므로 이 물이 없으면 안 된다. 그들은 주석 술잔에 술을 마시고, 가난한 사람들은 흙으로 만든 사발을 사용한다. 귀족이나 부유한 집은 간혹 은그릇 심지어는 금 그릇을 사용하는 예도 있다. 이 나라에서 사람들은 기념일에 많은 금 그릇을 사용하는데, 크기와 모양이 다양하다. 땅에는 명주(明州)의 돗자리, 또는 호랑이, 표범, 순록, 사슴 가죽, 또는 등나무 돗자리를 깐다. 얼마 전부터 그들은 높이가 1척쯤 되는 낮은 탁자를 사용한다. 잠을 잘 때, 그들은 돗자리만 사용하고 마루판에 눕는다. 얼마 전부터 대체로 중국인들이 만든 낮은 침대를 사용

---

235 카장(kajang) 117쪽을 참고하시오.

하는 사람들이 있다. 그들은 탁자의 그릇들을 한 조각의 천으로 덮는데, 군주의 궁궐에서는 외국 상인들이 선물로 준 금으로 수놓은 것을 사용한다. 쌀에는 맷돌을 사용하지 않고 절구로 껍질을 벗긴다.

器用: (1) 尋常人家, 房舍之外, 別無桌凳盂桶之類, 但作飯則用一瓦釜, 作羹則用一瓦銚. 地埋三石爲竈. 以椰子殻爲杓. 盛飯用中國瓦盤或銅盤. 羹則用樹葉造一小碗, 雖盛汁亦不漏. 又以茭葉製一小杓, 用兜汁入口, 用畢則棄之. 雖祭祀神佛亦然. 又以一錫器或瓦器盛水於傍, 用以蘸手. 蓋飯只用手拏, 其粘於手, 非此水不能去也. (2) 飮酒則用鑞注子. 貧人則用瓦鉢子. 若府第富室, 則一一用銀, 至有用金者. 國之慶賀多用金爲器皿, 制度形狀又別. (3) 地下所鋪者, 明州之草席, 或有鋪虎·豹·麂鹿等皮及藤簟者. 近新置矮桌, 高尺許. 睡只以竹席臥於板. 近又用矮床者, 往往皆唐人制作也. (4) 食品用布罩. 國主内中, 以銷金縑帛爲之, 皆舶商所饋也. (5) 稻不用礱, 止用杵舂碓耳.

31. 수레와 가마[車轎]

이들의 가마는 하나의 나무에 그 가운데 부분을 굽혀 양쪽에서 든다. 꽃장식을 하고 금과 은으로 싼다. 금은의 가마 버팀대라고 하는 것이 바로 이것이다.[236] 각각의 끝 1척쯤 되는 곳에 쇠고리를 박아넣고, 줄로 여러 겹으로 접힌 큰 천을 두 쇠고리에 붙인다. 이 천에 사람이 앉으면 두 사람이 그 가마를 들고 간다.[237] 가마 이외에도 다른 것을 사용

---

236 [이러한 가마의] 등급에 관해서는 68~69쪽을 참고하시오.

237 가마는 또한 인도 전역에서 사용된다. 『영외대답(嶺外代答)』(12세기, 권10, 14쪽)에서는 이동식 닫집, 안남식 명칭인지는 모르지만 저아(抵鴉)로 언급되어 있다. 범성대(范成大, 1126~1193, 자일스의 『중국인명사전(Chinese Biographical Dictionary)』, no530에 따름)가 1173년 안남의 사신이 중국에 온 것을 이야기했는데, 마단림(馬端臨)이 인용하면서(생드니, 『남중국 외래 인들에 대한 민족 분류(Ethnographie

하는데, 배의 돛보다 크고 다채로운 비단으로 장식되어있다. 네 사람이 그
것을 들고 가마를 따라서 간다. 멀리 갈 때, 사람들은 코끼리, 말, 수레를
탄다. 수레는 다른 나라의 것들과 비슷하다. 말에는 안장이 없고, 코끼리
에는 앉는 자리가 없다.

車轎: 〔1〕轎之制以一木屈其中, 兩頭竪起, 雕刻花様, 以金銀裹之, 所謂金銀
轎扛者此也. 每頭一尺之内釘鉤子, 以大布一條厚摺, 用繩繋於兩頭鉤中, 人挽
於布, 以兩人擡之. 轎則又加一物如船蓬而更闊, 飾以五色縑帛, 四人扛之, 有
隨轎而走. 〔2〕若遠行, 亦有騎象·騎馬者, 亦有用車者. 車之制却與他地一般. 馬
無鞍, 象無凳可坐.

32. 배와 노[舟楫]

　　　　　큰 배는 단단한 나무의 판자로 만든다. 목수는 톱을 사
용하지 않고 도끼로만 작업한다. 하나의 판자는 많은 나무와 많은 수고가

_____

des peuples étrangers à la Chine, Méridionaux)』, Ⅱ, 366), 안남의 사신들이
"저아의 사용법, 맨발로 다니는 법, 머리 꼭대기에 망치 모양으로 머리를 묶는 것
들을 이야기해 주었다"라고 기술했다. 『문헌통고(文獻通考)』, 권330에 인용된 『계
해우형지(桂海虞衡志)』에 "귀족과 관료들은 한 폭의 베 위에 앉는데, 큰 대나무에
걸어 두 사람이 들고 가는 것을 '저아'라고 한다(貴僚坐幅布上, 掛大竹, 兩夫昪之,
名抵鵶)."라고 하였다. 한편, 『영외대답』, 권10 저아(抵鵶) 조목에 "안남에서 점성,
진랍에 이르기까지 모두 견여(肩輿)가 있다. 베로 만드는데, 포대처럼 제작하여
긴 대나무로 그것을 든다. 위에는 긴 차양을 설치하여 나뭇잎으로 비늘 같이 장식
하는데, 중주(中州: 하남의 옛 명칭)의 가마 윗부분 같다. 두 사람이 장대 하나를
들고 또 두 사람은 채찍을 들고 간다. 안남에서는 이를 '저아'라고 한다(自安南及
占城眞臘, 皆有肩輿. 以布爲之, 製如布囊, 以一長竿舉之. 上施長篷, 以木葉鱗次飾之,
如中州轎頂也. 二人舉一長竿, 又二人策行, 安南名曰抵鴉)."라고 하였다(『영외대답교
주』, 중화서국, 1999, 428쪽). 이 저아는 1225년 조여괄의 『제번지』 점성[참파] 조
목에서 연포두(軟布兜)라고 하며, "왕이 출입할 때는 코끼리를 타거나 연포두(軟布
兜)4를 타기도 하는데 4명이 그것을 든다(王出入乘象, 或乘軟布兜, 四人昪之)."(『바
다의 왕국들』, 45쪽)라고 하였다.

있어야 한다. 목기를 만드는 사람 그 누구나 끌만 사용한다. 자신들의 집을 만들 때도 마찬가지이다. 배에 있어서, 그들은 쇠못을 사용하고, 빈랑나무로 고정된 교(茭)[238]의 잎으로 배를 덮는다. 이러한 유의 배를 '신나(新拏)'라고 부르고, 노를 저어 간다. 널빤지의 틈을 메우기 위해 석회에 섞은, 물고기 기름을 사용한다. 작은 배는 큰 나무 하나로 만드는데, 구유 모양으로 파고 불로 부드럽게 하여, 나무의 항력으로 넓힌다[나무로 버티도록 벌린다]. 그래서 이 배는 가운데는 넓고 양쪽 끝은 뾰족하다. 배들은 돛을 달지 않고, 여러 사람을 태울 수 있으며, 노로 방향을 바꾼다. 이 배를 사람들은 '피란(皮闌)'이라고 부른다.

舟楫: 巨舟以硬樹破版爲之. 匠者無鋸, 但以斧鑿之, 開成版. 旣費木, 且費工也. 凡要木成叚, 亦只以鑿鑿斷. 起屋亦然. 船亦用鐵釘, 上以茭葉蓋覆, 却以檳榔木破片壓之. 此船名爲新拏, 用櫂. 所粘之油, 魚油也. 所和之灰, 石灰也. 小舟却以一巨木鑿成槽, 以火薰頓, 用木撑開. 腹大, 兩頭尖, 無蓬, 可載數人. 止以櫂划之, 名爲皮闌.

33. 속국들[屬郡]

90여 개의 예속된 관할지역이 있다. 진포(眞蒲), 사남(查南), 파간(巴澗), 막량(莫良), 팔설(八薛), 포매(蒲買), 치곤(雉棍), 목진파(木津波), 뇌감갱(賴敢坑), 팔시리(八廝里).[239] 다른 곳들은 기억해 낼 수 없다. 각 지역에는 관리들이 있다. 나무 말뚝이 성벽 구실을 한다.

_____

238 카장. 117쪽을 참고하시오.

239 이 모든 명칭에 대해 위치 추정을 시도하기에는 너무 이른 것 같다. 앞에서부터 세 명칭은 이미 알려져 있다. [에띠엔느 아이모니에] "막량(莫良)은 분명 비문에서 보이는 'Malyan'일 것이다. 그러나 나머지는 고증을 기다린다."

屬郡: 屬郡九十餘, 曰眞蒲, 曰査南, 曰巴澗, 曰莫良, 曰八薛, 曰蒲買, 曰雉棍, 曰木津波, 曰賴敢坑, 曰八廝里. 其餘不能悉記. 各置官屬, 皆以木排柵爲城.

34. 마을[村落]

각 촌락에는 사원 또는 스투파가 있다. 주민들은 좀 많은 편이며, 그들에게는 '매절(買節)'[240]이라고 불리는 경찰관이 있다. 큰 거리에는 중국의 우정(郵亭)과 비슷한 휴게소가 있는데, 사람들은 이것을 '삼목(森木)'[241]이라고 부른다. 최근 시암인들과 전투에서 이 나라는 모두 폐허가 되었다.

村落: 每一村, 或有寺, 或有塔. 人家稍密, 亦自有鎭守之官, 名爲買節. 大路上自有歇息如郵亭之類, 其名爲森木. 近與暹人交兵, 遂至皆成曠地.

35. 쓸개 채취[取膽]

옛날에 여덟 번째 달에 사람들은 담즙을 채취한다. 매년 참파의 왕이 사람의 담즙 한 항아리, 수천 그릇[枚]을 요구했기 때문이다. 밤에 성과 촌락 여러 곳에 사람을 배치하고, 심야에 사람들이 접근하면, 끈으로 쪼이는 두건을 머리에 씌우고, 작은 칼로 오른쪽 옆구리 아래에서 담즙을 빼낸다. 참파의 왕에게 바칠 숫자가 충분해질 때까지 기다린다. 그러나 중국인의 담즙은 취하지 않는다. 어떤 해에 중국인의 담즙을

---

240 [루이 피노] "마을 추장의 호칭은 '메스록(mê sròk)'이다."
241 분명 살라스(sālās)와 관계된 것으로 보이지만, 음역 형태의 첫 번째 음절만 원어에 부합하고 있다.

채취하여 다른 사람들의 것과 섞어두었는데, 항아리의 모든 담즙이 썩어 버려 쓸 수 없었기 때문이다. 최근 이러한 관례는 없어졌으나 여전히 담즙을 채취하는 관리가 있는데, 그는 성의 남문 근처에 산다.242

---

242 이 야만적인 관습은 드 그루트 씨가 생각했던 것과는 달리(『중국의 종교체계』, IV, 375~376쪽), 실제로 인도차이나에서 행해졌다. 쓸개가 담력의 중심이라는 극동아시아의 일반적인 믿음에 근거한 것이다. 중국인들은 담력과 쓸개를 지칭하는데 '담(膽)' 한 글자만을 사용한다. 또한, 모든 동물과 인간의 쓸개는 중국 약전에서 특별한 자리를 차지하고 있다(스미스, 『중국의 자연사와 약재에 관한 기고』, 165쪽). 힘과 담력을 기르기 위해, 기원전 5세기에 오왕에게 패한 월왕 구천(句踐)은 "자리에 쓸개를 놓고, 앉을 때나 잘 때, 쓸개로 눈을 돌렸고, 먹거나 마실 때도 쓸개를 맛봤다."(샤반느, 『사기』, IV, 424쪽). 14세기에 안남왕은 무기력하여 "소년의 쓸개에 용해된" 약을 먹고 치유되었다(Trương Vĩnh Ký, 『안남 왕조사(Cours d'histoire annamite)』, I, 110쪽). 그러나 이 관습이 행해진 것은 특히 참파에서이다. "(빈 뚜안의) 참파인들은 옛날 호랑이와 코끼리를 잡는 왕실의 사냥꾼들을 사람들이 무서워했다고 되뇌었다. 더 무서운 것은 인간들의 쓸개를 채취하여 왕실의 전투용 코끼리에게 주는 데 쓰는 자루에크(Djalauech)들이었다(아이모니에, 『참파인들과 그들의 종교』, 33쪽)." 실제로 참파인들의 비문들은 왕중의 왕은…쓸개를 먹은 코끼리의 소유주로, 삐따드위빠(pittadvipa)이다(아이모니에, 「참파인들의 비문에 관한 첫 번째 연구(Première étude sur les inscriptions Tchames)」, 『J.A.』, 1891, 1~2월호, 64쪽). 그러나 코끼리에게 사용되지 않았다. "참파 사람들은 음료로 마시는 인간의 담즙이 전쟁에 두려운 군주를 자극하는 것이라는 야만적 믿음을 가지고 있었다. 사람들은 상처를 입은 적들에게서 산 채로 그것을 채취했다. 생명수에 섞어 몸을 흥분시키는 음료로 간주했다고 인도차이나 사람들은 말한다(아이모니에, 『참파인들과 그들의 종교』, 110쪽)." 이는 15세기 환관들의 기록을 글자 그대로 옮긴 것이다. 『성사승람(星槎勝覽)』(1436, 권1, 3쪽)에는 "추장은 매년 산사람의 담즙을 채취하여 술에 섞어 다른 가족들과 함께 마신다. 그는 또한 몸을 씻는 데에도 쓴다. 사람들은 전신에 이 담즙이 스며든다고 말한다(酋長歲時探生人膽, 入酒中與家人同飮, 又以浴身, 謂之曰通身是膽)." 메이어스가 제시한(『차이나리뷰』, III, 624쪽) 황성증의 책에서도 거의 같은 문장이 들어있다. 『명사』(18세기 편집됨)는 같은 정보에 다음과 같이 덧붙였다. "이 나라 사람들은 담즙을 채취하여 왕에게 바친다. 코끼리의 눈을 씻기도 한다. 길에서 어떤 사람이 지나가기를 기다렸다가 즉사하도록 죽인다. 그리고 담즙을 채취하여 간다. 그 희생자가 겁에 질려 놀라면 담이 먼저 찢어져 쓸 수 없게 된다. 쓸개는 항아리에 넣는다. 중국인의 쓸개는 겉으로 나타나기 때문에[중국인의 쓸개는 위에 두고] 더욱 귀하게 여긴다(其國人采以獻王, 又以洗象目. 每伺人於道, 出不意急殺之, 取膽以去. 若其人驚覺, 則膽已先裂, 不足用矣. 置眾膽於器, 華人膽輒居上, 故尤貴之.)"
　　캄보디아에서 이 관습은 19세기 앙 두엉(Ang Dyuong)왕 시기가 되어서야 결정

取膽: 前此於八月內取膽, 蓋占城主每年索人膽一甕, 萬千餘枚. 遇夜則多方令人於城中及村落去處. 遇有夜行者, 以繩兜住其頭, 用小刀於右脇下取去其膽, 俟數足, 以饋占城王. 獨不取唐人之膽, 蓋因一年取唐人一膽雜於其中, 遂致甕中之膽俱臭腐而不可用故也. 近年已除取膽之事, 另置取膽官屬, 居北門之裏.

적으로 폐지되었다(아이모니에, 「참 비문에 관한 첫 번째 연구(Première étude sur les inscriptions Tchames)」, 『J.A.』, 1891, 1~2월호, 64쪽). 바탐방(Battambang) 지역에 1850년 12월에 도착한 부이보(Bouillevaux) 신부의 『인도차이나로의 여행(Voyage dans l'Indo-Chine)』(파리, 1856, 241쪽)에서는 다음과 같이 기술하고 있다. "가장 널리 퍼진 한 소문이 여전히 위험 수위를 높여가고 있었다. 사람들은 그 지역에 '이옥 뽀맛'(ioc pomat, 인간의 쓸개를 채취하는 사람)이 있다고 했다. 내가 도착했을 때, 어떤 사람들은 나를 믿지 못하고 내가 이옥 포맛이 아닌지 의심했다. 캄보디아 사람들은 왕이 전투용 코끼리에게 주려고 쓸개를 채취하게 했다고 수군거렸다. 적어도 나에게 우호적이었던 다른 사람에 따르면, 그들이 그것을 유럽인들에게 판다고 하였다.…시암 왕을 위해 강의 상류에서 사금을 채취하는 캄보디아와 라오스 사람들은 불행이 닥칠까 두려워 숲 가운데로 감히 가려 하지 않았다."

쓸개를 채취하는 것에 관하여 우리가 알고 있는 가장 완전한 텍스트는 마리니(P. Marini, 1608~1682)의 책인데(Filippo de Marini, 『Historia et relatione del Tunchino e del Giappone』, 로마, 1665. 여기서는 프랑스어 번역본 『통킹과 라오스 왕국의 신기한 이야기(Histoire nouvelle et curieuse des royaumes de Tonquin et de Laos)』, 파리, 1666, 349~350쪽을 인용함), 라오스에서 실행된 방법을 다음과 같이 기술하고 있다. "이 나라에서는 주술적 방법으로 유사한 다른 악습이 일반적으로 행해진다. 왕도 그들을 쫓아낼 수 없다.…주로 겨울철에는 미개하고 인간 같지 않은 사람들이 있는데, 25~30개의 미끼로 그들을 유혹하여 숲으로 인간사냥을 나간다. 처음으로 맞닥뜨린 사람이 남자건 여자건, 늙었거나 젊거나, 승려거나 속인이든 상관없이 몰아가 죽이고 위와 배를 갈라놓고 쓸개를 뜯어내는데, 이렇게 얻으려고 아무런 거리낌 없이 사람을 죽인다. 그리고 여전히 뛰고 있는 피가 흥건한 불쌍한 사람의 머리를 잘라 그것을 감정하는 관리에게 인간의 몸에서 발췌했다는 사실 증명을 위해 쓸개와 함께 가져간다. 그러나 가끔 이 비열한 사람들은 멋대로 사냥하고도, 정해진 기한 안에 고약하고 무서운 시도를 못 하는 때도 있다. 그리고 관리와 합의했는데 아무도 잡지 못하면, 채취한 쓸개를 산 사람들을 위해 서로를 죽이거나 자신들의 아내나 자식들 누군가를 찔러야 한다. 이로부터 나오는 첫 방울을 술에 넣은 뒤에, 혐오스럽고 미신적인 의식을 지내고, 코끼리의 코에 바른다. 그들이 이전부터 가진 사고를 통해 의심의 여지가 없는 사실로서 이렇게 그들은 강해지고 그들의 코끼리는 더 용감하고 더 강해지며, 그래야 그들이 만난 충돌이나 서로 차지하려는 전투에서 승리할 수 있다고 생각한다."

36. 기이한 일[異事]

성의 동쪽 문 옆에 누이와 근친상간을 하는 오랑캐[蠻
시]가 있다. 두 사람의 몸체는 합체되어, 아무것도 먹지 않고 사흘 뒤에 둘
다 죽었다. 나의 동향인 설씨(薛氏)는 이 나라에서 35년을 살았는데, 이런
일이 두 번이나 일어나는 것을 보았다고 확언했다. 이 모두가 성불(聖佛)의
영적인 행위로만 나올 수 있을 뿐이다.

異事: 東門之裏, 有蠻人淫其妹者, 皮肉相粘不開, 歷三日不食而俱死. 余鄉
人薛氏, 居番三十五年矣, 渠謂兩見此事. 蓋其用聖佛之靈, 所以如此.

37. 목욕[澡浴]

이 나라는 지독하게 더워 매일 여러 차례 목욕하지 않
을 수 없다. 밤에도 한두 차례 하지 않을 수 없다. 옛날에는 목욕탕이나
욕조가 없었다. 가정마다 하나의 물통이 있고, 또는 두세 가정이 공동으로
하나를 가지고 있는데, 그 속에 남녀 모두가 벌거벗고 들어간다. 다만 부
모나 연장자가 수조에 있을 때는 아들딸 또는 젊은 사람들은 그곳에 들어
가지 않는다. 젊은이가 물통에 있으면 나이 많은 사람들이 그들을 피한다.
그러나 동년배들이면 아무런 장애가 없다. 물에 들어갈 때 왼손으로 자신
의 성기를 가리는 것이 전부이다. 3~4일 또는 5~6일마다 성의 여인들은
무리 지어 성 밖 강에 나가 목욕을 한다. 강에 이르면, 여인들은 몸에 두르
고 있던 천을 벗고 물에 들어간다. 이렇게 강에 모이는 사람들이 수천이
다. 귀족 여인들조차도 이를 즐기고 어떠한 부끄러움도 느끼지 않는다. 머
리부터 발끝까지 모두를 볼 수 있다. 성 밖에 있는 큰 강에는 이런 일이

일어나지 않는 날이 없다. 한가로운 날 중국인들은 종종 소일거리로 삼아 보러 간다. 또한, 물속에서 그 기회를 이용하는 사람들도 있다고 한다. 물은 항상 불에 있는 것처럼 뜨겁고, 5경이 되어서야 조금 차가워지지만 해가 뜨면서부터 강물은 다시 데워진다.

澡浴: (1) 地苦炎熱, 每日非數次澡洗則不可過, 入夜亦不免一二次. 初無浴室盂桶之類, 但每家須有一池. 否則亦兩三家合一池. 不分男女, 皆裸形入池. 惟父母尊年在池, 則子女卑幼不敢入. 或卑幼先在池, 則尊長亦須迴避之. 如行輩則無拘也, 但以左手遮其牝門入水而已. (2) 或三四日, 或五六日, 城中婦女三三五五咸至城外河中漾洗, 至河邊脫去所纏之布而入水. 會聚於河者, 動以千數, 雖府第婦女亦預焉, 略不以爲恥. 自踵至頂, 皆可得而見之. 城外大河, 無日無之. 唐人暇日頗以此爲遊觀之樂. 聞亦有就水中偸期者. 水常溫如湯, 惟五更則微凉, 至日出則復溫矣.

38. 이주[流寓]

중국 사람 중에 뱃일하는 사람들은 이 나라에서 옷을 입지 않는다는 것을 잘 활용한다. 쌀을 구하기 쉽고, 여인들을 만나기 쉬우며, 집을 수리하기 쉽고, 집기들을 얻기 쉬우며, 상업을 경영하기 편리하다. 그래서 이 나라로 오는 사람들이 꾸준히 있다.

流寓: 唐人之爲水手者, 利其國中不着衣裳, 且米糧易求, 婦女易得, 屋室易辦, 器用易足, 買賣易爲, 往往皆逃逸於彼.

39. 군대[軍馬]

군대도 나체와 맨발로 다닌다. 오른손에는 창을 들고

왼손에는 방패를 든다. 캄보디아인들에게는 활, 화살, 투석기, 쇠공, 갑옷, 투구가 없다.[243] 시암인들과의 전쟁에서 모든 사람을 싸우도록 징발했다고 한다. 그들에게는 전술이나 전략도 없다.

軍馬: 軍馬亦是裸體跣足, 右手執標槍, 左手執戰牌, 別無所謂弓箭·礮石·甲胄之屬. 傳聞與暹人相攻, 皆驅百姓使戰, 往往亦別無智略謀畫.

40. 국왕의 출입[國主出入]

내가 듣건대, 군주의 발자국이 그의 집 밖으로 전혀 표시되지 않는다고 하는데, 이는 예기치 못할 때를 대비하기 위함이다. 새 왕은 옛 왕의 사위이고, 그는 군대에서 경력을 쌓았다. 장인은 그의 딸을 사랑했는데, 딸이 황금 검[244]을 훔쳐 남편에 가져다주었다. 그래서 승계권이 박탈된 아들이 음모하여 군대를 일으켰다. 새 왕은 그것을 알아내고 발가락을 자르고 어두운 방에 처박아 두었다.[245] 새 왕은 쇠로 몸을 둘러싸, 단도나 화살에 맞더라도 상처를 입지 않을 수 있었다.[246] 그가 감히 밖으로 나갈 수 있는 것은 이러한 예방 덕택이다. 나는 1년 이상을 그 나라에

---

243 캄보디아인들은 당시 틀림없이 부남의 힘을 무찌를 만한 전투적인 사람들이 아니었다. 『수서』(7세기)에는 반대로, 수천 이상이나 되는 왕의 호위군이 항상 갑옷을 입고 전투태세로 궁문을 지키고 있다고 하였다(권82, 4쪽). 『구당서』(10세기)는 캄보디아의 전투 코끼리에 관해 언급하고 있는데(권197, 2쪽), 등에는 활과 화살로 무장한 네 명의 전사가 탄 누대 같은 것이 있다고 하였다. 階庭門閣, 侍衛有千余人, 被甲持仗.

244 프라 칸(praḥ khan). 70쪽 주126을 참고하시오.

245 『수서』(권82 4쪽)는 캄보디아에서 즉위하는 왕들은 형제의 코나 손가락을 잘라내고, 어떤 장소에 그들을 처박아 두고 그곳에서 살도록 하는데 그들은 결코 직책을 맡을 수 없다고 기술하고 있다. 王初立之日, 所有兄弟並刑殘之, 或去一指, 或劓其鼻, 別處供給, 不得仕進.

246 이 문장은 '주달관의 『성재잡기(誠齋雜記)』', 5쪽에 인용되어있다(서문을 참고하시오).

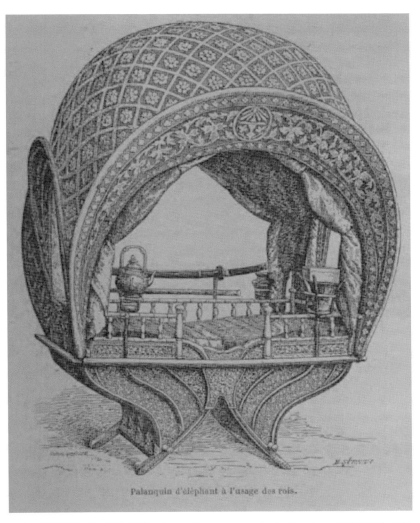

Palanquin d'éléphant à l'usage des rois.

코끼리 위에 올리는 왕의 가마. 출처: J. Moura, 『Le Royaumede Cambodge』, Paris, 1883, 257쪽(도판17).

머무르면서 그가 외출하는 것을 너덧 번 보았다. 왕이 나갈 때는 기병들이 앞에서 호위하고, 왕을 상징하는 깃발, 단기(單旗), 악단이 뒤를 잇는다. 당초 문양 천에 머리에는 꽃을 단 3~5백의 궁녀들은 손에는 촛대를 들고 대오를 이루었다. 대낮에도 초를 켠다. 금과 은으로 만든 황실 그릇들을 든 궁녀들이 나오는데, 모든 장신구마다 매우 다른 모양을 하고 있어 그 용도를 알 수 없었다. 이어서 창과 방패를 든 궁녀들이 있는데 왕의 개인 호위대로 그녀들 역시 하나의 대오를 이루었다. 염소 수레, 말수레들이 따르는데, 모두 금으로 장식되었다. 대신과 왕족들은 코끼리를 타고 앞서가며 멀리서 바라본다. 그들의 붉은 일산들은 수를 헤아릴 수 없었다. 그들 뒤에는 왕의 부인과 첩들이 이르는데, 가마, 수레, 코끼리를 탔다. 그녀들은 분명 백여 개의 황금으로 장식된 일산을 가지고 있었다. 그녀들 뒤에 왕이 있는데, 코끼리 위에 서서 손에는 보검을 들고 있었다. 그 코끼리의 어금니는 금으로 감싸져 있었다. 금으로 장식한 20여 개의 흰 일산들이 있었는데, 그 손잡이는 금으로 되어있었다. 많은 코끼리가 그의 주변을 에워싸고 기병들이 그를 보호한다.[247] 왕이 가까운 곳에 갈 때는 금으로 만든 가마만 사용하는데 네 명의 궁녀가 든다. 아주 종종 왕은 외출하여 작은 황금탑을 보러 가는데, 그 앞에는 금불상이 있다. 왕을 본 사람들은 절을 하고 이마를 땅에 대는데, 이것을 '삼파(三罷)'[248]라고 했다. 그렇지 않으면 행사

---

247 『BEFEO』, I. 218쪽 이하에 보이는 찬달레카(Chandalekha) 왕의 호위에 관한 기술을 참고하시오. <u>르클레르(Adhémard Leclère, 1853~1917), 「1901년 5월 16일 프놈 펜 왕자의 머리 깎는 축제, 즉 출라-칸타다-망갈라(Le Cûlâ-Kantana-Mangala ou La fête de la coupe de la Houppe d'un prince royal à Phnôm-Pénh, le 16 mai 1901)」</u>

248 [에띠엔느 아이모니에] "이렇게 절하는 것을 지금에도 여전히 '삼빠'(sambah, sampah로 발음)라고 부른다."

『라마야나(Ramayana)』를 근거로 쓴 크메르 서사시 『레암케(Reamker)』에 나오는 한 장면을 묘사한 그림. 캄보디아, 프놈펜, 왕궁. 출처: 위키피디아(Marcin Konsek의 사진).

의 수장들에게 잡혀[249] 대가를 치르지 않고는 풀려나지 못한다.

매일 왕은 조정의 문제에 대해 두 차례 조회를 연다. 확정된 명단은 없다. 왕을 접견하고자 하는 관리나 백성들은 땅바닥에 앉아 왕을 기다린다. 얼마 지나면 궁궐 저 멀리에서 음악 소리가 들리고, 밖에서 소라를 불어 왕을 환영한다. 왕은 금으로 만든 가마만을 사용한다고 하고, 멀리서 오지 않는다. 잠시 뒤에 두 궁녀가 보이고 가느다란 손가락으로 주렴을 걷어 올리면, 손에 검을 쥔 왕이 황금 창에 나타난다. 고관들과 백성들은 손을 모으고 이마를 땅에 부딪는다. 소라의 소리가 그칠 때 그들은 머리를 들 수

_____

[249] 나의 번역은 확실하지 않다. 원문은 '貌事者'로 되어있다.

있다. 왕의 마음에 맞게 그들도 다가서서 앉는다. 사람들이 앉는 자리에는 황실의 물건으로 보이는 사자 가죽이 있다. 정사가 끝나면 왕은 몸을 돌리고 두 궁녀가 주렴을 내리면 모두 일어선다.

이로써 만(蠻)과 맥(貊)의 왕국이면서도 그들은 그가 왕이라는 것을 알지 못하도록 하는 것을 알 수 있다.

國主出入: 〔1〕聞在先國主, 轍迹未嘗離戶, 蓋亦防有不測之變也. 新主乃故國主之壻, 元以典兵爲職. 其婦翁愛女, 女密竊金劍以往其夫, 以故親子不得承襲. 嘗謀起兵, 爲新主所覺, 斬其趾而安置於幽室. 新主身嵌聖鐵, 縱使刀箭之屬, 著體不能爲害, 因恃此遂敢出戶. 〔2〕余宿留歲餘, 見其出者四五. 凡出時諸軍馬擁其前, 旗幟鼓樂踵其後. 宮女三五百, 花布花髻, 手執巨燭, 自成一隊, 雖白日亦照燭. 又有宮女皆執內中金銀器皿及文飾之具, 制度迥別, 不知其何所用. 又有宮女, 手執摽槍·摽牌爲內兵, 又成一隊. 又有羊車·馬車, 皆以金爲飾. 其諸臣僚國戚, 皆騎象在前, 遙望紅涼傘不計其數. 又其次則國主之妻及妾媵, 或轎或車, 或馬或象, 其銷金涼傘何止百餘. 其後則是國主, 立於象上, 手持寶劍, 象之牙亦以金套之. 打銷金白涼傘凡二十餘柄, 其傘柄皆金爲之. 其四圍擁簇之象甚多, 又有軍馬護之. 若遊近處, 止用金轎子, 皆以宮女擡之. 大凡出入, 必迎小金塔金佛在其前, 觀者皆當跪地頂禮, 名爲三罷. 不然, 則爲貌事者所擒, 不虛釋也. 〔3〕每日國主兩次坐衙治事, 亦無定文. 及諸臣與百姓之欲見國主者, 皆列坐地上以俟. 少頃間, 內中隱隱有樂聲, 在外方吹螺以迎之. 聞止用金車子, 來處稍遠. 須臾, 見二宮女纖手捲簾, 而國主乃仗劍立於金窗之中矣. 臣僚以下, 皆合掌叩頭. 螺聲方絶, 乃許擡頭. 國主特隨亦就坐. 坐處有獅子皮一領, 乃傳國之寶. 言事旣畢, 國主尋卽轉身, 二宮女復垂其簾, 諸人各起. 以此觀之, 則雖蠻貊之邦, 未嘗不知有君也.

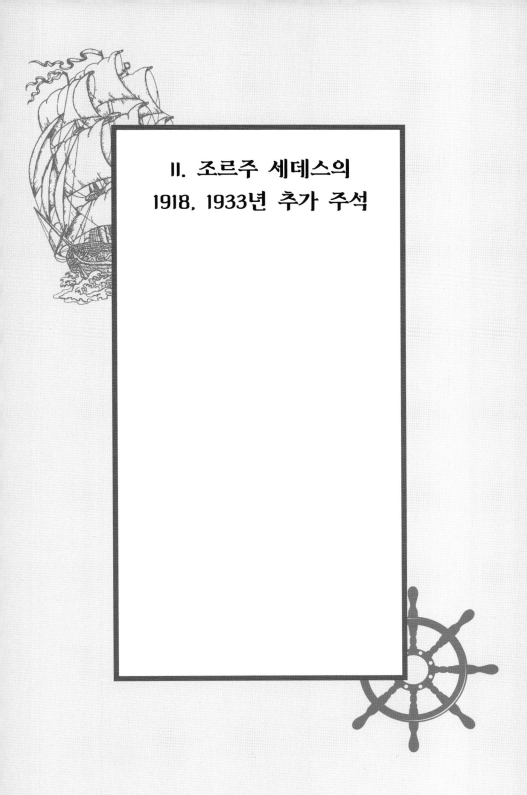

II. 조르주 세데스의
1918, 1933년 추가 주석

참고자료 II-1.

이 참고자료는 조르주 세데스(George Cœdès, 1886~1969)가
「캄보디아 연구(études cambodgiennes)」라는 연작 연구,
13번째, '주달관에 관한 주석(Notes sur Tcheu
Ta-kouan)'이라는 소제목으로 『BEFEO』, 1918(18), 4~9쪽에
수록되어 있다. 역자는 저자가 캄보디아어를 옮긴 알파벳
표기를 그대로 따랐지만, 부득이 이중의 악센트를 표기하지
못한 예도 있다.

1296년 캄보디아를 방문한 주달관의 여행 기록은 중국
어로 전사한 여러 크메르 용어를 담고 있다. 아이모니에와 피노 씨는 펠리
오 씨의 번역문에 붙인 주석에(『BEFEO』, II, 123쪽) 상당수를 확인했다. 나
는 이들 정보를 보완하고 새로운 고증을 제안하고자 한다.

사남(査南), 불촌(佛村), 간방(干傍)

"어귀로부터 물살이 순조로우면 북쪽으로 15일을 가면
'사남(査南)'이라 부르는 곳에 이를 수 있는데, 바로 캄보디아에 속한 행정
구역 중 하나이다. 사남에서 더 작은 배로 갈아타고 물살이 순조로우면,
10일 만에 반로촌(半路村, 글자의 의미는 도중의 마을)과 불촌(佛村, 글자의 의미는
붓다의 마을)을 지나, 담양(淡洋)을 건너 성(城)에서 50리에 있는 간방(干傍)[1]에

---

1 『BEFEO』, II의 번역문에는 '간방취(干傍取)'로 되어있다. 이후 한 주석에서 펠리오
씨는 "이 명칭은 틀림없이 '간방'일 뿐이다."라고 알려주었다(『BEFEO』, IV, 410쪽,
주1).

도착한다."

아이모니에 씨는 사남을 '캄퐁 치낭'으로 추정하고자 했지만(『캄보디아』, 139쪽, 주1), 펠리오 씨는 프놈펜으로 보고 싶어 했던 것 같다. 펠리오는 "사남에 이르기 위해서는 15일을 가야 한다는 것과 시엠레아프(Siem Reap) 강어귀에 이르려면 또한 10일이 필요하다는 것을 기억해야 한다. 캄퐁 치낭은 아마도 여행의 기한보다 가까울 것이다. 캄퐁 치낭과 대호수의 입구 사이에 있는 반로촌(半路村)과 불촌(佛村)이란 두 마을을 위치시키기 어렵다는 것과 사남을 꺄트르 브라(Quatre-Bras, 즉 프놈펜) 쪽에 위치시킨다면 문제가 없어진다는 점을 부언해 둔다. 반로촌은 캄퐁 치낭에 그리고 불촌(佛村)은 아마도 불교 숭배가 상당히 오래되었고 번성했던 바바우르(Babaur)에 위치시킬 수 있을 것이다."라고 하였다.

나는 음성적 근접성이 없으므로 문맥상 캄퐁 치낭 지역으로 사남을 추정해야 한다고 생각한다. 주달관은 거의 확실히 북동풍의 몬순 바람을 타고 중국을 떠났을 것이다. 따라서 그는 수위가 낮은 시기에 강을 거슬러 올랐을 것이다. 수위가 낮은 시기라고 할지라도 프놈펜에서 '작은 배'로 갈아탈 이유가 없다. 큰 배들은 사계절 호수의 지류를 항해할 수 있다. 그러나 종종 몇 센티미터의 물밖에 남아있지 않은 수로의 입구인 캄퐁 치낭에서는 배를 갈아탈 필요가 있다. 주달관이 항해한 시기는 바다와 호수의 입구 사이를 따라 강물을 거슬러 올라가는 것이, 유속의 약화로, 가장 빠른 때였을 뿐만 아니라, 호수 입구에서의 항해가 가장 어려운 시기이기도 했다. 이러한 유역을 가는 사람 중에, 15일이 걸려 바다와 캄퐁 치낭 사이를 항해한 뒤에 주달관은 앙코르 강의 어귀에 도달하기까지 또 10일이 걸린 것에 대해 의아해하는 사람은 없다.

펠리오 씨가 제기한 다른 문제는 해결하기 쉽다. '민물의 바다를 가로질러'라는 표현은 반드시 배를 안내하는 사람들이 중국 방문자를 기착지 없이 곧장 호수의 입구에서 앙코르 강어귀까지 안내했다는 것을 의미하지는 않는다. 배들은 더 자주 이용되는 길을 따라갔을 것이고, 프놈 크롬(Phnoṃ Kròm)을 향해 가면서 길이로 호수를 가로지르기 전, 푸르사트(Pòrsằt) 쪽으로 호수의 남쪽 연안을 따라갔을 것이라는 추정이 더 그럴법하다. 사남이 캄퐁 치낭이었으므로 불로천과 불촌은 캄퐁 치낭과 호수 입구 사이(그 위치가 어디인지 빠져있음)가 아니라, 호수 남쪽 연안에 있을 것이다. 따라서 나는 '붓다의 마을' 불촌을 '푸르사트'로 추정하고자 한다. 푸르사트의 정확한 명칭은, 우리가 알고 있는 것처럼, 푸티사트(Pòthĭsằt, Bodhisatta=보살)이다.

간방(干傍)은 분명 캄퐁(kồṃpoṅ, '뚝' '부두'의 의미)의 전사이다. 펠리오 씨는 주석에서 이 단어가 특정 지역을 지칭하면서 단독으로 사용된 것에 의아해하는 것 같다. 그러나 이 용법은 주달관의 시기부터 큰 변화가 없었던 캄보디아 사람들의 언어 습관에 따른 것이므로 그다지 놀랍지 않다. 예를 들어 우동(Udồṅ)에서 캄퐁 루옹(Kồṃpoṅ Lùoṅ)까지 가는 캄보디아 사람을 만났을 때, 당신이 인사하는 습관적인 방식으로 "어디 가시오[tou nà?]"라고 묻는다면, 열에 한 번, 그들은 "우리는 캄퐁 루옹에 갑니다[tou Kồṃpoṅ Lùoṅ]"라고 대답할 것이고, 열에 아홉은 단순하게 "우리는 캄퐁에 갑니다[[tou Kồṃpoṅ]"라고 대답할 것이다. 앙코르를 향해 가는 여행객들이 배에서 내린 '캄퐁'이라 불린 지명이 무엇이든, 한 통역사를 통해 제기된 문제에 배를 안내하는 사람들은 그 중국인에게 (아주 짧게) 캄퐁에 도착했다고 대답했고, 이 일반명사가 주달관에게 고유명사로 되었을 것이다.

암정팔살(暗丁八殺)

"처음 온 중국인은 두 그룹의 문양이 들어간 천을 입어도 암정팔살(暗丁八殺)로, 처벌받지 않는다. 암정팔살은 관습을 모르는 사람이다."

루이 피노 씨는 "암정(暗丁)은 '알지 못한다.'라는 의미의 민팅(mǐn tǐng, [měn děng]으로 발음)에 해당한다. '법, 관습'이란 뜻으로 사용하는 유일한 단어는 '츠밥(čbàp)'인데, 팔살(八殺)은 두 글자의 도치를 상정하지 않는 한 음역이 될 수 없다. '언어'라는 뜻의 바사(bhāṣā)일까?"라고 하였다.

사실 여기의 바사(bhāṣā)는 '언어'라는 고유한 의미에서가 아니라, 현대 크메르어로 뭐라고 하는지 모르지만 시암어에 들어있는 '행동 방식'으로 파생된 의미로 쓰였다. 팔르구와(Pallegoix)는 파사(phasá=bhāṣā) 항목에서 '언어, 말투, 행동 방식, 태도' 등의 번역을 제시하고, 예로, 'phasá děk, 아이들 같은 방식으로', 'mǎi rụ chǎk, 그는 아무것도 모른다'를 들었다. 이 마지막 표현이 주달관이 인용한 것의 정확한 대응이다.

시랄적(厮辣的)

"금으로 만든 손잡이가 있는 파라솔을 쓸 자격이 있는 관리들은 '파정(巴丁)' 또는 '암정(暗丁)'이라 부르고, 은으로 만든 손잡이가 있는 파라솔을 쓰는 사람들은 '시랄적(厮辣的)'이라 부른다."

주석에서 '파정'을 옛 크메르어 '므라탕(mrataň, 또는 mrateň)'으로 설명한 추정은 매우 만족스럽다. "이 명칭은 오늘날까지 어떻게도 재구성되지 않았다."라고 한 시랄적(厮辣的)에 대하여, 나는 산스크리트어 스레스틴

(çreṣthin)이라고 생각한다. 로레이(Lolei) 비문은 다음과 같이 말해주고 있다(『Inscriptions sanscrites de Campa et du Cambodge』, no LV, st. 80, 401쪽).

> tadarddkakan tu dāpyās te hemadaṇḍātapatriṇaḥ
> tasyāpy arddhan tu mukhyānāṃ çreṣthināṃ vinayo mataḥ
> "(이 칙령을 어긴 사람에 대한 벌금은) '금으로 만든 손잡이가 있는 파라솔을 쓸 자격이 있는 관리들'에게 (Rājaputra의 벌금) 절반일 것이고, 주요 스레스틴(çreṣthin)에게는 이들 액수의 절반일 것이다."

중국 텍스트와 산스크리트어 텍스트의 대칭성은 충분히 '시랄적'과 '스레스틴' 사이의 근접성을 확인해준다. 스레스틴에 관하여, 나는 그것이 여기에서 베르갠느(Bergaine)가 채택한(『Inscriptions sanscrites de Campa et du Cambodge』, 410쪽) '장사하는'이라는 일반적인 의미가 있다고 생각하지 않는다. 주달관의 증언은 어떤 관리 계급임을 입증해 주므로, 스레스틴이 프라사트 케브(Pràsàt Kèv)의 비문에서(『Inscriptions sanscrites de Campa et du Cambodge』, no XV, st. B, 8, 106쪽) 인용된 '카스트의 우두머리'란 뜻의 바르나스레스타(varṇaçreṣtha)에 해당할 것이다.

저고(苧姑)

"승려들은 저고(苧姑)라고 한다."

주석에 "피노 씨의 추정에 따르면, '짜우 코우(Chau kou)'란 명칭은 '스승'이란 뜻의 짜우로 구성된 시암어로, '크루'(khru=guru)라는 축약된 형태일 것이라고 했다."

'짜우 쿠(Chǎu ku)'라는 표현에서 '쿠'는 구루(guru)의 축약이 아니라 일

인칭 대명사이다. 라 루베르(La Loubère)는 다음과 같이 흥미로운 설명을 끌어냈다.[2]

"'Tháou-cà'와 'Tháou coù'는 '주인님' 또는 글자 그대로 '나의 주인님' 을 말하는데, 이 차이로 '나'를 말하는 'cà'는 자기의 주인에게 말할 때 노예들에게만, 또는 그와 같은 존경심을 표하고자 하는 사람에게만 사용된다. 반면 역시 '나'를 의미하는 'coù'는 그다지 존경하는 마음 없이 'Tháou' 라는 글자에 붙여 제삼자로 말하며 그의 주인으로 여긴다. 따라서 불교승에 말할 때는 'Tháou-cà'라고 하고, 다른 사람에게 그를 말할 때는 'Tháou coù'라 한다. 그러나 주목할 것은 불교 승려들은 시암어에서 다른 명칭을 가지지 않는다는 점이다. 그래서 글자 그대로 '나는 불교 승려가 되고 싶다[cráï pen Tháou coù]'를 '나는 내 주인님이 되고 싶다.'라고 말한다."

상당히 성실하게 고증된 라 루베르의 이 설명은 'Chẵu ku' 표기를 완벽하게 설명해준다. 이는 타이 비문의 초반부터 붓다의 호칭으로 '우리 주인님'을 뜻하는 'Chẵu rao'라는 비슷한 표현의 사용으로 확인된다(『인도-차이나의 파비 미션(Mission Pavie Indo-Chine, 1879-1895, Vol. 2: Études Diverses)』, 여러 곳을 참고하시오).

'Chẵu ku'는 번역된 것이 아니라, 적어도 옛 크메르어 'kamrateň aň'에 해당하는 음으로, 'aň'은 'ku'처럼 일인칭 대명사(극존칭)이다.[3]

13세기 말 불교 승려들은 캄보디아에서 순수한 타이어 표현으로 지칭되

---

2 『시암 왕국에 관하여(『Du Royaume de Siam)』, T. I, 1691년 파리 초판본, 517쪽.
3 또한, 앙코르 와트의 최근 비문에서 여승들을 지칭하는 데 사용한 '우리 자매님'이란 뜻의 'anak yeň'를 참고하시오(아이모니에, 『캄보디아』, III, 286쪽). 그리고 불교 승려(talapoin)의 가장 그럴법한 어원은 '주인님'의 'tala'와 '우리'의 'poi'라는 몽어 표현이다(Duroiselle, 『Report Of The Superintendent Archaeological Survey Burma』, 1916~1917, 31쪽을 참고하시오).

었다. 그래서 펠리오 씨가 그 의미를 다른 관점에서 밝혔다(35쪽과 70쪽 주 128).

진가란(陳家蘭)

"궁궐에서 일하는 여인들은 '진가란(陳家蘭)'으로 불린다."

주석에, "까바똥(Cabaton)씨는 스렝끼아(sreṅkia), 즉 '왕실 규방의 여인'을 제시했다. 아이모니에 씨는 '왕실 보고', 흔히 '궁궐'을 의미하는 그땅(Ghtang)에 들어가는 합성어로 생각했다."

까바똥 씨가 맞다. 중국어 전사는 'sreṅkia(더 정확히는 srĕṅkiâ)'의 산스크리트어 형태에 해당하는데, 바로 'çṛṅgāra'이다. 이 단어의 원래 의미는 '화장'과 '사랑'으로, 캄보디아어에서는 '여인'을 뜻하는 'srĕi'라는 수식어처럼 사용되어, 일반적으로 '아름다운 여인'이나 더 특별하게 첩이나 왕의 하녀들을 지칭한다. 1575년 앙코르 와트 한 비분에서 나온 예는 다음과 같다(아이모니에, 『캄보디아』, III, 292쪽). "데바타(devatā)들이 합쳐져 왕(mahā upāsaka mahārāja), 왕비(rājadevī), 태자(rājaputra), 왕후(rājamātā), 그 아래의 여인들(çṛi çṛṅgāra parivāra), 도사, 브라만, 관리 등을 구제할 수 있다."

흘뢰(吃賴)

"외삼촌은 '흘뢰(吃賴)', 고모부도 '흘뢰'라고 한다."

이 단어는 확실히 앙코르 와트의 비문에서 여러 차례 나온 끌라이(kklai)의 전사로, 사실상 부계(父系)를 지칭한다. 1701년의 한 비문(아이모니에, 『캄보디아』, III, 309쪽)은 코사(Kòsà)의 위엄을 받은 한 인물이 두 차례 종교에

귀의하며 그의 아들들, 조카들, 끌라이, 양자들, 모두 일곱 명을 초심자로 들어오게 했다(lŭḥ bàn čã kòsà sòt buos 2 daṅ baṃbuos kón kmuoy baṃbuos khlai nu kón thor[m] çã samnér 7 aṅg)고 하였다. 1747년의 다른 비문에 따르면(아이모니에 앞의 출처, 310쪽), 한 오크나(ôkñà)가 프라 판(Práḥ Pǎn, 앙코르 와트)에 적선하러 와서, 그의 숙모 참타브 라트나카나(Čamtāv Ratnakaňà), 그의 부인 참타브 스레이 라트나케사르(Čamtāv Srĕi Ratnakear), 그의 끌라이 낭핌(Nǎṅ Phim) 그리고 두 조카를 낭치(Nǎṅ Či)로 귀의시켰다(baṃbuos Čamtāv Ratnakaňà čã mdày miṅ baṅòt nu Čamtāv Srĕi Ratnakear čã prapon nu Nǎṅ Phim čã khlai nu kmuoy srĕi 2 nǎk buos čã Nǎṅ Či)라고 하였다. 첫 번째 비문에서 아이모니에 씨는 끌라이를 '의붓아들(또는 의붓딸)'로 번역했고 두 번째에서는 '며느리'로 번역했다. 나는 이러한 번역이 정확한지 모르겠다. 사실상 '의붓아들(또는 의붓딸)'을 의미하는 프레사(presá)라는 단어가 11세기 초부터 비문에서 확인되기 때문이다.[4] 오히려 나는 '끌라이'가 옛 형태 또는 단순하게 '이복형제' 또는 '이복 자매'를 의미하는 '뜰라이(thlai)'일 것으로 생각한다.[5] 주달관이 '흘뢰(吃賴)'라는 지칭으로 적용한 '외삼촌'과 '고모부'는 둘 다 아버지의 '이복형제들'이다. 주달관이 부모와 관련된 이 용어들을 뒤죽박죽 사용하지 않았다면, 그의 시기로부터 '끌라이'가 어휘적 변화를 겪었다고 상정해야 한다.

---

4 삼보르(saṃbór, Tà Kiṅ) 비문, I, 11(현 프놈펜 크메르 방물관의 no 125).
5 반모음 앞에 치찰 폐쇄음과 후음의 폐쇄음 사이의 혼동에 관련하여 다른 예들이 있다. '돌아가다'는 의미의 'traḷǎp'은 종종 'kraḷǎp'으로 발음되는데, 시암어 'klǎb'에 해당하는 것이 바로 'kraḷǎp'이다. 마찬가지로 크메르어 '코코넛 껍데기'를 뜻하는 'traḷòk'은 시암어로 'kḷòk'이고, '석탄'을 의미하는 'thyuṅ'은 거의 언제나 'khyuṅ'으로 발음된다.

애람(挨藍)

"여덟 번째 달에는 애람(挨藍)이 있다. 애람은 바로 '춤'
이다."

비문에서나 현대 언어에서 '춤추다'를 의미하는 유일한 크메르어는 '람
(rām)'이다. 그런데 애람의 '람(藍)'자는 정확히 마하마유리(Mahāmāyūrī)의
약사(Yakṣa)의 이름 중 하나에서 'rāṃ' 음절로 전사하는 데 사용되었다. 삼
가미트라(Saṃghamitra, 僧伽蜜多)의 번역에서 산스크리트어 Grāmaghoṣa는
가람구사(伽藍瞿沙)이다(『JA』, 1915(1), 58쪽). 따라서 주달관이 설명한 것은
바로 이 '람(rāṃ)'임에 분명하다.6

포릉각(包稜角)

"포릉각(包稜角)이라 부른다. 포릉각은 쌀이다."

아이모니에 씨는 주석에서 '릉각'이 옛 크메르어 'raṅko'(오늘날 'aṅka'), 즉
'도정한 쌀'에 해당한다고 밝혔는데, 이는 사실상 인정된다. '포'에 관해서,
나는 바나르(bhanar)어와 스티엉어(stieng)에서 확인되었고, 마찬가지로 현
대 캄보디아어에서 '쌀죽'의 'pabar'라는 중첩된 형태로 알려진, '익힌 쌀,
미음'을 뜻하는 'por'로 보고자 한다. 술은 필연적으로 쌀의 '익힘'(발효)의
결과이므로, 미주(米酒)가 '익힌' 쌀이란 이름으로 지칭되는 것은 당연하다.

---

6 조여괄(趙汝适)이 캄보디아의 무녀들에게 부여한(히어트와 록힐의 『조여괄(CHAU
   JU-KUA)』, 53, 55쪽), '아남(阿南)'이라는 명칭에 해당하는 것이 바로 이 'rāṃ'이다. 펠리오
   씨는 13세기까지 '남(南)'자는 'nam'으로 발음되었음을 알려주었다(『통보』, 1912, 467쪽).
   한편, 상가미트라(Saṅghamitra)는 약사(Yakṣa) 드르다나마(Dṛḍhanāmā, 地里陀南)의 이
   름에서 'nām' 음절을 옮기는 데 사용했다(『JA』, 1915(1), 35쪽). 초성 'r'자를 전사하기 위
   한 '아(阿)'자의 사용에 관해서는 슐레겔(Schlegel), 『통보』, 1900, 24~25쪽을 참고하시오.

참고자료 II-2.

이 참고자료는 조르주 세데스(George Cœdès, 1886~1969)가
「캄보디아 연구(études cambodgiennes)」라는 연작 연구,
31번째, '주달관에 관한 새로운 주석(Nouvelles notes sur
Tcheu Ta-kouan)'라는 소제목으로 『통보』, 1933,
224~230쪽에 수록되어 있다. 역자는 저자가 캄보디아어를
옮긴 알파벳 표기를 그대로 따랐지만, 부득이 이중의
악센트를 표기하지 못한 예도 있다.

XXXI. 주달관에 관한 새로운 주석(Nouvelles notes sur Tcheu Ta-kouan[7]). 『BEFEO』, II, 148~151쪽.

팔사유(八思惟)

도사들은 '팔사유(八思惟)'라 부른다. …팔사유는 일반
인들처럼 옷을 입는데, 타타르 여인들의 고고(嘔姑)와 같은 방식이나 좀 더
낮게 머리에 붉거나 흰 천 조각 쓰는 것만 예외이다. 이들도 사원이 있으
나, 불교 사원보다는 더 작다. 바로 도교가 불교의 번성함에 이르지 못했
기 때문이다. 그들은 중국의 지신 제단의 돌과 매우 비슷한 돌덩어리 하나
에만 경배한다. 그들이 누구를 숭배하는지 더는 모른다. 여자 도사들이 있
다. 도교의 사원들은 기와로 지붕을 이을 수 있다. 팔사유들은 다른 사람
의 음식물을 나누어 먹지 않고 공개적으로 먹지도 않는다. 그들은 술을 마

---

7 「캄보디아 연구(Etudes cambodgiennes)」, XIII, '주달관에 관한 주석(Notes sur
Tcheou Ta-Kouan)', 『BEFEO』, 9, 4쪽을 참고하시오.

시지 않는다. 나는 다른 사람들을 위해 경전을 외거나 사람들에게 칭송받을 만한 일을 행하는 것을 보지 못했다.

주달관이 언급한 다른 두 파의 명칭은 '문인'인 반힐(班詰)과 '승려'인 저고(苧姑)인데, 'paṇḍita'와 'čǎu ku'로 만족스러운 방식으로 재구성되었다. 팔사유에서 주석하는 사람들은 힌두교로 보는 데 동의하고 있다. 즉, 다른 사람들과 음식을 나누지 않는 것과 링가(liṅga)로 밖에 달리 볼 수 없는 돌덩어리를 경배한다는 점은 이에 있어서 의문의 여지를 남기지 않는 것 같다. 그러나 명칭은 혼란스럽다. 아이모니에는 아마도 크메르어 'bàččhày=upajjhāya'와 비슷한 참파어 'Baṣaiḥ'를 생각했다. 피노 씨는 비문에서 입증된 'pāçupata'를 제시했는데, 이것이 바로 일반적으로 받아들여지는 재구성이다. 그렇지만 이 재구성은 음성적 관점에서 만족스럽지 못하다.

'팔사'가 'pāçu'에 정확히 대응할 수 있다면, 'pata'를 전사할 때 치음의 종성이 예상되지만, 여기 '유'의 경우는 아니다. 칼그렌(Kalgren)에 따르면, 당나라 시기에 [pwat-si-wi]로 발음했던 세 글자의 고음(古音)과 종합하여, 나는 'tapasvi(n)'에서 변형된 형태인 '파스위(pasvi)'로 재구성하고자 한다.

'고행자들'을 의미하는 '타파스윈(tapasvin)'은 매우 제한된 종교로 이루어졌다. 예증으로, 파파스위를 비크슈 마하야나(bhikṣu mahāyāna)와 스타위라(sthavira)에 대립시키고, 요기(jogi) 옆에 그들을 언급한[8] 1025년 롭부리(Lop'buri) 비문, 그리고 '시바스타나(Çivasthāna)의 타라스위의 성스러운 모임(vraḥ sabhā tapasvi çivasthāna)'을 보여주는 프놈 싼닥(Phnoṃ Sandak)의 비문(K.195, HH)을 제시코자 한다. 한편, 주달관이 팔사유에 관해 언급

---

8 조르주 세데스(G. Cœdès), 『시암 비문집(Recueil des inscriptions du Siam)』, II, 22쪽(비문 xix).

한 것은 링가 숭배, 식사에 관한 금기, '여도사'의 존재로, 완벽하게 타파스 원(tapasvin)에 적용된다.

비세(備世)

"그들은 중국을 '비세'라고 부른다(呼中國爲備世)."

이 용어는 중국으로 알려진 어떤 명칭도 떠오르지 않는다. 고음(古音)인 [bcjw-śjäi]는 비사야(viṣaya)의 전사를 연상시킨다. 이 산스크리트어 비사야 의 의미는 '나라, 왕국'이다. 크메르인들이 대표적으로 '왕국'으로 중국을 간주했을 가능성과 중국이 때로는 브라 비사야(Vraḥ viṣaya), 즉 '성스러운 나라'로 불렸을 가능성을 완전히 배제할 수 없다. 또한, 다음과 같은 어휘 적 사실을 고려해야 한다. 캄보디아어와 시암어에서 원래 '나라'를 의미하 는 '데샤(deça), 프라데샤(pradeça)'라는 단어는 따라서 '비사야'의 비슷한 말 이고, 이 명칭이 중국을 지칭하는 말로 예정되었을 수 있다. 실제로 시암어 에서처럼 원래 '이방인, 방문자, 손님'이라는 일반적 의미가 있는 'khêk'는 거의 정확하게 프랑스어 '말라바르(Malabar)'에 해당하는 의미가 있다.

정월 초하루와 절기[正朔時序]

주달관의 시대에 캄보디아의 한 해는 까르띠까(kārtti-ka)로 시작한다. 비문들에서 주어진 연대 대부분이 차이트라디(caitrādi) 달 력으로, 오늘날 차이트라(caitra) 달로 시작하는 것으로 확인되지만, 월에 서 까르띠까디(kārttikādi) 연대 사용을 입증해 주는 옛 자료가 있는데, 바 로 박세이 참크롱(Bàksĕi Čaṃkrǒń) 비문이다.[9] 한 해의 시작은, 적어도 공

식 연도에서, 시기에 따라 변화되었고 왕실의 변덕에 종속되었을 가능성
이 크다.

주달관은 첫 번째, 네 번째, 다섯 번째, 일곱 번째, 여덟 번째 그리고
아홉 번째 달에 유명한 축제를 언급하고 있다. 중국의 달이 아니라 캄보디
아의 월로 이해해야 한다. 왜냐하면, 그는 조금 더 뒤에 윤년에 캄보디아
사람들은 아홉 번째 달에 끼워 넣는다고 말할 때, 그는 확실히 까르띠까디
연대에서 아사다(āṣāḍha)[10] 달인 캄보디아의 아홉 번째 달로 보았기 때문
이다. 우리는 다음과 같이 정리할 수 있다.

첫 번째 달(kārttika): 보름간의 축제는 특히 폭죽놀이와 조명 놀이로 구
성된다.

네 번째 달(māgha): 공던지기.

다섯 번째 달(phālguna): 욕불(浴佛)과 땅에서 배 타기.

일곱 번째 달(vaiçākha): 햅쌀 태우기.

여덟 번째 달(jyeṣṭha): 춤추기

아홉 번째 달(āṣāḍha): 압렵(壓獵) 즉 인구조사.

첫 번째 달의 폭죽놀이는 틀림없이 프놈펜과 방콕의 왕궁에서 연말에
나쁜 기운을 몰아내기 위해 행하는 대포 쏘기에 해당한다.[11] 한편, 까르띠
까(kārttika)는 까티나(kaṭhina, 승려들에게 보시하는 축제) 행사에서 나왔으나 아
무런 관계가 없이, 이달에는 수코타이의 타이족들은 도시에서 "왕을 보기
위해 초를 켜고 불놀이를 하느라"[12] 북적인다. 주달관의 원문은 이러한 관

---

9 『JA』, 1909(1), 507~509쪽 바르트(Barth)의 주석을 참고하시오.

10 『BEFEO』, IV, 410쪽, 주1을 참고하시오.

11 레크레르(Adhémard Leclère), 『캄보디아, 민간과 종교 축제(Cambodge, Fêtes
civiles et religieuses)』, 68쪽.

습이 같은 시기 앙코르에도 행해졌음을 알려준다. 캄보디아의 비문은 2세기 이상을 거슬러 올라가도록 해 준다. 분명 수르야바르만 2세(Sūryavar-man II) 시기로 거슬러 올라가는 프놈 치쏜(Phnoṃ Čisón)의 비문(K.34)은 사원의 납입금 목록에서 여러 차례 까르띠까 달에 200~4,000바리의 등불 지급을 언급하고 있다. 이러한 등불들은 틀림없이 중국 사신이 언급한 조명 놀이에 할당되었을 것이다.

마가(māgha) 달에 행하는 공던지기는 젊은 남녀들이 새해, 말하자면 대략 늦어도 두 달에 하는 현 '촐충(čòl čhoñ)'에 해당하는 것으로 보인다. 이 관습은 프르질루스키(Przyluski) 씨가 연구했는데, 그의 논문에서 다음과 같은 것을 참조하는 것으로 충분하다.[13] 캄보디아인들은 실제로 공이 아니라, 말은 숄을 사용한다. 그러나 공은 이러한 관습을 알고 있는 다른 민족들에게서 사용된다.

불상 씻기[浴佛, 캄보디아로는 sraň práḥ]는 여전히 주달관의 시대보다 좀 더 빠른 시기에 행해진 신년의 행사이다. 땅에서 배 타기를 하는 것은, 이 행사가 팔구나(phālguna) 달에 행해졌다면, 텍스트를 교정하거나 요트 경기를 생각할 필요가 없다. 이달은 건기이고, 카누 경주는 당연히 높은 수위에서 이루어진다. 캄보디아에는 여전히 카누 경기로 'ŏṃ tuk'이라 불리지만, 사실은 땅에서 실시하는(lo' kôk) 두 놀이가 있다.

첫 번째 놀이인 옴 뚝 루세이(ŏṃ tuk ru'sĕi)는 평평한 땅 위에서 카누의 뱃머리 형태로 끝을 굽힌 대나무 막대기를 미끄러지게 하여 가능한 한 더

12 『라마 캄행의 비석(Le stele de Rama Khamheng)』, II, 1, 22. 조르주 세데스(G. Cœdès), 『시암 비문집(Recueil des inscriptions du Siam)』, I, 46쪽.
13 「1,001일 밤의 이야기(Le prologue-cadre des 1001 nuits)」, 『JA』, 1924(2), 112~116쪽.

멀리 보내는 놀이이다. 참가자의 나이에 따라 핸디캡을 주는데, 가장 어린 사람을 더 나이 든 사람 앞에 둔다. 이기는 사람은 자기의 대나무를 가장 멀리 보낸 사람이다.

두 번째 놀이는 옴 뚝 므누스(ôm tuk mnŭs)로 다음과 같이 경기한다. 참가자는 두 진영으로 나누어 서로를 마주 보고 나란히 두 열로 선다. 각 줄은 카누 모양을 형성하고, 그 뱃머리와 선미는 상대적으로 두 끝에 있는 참가자들로 표현된다. 두 진영 각각 주장이 있어 자기 그룹의 뒤에 서 있다. A줄의 참가자들이 정확히 고리 찾기 놀이처럼 그들이 숨긴 물건을 손에서 손으로 넘긴다. B그룹의 주장은 의문의 물건이 있는 손을 맞춘다. 성공하면, B팀은 1점을 따고 선미에 앉은 참가자가 뱃머리로 간다. 실패하면, 참가자들은 자기들의 자리를 유지한다. B그룹이 물건을 숨기는 차례가 되면 A그룹의 주장이 그것을 찾는다. 성공하면 선미에 앉아 있는 A그룹의 참가자가 뱃머리로 이동한다. 그렇지 않으면 각자 자기 자리를 유지한다. 이렇게 계속된다. 이기는 팀은 참가자들이 자기의 원래 자리를 되찾기를 먼저 마친 팀이다.

이것이 캄보디아에서 "단단한 땅에서 뱃놀이하는" 방법이다. 주달관이 암시한 것이 이 놀이일까?

쌀을 태우는 것은 주달관이 말하는 것처럼 바이샤카(vaiçākha) 달이 아니라, 마가 달 즉 수확기가 끝난 뒤에 축제하는 잘 알려진 농경 행사이다.[14] 기록을 편집하면서, 바이샤카 달에 축제하는 다른 농경 축제, 즉 첫 밭갈이 시작[15]과 혼동한 것은 아닌지 모르겠다.

---

14 레크레르(Adhémard Leclère), 『캄보디아, 민간과 종교 축제(Cambodge, Fêtes civiles et religieuses)』, 316쪽.

지에스타(jyeṣṭha) 달의 춤에 관하여 주달관은 알려진 행사와 연결할 수 있도록 하는 특징적인 어떠한 사실도 언급하지 않았다. 사실 춤은 어떤 축제에도 거의 빠질 수 없는 요소이다.

주달관은 아사다(āṣāḍha) 달에 하는 압렵(壓獵)에 대해 상당한 조사를 했다. 이 명칭은 고음에서 순음의 종성을 가지는 두 글자로 구성되었다. 칼그렌이 부여한 발음은 [ap-liäp]이다. 이 두 음소는 매우 만족스러운 방식으로 캄보디아어 글자 하나하나 '계산하다-정리하다'는 뜻인 'răp rîep'으로 재구성하게 해 준다. 이는 '열거하다, 조사하다'는 의미로, 완벽하게 인구조사에 적용된다. 내가 아는 한, 크메르어 텍스트에서 이 단어나 일은 나타나지 않는다. 그러나 부역에 처한 백성과 군대의 인구를 연간 조사하는 것은 아유티야 시기에 시암에서 정례적인 일이었고, 궁중법(Loi palatine)에서 'sănám ŭăi'라는 명칭으로 묘사되었다.16 이것은 차이트라 달 5일에 있었으므로 앙코르에서보다 석 달 더 빠르다.

피란(皮闌)

      "작은 배는 큰 나무 하나로 만드는데, 구유 모양으로 파고 불로 부드럽게 하여, 나무의 항력으로 넓힌다. 그래서 이 배는 가운데는 넓고 양쪽 끝은 뾰족하다. 배들은 돛을 달지 않고, 여러 사람을 태울 수 있으며, 노로 방향을 바꾼다. 이 배를 사람들은 '피란(皮闌)'이라고 부른다(小舟却以一巨木鑿成槽, 以火薰頓, 用木撑開. 腹大, 兩頭尖, 無蓬, 可載數人. 止以櫂

---

15 앞의 책, 151쪽.
16 브래들리(Dan Beach Bradley) ed., 『시암인들의 법(Lois siamoises)』, II, 117~118쪽.

<u>划之, 名爲皮闌)</u>"

이 설명은 16~17세기 유럽의 한 저자가 'balão', 'baloon', 'ballon'으로 명명한 카누 설명에 해당하지만, 그 발음(고음으로 'b'jie-lan')이 일치하지 않은 것이 문제시된다. 『영국-인도 용어사전(Hobson-Jobson)』과 달가도(S.R. Dalgado)의 『포르투칼-아시아어 용어집(Glossário Luso-Asiático)』[17]에서 제기된 어원들은 그다지 만족스러운 것은 아니다. 주달관이 인용한 이 단어가 실제로 유럽어 형태와 비슷하다면, 유럽의 증언들이 16세기 너머로 거슬러 올라가지 않는 것에 반해, 13세기 캄보디아에서 사용되고 있었다는 점은 흥미롭다. 중국어 형태로는 불행하게도 'balão', 'baloon' 등의 단어들을 통해 원형을 복원하거나 어느 나라 언어에 들어있는지 결정할 수 없다.[18]

---

17 'sub verbo'. 또한, 『JMBRAS』, VII, 1930, 159쪽.
18 시암인들은 이 단어가 '제단, 좌대'를 의미하는 'pāli-pallaṅka'에서 나왔으며, 사실상 중앙 정자를 갖춘 왕궁의 배를 지칭한다고 한다. 그러나 이 어원은 율-버넬 그리고 달가도가 수집한 유럽의 증언들과 부합하지 않는다.

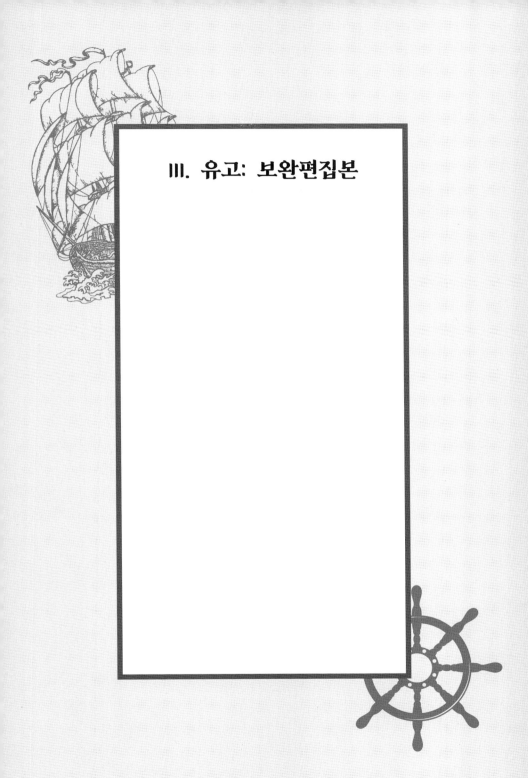

III. 유고: 보완편집본

일러두기

‘주달관과 그의 진랍풍토기’라는 폴 펠리오의 연구는 별도로 출판되어야 했다. 『BEFEO』(II, 1902, 123~177쪽)에 발표한 역주를 다시 교정하고 윤문하여 발표한 이 역주는 ‘동양 고전’ 총서에 들어가야 했다. 일반 독자를 대상으로 한 작업이 보여주는 대단히 풍부하고 전문적인 이 역주는 『통보』에 발표되어야 했다.

폴 펠리오가 남긴 작업은 다음과 같이 구성되어 있다.

1. 지면 여백에 풍부하게 해석되고 주석을 단 『BEFEO』에 발표한 역주의 별쇄본.

2. 교정한 두 번역문, 필사본, 각 괄호 속에 지명 고증과 주달관의 텍스트에 들어간 캄보디아어 용어들과 주달관이 음역한 한자들에 관한 연구 같은 추가사항으로만 이전 역주본과 구분되는 교감본.

3. 『통보』에 발표될 해설 원고는 다음과 같은 장으로 구성되어 있다.

I. 원문의 번역

II. 『성재잡기(誠齋雜記)』

III. 주달관의 캄보디아어 음역 표기들

IV. 원문 해설

여기 제4장은 완성되지 않았다. 이 장은 의복과 관련 조목, 즉 세 번째 단락에 관계되는 주 46에서 그친다. 그런데 번역문은 40개 조목을 포함하고 있다. 폴 펠리오가 별쇄본 여백에 써넣은 설명은 안타깝게도 이 미완의 주석본을 완성할 수 있도록 충분하지 않다. 저자의 사전 준비한 기록에 따르면, 이 편집은 1924년의 작업이며, 그 이후로는 손을 대지 않은 것 같으며, 그 이후에 해당하는 어떠한 참조 사항도 없다.

편집자들의 노력으로 번역과 주석을 수습하고 공란으로 남겨진 약간의 참조 사항들을 보완했으며, 해결되거나 확정된 연구성과에 따른 크메르의 고고학적 문헌적 다양한 문제들, 중국학적 자료에 관한 문제들을 각 괄호에 넣어 추가했다. 이러한 주석들은 편집자의 이름 첫 글자와 '—'표기를 부여했다.

1949년 10월

조르주 세데스(G. Cœdès)

폴 드미에빌(P. Demiéville)

III-1. 서문

황금기 앙코르의 유일한 기술은 주달관(周達觀)의 『진랍풍토기』이다.

호(號)가 '초정일민(草庭逸民)'인 주달관은 절강 영가(永嘉) 출신이다. 1296~1297년에 그는 1년 가까이 캄보디아에 가는 중국 사신을 수행했다. 중국으로 돌아와서 그는 아마도 계속하여 어쨌든 1312년 이전에 자신의 저술을 써냈다. 그는 1346년에도 살아있었다. 몽골 왕조가 몰락하기(1368년) 조금 전, 『진랍풍토기』는 도종의(陶宗儀)의 『설부(說郛)』 100권의 총집에 수록되고, 그 원문은 발췌문으로 구성되었다. 그러나 이 『설부』는 1646~1647년에 간행된 120권으로 된 통행본이 아니다. 이 통행본에서 『진랍풍토기』는 한 엽(葉)이 빠진 채로 『고금설해(古今說海)』에서 1544년에 주어진 판본에 따라 복제되었다. 『고금설해』는 직간접적으로 최근까지 전해지는 6종 판본들의 근거가 되었다. 그렇지만 초기 『설부』의 여러 필사본이 오류와 잔권(殘卷) 형태로 남아있었다. 이들 중 하나는 최근 상해 상무인서관(商務印書館)에서 간행되었다. 그 원문은 대체로 『설부』를 거의 그대로 베낀 『고금설해』의 것과 같다. 그래도 처음으로 1544년 판본으로 거슬러 올라가지 않는 한 텍스트를 가지게 되었다는 점은 중요하다.

『설부』는 완전한 저서를 담고 있지 않다. 우리가 가지고 있는 것처럼 『진랍풍토기』가 완전한 일관성을 유지하고 있다고 할지라도, 그 원문이 축약되지 않았는지 의문을 가져볼 수 있다. 이는 17세기 중반의 문헌학자인 전증(錢曾, 1629~1701)이 확인시켜 준다. 그는 자신이 가지고 있는 한 사본을 언급하면서 다음과 같이 썼다. "이 책은 원나라 시기의 한 필사본에 따라 복제되었다. 『[고금]설해』본은 모순, 오류, 생략된 것들이 있다. 원문의 10중 6~7이 없다. 겨우 책이라는 인상만 준다." 아쉽게도 내가 추적한 『진랍풍토기』의 몇몇 필사본들은 통상의 텍스트를 보여주는 것 같고, 내가 수집할 수 있었던 드문 옛 인용문들은 대체로 다 들어있었다. 그렇지만 예외가 있다. 임곤(林坤)의 『성재잡기(誠齋雜記)』는 14세기 상당히 이른 시기에 편집되었고, 이 책에 대해 주달관 자신도 1346년에 서문을 썼는데, 현재의 원문에는 들어있지 않은 『진랍풍토기』의 한 문장을 인용하고 있다. 이것이 전승이 3세기 뒤에 알고 있던 것보다 더 완전한 이 텍스트의 유일한 흔적이다.

주달관의 책은 아벨 레무사(Abel Rémusat, 1788~1832)의 주목을 받았고, 1819년에 그 책을 번역했다. 나도 1902년 『BEFEO』에 새로운 번역본을 실었다. 그러나 별쇄본이 매우 희귀해졌다. 1902년 나의 번역을 여러 가지 면에서 정확히 하고 개선할 수 있는 만큼 나는 『진랍풍토기』를 새로 출판할 더 적극적인 계기를 잡았다.

『진랍풍토기』의 원문이 우리가 가지고 있는 바와 같이 온전하지 않을지라도 특별한 관심거리를 제공하고 있다. 불교 구법승들의 이야기, 특히 현장(玄奘, 602~664)의 이야기는 이른 시기 세심한 정확도를 인정받아, 그것으로 중국 여행자들은 안내서로 삼았다. 주달관은 가장 번성했던 시기에 캄보디아를 방문하고 정확하고 생생한 이미지를 제시했다. 그렇지만 캄보디아의 쇠락은 금방 닥쳤다. 시암인들이 도착한 것이다. 이미 승려들은 캄보디아에서 시암어 명칭으로 불렸다. 가브리엘 드 산 안토니오(Gabriel de San Antonio, 1565?~1608)는 3세기 뒤에도 오늘날 캄보디아는 잊혔다고 기록하고 있다. 특히 주달관은 최신의 시암인들의 침공과 그것이 초래한 피해를 언급하고 있다. 나는 조금도 주저하지 않고, 일시적인 부침이지만, 캄보디아가 수도로 앙코르를 대신하여 바바우르(Babaur), 로벡(Lovêk) 그리고 프놈펜으로 계속하여 이동하는 것은 시암인의 위협으로 돌릴 것이다.

폴 펠리오

III-2. 번역문

총서(總敍)

진랍(眞臘)은 점랍(占臘)으로도 불린다. 그 고유한 명칭은 감패지(甘孛智)이다. 현 왕조에서는 티베트 종교서에 근거하여 이 나라를 '감포지'(澉浦只, Kamboja)라 부르는데, 음성적으로 감패지와 근접하기 때문이다. 원저우[溫州, 절강]에서 배를 다고 남남서쪽으로 가면서 푸젠[福建], 광둥[廣東]의 바다에 있는 여러 주(州)의 항구를 지나, 일곱 섬의 바다[七洲, 타야(Taya) 군도]를 지나고, 안남의 바다를 가로질러 참파[新州, 꾸이년]에 도착했다. 또, 참파에서 순풍을 타고 15일 정도 가서 진포[鎭浦, Cap Saint-Jacques, 또는 바리아(Baria) 지역]에 도착했다. 바로 캄보디아의 경계이다. 또, 진포에서 남서 1/6 서쪽으로 향해 가서 곤륜[崑崙, 푸로 콘도르]의 바다를 건너 강어귀로 들어갔다. 10여 개의 강어귀가 있었으나 네 번째로만 들어갈 수 있다. 다른 강어귀들은 흰 모래가 쌓여 큰 배가 지날 수 없다. 그러나 바라보는 곳에는 긴 등나무, 고목, 누런 모래, 흰 갈대들만 있어 한눈에 그 강어귀를 알아보기는 쉽지 않다. 또한, 서원들은 그 어귀를 찾기조차도 어렵게 여겼다. 그 강어귀로부터 유리한 물흐름을 따라 15일쯤 북쪽으로 가서 사남(査南, [캄퐁] 치낭, 캄보디아 지방 중 하나임)에 이르렀다. 또, 사남에서 더 작은 배로 갈아타고 10일 남짓 유리한 물흐름을 따라 노선에 있는 마을과 붓다의 마을[佛村, 아마도 푸르사트]를 지나 민물의 바다[淡洋]을 가로질러, 성(城)에서 50리에 있는 간방[干傍, 캄퐁, '강둑' '부두']이라 부르는 곳에 도착할 수 있었다. 『제번지(諸蕃志)』(1225년)에 따르면, 이 나라는 넓이가 7천리이다. 이 나라의 북쪽으로 10일 가면 참파에 이르고, 남서쪽으로 15일

앙코르 와트 서쪽 출입구 회랑 대리석 부조. 출처: Lucien Fournereau, 『Les Ruines Khmères, Cambodge et Siam』, Paris, Ernest Leroux, 1890, 도판26.

정(程)의 거리에 시암이 있으며, 남쪽으로 10일 정(程)에 번우(番禺, ?)가 있고, 동쪽으로는 대양이다. 이 나라는 오래전부터 우리와 상업적 관계를 맺었다. 성조(聖朝, 몽골)가 신성한 하늘의 명을 받아 사해(四海)에 힘을 펼쳐, 원수 소투[唆都]가 참파 행성(行省)을 설치하고(1281년), 한번은 이 나라까지 복속시키기 위해 호랑이 표식을 지닌 백부장[虎符萬戶]과 황금 판을 지닌 천부장[金牌千戶]을 보냈으나 두 사람 모두 사로잡혀 돌아오지 못했다. 원정(元貞) 연간 을미년(乙未年) 6월(1295년 7월 14일~8월 11일)에 성천자(聖天子)는 [이 나라 사람들에게] 의무를 상기시키도록 사신을 보내면서 그들을 수행하

앙코르 와트, 동면 갤러리, 2층. 조각하기 위해 크메르인들이 활용하는 과정. 출처: Lucien Fournereau, 『Les Ruines Khmères, Cambodge et Siam』, Paris, Ernest Leroux, 1890, 도판42.

도록 나를 임명했다. 다음 해인 병신년(丙申年) 2월(1296년 3월 5일~4월 3일), 우리는 명주(明州, 닝보)를 떠나, 20일(1296년 3월 24일) 원저우의 어귀에서 바다로 나갔다. 3월 15일(1296년 4월 18일), 우리는 참파에 도착했다. 중도에서 역풍의 방해를 받아 가을 7월(1296년 8월 1일~29일)에 목적지에 도착했다. 신하가 되겠다는 서약을 얻고 대덕(大德) 연간 정유년(丁酉年) 6월(1297년 6월 21일~7월 20일) 우리의 배로 돌아왔다. 8월 12일(1297년 8월 30일) 사명[四明, 닝보]에 닻을 내렸다. 물론 그 나라의 풍토와 사물들을 자세하게 알아낸 것은 아니지만, 적어도 주요한 특징들을 분간할 정도로는 갖추었다.

1. 담으로 둘러싼 도시[城郭]

도시의 성벽은 둘레가 20리이다. 도시에는 다섯 개의 문이 있고 각 문은 이중이다. 동쪽으로 두 문이 나 있고, 다른 쪽에는 하나의 문이 있다. 성벽 밖으로는 커다란 해자가 있다. 해자 밖에는 출입하는 큰 다리가 있다. 다리의 양쪽에는 돌로 만든 54개의 신들이 있는데, '돌로 만든 장군[石將軍]'의 모습을 하고 있다. 이들은 거대하고 무섭다. 다섯 개의 문도 비슷하다. 다리의 난간은 아홉의 머리가 있는 뱀의 모양으로 온통 돌로 만들어졌다. 54개의 신들은 뱀들이 손으로 떠받치고 있고, 달아나는 것을 막고 있는 듯하다. 성벽의 각 문 너머에는 다섯 개의 커다란 붓다 머리가 있는데, 그 얼굴은 주요 사방으로 향해 있다. 중심에는 금으로 장식된 다섯 개의 머리 중 하나가 놓여 있다. 문의 양쪽은 코끼리처럼 돌을 조각했다. 성벽은 온통 돌을 포개 만들어졌고 높이는 대략 2장(丈)이다. 돌의 배치는 매우 조밀하고 견고하여 풀더미가 자라지 않는다. 총안은 없다. 성벽 위에는 간간이 광랑(桄榔) 나무(사구 나무)를 심었다. 거리를 두고 빈방들이 있다. 성벽의 안쪽은 두께가 10여 장(丈) 되는 비스듬한 제방 같다. 이 비스듬한 제방 위에는 커다란 문들이 있어 밤에는 닫히고 낮에는 열린다. 또한, 문을 지키는 사람들이 있다. 문의 출입은 개에게만 금지되어 있다. 성벽은 매우 반듯한 정사각형이고, 각 면에는 돌로 만든 탑이 하나씩 있다. 문의 출입은 뒤꿈치가 잘린 죄인들에게도 마찬가지로 금지되어 있다. 왕국의 중심에는 금탑(金塔, Bayon) 하나가 있는데, 옆으로 20여 개의 석탑과 수백의 석실이 있다. 동쪽에는 황금 다리 하나가 있고 왼쪽과 오른쪽에 두 마리의 황금으로 만든 사자가 배치되어 있다. 황금으로 만든 여덟 부처가 석실의 아래에 늘어서 있다. 금탑의 북쪽 1리쯤에 금탑보다 더 높은 청동으로 만든 탑(Baphoun) 하나가 있는데, 시야가 정말 인상적이다. 청동 탑 아래에도 10여 개의 석실이 있다. 또, 북쪽으로 1리 남짓에 군주의 거처가 있다. 그의 침실에는 또 금탑 하나가 있다. 이것이 바로 해외의 상인들이 늘 반복해서 말하는 "캄보디아는 부귀하다"라고 칭송하는 계기가 된 것이 이러한 기념물들이라고 생각한다.

석탑은 남쪽 문밖에서 반 리에 있다. 노반(魯般, 옛날 중국의 전설에 나오는 장인)이 하룻밤 만에 세웠다고 한다. 노반의 무

앙코르 와트, 서쪽 출입구(공원 쪽), 중앙 탑. 토대 위의 벽 모퉁이 장식. 출처: Lucien Fournereau, 『Les Ruines Khmères, Cambodge et Siam』, Paris, Ernest Leroux, 1890, 도판43.

덤(앙코르 와트)은 남쪽 문밖에서 1리쯤에 있고, 둘레는 약 10리이다. 거기에는 수백의 석실이 있다.

동쪽 호수[東池]는 도성의 동쪽 10리쯤에 있고[1] 둘레는 약 100리이다. 중간에 석탑 하나와 석실들이 있다(서쪽 Mébòn). 탑 안에는 청동으로 만든 와불이 있는데, 그 배꼽에서는 항상 물이 흘러 내린다.

북쪽 호수[北池]는 도성의 북쪽 5리에 있다. 중간에 정사각형의 금탑(Năk Păn)과 수십의 석실이 있다. 황금 사자, 황금 부처, 청동 코끼리, 청동 소, 청동 말들이 모두 거기에 있다.

2. 주거[宮室]

왕궁, 관공서, 저택들은 모두 동쪽으로 향하고 있다. 왕궁은 금탑과 황금 다리[金橋]의 북쪽에 있다. 문(?) 근처[近門]는 둘레가 5~6리쯤 된다. 중심 거처의 기와는 납으로 만들었다. 왕궁의 다른 건물 위는 모두 점토 기와로 만들었고 노랗다. 횡목과 기둥은 거대하며, 그 위에는 부처들이 조각되거나 그려져 있다. 지붕들(?)은 웅장하다. 긴 베란다와 덮인 복도는 조화가 없는 것은 아니지만, 돌출되고 얽혀있다. 바로 이곳에서 군주가 일을 처리하는데, 거기에는 황금으로 만든 창문 하나가 있다. 창틀의 왼쪽과 오른쪽에 네모난 기둥들 위로 거울들이 있다. 대략 40~50개가 창문의 옆으로 배열되어 있다. 창문의 아래는 코끼리 모양으로 되어있다.

나는 왕국의 내부에 놀랄만한 많은 곳이 있다고 들었으나 경비가 매우

_____

1 [서쪽 호수는 서쪽으로 10리쯤에 있다는 말의 잘못일 것이다. 그 위치는 서쪽 메본(Mébòn)에 있다. -조르주 세데스]

삼엄하여 내가 볼 수 없었다.

왕궁 내부의 금탑은 군주가 밤에는 그 꼭대기에 자러 간다. 현지 사람들은 그 탑에는 전 왕국 영토의 주인인 머리가 아홉인 뱀의 정령이 있다고 한다. 이 정령은 매일 밤 여인의 모습으로 나타난다. 바로 그녀와 군주가 먼저 자면서 하나가 된다. 왕의 부인도 감히 들어가지 못한다. 왕은 2베유(veille, 하룻밤을 사 등분 한 시간의 단위)에 나오는데, 그런 뒤에야 부인들 그리고 첩들과 잘 수 있다. 밤에 정령이 나타나지 않으면, 오랑캐 왕이 죽을 때가 된 것이다. 오랑캐 왕이 단 하룻밤이라도 가지 않으면 반드시 불행이 닥친다.

왕자들과 대신들의 거처는 사람들의 집과는 완전히 다른 구성과 규모를 가지고 있다. 주변의 모든 건물은 짚으로 이엉을 한다. 단 집안 사당과 중심 거처[正寢]만 기와로 덮을 수 있다. 각각의 서열이 거처의 규모를 결정한다.

보통 사람들은 짚으로 덮을 뿐 집에 한 조각의 기와도 덮을 수 없다. 집의 규모는 각자의 재력에 달렸지만, 절대 저택의 구성을 감히 흉내 내지 못한다.

3. 의복[服飾]

군주로부터 시작해서 모든 남녀는 상투를 틀고 어깨를 드러낸다. 그들은 단지 허리에 한 조각의 천을 두를 뿐이다. 그들이 나갈 때는 거기에 큰 천 띠를 추가하여 작은 천 위로 두른다. 천에는 각자의 서열에 따라 많은 규칙이 있다. 군주가 하는 천 중에 금 3~4냥 나가는 것이 있다. 그 천들은 매우 화려하고 극도로 정교하다. 나라 안에서도 천을 짜고, 시암과 참파에서 가져오지만, 가장 높이 치는 것은 대개 인도에서 오는 것으로, 제조가 정교하고 세밀하기 때문이다.

왕만이 연속되는 꽃가지가 있는 천을 입을 수 있다. 그는 바즈라다라 (vajradhara, 金剛)의 머리 위에 있는 것과 비슷한 황금으로 만든 왕관을 쓴다. 간혹 왕관을 쓰지 않고 상투에 재스민을 연상시키는 향기로운 화관만 두르기도 한다. 목에는 대략 서너 근이 나가는 굵은 진주를 단다. 손목, 발목 그리고 손가락에 묘아정(猫兒睛)으로 상감한 황금 팔찌와 반지를 낀다. 맨발로 다닌다. 발바닥과 손바닥은 붉은 약으로 붉게 물들인다. 나갈때는 손에 황금 검을 든다.

백성들에게 있어서, 여인들만 발바닥과 손바닥을 물들일 수 있다. 남자들은 감히 하지 못한다. 고관들과 왕자들은 간격이 있는 꽃가지가 들어간 천을 입을 수 있다. 단순 관리들은 단 두 개의 꽃가지가 들어간 천을 입을 수 있다. 백성 중 여인들에게만 허락된다. 그러나 처음 도착한 중국인이 두 개의 꽃가지가 들어간 천을 입었다고 해도, 그가 암정팔살(暗丁八殺)이므로 감히 죄를 따지지 않는다. 암정팔살은 바로 '규칙을 모르는 사람'(mǐn tīng+bhāṣā)이다.

4. 관리들[官屬]

이 나라에서도 장관, 장군, 천문가 그리고 다른 관리들이 있고, 그들 아래로 각종 작은 직원들이 있다. 명칭만 우리들의 것과 다를 뿐이다. 대개 그 직책으로 왕자들이 선택된다. 아니면 뽑힌 사람들이 왕의 첩으로 자기들의 딸을 바친다. 관리들이 나갈 때는 그들의 표식과 수행하는 사람들은 서열에 따라 정해진다. 가장 높은 고관들은 금으로 만든 막대가 있는 가마와 금으로 만든 손잡이가 있는 네 개의 일산을 사용한다.

다음 사람들은 금으로 만든 막대가 있는 가마와 금으로 만든 손잡이가 있는 두 개의 일산을 사용하고, 다음은 금으로 만든 막대가 있는 가마와 금으로 만든 손잡이가 있는 한 개의 일산을 사용하며, 마지막은 단지 금으로 만든 손잡이가 있는 일산만 사용한다. 그 아래 사람들은 은으로 만든 손잡이가 있는 일산만 사용한다. 또, 은으로 만든 막대가 있는 가마를 쓰기도 한다. 황금으로 만든 일산을 쓸 권한이 있는 관리들은 '파정'(巴丁, mrateñ?) 또는 '암정'(暗丁, aṃteñ)이라 불린다. 은으로 만든 일산을 쓰는 사람들은 '사랄적'(廝辣的, ?śreṣthin)이라 불린다. 모든 일산은 중국의 붉은 타프타[紅絹]로 만든 것이고, 그들의 '치마'는 땅까지 떨어뜨린다. 기름칠한 우산은 초록 타프타로 만들고, 그들의 '치마'는 짧다.

5. 세 종교[三敎]

문인들은 '반힐(班詰)'이라 불리고 승려들은 '저고(苧姑)'라고 불리며, 도사들은 '팔사유(八思惟)'라 불린다.

반힐(班詰, paṇḍita=여기서는 브라만)에 관해, 나는 어떤 모델을 표방하는지 모른다. 그리고 그들은 우리가 학교 또는 교육의 장이라 부르는 것이 없다. 마찬가지로 그들이 어떤 책을 읽는지 알기 어렵다. 나는 그들이 문인들임을 표시하는 목에 매는 흰 실로 만든 줄 이외에 일반 사람들처럼 입는 것을 봤을 뿐이다. 임무를 맡은 반힐은 높은 지위를 가진다. 목의 줄은 살아있는 동안은 벗지 않는다.

저고(苧姑, =시암어 chǎo ku, '승려')는 머리를 밀고 누런 옷을 입으며 오른쪽 어깨를 드러낸다. 하체에 그들은 누런 천으로 만든 치마를 매고 맨발로 다닌다. 그들의 사원은 기와로 덮을 수 있다. 내부는 상(像) 하나만 있는데 완전히 붓다 석가모니와 흡사한데, 그들은 '패뢰'(孝賴, Praḥ)라고 부른다. 그 상은 붉게 칠해져 있다. 점토로 틀을 만들어 다양한 색으로 칠한다. 그것 외에 다른 상은 없다. 탑의 부처들은 모두 다르다. 그들은 모두 청동으로 만들어졌다. 거기에는 종이나, 북, 심벌즈, 깃발, 닫집 등도 없다. 승려들은 물고기든 고기든 뭐든 먹지만 술은 마시지 않는다. 부처에게 올리는 공양품으로 그들은 생선과 고기를 사용한다. 그들은 하루에 한 끼를 먹으며, 공양할 집으로 받으러 간다. 사원에는 부엌이 없다. 그들이 읽는 경전들은 매우 많다. 모두 매우 가지런히 쌓은 야자수 잎으로 만들어졌다. 그 잎 위에 승려들은 검은 글씨를 쓴다. 그러나 그들은 붓이나 먹을 사용하지 않는데 나는 무엇으로 쓰는지 모른다. 어떤 승려들은 금이나 은으로 만든 가마 막대와 일산 손잡이가 있는 것을 쓸 권한을 가진다. 왕은 그들에게 심각한 문제들을 자문한다. 여승들은 없다.

팔사유(八思惟, tapasvi)는 머리 위에 몽골 부인들의 고고(罟姑, ?kükül) 같은 방식으로, 그러나 조금 더 낮게, 붉은 천이나 흰 천을 쓰는 것 외에는 완전히 일반사람들과 같이 입는다. 그들도 사원이 있지만, 불교 사원보다 더 작다. 도사들이 승려들의 종교보다 더 번성하지 못하기 때문이다. 그들은 중국의 지신(地神) 제단의 돌과 유사한 한 덩어리의 돌(liṅga) 이외에 다른 상은 숭배하지 않는다. 그들에 대해 나는 그들이 어떤 모델을 표방하는지 모른다. 여자 도사들이 있다. 도교의 사원은 기와로 덮을 수 있다. 팔사유들은 다른 사람들과 음식을 나누지 않고 드러내놓고 먹지도 않는다. 그들은 술을 마시지 않는다. 나는 그들이 경전을 암송하거나 다른 사람에게 공덕을 베푸는 것을 목격하지 못했다.

학교에 가는 속인의 아이들은 가르쳐주는 승려들에게 간다. 장성해서 그들은 세속의 도로 돌아간다. 나는 자세히 다 조사할 수 없었다.

6. 사는 사람들[人物]

사는 사람들은 남방의 오랑캐 관습만 알고 있을 뿐이다. 외모상 그들은 거칠고 추하며 매우 검다. 바다의 섬으로 고립된 외진 곳에 사는 사람들뿐만 아니라, 보통 모여 사는 사람들조차도 확실히 그러하다. 궁녀들, 귀족의 여인[南棚] 중에 옥처럼 흰 사람들이 많은 것은 그녀들이 햇빛을 보지 않기 때문이다. 대체로, 여인들은 남자들처럼 허리를 매는 한 조각의 천만 입을 뿐, 하얀 젖가슴을 드러내 놓고, 상투를 틀고 맨발로 다닌다. 군주의 부인들도 마찬가지이다. 군주는 다섯 명의 부인을 가지고, 중심 거처의 부인과 사방에 네 명을 둔다. 첩들과 궁녀들에 관해서 나는 3~5천 명에 달한다는 소리를 들었다. 그들은 여러 등급으로 나뉜다. 그녀들은 거처를 거의 나가지 않는다. 내가 군주를 만나기 위해 왕궁으로 들어갈 때마다 군주는 항상 그의 첫째 부인과 나와서 중심 거처의 황금 창문[金窗]의 [틀에] 앉아 있었다. 궁녀들은 창문 아래 베란다 양쪽에 모두 줄지어 있었다. 그러나 자리를 바꾸고, [창에] 기대서서 [우리를] 보려 했다. 그래서 나는 아주 자세히 그녀들을 봤다. 한 가정에 예쁜 딸이 있으면 왕궁으로 부름을 받는다. 그 아래는 왕궁에 출입을 담당하는 여인들이다. 그녀들을 '진가란'(陳家蘭, srĕiṅkā<산스트리트어 śṛṅgāra)이라 부른다. 1~2천 명 이하는 아니다. 모두 결혼했고 여기저기 사람들 속에 산다. 그러나 그녀들은 이마 위는 북방의 사람들이 '물길을 내는[開水道]' 방식으로 머리털을 민다. 그녀들은 그곳과 관자놀이 양쪽을 주홍색으로 표시한다. 이것이 진가란임을 표시하는 것이다. 이 여인들만 왕궁으로 들어올 수 있다. 그 아래 여인

들은 들어올 수 없다. [진가란들이] 왕궁의 앞과 뒤에 있는 길에 끊임없이
이어진다.

보통 여인들은 쪽을 틀지만, 머리핀이나 빗 등 어떤 머리 장식도 하지
않는다. 팔에 그녀들은 금팔찌를 하고 손가락에는 금반지를 낀다. 진가란
과 궁녀들 모두 차고 낀다. 남녀는 단향(檀香), 사향(麝香) 그리고 다른 향으
로 만든 향수를 바른다.

모든 가정에서 붓다를 숭배한다.

이 나라에는 매일, 십여 명이 무리 지어 장터로 가는 많은 미녀가 있다.
끊임없이 그녀들은 후한 예물을 대가로 중국인들을 유혹한다. 추하고 못
됐다.

7. 출산[産婦]

아이를 낳은 직후 토착 여인들은 따뜻한 밥을 지어 소
금과 섞어 음부에 붙인다. 하루 밤낮이 지나면 떼어낸다. 이것으로 산부는
후유증이 없어지고 소녀처럼 출산으로 느슨해진 것을 다시 수축하게 한
다. 내가 이 말을 처음 듣고 나는 매우 의아하여 전혀 믿지 않았다. 그러나
내가 묵던 집에 아이를 낳은 여인이 있어 나는 완전하게 알게 되었다. 다
음날 그녀는 팔에 아이를 안고 강물에 목욕하러 갔다. 정말 놀랍다.

내가 본 모든 사람은 토착 여인들이 매우 음란하다고 했다. 출산한 뒤
하루 이틀 만에 그녀들은 남편과 합방한다. 남편이 욕망에 차지 않으면 매
신(買臣, 기원전 116년경)처럼 버림을 받는다. 남편이 어떤 일로 멀리 가 있을
때, 며칠 밤이면 괜찮다. 그러나 10여 일이 지나면 부인은 반드시 "나는
귀신이 아니다. 어떻게 혼자 잠을 잘 수 있겠는가."라고 말한다. 그녀들의

음탕한 본능이 매우 격렬하다. 그래도 나는 어떤 여인들은 정조를 지킨다고도 들었다. 부인들은 매우 빨리 늙는데, 틀림없이 그녀들의 결혼과 출산이 너무 빠르기 때문이다. 20~30세가 되면 그녀들은 40~50세 먹은 중국 여인들과 같다.

8. 소녀들[室女]

한 가정에서 딸아이를 낳으면, 아버지와 어머니는 반드시 그녀를 위해 다음과 같이 서원한다. "너는 장래 백 명, 천 명 남자들의 부인이 될 수 있다!" 부잣집에서는 딸아이 7~9살 사이에, 몹시 가난한 집에서는 12살에 승려나 도사에게 처녀성을 빼앗게 한다. 이것을 '진담(陣毯)'이라고 한다. 해마다 당국들은 중국 음력으로 네 번째 달에 해당하는 달에 하루를 고르고 진담을 온 나라에 알린다. 딸이 진담을 해야 하는 모든 가정이 미리 당국에 알리면, 당국은 표시가 된 초를 미리 보내준다. 그날, 밤이 되면, 초를 켜는데, 표시까지 초가 탔을 때가 바로 '진담'을 하는 순간이다. 정해진 날짜에서 한 달, 15일 또는 10일 전에 부모는 승려나 도사가 사는 곳에 따라가 한 사람을 고른다. 대개 불교와 도교의 사원들은 각기 고객을 가지고 있다. 최상의 도를 수행한 승려들은 관리나 부유한 집에 선점된다. 가난한 사람들은 선택할 여지가 전혀 없다. 관리나 부유한 집들은 술, 쌀, 천, 비단, 빈랑, 은 제품을 예물로 준비하는데, 1백 짐바리에 달하며 중국 은으로 2~3백 냥의 값이다. 최소한의 예물도 30~40, 또는 10~20 짐바리이다. 이는 사람들의 재력에 따른다. 가난한 집 딸들이 이 의식을 치르는데 11살까지 되는 것은 이 모든 것을 마련하기 어렵기 때문이다. 가난한 딸들의 진담을 위해 돈을 내는 사람들도 있는데, 이를 '좋은 일을 한다[做好事]'

라고 한다. 한 승려는 1년에 한 소녀에게만 접근할 수 있다. 돈을 받기로 승낙하면 그는 다른 사람들과 약속할 수 없다. 그날에는 음악을 곁들인 큰 잔치를 연다. 이때 부모와 이웃들은 문밖에 점토로 만든 사람과 동물, 10여 개나 서너 개를 놓을 높은 시렁을 묶는다. 가난한 사람들은 놓지 못한다. 모든 것은 옛날 방식을 따르며, 7일 뒤에 철거한다. 밤이 되면, 가마, 일산, 음악을 울리며 승려를 찾아가 데려온다. 다양한 색의 비단으로 두 정자를 만든다. 하나에는 소녀가 앉아 있게 하고, 다른 하나에는 승려가 앉는다. 입에서 무슨 말을 하는지 알아챌 수 없다. 음악 소리가 귀를 먹먹하게 하여 그 밤은 잠을 설치게 해도 막지 않는다. 때가 되면, 승려는 소녀의 거처로 들어가 간다. 그는 손으로 처녀성을 빼앗고 그녀의 처녀성을 술에 모은다고 들었다. 또한, 부모, 친척 그리고 이웃이 이마에 모두 표시하거나 그것을 맛본다고 한다. 아무도 그 승려가 실제로 소녀와 합방했는지 말해 주지 않으며, 혹자는 그것을 부인한다. 중국인들이 이러한 일들을 확인하도록 허락되지 않음으로, 정확한 사실을 알 수 없다. 날이 밝으려 할 때, 가마, 일산으로 음악을 울려가며 승려를 데려다준다. 그 뒤에는 천이나 비단을 예물로 주고 딸아이를 승려에게 되사야 한다. 그렇지 않으면, 그녀는 영원히 그의 소유가 되고 다른 사람과 결혼할 수 없다. 내가 본 것은 대덕(大德) 연간 정유년(丁酉年) 4월 6일(1297년 4월 28일)에 일어난 일이다. 이 의식을 행하기 전 부모와 딸은 같은 방에서 잔다. 그 후 딸아이는 거처를 나와 원하는 곳으로 가는데, 더는 구속과 감시가 없다. 결혼은 관습에 천을 선물하는 것[納幣]이 있지만, 중요하지 않은 형식일 뿐이다. 많은 사람이 혼인할 사람과 먼저 불법적 관계를 한다. 그들의 관습에는 부끄러운 짓이거나 놀랄만한 일도 아니다. 진담의 밤에는 간혹 한 골목에 의식을 마친 집이 10여 가구가 될 때도 있다. 도성에서 승려나 도사들을 영접하는 사람들은 거리마다 교차하여 음악 소리가 들리지 않는 곳이 없다.

9. 노예[奴婢]

노예로 일을 하는 미개인들을 사고 판다. 많이 소유한 사람은 백여 명 정도이고 적은 사람은 10~20명[枚]을 소유한다. 단지 가난한 사람들만 없다. 미개인들은 산의 인적 드문 곳의 사람들이다. 그들은 '당(撞)'이란 도적들로 부르는 별도의 인종으로 구성된다. 도성으로 데리고 오면, 그들은 감히 집 밖으로 출입하지 못한다. 도성에서는 다투는 와중에 상대를 '당'이라고 부르면, 골수까지 스며드는 증오심을 품는다. 그 정도로

캄보디아 죄수. 출처: J. Moura, 『Le Royaume de Cambodge』, Paris, 1883, 465쪽(도판30).

이 사람들은 다른 사람들에게 멸시를 당한다. 젊고 힘이 센 그들은 1백 포 (布)의 값이 나간다. 늙고 약하면, 30~40포에 소유할 수 있다. 그들은 층 아래에서만 앉거나 잘 수 있다. 일 때문에 그들이 층에 올라갈 수 있지만, 그때는 무릎을 꿇고 손을 모으며, 절을 해야 한다. 그런 다음에야 나아갈 수 있다. 그들은 주인을 '파타(巴馳, patou)'라고 부르고 안주인을 '미(米, mi, mé)'라 부른다. '파타'는 아버지를 '미'는 어머니를 의미한다. 그들이 잘못하면 그들을 때린다. 그들은 머리를 숙이고 감히 미동도 하지 못한 채 몽둥이를 맞는다. 암컷과 수컷이 그들끼리 짝을 짓지만, 주인은 결코 그들과 성적 관계를 맺지 않는다. 혹 중국인이 그곳에 이르러, 오래 부부생활을 못 한 뒤에, 실수로 이 여자 중에서 어느 하나와 한번 육체적 거래를 해, 주인이 알게 되면, 다음날 그 주인은 그 미개인과 관계를 맺었기 때문에 그와 같이 앉으려 하지 않는다. 그들 중에 누군가 집에 있는 외국인의 행위로 임신해 아이를 낳으면, 그 주인은 그의 아비가 누구인지 알려고 하지 않고, 그 어미가 민간인의 자격이 없으므로 그도 그녀가 아이를 가진 것을 이용한다. 바로 미래의 노예들이다. 노예들이 달아나 다시 잡히면, 얼굴에 파랗게 표시하거나 쇠 목줄을 채워 잡아둔다. 다른 노예는 팔과 다리에 이러한 쇠를 차기도 한다.

10. 언어[語言]

이 나라는 특별한 언어를 가지고 있다. 그 소리는 이웃 하고 있지만, 참파와 시암의 사람은 이해하지 못한다. 일은 '매(梅, muy)', 이는 '별(別, pir)', 삼은 '비(卑, bei)', 사는 '반(般 buon)', 오는 '패람(孛藍, pram)', 육은 '패람매(孛藍梅, pram muy)', 칠은 '패람별(孛藍別, pram pir)', 팔은

'패람비(孛藍卑, pram bei)', 구는 '패람반(孛藍般, pram buon)', 십은 '답(荅, dap)'이라 한다. 아버지는 '파타(巴馳, patau)', 삼촌도 '파타'라고 한다. 어머니는 '미(米, mi, mé)'라고 하는데, 고모, 이모, 공경하는 나이 든 이웃 역시 '미'라 부른다. 형은 '방(邦, baṅ)', 누나도 '방'이라 부른다. 동생은 '보온(補溫, phaón)', 외삼촌은 '흘뢰(吃賴, khlai)'라고 하고, 고모의 남편도 '흘뢰'라고 한다.

　일반적으로 이 사람들은 어순을 뒤집는다. 예를 들어 우리가 "이 남자는 장삼(張三)의 동생이다."라고 하면, 그들은 "보온(補溫) 장삼"이라고 한다. "이 사람은 이사(李四)의 외삼촌이다."라고 하면, 그들은 "흘뢰 이사"라고 한다. 다른 예로, 그들은 중국을 '비세(備世)', 관리를 '파정(巴丁)', 문인[秀才]을 '반힐(班詰)'이라 부른다. 그런데, '중국 관리'를 말하면서 '비세파정'이라 하지 않고 '파정비세'라고 한다. '중국 문인'을 말하면서 '비세반힐'이라 하지 않고 '반힐비세'라고 하는데, 대체로 이와 같다. 이것이 그 큰 맥락이다. 또, 관리들은 논의에 그들만의 양식이 있고, 문인은 문인만의 정제된 대화를 가지며, 승려와 도사들은 그들만의 언어가 있다. 도시와 촌락의 화법이 다르다. 완전히 중국 같은 경우이다.

11. 미개인[野人]

　　　　두 종류의 미개인이 있다. 첫 번째는 통행 언어를 이해하는 미개인들이다. 이들이 바로 도시에 노예로 팔려 가는 사람들이다. 다른 하나는 문명[敎化]에 따르지 않으며 언어를 이해하지 못하는 사람들이다. 이 종족은 집에서 살지 않는다. 식구들을 데리고 머리에 흙으로 만든 항아리를 이고, 산으로 돌아다닌다. 야생동물을 만나면, 활과 창으로 잡아 돌로 불을 피워 그 짐승을 익혀 함께 먹고, 다시 떠난다. 그들의 성질은 사납고 그들이 [사용하는] 독은 매우 위험하다. 원래의 무리끼리 종종 서로 죽인다. 가장 가까운 지역에는 두구(荳蔲), 목면(木綿)을 재배하고 베를 짜는 사람들도 있다. 그러나 그들의 천은 매우 거칠고 매우 이상한 문양이 들어있다.

12. 쓰기[文字]

공공문서와 같은 일반 글쓰기는 항상 사슴 또는 꽃사슴의 가죽 등의 비슷한 것을 검게 물들여 쓴다. 크기의 길고 넓으냐에 따라 각각 의도한 대로 자른다. 사람들은 중국의 백악(白堊)과 비슷한 일종의 분(粉)을 사용하고 '사'(梭, 시암어로 só)라고 부르는 막대로 만든다. 이 막대를 손에 들고 그들은 지워지지 않는 글자들을 가죽 조각 위에 쓴다. 쓰기를 마치면, 그들은 막대를 귀에 걸어 둔다. 글자들은 그 자체로도 누가 썼는지 알아볼 수 있다. 젖은 물건으로 문지르면 글자들은 지워진다. 대체로 글자들은 위구르[回鶻]의 서체와 흡사하다. 모든 문서는 위에서 아래로의 방향이 아니라 왼쪽에서 오른쪽으로 쓴다. 나는 야선해아(也先海牙, Asän qaya)에게 그들의 철자는 거의 완벽하게 몽골의 철자처럼 발음되고 두세 글자만 다를 뿐이라고 들었다. 그들에게는 인장이 없다. 탄원서는 그것을 써주는 대서방이 있다.

13. 원단과 절기[正朔時序]

사람들은 항상 중국의 10월을 1월로 친다. 이달을 '가득'(佳得, katik<산스트리트어 kārttika)라고 부른다. 왕궁 앞에 1천여 명이 들어갈 수 있는 대형 단[棚]을 만들고, 온통 등불과 꽃들로 장식한다. 20~30장(丈) 떨어진 맞은 편에는 나무 [조각들을] 끝과 끝을 연결하여 탑(stūpa)을 만들 때의 비계 모양으로 20여 장의 높이로 높은 단을 엮는다. 매일 밤 서너 개, 또는 대여섯 개를 만든다. 꼭대기에는 불화살[煙火]과 폭죽[爆杖]을 배치해둔다. 이러한 비용은 속주(屬州)와 귀족 집에서 댄다. 밤이 되면, 군주에게 행사에 나와 보도록 청한다. 사람들은 화전을 쏘고 폭죽을 터뜨린다. 화전들은 백여 리를 날아가고, 폭죽은 대포만큼 크며 폭발음은 도성 전체를 뒤흔든다. 관리들과 귀족들은 초와 빈랑을 나누어 준다. 그 비용이 상당하다. 군주는 또한 이 행사에 외국의 사신들을 초청한다. 이렇게 15일을 한 뒤에 완전히 그친다. 매월 하나의 축제가 있다. 네 번째 달에 "사람들은 공던지기를 한다[抛毬]." 아홉 번째 달은 '압렵'(壓獵, răp řiep, '열거하다', '조사하다')이다. 이 '압렵'은 왕국 전체의 인구를 도성에 집합시켜, 왕궁 앞에서 사열하는 것이다. 다섯 번째 달에 사람들은 "붓다의 물[佛水]을 찾으러 간다." 사람들은 왕국 전역에 있는 불상을 모아 놓고, 물을 가져와(?) 군주와 함께 불상을 씻긴다. [여섯 번째 달에?] 사람들은 "육지에서 배 타기를 한다[陸地行舟]." 왕은 누대에 올라 축제를 참관한다. 일곱 번째 달에 사람들은 "벼를 태운다[燒稻]." 이때 햅쌀이 익는데, 사람들은 남쪽 문밖으로 찾아가 부처에게 올리는 공양으로 그것을 태운다. 헤아릴 수 없이 많은 여인이 수레나 코끼리를 타고 이 의식에 참여하지만, 군주는 자기 집에 머문다. 여덟 번째 달에는 '애람(挨藍)'이 있는데, '애람(răm)'은 바로 '춤추는 사람'이다. 매일 왕궁에 '애람'을 추러 오는 배우와 악사들을 지칭한다. 또, 돼지 싸움[鬪猪]과 코끼리 싸움[鬪象]이 있다. 군주는 마찬가지로 외국 사신들을

불러 참석하게 한다. 이처럼 10일 동안 한다. 다른 달에 관해서는 정확하게 기억할 수 없다.

이 나라에는 우리나라에서처럼 천문을 알고 일식과 월식을 계산할 수 있는 사람들이 있다. 그러나 달의 길고 짧음에 대해서는 우리와는 매우 다른 체계를 가지고 있다. 윤년(閏年)에는 그들도 윤달이 있을 수밖에 없지만, 그들은 아홉 번째 달을 윤달로 넣는데 내가 전혀 이해할 수 없었다. 매일 밤은 오경(五更?)으로만 나눈다. 7일을 한 주기로 한다. 이는 중국에서 '개(開)', '폐(閉)', '건(建)', '제(除)'라고 부르는 것과 비슷하다. 이 오랑캐들은 '성씨도 이름도' 없고, 생일을 고려하지 않으며, 그들 중 대부분이 '이름'을 그들이 태어난 날로 짓는다. 주중에 가장 상서로운 날이 이틀 있고, 삼일은 보통이며, 이틀은 매우 불길하다. 어떤 날은 동쪽으로 갈 수 있고 어떤 날은 서쪽으로 갈 수 있다. 여자라도 이러한 셈을 할 줄 안다. 주기의 12 동물은 또한 중국과 같지만, 이름이 다르다. 말은 '복새(卜賽, sèh)', 닭은 '만(蠻, mǎn)', 돼지는 '직로(直盧, čruk)', 소는 '개(箇, kô)'라고 하는 식이다.

14. 재판[爭訟]

사람들의 논쟁은 중요하지 않더라도 항상 군주에게 간다. 사람들은 가볍거나 무거운 대나무로 [때리는] 형벌을 전혀 모른다. 벌금으로 처벌한다는 말만 들었다. 매우 엄중한 경우에도 교형(絞刑)이나 참수형은 없다. 그러나 서쪽 문밖에 한 웅덩이를 파고 그곳에 죄수를 넣은 다음, 흙과 돌을 채워 잘 다지면 끝난다. 덜한 경우에는 발가락 손가락을 자르거나 코를 베는 것이 있다. 그렇지만 간음과 도박에 대한 벌은 없다. 간음한 부인의 남편이 알고 있으면 두 쐐기 사이에 정부의 발을 죄는데, 그는 고통을 참을 수 없어 자신의 재산을 포기하고 자유를 되찾는다. [우리처럼] 사기를 쳐서 편취하는 사람들도 있다.

　누군가 자기 집 문에서 죽은 자를 보면 그는 밧줄로 도성 밖 모르는 곳에 끌고 간다. 그러나 우리식의 '완결한 조사[體究檢驗, <u>시체를 조사하고 검증하는 것</u>]'라고 하는 것이 전혀 없다.

　사람들이 도둑을 잡으면, 가두고 고문하는 벌을 적용할 수 있다. 또한 놀라운 방법을 사용하기도 한다. 어떤 사람이 물건을 잃어버려 도둑으로 부인하는 어떤 사람을 의심하면, 솥에 기름을 끓이게 하고 의심하는 사람에게 손을 그곳에 담그게 한다. 그가 실제로 죄가 있으면 그의 손은 걸레처럼 되고, 그렇지 않으면 피부와 살은 이전 그대로이다. 이 오랑캐들의 놀라운 방법이 이러하다.

　또, 누가 잘못했고 누가 옳은지 모르게 두 사람이 논쟁할 경우이다. 왕궁 맞은 편에 12개의 작은 석탑이 있다. 두 사람을 하나의 탑에 각각 앉히고 두 사람의 부모가 각각 감시토록 한다. 그들은 하루 이틀, 또는 사나흘을 머문다. 그들이 나올 때 잘못한 사람은 반드시 어떤 병에 걸리는데, 암종(癌腫)이 생기기도 하고, 심한 감기 또는 고약한 열병에 걸린다. 옳은 사람은 아무런 일도 없다. 그들은 이렇게 옳고 그름을 결정한다. 이것을 '하늘의 판결[天獄]'이라고 한다. 이 나라 신의 초자연적 힘이 이와 같다.

15. 질병과 나병[病癩]

　　　　이 나라의 사람들은 많은 일상의 병에 걸리면, 곧장 물에 가서 담그고 반복해서 머리를 씻어 치유한다. 그렇지만 거리 곳곳에 나병 환자들이 많다. 그들이 함께 자러 오거나 함께 먹으러 올 때도 현지인들은 거부하지 않는다. 어떤 사람들은 나라의 기후 조건에 기인한 병이라고 한다. 이 병에 걸린 한 군주가 있었는데, 사람들이 그를 혐오스럽게 여기지 않은 것은 이 때문이다. 나의 어리석은 생각으로, 대개 성적 쾌락이 있었던 직후, 물에 들어가 목욕하여 이 병에 걸린다. 나는 현지 주민들이 성욕을 채우자마자 항상 물에 들어가 목욕한다고 들었다. 이질로 열에 여덟아홉은 죽는다. 우리처럼 시장에서 약을 팔지만, 중국의 약과는 매우 다른데, 나는 전혀 모른다. 사람들에게 처방을 내리는 일종의 점쟁이들도 있는데, 매우 가소롭다.

16. 죽은 사람[死亡]

　　죽은 사람은 관(棺)이 없이, 사람들은 자리 같은 것을 사용할 뿐이며, 천으로 덮는다. 장례 행렬에서 이 사람들도 면사포, 깃발, 음악을 사용한다. 또, 그들은 구운 쌀을 담은 두 쟁반을 가져가 길의 주변에 흩뿌린다. 그들은 시신을 도성 밖, 외지고 사람이 살지 않는 곳에 가져가 버리고 간다. 그들은 독수리, 개, 다른 짐승들이 와서 먹기를 기다린다. 모든 것이 잘 이루어지면, 그들은 자신의 부모가 복이 있어 이렇게 보상을 받았다고 한다. 시신을 먹지 않았거나 부분적으로 먹었을 경우, 그들은 자신의 부모가 어떤 잘못이 있어 이런 결과가 나왔다고 한다. 지금은 시신들을 태우는 사람들이 조금씩 있다. 이들은 대부분 중국인 후손들이다. 부모가 죽었을 때, 자식들은 상복을 입지 않는다. 그러나 아들들은 머리를 삭발하고, 딸들은 이마 위에 동전 크기로 머리털을 자르는데, 이것이 자식의 애도 방식이다. 군주들은 탑에 묻히지만, 나는 그들의 시신을 묻는지 뼈를 묻는지 모른다.

17. 농사[耕種]

대체로 사람들은 1년에 서너 차례 수확한다. 일 년 내내 우리의 오뉴월과 비슷하고, 서리나 눈도 모르기 때문이다. 이 나라에서는 한 해의 절반 비가 내리고, 한 해의 절반은 비가 전혀 내리지 않는다. 4월에서 9월까지는 매일 오후까지 비가 내린다. 큰 호수의 수위가 7~8장 상승할 수 있다. 큰 나무들이 잠기고 겨우 그 끝만 남긴다. 물가에 사는 사람들은 모두 산으로 물러난다. 이어서 10월에서 [다음 해] 3월까지는 한 방울도 떨어지지 않는다. 대 호수는 이때 작은 배들만 항해할 수 있다. 깊은 곳이라도 3~5척(尺)에 지나지 않는다. 이때 사람들은 다시 내려온다. 농사짓는 사람들은 쌀이 익는 시기와 수량이 이때 달하는 지점을 고려하여 그 땅에 따라 씨를 뿌린다. 농사에 그들은 소를 사용하지 않는다. 그들의 쟁기, 낫, 호미는 모두 우리 것과 원칙상 모종의 유사점을 가지지만, 완전히 다르게 만들어진다. 또 파종하지 않아도 항상 벼가 자라는 일종의 자연 밭이 있다. 물이 1장까지 오르면, 벼도 그만큼 자란다. 특별한 종이라고 생각한다.

그렇지만 밭에 거름을 주고 채소를 기르는 데 있어서, 이 사람들은 더러운 것으로 싫어하는 거름을 사용하지 않는다. 이곳에 가는 중국인들은 이들의 경멸을 자극할까 두려워 중국에서 비료 뿌리는 것에 대해 전혀 말하지 않는다. 두세 가구마다 그들은 구덩이 한 개를 파서 풀(?)로 덮는데, 가득 차면, 그들은 그 구덩이를 메우고, 다른 하나를 판다. 그곳에 갔다 온 뒤, 그들은 항상 욕조에 가서 씻고, 왼손만 사용한다. 오른손은 음식을 먹는 데 쓴다. 중국인이 그곳에 가서 종이로 닦는 행위를 보고 비웃으며, 그가 문턱을 넘지 못하도록 하고 싶어 할 정도까지 이른다. 여자 중에서 서서 오줌을 싸는 사람이 있는데 정말 웃긴다.

18. 나라의 지형[山川]

진포(眞蒲) 입구에서부터 거의 모두 낮은 숲으로 들어차 빽빽하다. 큰 강[長江]의 넓은 어귀들이 수백 리 펼쳐져 있다. 고목과 긴 등나무의 짙은 녹음이 무성한 덮개를 이룬다. 새와 짐승의 울음소리들이 곳곳에서 커진다. 어귀로 가는 중간에서[至半港] 처음으로 농사짓지 않고, 한 마디의 나무도 없는 땅을 봤다. 멀리서 보더라도 많은 [야생] 기장들뿐이다. 백 마리, 천 마리씩, 들소들이 이 지역에 떼지어서 모여 있다. 또 대나무로 [덮인] 비탈이 있는데, 수백 리에 펼쳐져 있다. 이러한 대나무의 마디에는 가시가 나고, 죽순은 매우 쓴 맛이 난다. 사방에는 높은 산들이 있다.

19. 산물[出産]

산에든 희귀한 나무들이 많이 있다. 나무가 없는 곳은 코뿔소와 코끼리가 모여서 자라는 곳들이다. 진귀한 새들, 기이한 짐승들이 헤아릴 수 없이 많다. 값이 나가는 산물[細色]들은 물총새 깃털, 코끼리의 어금니, 코뿔소의 뿔, 벌의 밀랍이다. 일반 산물[粗色]로 강진(降眞), 두구(荳蔲), 강황(薑黃, gomme-gutte), 자경(紫梗, gomme-laque), 대풍자(大風子) 기름이 있다.

물총새는 얻기 매우 어렵다. 짙은 숲에 연못이 있고, 연못에는 물고기가 있다. 물총새는 숲 밖으로 물고기를 잡으러 난다. 잎으로 몸을 가린 현지인이 물가에 숨어 있다. 새장에 미끼로 암컷을 넣고 손에는 작은 그물을 들고 있다. 그는 새가 오는 것을 엿보다가 그물로 잡는다. 며칠 만에 3~5마리를 잡는다. 간혹 온종일 한 마리도 못 잡기도 한다.

상아를 얻는 사람은 외딴 산속에 사는 사람들이다. 죽은 코끼리 한 마리에서 두 개의 어금니를 얻는다. 옛날에 코끼리는 1년에 한 번 어금니가 다시 난다고 하였으나 그렇지 않다. 창으로 죽인 동물에서 나온 어금니가 최상이다. 동물이 저절로 죽은 지 조금 뒤에 얻은 것들은 그다음으로 친다. 산에서 죽은 지 몇 년 된 것은 최하로 친다.

벌의 밀랍은 촌락의 썩은 나무들에 있다. 개미처럼 가는 앞가슴이 있는 벌[細腰蜂]들이 만든다. 토착민들이 그것을 채취한다. 배마다 2~3천의 벌집을 실을 수 있다. 큰 벌집은 30~40근이 나간다. 작은 것은 18~19근 이하이다.

흰 코뿔소의 결이 있는 뿔을 최상으로 치고, 검은 뿔은 그보다 못하게 친다.

강진(降眞)은 울창한 숲에서 난다. 토착민들은 자르는 데 많은 어려움을 겪는다. 바로 나무의 심(心)인데, 둘레에 8~9촌(寸)의 백목질(白木質)이 있다. 작은 나무라도 최소한 4~5촌은 된다.

모든 두구(荳蔲)는 미개인들이 산에서 재배한다.

강황(薑黃)은 한 특별한 나무의 수지이다. 토착민들은 수지가 흘러나오도록 한 해 미리 자상을 내놓고 그다음 해에 거둔다.

자경(紫梗)은 한 특별한 나뭇가지에서 자라는데, 흡사 뽕나무에 기생하는 형태를 가진다. 또한, 얻기 매우 어렵다.

대풍자(大風子) 기름은 큰 나무의 열매에서 난다. 열매는 코코넛과 비슷하지만, 둥글다. 수십 개의 씨가 들어있다.

후추도 간혹 있다. 등나무를 휘감고 자라면서 녹초자(綠草子, 흡?)처럼 달라붙는다. 신선하고 푸른 것은 매우 맵다.

20. 상업[貿易]

이 나라에서 교역하는 사람은 여자들이다. 그래서 중국인이 그곳에 도착하면 항상 부인을 고르는 것으로 시작하는데, 또한 그 여인의 장사 수완을 이용하기 위해서이다. 매일 6시에서 정오에 끝나는 시장[一壚]이 열린다. [이 시장에] 사람들이 거주하는 점포는 없지만, 그들은 땅에 까는 일종의 자리를 사용한다. 각자 자기의 자리가 있다. 그들은 자릿세를 당국에 낸다고 들었다. 소소한 거래들은 쌀, 곡물 그리고 중국제품으로 지불하고 다음은 천을 사용한다. 큰 거래에는 금과 은을 사용한다.

대체로 이 나라의 사람들은 매우 단순하다. 그들이 중국인을 보면 경외심을 보이며 '부처'라고 부른다. 보면 땅에 엎드려 절을 한다. 얼마 전부터 중국인을 속이고 나쁜 짓을 하는 사람들도 있다. 이는 그곳에 가는 사람들이 많기 때문이다.

21. 갈망하는 중국 상품들[欲得唐貨]

내가 생각하기에 이 나라는 금도 은도 나지 않는다. 사람들이 가장 높이 치는 것은 중국의 금과 은이고 다음으로 이중의 실이 들어간 잡색의 비단이다. 그다음은 진주(眞州)의 주석, 온주(溫州)의 옻칠한 쟁반, 천주(泉州)의 청자기(연초록), 수은, 주사(朱砂), 종이[紙劄], 유황, 질산칼륨[焰硝], 단향(檀香), 안젤리카 뿌리[白芷], 사향, 삼베, 황초(黃草)로 만든

베, 우산, 쇠솥, 구리 쟁반, 민물진주?[水珠], 동백기름, 대나무 자리?[簟], 키
[箕], 나무 빗[木梳], 바늘이다. 더 일반적이고 무거운 산물로, 예를 들어 명
주(明州, 닝보)의 자리가 있다. 사람들이 얻으려 갈망하는 것은 잠두와 밀[菽
麥]이다. 그러나 그에 대한 [중국의] 수출은 금지되어 있다.

22. 식물[草木]

단지 석류, 사탕수수, 연꽃, 연뿌리, 바나나, 천궁?[芎]
은 중국의 것과 같다. 여지와 귤은 [우리의 것과] 같은 모양이지만, 시다. 다
른 모든 [과일은] 중국에서 전혀 볼 수 없다. 나무들도 매우 다르다. 꽃식물
들은 더 많고, 더 향기롭고 더 예쁘다. 수상 꽃들은 더 많은 종이 있지만,
나는 그 이름을 모른다. 복숭아, 자두, 살구, 매실, 소나무, 편백, 전나무,
노간주나무[檜], 배나무, 대추나무, 백양나무, 버드나무, 계수나무, 난초,
국화 등등은 없다. 이 나라에는 [중국의] 1월에 벌써 연꽃이 있다.

23. 조류[飛鳥]

새 중에 공작, 물총새, 앵무새[鸚鵡]는 중국에 없다. 나
머지는 [우리처럼] 매, 까마귀, 백로[鷺鷥], 참새, 가마우지[鸕鷀], 백조[鵠], 학,
들오리, 검은머리방울새?[黃雀] 등이 있다. 그러나 까치, 기러기, 꾀꼬리,
쏙독새[杜宇], 제비, 비둘기는 없다.

24. 네발짐승[走獸]

네발짐승 중에 코뿔소, 코끼리 들소 그리고 '산마(山馬)'
는 중국에 없다. 호랑이, 표범, 곰[熊羆], 멧돼지, 사슴, 꽃사슴, 긴팔원숭이
여우 등이 매우 많다. 없는 것은 사자, 성성(猩猩), 낙타이다. 이 나라에 닭,
오리, 소, 말, 돼지, 양이 있는 것은 말할 필요 없다. 말들은 매우 작다.
소는 넘쳐난다. 사람들은 살아있는 소를 올라타지만, 죽은 소는 먹지도 않
고 가죽을 벗기지도 않는다. 그들은 이 동물이 인간을 위해 힘을 다 썼다
는 이유로 썩도록 기다린다. 그들은 멍에만 지울 뿐이다. 옛날에 오리가
없었다. 얼마 전부터 선원들이 중국으로부터 가져와 이 동물을 가지게 되
었다. 고양이만 한 큰 쥐가 있다. 어떤 쥐는 그 머리가 완전히 갓 태어난
강아지 머리와 비슷하다.

25. 채소[蔬菜]

채소로, 양파, 겨자, 부추, 가지, 수박, 호박[冬瓜], 오이
[王瓜], 명아주?[莧菜]가 있다. 순무[蘿蔔], 상추[生菜], 치커리[苦蕒], 시금치[菠
薐]는 없다. 1월부터 박과 가지가 있다. 여러 해 동안 뽑히지 않는 가지
식물이 있다. 목면 나무는 집 높이를 넘어 자랄 수 있다. 많은 채소가 있지
만 나는 이름을 모른다. 수중 채소들도 마찬가지로 매우 많다.

26. 물고기와 파충류[魚龍]

물고기와 거북류 중에 가장 많은 것은 검은 잉어이다.
다음으로 보통 잉어[鯉], 잡종 잉어[[鯽], 텅취[草魚, 잉어의 일종]도 많다. 모래

무지?[吐哺魚]가 있는데, 큰 것은 2근 이상 나간다. 많은 물고기가 있지만 나는 그 이름을 모른다. 이상의 물고기들이 모두 큰 호수로 온다. 바다의 물고기들로, 모든 종이 있고, 뱀장어[鱔魚], 호수 붕장어?[湖鰻]가 있다. 토착민들은 개구리[田雞]를 먹지 않는다. 그래서 밤에는 개구리들이 길에 넘쳐난다. 바다거북과 악어?[鼉]는 합저(合苧)처럼 크다. 여섯 장[?六藏]의 거북도 먹어 치운다. 사남(査南)의 새우는 1근 이상 나간다. 진포(眞蒲) 거북이의 발은 8~9촌쯤 된다. 네 다리를 가진 배만큼 큰 악어가 있는데, 뿔이 없는 것만 빼고 완전히 용과 닮았다. 배는 매우 부드럽다. 큰 호수에서는 손으로 쌍각류[蛤蜆], 복족류[螺螄]를 주울 수 있다. 게는 보이지 않는데, 내 생각에, 있겠지만 사람들이 먹지 않을 것이다.

27. 발효 음료[醞釀]

네 종류의 술이 있다. 하나는 중국인들이 '꿀로 만든 술[蜜糖酒]'이라고 부른다. 발효시키는 약으로 만드는데, 거기에 꿀과 물을 반반 섞는다. 그다음은 현지인들이 '붕아사(朋牙四)'라고 부르는데, 나무의 잎으로 만든다. 붕아사는 어떤 나뭇잎의 이름이다. 또 그다음은 생쌀 또는 남은 밥으로 만든 술로, '포릉각(包稜角)'이라 한다. 포릉각(raṅko<aṅka)은 '쌀'을 의미한다. 마지막으로 설탕으로 만든 술[糖鑑酒]인데, 설탕[糖]으로 만든다. 또, 어귀로 들어가면 강을 따라 교의 즙으로 만든 술(茭漿酒, 카장으로 만든 술?)이 있다. 실제 강가에 자라는 일종의 교의 잎[茭葉]들이 있다. 그 즙은 발효시켜 술로 만들 수 있다.

28. 소금, 식초, 간장[鹽醋醬麴]

이 나라에서 염전 개발은 어떠한 제한도 없다. 진포(眞蒲)와 파간(巴澗)에서부터 해변을 따라 바닷물을 끓여 소금을 얻는다. 산에도 소금 맛을 능가하는 광물이 있다. 잘라서 물품을 만들 수 있다.

현지인들은 식초를 만들 줄 모른다. 신 소스를 만들고 싶으면 '함평(咸平, ? ampīl)'이라는 나무의 잎을 넣는다. 나무가 싹이 텄으면, 그 싹을 사용한다. 나무가 열매를 맺었으면 그 열매를 사용한다.

보리와 콩이 없어 간장을 만들 줄 모른다.

그들은 누룩을 만들지 않는다. 꿀, 물, 그리고 허브의 잎으로 술을 만들 때, 그들이 사용하는 것은 우리 촌락의 흰 주모(酒母)와 닮은 주모이다.

29. 누에와 뽕나무[蠶桑]

현지인들은 누에 [치기]와 뽕나무 [재배에] 힘쓰지 않는다. 또한, 여인들은 바늘과 실, 깁고 수선하는 일을 모른다. 목면의 솜으로 천을 짤 수만 있다. 또, 물레로 실을 잣을 줄도 몰라 손으로 실을 만든다. 그들은 짜는 기계가 없다. 천의 한쪽 끝을 허리에 묶고 다른 쪽의 끝을 매는 일을 하는 것이 고작이다. 베짜는 북으로 대나무 관만 있다. 최근 시암인들이 이곳에 와 살면서 누에치기와 뽕나무 재배에 힘쓰게 되었다. 뽕나무 종자와 누에알은 모두 시암에서 들어온다. 사람들에게 모시는 없고, 낙마(絡麻)만 있다. 시암인들은 그들이 입는 양각 무늬를 넣은 천을 비단으로 짠다. 시암인들은 기워 수선할 줄 안다. 그들이 입은 천이 찢어지면, 현지인들은 [시암인들에게] 수선을 돈을 주고 맡긴다.

다섯 번째 발굴에서 나온 옻칠한 항아리들. 출처: Lucien Fournereau, 『Les Ruines Khmères, Cambodge et Siam』, Paris, Ernest Leroux, 1890, 도판109.

30. 기물[器用]

보통 사람들은 집이 있지만, 탁자, 등걸이 없는 의자, 대야, 물통이 없다. 그들은 밥을 짓기 위해 흙으로 만든 솥[瓦釜]을 사용하고, 또 소스를 만들기 위해 흙으로 만든 팬[瓦銚]을 사용한다. 아궁이로 세 개의 돌을 땅에 묻고, 야자 껍데기로 국자를 만든다. 밥을 담는 데는 흙 또는 구리로 만든 중국 쟁반을 사용한다. 소스는 나뭇잎으로 작은 잔을 만드는데, 액체를 가득 담아도 흘러내리지 않는다. 또, 그들은 교(茭)의 잎으로 작은 국자를 만들어 액체를 퍼 입으로 가져간다. 다 사용하면 버린다. 신이나 붓다에게 올리는 제사에서도 마찬가지이다. 그들은 그들 옆에 주석 또는 흙으로 만든 그릇에 물을 담아 놓고 손을 담근다. 밥을 집기 위해 손가락만 사용하는데, 밥이 손가락에 붙으므로 이 물이 없으면 잘되지 않기 때문이다. 주석 잔에 술을 마신다. 가난한 사람들은 흙으로 만든 사발을 사용한다. 부귀한 집에서는 각기 은으로 만든 용기를 사용하고, 간혹 금으로 만든 것도 있다. 나라 축제에는 금으로, 특별한 모양과 형식으로 만든 많은 그릇을 사용한다. 땅에는 명주(明州)의 자리를 깐다. 호랑이, 표범, 사슴, 꽃사슴 등등의 가죽 또는 등나무 자리를 깔기도 한다. 얼마 전부터 높이가 1척쯤 되는 낮은 탁자를 놓는다. 잠은 대나무 자리만 사용하고 판자 위에서 잔다. 얼마 전부터 낮은 침대를 사용하는 사람이 있는데 대체로 중국 사람이 만든 것이다. 사람들은 음식을 천으로 덮는다. 왕궁에서는 황금으로 얼룩지게 만든 이중의 실이 들어간 정교한 비단을 사용하는데, 해외의 상선들이 선물한 것이다. 벼의 [껍질을 벗기는]데, 맷돌을 사용하지 않고 절굿공이와 절구통으로 빻는 것에 그친다.

31. 수레와 가마[車轎]

가마는 중간 부분에 휘어지고, 양쪽 끝이 똑바로 세워지는 나무로 만든다. 사람들은 거기에 꽃문양으로 조각하고 금 또는 은을 입힌다. 이것이 바로 금 또는 은으로 가마 자루[金銀轎扛]라는 것이다. 각 끝의 약 1척 되는 곳에 고리를 달고 밧줄로 두 고리에 거친 주름으로 접히는 큰 천을 붙인다. 이 천에 앉으면 두 사람이 가마를 든다. 또 가마에 배의 돛과 비슷한 물건을 달고 있는데, 더 크며 잡색의 비단으로 장식한다. 네 사람이 들고 가마를 따라간다. 멀리 가려면, 코끼리에 올라타거나 말을 타는 사람들도 있다. 어떤 사람들은 다른 나라의 수레와 같은 형식으로 만든 수레를 사용하기도 한다. 말들에는 안장이 없고, 코끼리에는 앉을 수 있는 등받이 없는 의자도 없다.

32. 배와 노[舟楫]

큰 배는 단단한 나무에서 잘라낸 판자로 만든다. 장인들은 톱이 없고 도끼로만 나무를 다듬어 판자를 만든다. 나무가 많이 들고 공이 많이 든다. 나무로 무엇을 만들고자 하든, 끌로 파내고 자르고 한다. 집을 만들 때도 마찬가지이다. 큰 배에는 쇠못을 사용하고, 빈랑나무 각재로 유지되는 교(茭, 카쟝)의 잎으로 배를 덮는다. 이러한 유의 배를 '신나(新拏)'라고 부른다. 노를 저어 간다. 바르는 기름은 물고기 기름이고, 섞는 가루는 석회이다.

작은 배는 큰 나무 하나로 만드는데, 구유 모양으로 파고, 불로 그을려 부드럽게 하며, 나무의 힘으로 넓힌다. 그래서 이 배는 가운데는 넓고 양쪽 끝은 뾰족하다. 배들은 돛을 달지 않고, 여러 사람을 태울 수 있으며, 노로 조정할 뿐이다. 이 배들은 '피란(皮蘭)'이라 불린다.

33. 지방들[屬郡]

90여 속주(屬州)가 있다. 진포(真蒲), 사남(查南), 파간(巴澗), 막량(莫良), 팔설(八薛), 포매(蒲買), 치곤(雉棍), 목진파(木津波), 뇌감갱(賴敢坑), 팔시리(八廝里). 나는 다른 곳들은 자세히 기억해 낼 수 없다. 각기 관리들이 있고, 각각에는 사람들이 나무 울타리로 튼튼한 성곽을 만들었다.

34. 마을[村落]

각 촌락에는 사원이 있거나 스투파가 있다. 주민들은 그렇게 많지는 않으며, 그들에게는 '매절(買節, mé sròk?)'이라고 불리는 지방관리가 있다. 큰 거리에는 우리의 우정(郵亭)과 비슷한 휴게소가 있는데, 사람들은 이것을 '삼목(森木, saṃnǎk)'이라고 부른다. 최근 시암과의 전투에서 [촌락들은] 모두 폐허가 되었다.

35. 쓸개 채취[取膽]

이전에 [중국의] 여덟 번째 달 내에 사람들은 담즙을 채취한다. 매년 참파의 왕이 사람의 담즙 한 항아리, 수많은 사람의 담즙을 요구했기 때문이다. 밤에 도성과 촌락 중 사람들이 자주 드나드는 여러 장소에 사람을 배치한다. 밤에 지나가는 사람들을 만나면, 그들은 끈으로 쪼

크메르인과 참파인의 전쟁. 코끼리 위에 타고 있는 대장. 캄보디아, 앙코르 바이욘 사원 갤러리 부조.
바이욘은 참파를 정복하고 크메르 왕 중에서 가장 위대한 건설자였던 자야바르만 7세(Jayavarman VII,
1181~1218)의 사원이다. 1195년경에 착공된 이 사원은 4개의 얼굴로 장식된 54개의 탑으로 잘 알려져
있다. 나라의 사원으로 왕국의 수도인 앙코르 톰 중심에 있었다. 시바와 비슈누 두 신으로 대표되는
힌두교와 대승불교도였던 왕 때문에 불교를 결합한 '보편적' 사원이다. 왕과 왕족은 바이욘 사원, 가장
큰 중심 탑을 둘러싸고 있는 작은 예배당에서 붓다의 모습으로 표현되어 있다. 사진 출처: 위키피디아.

이는 두건을 머리에 씌우고, 작은 칼로 오른쪽 옆구리 아래에서 담즙을 빼
낸다. 사람들은 숫자가 충분해질 때까지 기다렸다가 참파의 왕에게 바친
다. 그러나 중국인의 담즙은 취하지 않는다. 어떤 해에 중국인의 담즙을
채취하여 다른 사람들의 것과 섞어두었는데, 항아리의 모든 담즙이 썩어
버려 쓸 수 없었기 때문이다. 최근 담즙을 채취하는 일은 폐지되었으나 별
도로 담즙을 채취하는 관리와 부하를 두어 도성의 남문 근처에 살게 했다.

36. 기이한 일[異事]

동쪽 문 근처 도성에 여동생과 간음하는 오랑캐[蠻人]가 있다. 그들 피부와 살이 하나로 붙어 떨어지지 않았는데, 아무것도 먹지 않고 사흘 뒤에 둘 다 죽었다. 나의 동향인 설씨(薛氏)는 이 나라에서 35년을 살았는데, 그런 일이 두 번이나 일어나는 것을 보았다고 확인해주었다. 이와 같은 것은 바로 [이 나라의 사람들이] 성불(聖佛)의 영적인 힘을 활용할 줄 알기 때문이다.

37. 목욕[澡浴]

이 나라는 지독하게 더워 매일 여러 차례 목욕하지 않을 수 없다. 밤에도 반드시 한두 차례 해야 한다. 옛날에는 목욕탕도, 대야도, 양동이도 없었다. 그러나 가정마다 수조가 하나씩 있다. 아니면, 두세 가정이 공동으로 하나의 수조를 가지고 있다. 남녀 모두 벌거벗고 그 수조로 들어간다. 다만 부모나 연장자가 수조에 있을 때는 아들딸 또는 젊은 사람들은 그곳에 들어가지 않는다. 젊은이가 수조에 있으면 나이 많은 사람들이 그들을 피한다. 그러나 같은 또래면 거리낌이 없다. 여인들은 왼손으로 자신의 성기를 가리고 들어가는데, 이것이 전부다. 3~4일 또는 5~6일마다 도성의 여인들은 삼삼오오 도성 밖 강에 나가 목욕한다. 강가에 이르면, 여인들은 몸에 두르고 있던 천을 벗고 물에 들어간다. 이렇게 강에 모이는 사람들이 수천이다. 귀족 여인들조차도 [이러한 목욕에] 참여하며 어떠한 부끄러움도 느끼지 않는다. 머리부터 발끝까지 다 볼 수 있다. 성 밖에 있는 큰 강에는 이런 일이 일어나지 않는 날이 없다. 한가한 날, 중국인들은 자주 보러 가는 것을 즐긴다. 또한, 물속에서 그 기회를 이용하는 사람들도 있다고 들었다. 물은 항상 불에 있는 것처럼 뜨겁고, 5경이 되어서야 조금 차가워지지만 해가 뜨면서부터 강물은 다시 데워진다.

38. 이주[流寓]

선원으로 오는 중국 사람들은 이 나라에서 옷을 입지 않는다는 것을 편하게 여긴다. 쌀을 구하기 쉽고, 여인들을 만나기 쉬우며, 집을 수리하기 쉽고, 가구들을 얻기 쉬우며, 장사하기 편리하다. 그래서 꾸준히 이 나라에 [머물기를] 바라는 사람이 있다.

39. 군대[軍馬]

군대도 나체와 맨발로 다닌다. 오른손에는 창을 들고 왼손에는 방패를 든다. 활, 화살, 투석기, 쇠공, 갑옷, 투구 아무것도 없다. 시암 사람들과 전쟁하면서 모든 사람을 싸우게 했다고 한다. 일반적으로 이 사람들에게는 책략이나 전술이랄 것이 없다.

40. 국왕의 출입[國主出入]

이전 군주들 시기에 그들 수레바퀴의 자국이 그들 거처를 절대 넘어서지 않았다. 이는 예상치 못한 때를 대비하기 위함이라고 들었다. 새 왕은 옛 군주의 사위이다. 원래 그는 군대를 통솔하는 일을 맡았었다. 장인은 그의 딸을 사랑했다. 딸은 황금 검을 훔쳐 남편에 갖다주

크메르 군대가 참파를 향해 출정하는 장면. 캄보디아, 앙코르 바이욘 사원 부조(S 구역, E 갤러리, 12세기 말~13세기 초. 사진 출처 위키피디아.

었다. 그래서 실제 아들이 승계권이 박탈되었다. 그는 거병하기로 공모했지만 새 왕은 그것을 알고 발가락을 자르고 어두운 방에 처박아 두었다. 새 왕의 몸에는 신성한 쇠 [조각이] 입혀져 있어 단도나 화살에 맞더라도 상처를 입힐 수 없었다. 그렇게 하고 나서야 믿고 새 왕은 대담하게 나간다. 나는 1년 남짓 그 나라에 머무르면서 외출하는 것을 너덧 번 보았다. 왕이 나갈 때는 군대가 앞에서 호위하고, 왕을 상징하는 깃발, 단기(單旗), 음악이 뒤를 잇는다. 꽃가지 문양의 천을 하고, 쪽에는 꽃을 단 3~5백의 궁녀들이 손에는 초를 들고 그녀들만의 대오를 이룬다. 대낮에도 초를 켠다. 금과 은으로 만든 왕궁의 그릇들, 매우 특별한 형식이면서도 그 용도를 알 수 없는 각종 장식물을 든 궁녀들이 나온다. 이어서 창과 방패를 든 궁녀들이 따르는데, 왕의 개인 호위대이다. 그녀들도 자기들끼리 대오를 이룬다. 그리고 염소 수레, 말수레들이 따르는데, 모두 금으로 장식되었다. 대신과 왕족들은 모두 코끼리를 타고, 그들 앞에(?)[2] 멀리서 수많은 붉은 일산들이 보인다. 그들 뒤에는 왕의 부인과 첩들이 이르는데, 가마, 수레, 말, 코끼리를 탔다. 그녀들은 분명 백여 개의 황금 점으로 장식된(?) 일산을 가지고 있었다. 그녀들 뒤에 왕이 있는데, 코끼리 위에 서서 손에는 보검을 들고 있다. 그 코끼리의 어금니는 금으로 감싸져 있다. 황금 점으로 장식한(?) 20여 개의 흰 일산들이 있었는데, 그 손잡이는 금으로 되어 있었다. 많은 코끼리가 그의 주변을 에워싸고 다시 호위하는 군대가 있다. 왕이 가까운 곳에 갈 때는 금으로 만든 가마만 사용하는데 네 명의 궁녀가 든다. 아주 종종 왕은 외출하여 앞에 금불상이 있는 작은 황금 탑을 보러 간다. 왕을 본 사람들은 절을 하고 이마를 땅에 대야 한다. 이것이 '삼파(三罷, sambah)'라고 하는 것이다. 그렇지 않으면, 의전을 담당하는 관리들(?)에게 잡혀, 대가를 치르지 않고 풀려나지 못한다.

　매일 왕은 조정의 문제에 대해 두 차례 조회를 연다. 확정된 명단(?)은 없다. 왕을 접견하고자 하는 관리나 백성들은 땅바닥에 앉아 왕을 기다린다. 얼마 지나면 궁궐 저 멀리에서 음악 소리가 들리고, 밖에서 소라를 불어 왕을 환영한다. 왕은 금으로 만든 가마만을 사용하고, 멀리서 오지 않는다고 한다. 잠시 뒤에 두 궁녀가 가느다란 손가락으로 장막을 걷는 것이

---

2 펠리오는 여기에서 구두를 잘못하여, 혼선이 있는 것 같다. 신료들과 국왕의 친척들이 앞에서 코끼리를 타고 간다는 의미로 봐야 할 것이다. 즉 원문의 '在前' 두 글자는 앞 문장에 붙여 구두하는 것이 맞다.

보이고, 손에 검을 쥔 왕이 황금 창에 선 채로 보인다. 고관들과 사람들은 손을 모으고 이마를 땅에 부딪는다. 소라의 소리가 그칠 때 그들은 머리를 들 수 있다. 군주는 곧바로 뒤따라(?) 앉는다. 그가 앉은 곳에는 대를 이어 전해지는 왕실의 보물인 사자 가죽이 있다. 처리할 일이 끝나자마자, 왕은 몸을 돌리고 두 궁녀가 커튼을 내리면 모두 일어선다. 이로써 오랑캐의 왕국일지라도 이 사람들이 그가 왕이라는 것을 알지 못하도록 하는 것을 알 수 있다.

III-3. 판본에 관하여

　　　　우리는 정확히 언제 주달관(周達觀)이 자신의 『진랍풍
토기(眞臘風土記)』를 썼는지 모른다. 그가 책 머리에 둔 총서(總敍)에는 날짜
를 표기하지 않았다. 그래도 집필은 1296~1297년 주달관이 캄보디아에 사
신으로 다녀온 조금 이후에 이뤄졌다는 점은 매우 그럴법하다. 어쨌든 그
의 책은 이미 몇 년 뒤 주달관의 고향인 절강(浙江)에 알려졌다. 항주(杭州,
절강) 출신 오구연(吾邱衍)[3]의 문집인 『죽소산방집(竹素山房集)』에서, 우리는
세 편의 5언시를 찾을 수 있는데, 다음과 같은 제목으로 되어있다. "주달
관은 사신이 되어서 진랍의 왕국을 가로지르고, 그들의 풍속을 쓴 책을 지
었다. 이를 계기로 나는 그에게 3편의 시를 주었다."[4] 그런데 오구연은 나
이 40세로 1312년 2월 5일 죽음이 분명하다.[5] 따라서 『진랍풍토기』의 집

---

3 오구연은 역사적 문헌학적 상당한 저술을 남겼다. 웨일리, 『중국문학』, 34, 112쪽;
　『BEFEO』. II, 136쪽; IX, 221쪽. 최근의 편집본이 없는 『죽소산방집』은 정병(丁丙,
　'병'자가 '내(內)'자로 잘못되어 있어 고침)에 의해 1895년에 간행되었고, 1897년에
　그의 문집인 『무림왕철유저(武林往哲遺箸)』에 수록되었다. 이 개정본에 오구연과 관
　련된 단편들이 추가되었는데, 특히 호장유(胡長孺)가 쓴 묘지명, 송렴(宋濂), 왕위(王
　禕), 왕행(王行)이 쓴 생평에 관한 기록들이다. 오구연은 왕조사에 전기가 들어있지
　않다. 그의 저술 목록으로 『무림장서록(武林藏書錄)』, 『무림장고총편(武林掌故叢編)
　』 24집본, 중(中), 11쪽을 참고하시오.
4 『죽소산방집』, 권2, 4쪽. 「주달가가 사신을 수행하여 진랍국에게 갔었는데, 책을 지
　어 풍속을 기록했다. 이에 3편의 시를 드림(周達可隨奉事過眞臘國作書紀風俗因贈三
　首)」. 여기 제목에 주달관이 아니라 '주달가(周達可)'로 된 표기에 주목하라. 아마도
　텍스트상의 오류겠지만, 친구 중 한 사람을 이름으로 지칭하는 것은 중국인들에게
　그다지 일반적이지는 않다. 우리가 이름과 호(號)만 알고 있는 주달관의 자(字)가 '달
　가'라고 추정해볼 수 있다. 어쨌든, 주달관임에는 의심이 없고, 이는 『진랍풍토기』에
　관한 해제에서 건륭의 문헌학자들이 다른 언급 없이 인정한 것이다. (『사고전서총목
　제요』, 권71, 11~12쪽과 『BEFEO』, II, 136쪽을 참고하시오.)
5 건륭 문헌학자들의 『죽서산방집』 해제에서(『사고전서총목제요』, 권166, 32~33쪽)
　오구연(吾邱衍)이 지대(至大) 3년(1311년 1월 21일~1311년 1월 19일)에 죽었다고 했
　다. 그들은 송렴(宋濂)이 쓴 것과 일치하는 것으로 보았다. 송렴도 '지대 3년'이라고

필은 확실히 이 날짜 이전이다.

우리가 『진랍풍토기』에 관한 새로운 언급을 찾을 수 있는 지역도 절강(浙江)이다. 더 뒤에 보겠지만, 주달관은 사실 회계(會稽) '임곤(林坤)'이란 사람이 1346년, 수십 년 전에 쓴 저술의 앞머리 서문에서 언급되었다. 그런데, 『성재잡기(誠齋雜記)』로 제목이 달린 이 저서에서 임곤은 명확하게 『진랍풍토기』에서 베꼈다는 두 문장을 넣고 있다.

마지막으로, 1375년경 도종의(陶宗儀)[6]라는 다른 저자가 『서사회요(書史會要)』에 출처를 밝히지 않고 『진랍풍토기』의 서문 초반부와 서법에 관한 단락(§12) 거의 전체를 끼워 넣었다. 『서사회요』는 1376년에 간행되었다.[7]

했고, "臘月未盡二日甲子衍持詩…"라고 날짜를 밝혔다. 그리고 다음 해 3월 신유(辛酉)일에 오구연이 어찌 될지 운명을 문의했다. 그러나 갑자(甲子)일은 원문이 제시하는 것처럼 27일 또는 28일이 아니라 지대 3년 12월 21일이다. 또한, 지대 4년의 3월에는 신유일이 없다. 호장유(胡長孺)가 쓴 묘지명은 송렴과 같은 문장을 보여주지만, 그는 지대 4년(1311년 1월 21일~1312년 2월 7일)을 언급하고 있다. 게다가 죽은 날짜를 다음과 같이 기록하고 있다. "臘月未盡二日甲午子行持詩…" 이 설명은 정확히 1312년 2월 5일에 해당한다. 그리고 신유일은 다음 해 3월에 들어있다. 바로 1312년 5월 2일이다. 송렴(宋濂, 1310~1381)은 다산의 저자지만, 상당히 소홀했다. 황장유의 원문 또는 비슷한 자료를 너무 빠르게 읽은 것 같고, '오(午)'자를 빼버려, 갑자일을 말하는 것처럼 실수를 범했다. 여기서 자(子)는 오구연의 자(字)인 자행(子行)의 첫 번째 글자이다. 그 뒤에도 고립된 '행(行)'자는 오구연의 '연(衍)'자로 바꾸어 버렸다. 몇 년에 오구연이 주달관에게 보내는 편지를 썼는지 시사하는 것은 전혀 없다. 『무림왕철유저(武林往哲遺箸)』본에는 앞에, 잘 알려진 항세준(杭世駿, 1693~1773)의 발(跋)이 들어있다. 『죽소산방집(竹素山房集)』의 시들은 지치(至治, 1321~1323) 연간에 오구연이 지은 시라고 하였다. 당연히 이는 불가능하다. 왜냐하면, 오구연이 죽은 지 10년이 되었기 때문이다. 아마도 '지치(至治)'는 지대(至大, 1308~1311)의 문서상 오류일 것이다. 그러나 나는 오구연의 시작(詩作) 활동을 삶의 마지막 4년으로 한정할 근거를 모르겠다.

6 도종의(陶宗儀)에 관해서는 『통보』, 1924, 163~220쪽에 실린 「『설부(說郛)』에 관한 고찰(Quelques remarques sur le Chuo fou)」이라는 나의 논문, 특히 164~165쪽을 참고하시오. 나는 그곳에서 도종의가 대략 1320~1400년까지 살았음을 보여주려 했다.

7 『서사회요(書史會要)』, 권9, 1권 남짓의 보유, 1권의 부록에 관해서는 『사고전서총목제요』, 권113, 1~2엽; 『절강채집유서총록(浙江採集遺書總錄)』, 庚, 20엽; 『천일각서목(天一

『진랍풍토기』는 필사본으로 유통된 것일까? 아니면 이미 간행되었을까? 전혀 근거로 삼을 바가 없는 것은 아니지만, 두 번째 가설이 그럴법하다. 실제로 주달관의 저서로 확인되는 판본들은 일곱이지만, 이 일곱 판본은 사실상 하나의 원본에서 나왔다. 그렇지만 텍스트의 원본에 관해서는 이러한 판본들을 자세히 언급해야 하는 중요한 문제를 제기한다. 일곱 판본은 『설부(說郛)』, 『고금설해(古今說海)』, 『역대소사(歷代小史)』, 『고금일사(古今逸史)』, 소위 말하는 『백천학해(百川學海)』, 『도서집성(圖書集成)』, 마지막으로 허씨(許氏)에게서 나온 판본 등이다.

1) 『설부(說郛)』본 - 『설부』는 거의 언제나 발췌만 하여 수록한 방대한 총서로, 원칙적으로는 『서사회요』의 저자인 도종의(陶宗儀)에게서 나온 것이다. 우리가 알고 있는 간행된 유일한 개정본은 사실상 1646~1647년의 것이고 120권 또는 편이다. 『진랍풍토기』는 62부에 들어있다. 그러나 1646~1647년의 이 『설부』는 도종의가 편집한 것이 아니다. 원래의 『설부』는 단 100권으로 되어있고 한 부분은 이미 16세기에 없어졌다. 1646~1647년의 판본은 '도정(陶珽)'이라는 사람이 17세기 초에 만든 개정본을 복제한 것으로 어떠한 권위도 없다. 우리가 부분적으로 가지고 있는 실제 『설부』의 목록은 『진

閣書目)』, 경부(經部), 43~44엽을 참고하시오. 부록 권은 주모인(朱謀㙔, 명나라 말)이 썼다. 양수경(楊守敬, 1839~1915)은 『일본방서지(日本訪書志)』(권7, 41쪽)에서 1376년 원본의 사본을 알려주었다. 건륭의 편수관들은 주모인의 아들에게서 나온 1631년본만 알고 있었다. 『서사회요』는 또한 『삼속백천학해(三續百川學海)』에도 수록되었다. 1631년본 사본이 연구소 도서관에 있다. 주달관의 책에서 인용한 텍스트는 권8, 11엽에 들어있다. 『서사회요』에서 나온 이 텍스트는 동문서국(同文書局) 석인본 『패문재서화보(佩文齋書畫譜)』, 권2, 13엽에 인용되었다. 거란의 다섯 글자를 우리에게 전해주는 책이 『서사회요』이고(『통보』, 1923, 292쪽), 아벨 레무사(Abel Rémusat)가 지적한 '파스파' 문자의 최초의 샘플들이 나온 것도 간접적으로 이 책에서이다. 드베리아(Devéria)는 『서사회요』의 문장들을 『Revue de l'Extrême-Orient』, I, 158, II, 287~288쪽에서 활용했다.

랍풍토기』가 도종의가 만든 총집에 들어있었음을 보여준다. 그러나 도정이 근거한 옛 『설부』의 필사본에는 없다. 1902년부터 나는 『진랍풍토기』가 1646~1647년 『설부』에서 명백한 결함을 보여주며, 『고금설해』본의 글자에 그대로 해당하는 것을 지적했다. 따라서 도정이 『고금설해』 사본에서 텍스트를 취했으나, 한 면이 이 사본에 빠진 것을 알아채지 못했음이 분명하다.[8] 어쨌든, 『설부』에 관한 나의 최근 작업에서 나는 도종의의 옛 『설부』의 부분적 필사본을 가지고 있으며, 다행히도 『진랍풍토기』는 그곳에 들어있다고 밝혔다.[9]

2) 『고금설해(古今說海)』본-『고금설해』는 상해 출신으로 자(字)가 사예(思豫)인 육집(陸楫)[10]이 편집한 142권의 총서이다. 1544년에 간행되었다. 총서는 『설부』와 약간 같은 장르이고, 텍스트들은 일반적으로 축약되었으나 일관적인 편집으로 복제되었다.[11] 초간본은 희귀하다.[12] 어쨌든 재영인본

_____

8 『BEFEO』, III, 134쪽.

9 [명나라 여러 필사본에 근거한 한 『설부』 판본이 1927년 상해상무인서관에서 출판되었다. 위의 서문 157쪽을 참고하시오. 사실상 『설부』로 알려진 텍스트에 관해서는 경배원(景培元), 『Scripta Sinica』, I, 북경, 1945, 19~126쪽에 실린 「설부판본고(說郛板本考)」를 참고하시오. -폴 드미에빌]

10 록힐 씨가 『통보』, 1915, 74쪽에서 읽은 것처럼 '육집사(陸楫思)'가 아니라 '육집(陸楫)'으로 읽어야 한다. 육집의 『겸가당잡초(蒹葭堂雜抄)』는 『설부속(說郛續)』 20부에 수록되어 있다. 육집은 명나라 때 잘 알려진 문신 육심(陸深)의 아들이다(자일스, 『중국인명사전(Chinese Biographical Dictionary)』, no1427을 참고하시오, 여기에서 '각(恪)'으로 시호를 받았다고 했는데, '문유(文裕)'를 시호로 받았다고 고쳐야 함). 『강운루서목(絳雲樓書目)』, 『월아당총서(粵雅堂叢書)』본, 권1, 33쪽에 따르면, 육심은 『고금설해』의 원문 결정에 기여했다. 아버지와 아들에 관해서는 『장서기사시(藏書紀事詩)』, 권2, 48~50쪽을 참고하시오.

11 『사고전서총목제요』, 권123, 24쪽; 웨일리, 『중국문학』, 137쪽; 『천일각서목(天一閣書目)』, 子, 9쪽; 장균형(張鈞衡)의 『적원장서지(適園藏書志)』, 권8, 24; 『총서거요(叢書擧要)』, 권48, 48~56쪽을 참고하시오.

12 나는 국립도서관에 옹방강(翁方綱, 1733~1818)이 가지고 있었던 1544년의 아주 좋은 사본의 절반을 가져왔다(펠리오 컬렉션, 260. 『통보』, 1913, 726쪽을 참고하시

이 1821년에 고광기(顧廣圻, 1770~1839)의 서문을 갖추어 간행되었다. 이것이 바로 내가 따르는 판본이다.13

　3) 『역대소사(歷代小史)』본—『역대소사』는 105권으로 편집되었고 여러 저자의 105책들을 축약 편집하여 수록하고 있다. 『진랍풍토기』는 권 103에 들어있다. 『사고전서총목제요』 편수관들은 명나라 서적상의 기획이었다고14 평가했지만(권131, 27쪽), 그 실행은 부서의 승려들에게 맡겨졌다. 『사고전서총목제요』에 따르면, 이 책은 저자의 이름이 없다. 그러나 면양(沔陽) 출신의 진문촉(陳文燭)이 쓴 서문이 들어있다. 그리고 그 서문에 따르면, 이 총서는 이 시어(李侍御)가 편집하고, 조 중승(趙中丞)이 새겼다고 한다. 우리는 '이(李)'와 '조(趙)'가 누구인지 모른다고 편수관들을 덧붙이고 있다. 『역대소사』는 마찬가지로 편자의 이름 없이 1625년 편집된 『담생당장

오). 그러나 『진랍풍토기』는 그 안에 없었다.

13　1821년의 이 재판본은 최근 장균형(張鈞衡)이 자신의 『적원장서지(適園藏書志)』에서 원판본의 사본들에서 드물게 발견되는 것처럼 복제된 육집(陸楫)의 공동편집자들의 이름을 부여한 면을 복제하고 있다. 어쨌든 1821년의 이 재판본은 완전하지 않다. 바로 이 재판본의 모든 사본에서도 마찬가지로, 『청계구궤(青溪寇軌)』가 갑자기 미완의 한 면에서 그친다는 점이다. 1821년 재편집자들이 사용한 1544년 본의 사본에 있던 한 면이 없어졌음이 분명하다. 그리고 사실상 그 텍스트는 그 이후에도 다른 총서에 수록되지 않은 『청계구궤』 판본들 속에서 지속되었다. 이와 같음에도, 1821년 판본은 1915년 중화도서관에서 활자로 재편집되었다. 그리고 『청계구궤』는 1821년 본의 마지막 결락과 함께 페이지 중간에서 그치고 있다.

14　蓋當時書帕之本. 중국에서 좋은 판본들은 종종 문인들이나 장사치의 영리 목적이 없이 만들어졌음을 알고 있다. 서적상의 기획[書坊, 書帕]은 일반적으로 적은 공과 교감으로, 광범위한 대중을 위해 만들어져, 거의 평가받지 못한다. 나는 이 '책의 싸개'를 뜻하는 '서파(書帕)'라는 표현이 조롱하는 어투로 '서적상의 기획'이라는 의미로 쓰이게 되었는지 모른다. 이 표현은 우리의 사전에 보이지 않는다. '서파(書帕)'란 서적과 수건이란 뜻으로, 명나라 관장에서는 관습적으로 서적과 수건을 예물로 삼았는데, 이후 금은, 구슬, 보석 등으로 바뀌었어도 여전히 '서파'라는 명칭을 사용했다고 한다. 그렇다면, "아마도 당시 선물용 책"이라는 의미로 해석해야 할 것이다.

서목(澹生堂藏書目)』에 들어있다.15 내가 가지고 있는 사본은16 책 이름이
쓰인 면도 서문도 없는 본이다.

그렇지만 정보들은 다른 사본에서 이 시어(李侍御)에 관한 것임에는 분
명하다. 왜냐하면, 『천경당서목(千頃堂書目)』에서는 『역대소사』의 편자로
이식(李栻)을 제시하고 있고(권5, 21쪽),17 『절강채집유서총록(浙江採集遺書總
錄)』은 『역대소사』가 풍성(豐城, 강서) 출신 호남(湖南) 감찰어사 이식이 편
집한 것이라고 특기하고(권5, 17쪽) 있기 때문이다.18 『휘각서목(彙刻書目)』
(권12, 19~23쪽), 『총서거요(叢書擧要)』(권50, 2~7쪽), 『선본서실장서지(善本書室
藏書志)』(권19, 27쪽)에서 이 총서의 편자로 추정하는 사람은 바로 이식이다.
이 추정에 이의를 제기해야 할 것 같지는 않다. 그로부터 우리는 약간의
연대기적 설명을 하고 있다. 이식은 1565년 박사[擧人]가 되었고, 1570년,
즉 그가 『곤학찬언(困學纂言)』을 출간할 때, 직례(直隸)의 비향(肥鄉) 현령을
지내고 있었을 뿐이다. 진문촉(陳文燭)의 서문은 이 정보와 일치하고 있다.

---

15 이 목록은 유명한 소장가 기승엽(祁承燁)과 『소흥선정유서(紹興先正遺書)』에 주어
진 판본의 결함 부분에 관해서는 『통보』, 1924, 193쪽을 참고하시오. 현재의 단락
은 우리에게 잘못된 글자들에 대한 새로운 선본(善本)을 제공하고 있다(권4, 9쪽).
『역대소사』의 권들은 1~105까지 번호가 주어져 있는데, 서목에서는 100권으로 설
명되었다. 그러나 권11, 10~11엽에서 『담생당장서목』은 총서의 면밀한 검토가 이
루어졌는데, 기승엽은 105권본을 가지고 있었음을 알 수 있다. 따라서 '백'은 '백오'
의 잘못이다.

16 이것은 샤반느가 아시아협회에 기증한 것이다. 분류번호는 샤반느 793이다. 극동
프랑스학교도 사본을 소장하고 있다(『BEFEO』, XII, 201쪽). 이 본에 서문이 들어
있는지는 모르겠다.

17 황우직(黃虞稷, 1619~1691)의 『천경당서목』은 『명사』 열전의 토대가 된 것으로 알
려져 있다. 그렇지만 나는 이 권들에서 『역대소사』를 찾지 못했다. 한편, 『사고전
서총목제요』 편수관들이, 황우직을 그렇게 많이 인용하면서도 이 대목에서 그를
빠뜨렸다는 것은 의아하다.

18 『절강채집유서총록(浙江採集遺書總錄)』으로 기술된 사본은 『사고전서』의 편수관들
에게 전해졌으나 그들은 왕실 총서의 한 사본에 따라 해제를 작성했다.

왜냐하면, 진문촉이 이식과 같이 거인(擧人)에 올랐기 때문이다.[19] 따라서
『역대소사』는 1570년 이후에 편집되었다.

　『역대소사』는『고금설해』보다 25년 이후이고,『진랍풍토기』의 원문도
『고금설해』와 완전 같으므로,『역대소사』는『고금설해』에서 가져왔을 가
능성이 매우 크다.

　4)『고금일사(古今逸史)』본『고금일사』는 평범한 총서지만, 잘 판각되었
고, 가장 오래된 사본은 42종만 들어있다. 반면 다른 판본에는 55종이 들
어있다.『진랍풍토기』는 두 개정본에 수록되어 있다.[20]『고금일사』의 서
두에는 편자 오관(吳琯)의 연대 표기 없는 서문이 들어있다.[21]『휘각서목』
과『총서거요』에 따르면, 이 오관은 신안(新安) 출신이다. 오늘날 신안은

────────────

19 『제명패록(題名碑錄)』, 1565년 조목;『선본서실장서지(善本書室藏書志)』, 권19, 27
　 쪽을 참고하시오.

20 42종의 초판본 사본은『흠정천록림랑서목(欽定天祿琳琅書目)』, 후편, 권17, 4~6쪽
　 에 설명되어있는데, 이 또한,『휘각서목(彙刻書目)』(권3, 40~41쪽)이 설명하고 있
　 는 42종 개정판이다. 55종 개정본의 목차는『담생당장서목』, 권11, 8~9쪽과『총서
　 거요(叢書擧要)』, 권50, 19~22쪽에 들어있다.『천경당서목』은 '22'종으로 설명하고
　 있는데(권15, 15쪽), 이는 분명 '42'의 오류일 것이다.

21 『천경당서목』은『고금일사』의 편자로 '오면학(吳勉學)'을 보여주는데, 이는 분명
　 착오이다. 오면학은 다른 총서들, 특히『이십자전서(二十子全書)』,『고금의통정맥
　 전서(古今醫統正脈全書)』의 편집자로 알려져 있다. 그는 1600년경 살았다.『휘각서
　 목』(권3, 41~42쪽,『이십자전서』에 관하여)과『총서거요』(권9, 14쪽과 권12, 7쪽,
　 두 총서에 관하여)는 신안(新安) 출신이라고 말하고 있지만,『휘각서목』(권11, 5쪽,
　 『고금의통정맥전서』에 관하여),『선본서실장서지』(권15, 2쪽)는 그의 자는 초우(肖
　 愚)이고 안휘 흡(歙) 사람이라고 한다. '신안'은 '흡'의 다른 명칭일 뿐이다. 오관에
　 대해서도 마찬가지인데, 이는 아마도『천경당서목』이 범한 혼동에서 비롯되었을
　 것이다. 내가 인용한 두 책 이외에도 1828년의『흡현지』, 권10, 6쪽에서도 사실
　 『고금의통정맥전서』의 한 부분일 뿐인(『휘각서목』, 권11, 9쪽을 참고하시오)『하
　 간육서(河間六書)』와『당악부(唐樂府)』를 들고 있다. 마지막으로 오면학은『표상대
　 류(標緗對類)』20권의 편자인데, 도륭(屠隆)의 이름 아래 들어가 있다(『사고전서총
　 목제요』, 권 138, 10쪽; 더글라스(Douglas),『Cataloque』, 204, 247쪽을 참고하시
　 오. [그러나 도륭은 1577년 거인(擧人)으로 승려가 아니었고, 1570년이라는 잠정적
　 연대는 대략 1세기 반이나 늦다.])

호남과 광동에 두 곳이 있다. 그러나 이 두 곳과 관계가 없다. '신안'이라는 명칭은 다른 쓰임도 있는데, 특히 안휘 흡현(歙縣) 출신의 학자들 지칭한다. 현재의 경우 신안의 의미는 바로 이것이고, 오관의 『고금일사』는 실제 『흡현지(歙縣志)』, 이 현 출신의 저자들이 쓴 책 중에 언급되었다.[22] 그러나 『흡현지』는 오관이란 이름만 언급하고 있다. 그렇지만, 풍유눌(馮惟訥)의 『시기(詩紀)』 또는 『고시기(古詩紀)』를 개정했고,[23] 그 자신도 『당시기(唐詩紀)』[24]를 편집한 오관(吳琯)도 있다. 『사고전서총목제요』(권192, 50쪽)는 1571년 진사가 되었다고 하고, 연대는 어울리지만, 복건 장주(漳州)에 있는 장포(漳浦) 출신이라고 한다.[25] 이는 『장주부지(漳州府志)』(권7, 9쪽)를 통해 확인된다.[26] 그렇지만 무엇보다도 같은 사람일 가능성이 크다. 그런데 오관이 교정한 『고시기』의 표기 사항에는 장군(郡郡) 출신이라고 한다. 옛 진나라의 장군은 안휘의 휘주(徽州) 영역에 속한다. 따라서 흡현(歙縣)도

----

22 신안 옛 지역 출신의 저자들과 관련하여 『신안문헌지(新安文獻志)』, 100권이 있다 (『사고전서총목제요』, 권189, 13~14쪽; 막우지(莫友芝)의 서목, 권16, 15쪽을 참고하시오). 나는 이 책을 가지고 있지 않지만, 이 책은 1488~1505년 간행되었으므로, 오관이 들어있을 수 없다.

23 『담생당장서목』, 권12, 8쪽; 『천경당서목』, 권31, 18, 20쪽; 『사고전서총목제요』, 권189, 18~20; 막우지(莫友芝)의 서목, 권16, 15쪽; 『선본서실장서지』, 권39, 15~16쪽; 『관고당서목(觀古堂書目)』, 권4, 57쪽을 참고하시오. 초간본은 1560년에 나왔다. 오관이 교정한 개정본은 만력(萬曆) 시기[1573~1620년]이다. 막우지에 따르면, 산서와 남경의 두 판본이 있다고 한다.

24 『담생당장서목』, 권12, 8쪽; 『천경당서목』, 권31, 19, 20쪽(오관의 이름이 없음); 『사고전서총목제요』, 권192, 50쪽을 참고하시오. 『천진도서관서목(天津圖書館書目)』, 권30, 5쪽에 따르면, 이 책은 170권이며 34권 이상의 목록이 들어있으며, 1585년에 간행되었다.

25 나는 『제명패록(題名碑錄)』를 확인하지 못했다. 나의 사본은 손상되어 융경(隆慶) 시기[1567~1572년]의 합격자 명단이 없다.

26 『장주부지』는 오관의 관직은 남경 이부(吏部)의 검열관[南吏科給事中]에 이르렀다고 덧붙이고 있다.

이 땅에 있지, 복건 남쪽의 장주(漳州)에 있는 것이 아니다. 『고시기』와 『당시기』의 오관은 『고금일사』의 편집자인 흡현 출신 오관이 분명하다. 그럴 법하지만 그가 1571년에 진사가 되었다면, 복건에서 안휘로 이주했거나 아니면 거꾸로 이주했다는 결론에 이른다. 이로부터 이중의 출신 설명이 생겨난 것이다. 엄격하게 말해서, 다른 두 사람이라면, 『사고전서총목제요』 편수관들이 생각한 것과는 달리, 우리는 1571년 진사가 된 복건 출신의 오관은 『고시기』, 『당시기』와 아무런 관련이 없음을 인정해야 한다. 어쨌든, 여기에서 더 특별히 우리를 흥미롭게 하는 것이지만, 『고금일사』의 편집자 오관이 1573~1619년 『고시기』를 개정하여 1585년 『당시기』를 출판한 오관과 같으므로, 그가 활동한 시기는 16세기 말이어야 하므로, 『고금일사』는 확실히 1544년의 『고금설해』보다는 이후이다.27 1902년 여름에 나는 『고금일사』의 한 사본을 볼 기회가 있었다. 그 속에 들어있는 『진랍풍토기』는 『고금설해』가 제시하는 것과 같았다. 아마도 『고금설해』에서 가져왔을 것이다.

_____

27 오관은 또 명나라 설이(薛已)의 의학서적들의 교정본을 출간했으나, 수를 채우기 위해 설이와는 아무런 관련이 없는 8종을 추가하고 있다(『사고전서총목제요』, 권 104, 24~25쪽; 『휘각서목』, 권11, 12~13쪽; 『총서거요』, 권12, 27~29쪽; 더글라스, 『Supplementary Catalogue』, 109, 154쪽을 참고하시오. [그러나 오관의 판본이라면, 더글라스가 잠정적으로 제시한 1800년이라는 연대는 대략 2세기나 늦다]). 더글라스, 『Catalogue』, 243쪽에서는 왕사한(汪士漢)의 『비서이십팔종(秘書二十八種)』에 들어있는 『급몽주서(汲冢周書)』와 『삼분(三墳)』의 판본을 오관에게 돌리고 있다. 더글라스의 엄청난 오해에도 불구하고, 『급몽주서』는 당연히 『급총주서(汲冢周書)』이고, 오관의 동향 사람인 왕사한은 『급총주서』와 『삼분』을 『고금일사』에서 취했다. 아마도 부분적으로는 같은 목판을 활용했을 것이다. 이에 추가하여, 왕사한은 『비서이십일종(秘書二十一種)』을 1668년에 간행했다(『휘각서목』, 권3, 51쪽; 『총서거요』, 권36, 2~3쪽을 참고하시오. 이 연대는 이 총서를 구성하고 있는 『풍속통(風俗通)』 판본으로 263쪽에 주어진 '1750년?'으로 바꾸어야 한다). 그러나 내가 가지고 있는 문헌 자료에는 더글라스가 1808년이라고 한(240쪽) 28종 교정본이 보이지 않는다.

5) 『백천학해(百川學海)』본 - 『백천학해』는 총서의 최고봉이다. 서문에 1273년으로 된 좌규(左圭)가 만든 것이다. 1279년 이후에 쓰인 『진랍풍토기』는 이 총서에 들어있을 수 없다. 사실상, 진짜 『백천학해』의 목록에는 보이지 않는다.[28] 그러나 총서의 이름은 잘 알려져, 명나라 말에는 『속백천학해』, 『재속백천학해(再續百川學海)』, 『삼속백천학해(三續百川學海)』, 『광백천학해(廣百川學海)』 등이 간행되었다.[29] 이 총서들의 편자들은 확실하지 않다. 『속백천학해』는 '매순(梅純)'이란 이름으로 된 것도 있고, '오영(吳永)'으로 된 것도 있다.[30] 아마도 서로 아무런 관계가 없을 것이다. 마찬가지로 『광백천학해』는 1646~1647년의 『설부』의 목판들을 활용하여 간행되었으므로, 풍가빈(馮可賓, 1622년 진사)이란 이름으로 잘못되어있다.[31] 그러나 그에 집착하지 않고 『백천학해』라는 이름을 취했다. 『진랍풍토기』가 수록된 것은 바로 이 가짜 『백천학해』이다. 서적상들의 이러한 속임수는 17세기에 좌규의 서문에 보이는 연대를 잘못 해석했기 때문에 야기되었을 것이다. 사람들은 좌규를 송나라 말이 아니라 명나라 시기의 문인으로 보았다.[32] 이렇게 우리는 17세기 중반의 한 서목에서 소위 좌규의 『백천학해』 목록에 들어있는 『진랍풍토기』를 찾을 수 있다. 1913년 『칸세키 카이다이(漢籍解題)』(929쪽)에서도 마찬가지이다. 내가 기억하는 한, 이 『진랍풍토기』 역시 1646~1647년의 『설부』 목판으로 간행되었다. 주목할 만한 것이 없다.

---

28 진짜 『백천학해』에 관해서는 『통보』, 1924, 171~181쪽을 참고하시오.

29 『총서거요』, 권46과 나진옥(羅振玉)의 『속휘각서목(續彙刻書目)』에 수록된 이들 총서의 목록을 참고하시오.

30 『천경당서목』, 권15, 15쪽을 참고하시오.

31 『사고전서총목제요』, 권132, 21쪽을 참고하시오.

32 좌규는 서건학(徐乾學, 1631~1694)의 『전시루서목(傳是樓書目)』, 子, 20쪽에 '명나라'로 언급되었다.

6) 『도서집성(圖書集成)』본-방대한 백과사전 『도서집성』, 즉 전체 명칭은 『흠정고금도서집성(欽定古今圖書集成)』으로, 사람들이 말하는 바대로, 1726년 완성되었다. 아벨 레무사(Abel Rémusat)가 『진랍풍토기』을 찾아 1819년 번역문을 출판한 것은 「변예전(邊裔典)」에 들어있다. 나는 이미 1902년 『도서집성』본이 1646~1647년의 『설부』와 같은 결함을 보고한 바 있다. 다른 말로 하자면, 「변예전」이 베낀 판본이다. 『도서집성』의 편집자들은 임으로 다른 변경을 가했는데, 예를 들어 서문 끝에 주달관이라는 이름을 삭제했다. 그래서 레무사가 알아보지 못했다.

7) 허씨(許氏)의 소책자본 나는 이 판본을 장보림(張寶琳)의 『영가현지(永嘉縣志)』(1881년)를 통해서만 알고 있었다. 주달관 고향의 이 지방지는 『진랍풍토기』의 판본들로 『고금일사』, 『고금설해』, 그리고 서안(瑞安)의 허씨가 간행한 소책자본(瑞安許氏刊巾箱本)을 열거하고 있다. 서안은 영가(永嘉)와 마찬가지로 절강 온주(溫州)의 땅에 있다.

정리하자면, 내가 보지 못한 허씨의 판본은 유보하고, 모든 판본은 1544년으로 주어진 『고금설해』로 거슬러 올라간다. 그러나 『고금설해』의 텍스트 대부분은 축약되어있다. 다른 곳에 항목이 없는 것은 아니지만 생략이 행해졌다. 그 경우는 『진랍풍토기』로 나타나지 못하는 것일까?

이는 전증(錢曾)의 명백한 증언으로 확인되는 것 같다. 전증의 자(字)는 준왕(遵王)으로, 강소 상숙(常熟) 출신이며, 17세기 중반에 살았던 한 서지학자의 아들이다.[33] 문집인 『문로집(文蘆集)』과 내가 이름만 알고 있는 『판

---

[33] 전증에 관해서는 『JA』, 1913, II, 410쪽; 1824년의 『소주부지(蘇州府志)』, 권100, 20쪽; 『국조시인징략(國朝詩人徵略)』, 권5, 23쪽; 『사고전서총목제요』, 권87, 5~9쪽;

춘집(焳春集)』을 제외하고도 그는 1669년의 『술고당장서목(述古堂藏書目)』[34] 과 『야시원서목(也是園書目)』[35]이라는 두 도서 목록과 도서 비평집인 『독서

『장서기사시(藏書紀事詩)』, 권4, 6~8쪽을 참고하시오. 전증은 부모인 전겸익(錢謙益, 1582~1664)의 시에 주석을 달았고, 전겸익의 두보(杜甫) 시 주석을 편집했다. [전증에 관하여, 최근의 『Eminent Chinese of the Ch'ing Period』, I, Washington, 1943, 157~158쪽을 보시오. -폴 드미에빌]

34 『사고전서총목제요』, 권87, 8~9쪽을 참고하면, 이 책은 분권(分卷)되지 않았다. 사본은 절강에서 나타났으나 나는 『절강채집유서총록(浙江採集遺書總錄)』에서의 언급을 찾지 못했다(아마도 내가 가지고 있지 않은 부록 聞에 보일 것이다. 내가 『BEFEO』, IX, 212쪽에서 말한 것과는 다름). 통행본은 『월아당총서』의 제9집의 판본이다. 여기에서 이 서목은 4권으로 되어있다. 원래대로라면 6엽의 『술고당송판서목(述古堂宋板書目)』으로 되어있고, 기유년에 이 서목을 편집했다는 전증의 자서(自序)가 들어있다. 이 기유년은 내용과 서문 그리고 다른 더 일반적인 근거로 보면 1669년에 해당할 수 있을 뿐이다. 발(跋)은 오숭요(伍崇曜)가 1850년에 쓴 것으로, 두 차례, 원 필사본은 권으로 나뉘지 않아 두 권으로 나누었다고 하였다. 그러나 그의 판본은 2권이 아니라 4권으로 되어있다. 게다가, 이 발문은 이 서목에, 판본 자체에도 여러 곳에서 『술고당장서목』이라고 한 것과는 달리, 『술고당서목』(이것이 『사고전서총목제요』의 명칭임)이란 제목을 부여했다. 상해의 담은려(蟫隱廬)는 1921년에 인쇄본과는 매우 다르다고 하는 2권으로 된 필사본을 12불에 팔았다. 무전손(繆筌孫)은 편자의 서문과 발문을 갖춘(前後有自序) 10권으로 된 『술고당장서목』을 소장하고 있었다. 『예풍당장서기(藝風堂藏書記)』, 권5, 3쪽을 참고하시오.

35 나진옥(羅振玉)이 『옥간재총서(玉簡齋叢書)』에 들어있는 옛 필사본에 따라 1910년 편집한 10권 본. 마지막에는 전증이 쓴 연대가 없는 후서(後序)가 있는데, 『술고당장서목(述古堂藏書目)』 '후서'로 되어있다. 그러므로 『야시원서목(也是園書目)』도 마찬가지로 『술고당장서목』으로 알려졌던 것으로 보인다. (아마도 『야시원서목』으로 되어있을 것임) 내가 보기에, 무전손(繆筌孫) 서가의 저자 서문과 후서를 갖춘 『술고당장서목』 10권 본은 『야시원서목』 10권 본일 뿐이다. 서문은 1669년의 것으로, 『월아당총서』에 들어있다. 후서는 『야시원서목』 붙여진 것이다. 마찬가지로, 『선화유사(宣和遺事)』에 관한 발문에서 황비열(黃丕烈, 1763~1825)은 『술고당서목』에 들어있는 『송인사화(宋人詞話)』의 한 부분을 언급했다. 그런데 부분은 1850년 편집된 『술고당장서목』에 들어있는 것이 아니라, 오히려 『야시원서목』에 들어있다. 어쨌든 체재, '난(欄)'으로 구분한 저술 분배, 언급한 서적들, 저자의 이름, 권수가 두 서목이 상당한 차이를 보인다. 게다가 『술고당장서목』은 유일하게 각 책의 권수를 명기했으며, 인쇄본인지 필사본인지를 특기하고 있다. 저자의 이름이나 권수가 다른 것은 대부분 사본의 오류거나 다른 텍스트의 잘못에서 비롯되었다. 그러나 기본적인 다른 차이들은 해당하지 않는다. 『사고전서총목제요』가 『술고당서목』에 할애한 평가는 『술고당장서목』에 해당하는 것이지만, 종종 『야시원서목』으로 잘못 불렸다. 따라서 전증은 두 차례 매우 다른 계획으로 자기 서가의

민구기(讀書敏求記)』을 남겼다.[36] 그런데, 이 『독서민구기』에서 자신이 소장하고 있는 『진랍풍토기』의 한 필사본에 관해 다음과 같이 언급했다.[37] "이 책은 원나라의 필사본에 따라 필사되었다. [고금]『설해』본은 모순, 오류, 빠뜨림을 가지고 있다. 원본의 열에 여섯 일곱이 빠져, 가까스로 책이라는 인상을 준다."[38]

목록을 작성했음이 분명하다. 서목의 하나는 1669년에 작성되었음이 확실하므로 나는 1885에 편집된 것은, 바로 이 서목일 것으로 생각한다. 그러나 이는 짐작일 뿐, 엄격하게 말하자면, 1669년의 이 서문은 현재 『야시원서목』이란 제목으로 편집된 교정본에 해당하는 것일 수 있다. 그러나 이 서목에 대해서도 간혹, 전증 자신을 포함하여, 사람들은 『술고당서목』 또는 『술고당장서목』이란 제목을 부여했다. 어쨌든 그 후서는 『야시원서목』에 적용되어야 한다. 왜냐하면, 전증은 12일 만에 서목을 작성하고 10권으로 나누었다고 했기 때문이다. 이 분권은 『야시원서목』의 것이다. 어떤 교정본이 먼저인지 오랜 연구 없이 결정하기에는 내가 가진 자료가 너무 없다.

36 샤반느는 전증이 1745년에 『독서민구기』를 간행했다고 했다(『통보』, 1914, 168쪽). 이는 실수이다. 부친이 1646년에 죽은 전증은 1745년 이전에 죽었다. 그러나 이 책의 서지사항은 상당히 복잡하게 되어있다. 『독서민구기』는 4권이다. 『사고전서총목제요』, 권87, 5~7쪽을 참고하시오. 이 책은 전증 생전에 출간되지 않았다. 초판본은 1726년 자(字)가 용형(用亨)인 후손 조맹승(趙孟升)이 간행했다. 조맹승의 판본을 근거한 두 번째 판본은 1745년 출판되었는데, 심상길(沈尙傑)의 것이다. 목판은 심염(沈炎)에 의해 1795년 다시 보충되고 교정되었다(이것이 통행본, 『Catalogue』, no1346이다) 1825년 완복(阮福)은 이전 것들과는 별도의 판본을 간행했다. 이 판본은 소랑환선관(小瑯嬛僊館)에서 나온 것이고 간혹 완복의 아버지인 완원(阮元)의 『문선루총서(文選樓叢書)』와 결합되었다. 마지막으로 『해산선관총서(海山僊館叢書)』본은 심씨와 완씨의 것들을 조합한 것이다. 오루쏘(Aurouseau) 씨는 『해산선관총서』본이 완복의 판본에 들어있지 않은 잘못된 이본이 들어있는 예를 보고한 바 있다(『BEFEO』, XII, 199쪽). 다른 것들도 있다. 『독서민구기』 판본들의 결함에 관해서는 『취강록(吹綱錄)』, 권4, 3쪽을 참고하시오. 다른 옛 필사본은 장균형(張鈞衡)에게 있다. 『적원장서지(適園藏書志)』, 권5, 10쪽, 또한 『사례거장서제발재속기(士禮居藏書題跋再續記)』, 권상, 5쪽을 참고하시오.

37 『해산선관총서(海山僊館叢書)』본, 권2, 55엽; 1795년 수정된 1745년 본, 권2, 55엽을 참고하시오. 두 판본이 주달관이 아니라 '주건관(周建觀)'으로 쓴 것에 유의하시오. 나는 어느 것이 완복의 판본에 들어있는 표기인지 모른다. 이와 같은 이름의 잘못된 표기가, 뒤에 보겠지만, 『절강채집유서총록(浙江採集遺書總錄)』에도 주어져 있다.

38 "이 책은 원래 원나라 필사본을 따라 교정하여 베낀 것이다. 『고금설해』에 각인된 것은 모순, 오류, 결락이 열에 여섯 일곱으로 거의 책을 이루지 못한 것이었다(是冊

전증은 비판적 생각을 부여하지 않았지만, 판본과 필사본들을 알고 있었다. 우리에게 전해지는 한 손을 거친 필사본들의 오류들과 이러한 필사본에 따라 만들어진 판본들은 별개로 하고, 소장한 책들에 대한 그의 설명들은 정확했음이 밝혀졌다. 한편, 『고금설해』가, 필수적인 것들을 삭제한 것은 아니지만, 주달관의 텍스트를 전부 보여주지는 않는다.[39]

아쉽게도 원문의 끝 단락이 현 판본들에는 빠져있는지를 확인해 줄 『진랍풍토기』의 옛 인용문이 전혀 없다. 도종의(陶宗儀)가 『서사회요(書史會要)』에서 1375년경에 인용한 서법에 관련된 조목(§12)은 전승되는 텍스트와 일치한다. 게다가 전증이 알려준 누락 부분들은 『고금설해』의 편집자들에게 기인하는 것이 아니라 이미 도종의의 책이었음이 불가능한 것은 아니다. 나는 1902년에 자(字)가 무겸(懋謙)이고 강소 강도(江都) 출신인 당윤공(唐允恭)의 『역어휘해(譯語彙解)』 6본(本)을 보았는데 그 연도는 모르겠다. 중국 문학에 인용된 외국어에 관한 이 편집서에는 『진랍풍토기』가 들어있지 않았다. 당윤공은 서문의 첫 부분을 인용하고 현재의 텍스트에 없는 한 문장을 덧붙였으나 사실상 관계가 없는 가필된 것 같았다.[40] 『Mémoires

_____

從元鈔校錄. 說海中刻者牴牾錯落, 十脫六七, 幾不成書矣.)

39 『야시원서목(也是園書目)』은 "주달관의 『진랍풍토기』, 3권"이라 언급했다(권3, 7쪽). 『술고당장서목』에서는 "주달의 『진랍풍토기』, 1권, 필사본"으로 언급되었다(권3, 15쪽). 같은 사본으로 생각되지만, 저자의 이름이 『술고당서목』본에는 바뀌어 있고, 권수는 『야시원서목』에서 선행하는 책의 영향을 받았다. 이러한 예를 통해, 두 서목의 판본들이 얼마나 오염되어 있었는지를 알 수 있다. 전증이 『독서민구기』에서 말한 것은 바로 이 필사본일 가능성이 크다.

40 총서(總敍)에 관한 아래 255쪽을 참고하시오. 『강도현속지(江都縣續志)』, 권8, 6쪽에는 당윤공(唐允恭) 『기원휘고(紀元彙考)』를 들고 아래 그의 인적 사항을 다음과 같이 설명하고 있다. "당윤공의 자가 무겸(懋謙)이다. 『속감지(續甘志)』에 『궁실고(宮室考)』가 실려 있다."라고 하며 『기원휘고』의 내력을 설명한 다음, 『궁실고』(120권)가 산실되었음을 밝히고 있다. 역자는 당윤공의 『역어휘해(譯語彙解)』가 어떤 책인지 확인하지 못했다.

concerant les Chinois』, IV, 452~483쪽에는 이름이 기록되지 않은 한 사신이 불어로 번역한 「강희제의 물리학과 박물학에 관한 견해 (Observations de physique et d'histoire naturelle de l'Empereur Kang-hi)」가 들어있다. 그렇지만 중국에 그다지 조예가 깊지 않았던 이 사신은 많은 인명과 신물의 명칭을 자기식대로 아무렇게 읽고 있다. 연지벌레(cochenelle) 에 관한 477~478쪽에서 황제는 케리아 라카(Kerria lacca, 연지벌레)를 언급하고 있는『진랍풍토기』를 상기하며 현『진랍풍토기』에는 없는 문장을 인용했다. 그러나 주달관의 19장을 논의할 때, 이것이『진랍풍토기』와『본초강목(本草綱目)』의 내용을 뒤섞은 것이 분명하며, 강희제가 1700년경에 그의 문신들이 조금 뒤『도서집성』에 수록한 것과는 다른『진랍풍토기』를 알고 있었을 것 같지는 않다는 점을 보여줄 것이다.

이른바『진랍풍토기』에서 가져왔다는 '미인주'에 관한 구절은 슐레겔이 『통보』, II, 264쪽에서 번역했는데, 이 문장은『격치경원(格致鏡原)』, 권22, 11쪽에서 가져온 것이 분명하다. 이에 대해서는 27장 주석에서 다시 살펴볼 것이다. 어쨌든, 내가 보기에,『진랍풍토기』의 실제 문장을 전해주는 아주 명백한 예가 있다. 이 문장의 마지막 부분은 현 텍스트에 빠져있다. 그것은 1346년 이전『성재잡기(誠齋雜記)』에서 1장에 인용한 것이다. 나는 뒤에 다시 논의하겠다. 어쨌든 나는『진랍풍토기』가 주달관의 완전한 원문이 아니라고 확신한다. 앞으로 이 현재의 텍스트가 변경되었거나 일관성이 없어 보이는 문장들을 논의하면서 더 많이 느끼게 될 것이다.

17세기 중반에 전증이 알았던 완정본이라든가 아니면 1544년『고금설해』에 들어있는 판본들에서 나오지 않은 어떤 텍스트를 발견할 수는 없을까? 나는 그렇게 생각하지 않는다. 언젠가 도종의의 원본『설부』에 들어

있었던 그대로 『진랍풍토기』가 알려지기를 고대하고 있다. 진짜 『설부』
의 이 텍스트가 1544년의 것보다 완전하지 않겠지만, 적어도 어쨌든 이
책이 간행되고, 유용한 모종의 이본들을 제공할 수 있는 원본일 것이다.
그 밖에 것에 대해서, 나는 『진랍풍토기』의 몇몇 필사본들을 알려줄 수
있을 뿐이다.[41]

전증의 필사본에서 나는 흔적을 찾지 못했다. 우리는 전증이 1650년 10
월 26일 밤 아버지 전겸익(錢謙益, 1582~1664)의 강운루(絳雲樓)[42]에 난 화재
로 소실된 책 중에서 상당수를 확보한 것으로 알고 있다.[43] 그런데, 『강운
루서목(絳雲樓書目)』[44]에는 원나라 주달관의 '『진랍풍토기』 1권'으로 언급

---

41 주달관의 1권본 『진랍풍토기』는 1615년 『세선당서목(世善堂書目)』에서 언급되었
으나 그것이 인쇄본인지 필사본인지 전혀 알 수 없다. [이 단락 여백에 펠리오는
연필로 다음과 같은 주석을 추가했다. "국립도서관에서 『강희기가격물편(康熙幾暇
格物編)』을 본 뒤에 고칠 것" 성욱(盛昱, 1850~1900)이 편집한 이 책은 펠리오 문서
B113으로 분류되어있다. 또한, 아래 225쪽을 참고하시오. 『설부』의 옛 필사본에
관해서는 위의 203쪽 주9를 참고하시오. -폴 드미에빌]

42 강운루의 화재에서 건져낸 책 중, 몇몇은 이전 자(字)가 원도(元度)인 조기미(趙琦美)
의 맥망관(脈望館)에 소장되어있었다(『장서기사시(藏書紀事詩)』, 권3, 37~39쪽; 권4, 7
쪽을 참고하시오). 『맥망관서목(脈望館書目)』이라는 조기미의 4권본 도서 목록은 1918
년 『함분루비급(涵芬樓秘笈)』으로 상무인서관에서 편집되었다. 그는 『설부』, 『고금설
해』, 『역대소사』을 언급했지만, 『진랍풍토기』 필사본은 가지고 있지 않았던 것으로
보인다. (『설부』에 들어있는 것은 제외하고.)

43 화재는 음력 10월 2일 경인(庚寅) 밤에 일어났다(『장서기사시(藏書紀事詩)』, 권4, 4쪽
을 참고하시오). 양력으로 환산하면 1650년 10월 26일이다. 나는 호앙(P. Hoang)의
목록이 정확하다고 보지만, 호앙과는 달리 그해 윤달로 설명하는 『명사』(권280, 7쪽)
에는 약간의 실수가 있는 것이 분명하다.

44 『월아당총서(粵雅堂叢書)』본, 권1, 30쪽. 이 판본은 4권으로 되어있다. 해당 문장에
는 진경운(陳景雲)의 주석이 달려 있지만, 이와 관련해서는 침묵하고 있다. 적어도
이 서목에는 상당히 다른 두 설명이 있다. 이에 관해서는 『예풍장서기(藝風藏書記)』,
권5, 2; 『적원장서지(適園藏書志)』, 권5, 9쪽을 참고하시오. 섭덕휘(葉德輝)는 『관고
당휘각서(觀古堂彙刻書)』에 『강운루서목보유(絳雲樓書目補遺)』 1권을 출간했다. 그
는 또한, 120엽으로 된 계진의(季振宜)의 책을 수기한 목록인 『목재서목(牧齋書目)』
을 가지고 있었다(『관고당장서목』, 권2, 46쪽을 참고하시오). 마지막으로 정일창

되어있다. 어떤 필사본인 것 같지만, 전증의 것이 그것과 혼동되었는지, 그에 따라 필사되었는지는 모른다. 전증의 책들 한 부분은, 송간본의 중복되는 것들만, 계진의(季振宜)에게 팔렸다. 그러나 계진의의 소장 도서 목록에서 『진랍풍토기』을 언급한 부분을 찾지 못했다.[45]

『진랍풍토기』의 한 필사본은 영파(寧波)의 범씨(范氏)들이 유지했던 유명한 천일각(天一閣)에 들어있었고 여전히 들어있다.[46] 『사고전서』 편수관들에

(丁日昌)은 74권으로 된 더 자세한 『강운루서목』의 필사한 사본을 소장하고 있었고 그것을 『지정재서목(持靜齋書目)』에서 언급했다. (나는 정일창의 서목을 가지고 있지 않아 여기서는 주정량(周貞亮)과 이지정(李之鼎)의 『서목거요(書目擧要)』, 11엽에 따라 인용한다. 한편 같은 설명이 강표(江標)가 편집하고 자신의 『강각서목삼종(江刻書目三種)』에 수록한 『지정재송원초본서목(持靜齋宋元鈔本書目)』, 서목(書目), 8엽에도 보인다.)

45 계진의(季振宜)는 자(字)가 선혜(詵兮)이고, 호는 창위(滄葦)이며, 강소 태흥(太興) 출신으로, 1647년 진사에 급제했다. 그에 관해서는 『장서기사시(藏書紀事詩)』, 권4, 25~26쪽을 참고하시오. 『계창위서목(季滄葦書目)』 1권으로 된 그의 서목은 황비열(黃丕烈, 1763~1825)의 『사례거장서(士禮居藏書)』와 광서제 시기에 출판된 『월아당총서』 부록(『휘각서목(彙刻書目)』과 『총서거요(叢書擧要)』에 들어있는 이 부록 목록은 완전하지 않음)에 들어있다.

46 『천일각』에 관해서는 『BEFEO』, IX, 212~213, 486, 814쪽을 참고하시오. 서가를 만든 범흠(范欽)이 자(字)가 요경(堯卿) 또는 안경(安卿)으로 1532년에 진사에 급제했다. 서가의 역사에 관해서는 『장서기사시(藏書紀事詩)』, 권3, 1~4쪽을 참고하시오. 범흠은 『고금언(古今諺)』 1권을 썼고(『담생당장서목』, 권7 1쪽), 희귀 도서를 모은 『범씨이십종기서(范氏二十種奇書)』를 간행했다. 그 목록은 『담생당장서목』, 권11, 7쪽과 더 자세하게는 『총서거요(叢書擧要)』, 권52, 34쪽을 참고하시오. 그는 또한, 자기 서가의 목록을 4권본, 『사명범씨천일각장서목(四明范氏天一閣藏書目)』을 집필했다(『담생당장서목』, 권5, 22쪽; 『천경당서목』, 권10, 51쪽). 그러나 이 서목은 18세기 말에 없어진 것이 분명하다. 왜냐하면, 1808년에 간행된 완원(阮元)의 10권본 『천일각서목』, 1889년 설복성(薛福成)의 6권본 『천일각현존서목(天一閣現存書目)』에도 보이지 않기 때문이다. 마지막으로 범흠은 문집인 『천일각집(天一閣集)』을 남겼다. 이 문집은 서건학(徐乾學)이 17세기 중반에도 소장하고 있었으나(『전시루서목(傳是樓書目)』, 집, 20쪽), 18세기 말에 없어진 것이 분명하다. 왜냐하면, 천일각을 소유했던 사람들이 건륭시기의 편수관들에 사본을 보내지 않아 『사고전서총목제요』에는 수록되지 않았기 때문이다. 『천경당서목(千頃堂書目)』, 권15, 15쪽에는 범흠이 『운하소설(雲霞小說)』(이에 관해서는 『담생당장서목』, 권7, 1쪽; 권11, 15~16쪽을 참고하시오)을 편집했다고 추정하기도 했다. 그러나 『총서거요』, 권52, 41쪽의

게 올라가 주달관의 저술을 복제한 것이 바로 이 필사본이다.[47] 나는 북경
에서 『사고전서』에 들어간 천일각 필사본에 따라 만들어진 텍스트를 『고금
설해』의 원문과 아쉽게도 대조하지 못했다. 『사고전서고증』, 권40, 63쪽
에서 이 텍스트에 할애한 몇몇 교감 사항은 이 필사본이 『고금설해』처럼
축약본을 베낀 것으로 추정하게 한다.[48] 『사고전서』 편수관들이 천일각
필사본을 통해 주어진 원문에 제기한 약간의 교정에 관하여, 그들이 교정
한 것들이 1544년의 본에서가 아니라, 1646~1647년 『설부』의 열악한 판
본에서였음에 주목하시오.

　『진랍풍토기』의 다른 한 필사본은 육심원(陸心源)의 서가에 들어있다
가,[49] 전체가 도쿄 정가당문고(靜嘉堂文庫)에 들어갔다.[50] 이 책들은 1923년

_____

　　정확한 설명에 따르면, 이 소설집은 오이손(吳貽孫)의 것임을 밝혀 주는 것 같다. 그
　　렇지만 이러한 설명은 여전히 불충분하다. 왜냐하면, 이 문집이 기승엽(祁承爗)과 황
　　우직(黃虞稷)이 언급한 '33권'이 아니라, '20권'으로만 되어있기 때문이다. 범흠의 시에
　　관해서는 『명시기사(明詩紀事)』, 戊, 권18, 12~13쪽을 참고하시오.)

47 『사고전서총목제요』, 권71, 11쪽을 참고하시오. 필사본은 사실상 1808년 『천일각
　　서목』 서두, 『사고전서』 편수관들에게 올린 저술의 목록에(30엽, '랍(臘)'이 '렵(獵)'
　　자로 잘못되어있음) 설명되었다. 그러나 원래 『천일각서목』에는 보이지 않는다.
　　이는 보낸 원본이 북경에서 돌아오지 않았거나, 1782~1808년 사이 없어졌다고 생
　　각하게 한다. 『천일각서목』의 서두에서 다시 작성된 목록도 서명을 언급한 것에
　　그치고 있다. 바로 『절강채집유서총록(浙江採集遺書總錄)』, 戊, 71쪽의 것으로, 이
　　사본이 필사본이라고 알고 있는 본이다. 이 목록이 이 저서 내용에 할애한 3행에서
　　주달관이라는 이름이 '주건관(周建觀)'으로 되어있다. (이미 『독서민구기』에서 같
　　은 오류를 보았다. 이점에 있어서 『사고전서총목제요』의 침묵은 그럴법하게 하지
　　는 않지만, 아마도 천일각 필사본에도 그랬을 것이다.) 그리고 주달관이 사신이라
　　고 잘못 소개되어있다. 이러한 오류는 낭영(郎瑛)의 『칠수유고(七修類稿)』(권45,
　　7~8쪽)에도 찾아볼 수 있다. 아벨 레무사도 마찬가지의 실수를 했다.

48 적어도, 주달관을 '주건관'으로 표기한 것은 천일각 필사본과 『독서민구기』의 원래
　　이문(異文)일 것이다. 이는 천일각 필사본을 전증(錢曾)이 알았던 원문과 연결할 수
　　있도록 해 준다. 따라서 『사고전서』의 여전히 남아있는 세 사본 중 하나에 따라
　　북경에서 대조할 필요가 있었다[『진랍풍토기』는 1935년 상해 상무인서관에서 편
　　집한 『사고전서진본(四庫全書珍本)』이라는 첫 번째 시리즈에는 수록되지 않았다. -폴
　　드미에빌]

재앙에서도 손상되지 않았다.

1권본 『진랍풍토기』의 마지막 필사본은 정일창(丁日昌, 1882년경)의 서가에 들어있다.51 이전에는 전문(田雯, 1635~1704)이 소장하고 있었다.52 나는 어떻게 된 것인지 모른다.

---

49 『벽송루장서지(苾宋樓藏書志)』, 권34, 18쪽. 이 서목은 주달관이 지은 1권의 책이며, 사본은 명나라 복사본이라고만 언급하고 있다. 육심원과 그의 서가에 관해서는 『BEFEO』, XXI, 138쪽에 설명된 참고 사항을 참고하시오.

50 이 서고에 관해서는 『BEFEO』, IX, 464~469쪽을 참고하시오. 이와사키[岩崎] 남작의 서가는 '세이카도오 분코(靜嘉堂文庫)'라고 불린다. 나는 1919년 북경에서 40권이 들어있는 처음의 4투(套)를 보았는데, 『세이카도오 히세키시(靜嘉堂秘籍志)』로, 1917~1918년에 인쇄된 것이었다. 이 저서는 총 50권으로 되어있고 원나라 문집에서 그친다. 그 이후로 완성되었을 것이다. 작자는 카와다 쿠마(河田熊)로, 그의 서문은 1917년에 쓴 것이었다. 이것이 육심원에게서 비롯한 서목으로 세이카도오 분코에 들어간 것이다. 나는 『진랍풍토기』의 필사본이 『세이카도오 히세키시』에서 설명되었는지 메모하지 않았지만, 분명 그럴 것이다(『세이카도오 히세키시』는 완성되었다. 『시나카쿠(支那學)』, III, 1927년 9월호, 724~726쪽에 할애된 비평 주석을 참고하시오)[『세이카도오 히세키시』에 관한 이 주석의 여백에 폴 펠리오는 "내가 그 책을 확보했다."라고 연필로 부기했다. 그러나 이 책은 사실상 파리에서는 볼 수 없다. 일본에 소장되어있는 『설부』의 텍스트들에 관해서는 와타나베 코오조오(渡邊幸三?), 「설부고(說郛攷)」, 『토오호오 카쿠호오(東方學報)』, 쿄토, IX(1938), 218 ~260쪽을 참고하시오. -폴 드미에빌]

51 자일스, 『중국인명사전(Chinese Biographical Dictionary)』, no 1934; 『BEFEO』, IX, 465~466쪽; 위의 52쪽 주2를 참고하시오. 나는 강표(江標)가 1859년 편집한 『지정재송원초본서목(持靜齋宋元鈔本書目)』, 『강각서목삼종(江刻書目三種)』본, 필사본 부분, 7쪽에서 이 사본에 관한 언급을 찾았다. 나는 이미 위에서 『지정재서목(持靜齋書目)』조차도 찾아보지 못했음을 언급한 바 있다.

52 이는 이 필사본에 '고환당(古歡堂)'이라는 서재의 도장이 찍혀 있다는 설명에서 나온 것 같다. 고환당은 전문(田雯)의 서재 이름이다.

III-4. 『성재잡기(誠齋雜記)』

　　　　　　나는 1902년 주달관의 다른 저서인 『성재잡기』만 알고 있다고 썼었다.[53] 이 잡기(雜記)는, 일부라고 추정되지만, 1646~1647년의 『설부』, 31부에 들어있는 판본으로 알려졌다. 바로 여기에 주달관 이름 아래 들어있다. 작자 추정은 『성재잡기』와 『진랍풍토기』의 두 문장이 같다는 것으로 확인되는 것 같다. 반대로 지금은 『성재잡기』는 주달관의 책이 아니라는 것이 거의 확실하다고 생각한다.

　『사고전서총목제요』(권131, 19쪽)에 보이는 『성재잡기』에 관한 간략한 해제는 다음과 같다.

　"『성재잡기』, 2권, 황실소장본-옛 제문(題文)에 원나라 임곤(林坤)의 책이라고 했다. 앞에는 영가(永嘉) 주달경(周達卿)의 서문이 있다. 이 서문에서 임곤의 자(字)는 재경(載卿)이고 회계(會稽) 사람으로, 한림[원]의 업무를 맡았다. 그는 12 저술을 지었다. 이것이 그중 하나이다. 성재는 [임]곤이 스스로 지은 호였다. 서문은 연호 없이 '병술 마지막 달'로 날짜가 기록되어 있다. 텍스트에는 섭벽창(聶碧窓)의 시가 인용되어있는데,[54] 옛 문인들 속에 들어가 있다. 섭[벽창]은 원나라 초기의 도사였다. 따라서 이 책은 그의 시대 이후이다. 내용은 조각으로 잘린 각종 '소설'을 출처를 밝히지 않고 표

---

53 만력(萬曆, 1573~1619)에 간행되었고, 1735~1736년에 『절강통지(浙江通志)』에 인용되었으며, 다시 1899년 인쇄된 『절강통지』 재판본에 들어있는 『온주부지(溫州府志)』의 문장을 고려할 필요는 없다. 이에 따르면, 주달관은 『전랍기문(滇臘紀聞)』을 썼다고 한다. 『진랍풍토기』의 변형임이 분명하다. 『절강통지』의 언급도 마찬가지이다(권244, 31쪽).

54 섭벽창에 관해서는 진연(陳衍)의 『원시기사(元詩紀事)』, 권14, 3쪽을 참고하시오.

절하여 이루어졌다. 바로 곤륜노(崑崙奴)[55] '마륵(磨勒)'이라는 단일 주제가 다섯 단락으로 나뉜 것 같은 것이다. 우리는 이로써 [이 저서의] 범속함을 판단할 수 있다."[56]

'황실 소장본[內府藏本]'은 서문의 저자를 잘못 쓰고 있다. 주달경이 아니라 주달관으로 읽어야 한다. 그러나 1646~1647년의 『설부(說郛)』가 주달관의 이름 아래 이 책을 잘못 배열한 것은 정확하다. 주달관은 서문을 썼을 뿐이다. 나의 『진랍풍토기』 초판본이 출간되고 얼마 뒤에 나는 모진(毛晉)의 『진체비서(津逮秘書)』[57]에 훨씬 더 완전한 문장이 들어있는 것을 확인했

---

55 곤륜노(崑崙奴)는 해로를 통해 들어온 흑인 노예라고 알고 있다.

56 "『성재잡기』 2권. 내부소장본. 옛 판본에는 원나라 임곤(林坤)이 지은 것이라고 쓰여있다. 앞에는 영가(永嘉) 출신의 주달경의 서문이 있는데, '임곤의 자는 재경이고 회계 사람이며 일찍이 한림 벼슬을 지냈다. 지은 저서는 12종이 있는데, 이 책은 그중 하나이다. 성재는 자호(自號)한 것이라고 했다.' 서문을 지은 연월은 병술 가평(丙戌嘉平)이라 쓰여있고, 기원(紀元)을 쓰지 않았다. 책에는 섭벽창의 시를 인용하면서 옛사람들과 나란히 두었다. 섭[벽창]은 원나라 초기의 도사이므로 이 책은 그의 시대 이후의 것이다. 중간에는 모두 각종 소설을 뒤섞어 표절했으나 출처를 밝히지 않았다. 예를 들어, 곤륜노(崑崙奴) 마륵(磨勒)의 한 가지 일이 다섯 군데에 나뉘어 실려 있으니, 그 저급함을 알 수 있다(誠齋雜記二卷 內府藏本. 舊本題元林坤撰. 前有永嘉周達卿「序」, 稱'坤字載卿, 會稽人, 曾官翰林. 所著書凡十二種, 此乃其一. 誠齋, 坤所自號也.' 作「序」年月題丙戌嘉平, 不署紀元. 書中引「聶碧窓詩」, 與古人竝列. 聶爲元初道士, 則是書在後矣. 中皆剽掇各家小說, 餖飣割裂, 而不著出典. 如崑崙奴磨勒一事, 分於五處載之, 其卑陋可知也.)"

57 『진체비서(津逮秘書)』는 명나라 좋은 총서 중 하나로 잘 알려져 있다. 급고각(汲古閣)을 지은 모진(毛晉, 1599~1659)이 편집한 것으로 알고 있다. 『진체비서』의 몇몇 판목들은 만력(萬曆, 1573~1619) 연간에 호진형(胡震亨) 등이 간행한 몹시 드문 『비책휘함(秘冊彙函)』을 인쇄할 때 사용한 것들이다. 모진은 대부분을 앗아간 화재 이후에 다시 수집했다. 이 책들은 단편들로 급고각에 소장되지 않았다. 『성재잡기』는 모진 자신이 편집한 책에 속한다. 모진의 발(跋)은 연대가 표기되지 않았다. 모진은 이 발문에서 어떻게 그 책을 소장하게 되었는지를 말했으나, 『낭환기(瑯嬛記)』에 들어있는 두 인용문에 주목하면서 그 책을 읽지 못했다(『낭환기』는 원나라 시기의 책이 분명하지만, 그 정확한 연대는 알려지지 않았다. 이에 관해서는 『사고전서총목제요』, 권131, 9~10쪽을 참고하시오.)

다. 이 책은 2권으로 되어있었고, 임곤(林坤)이 저자라고 하면서 주달관의 서문을 앞에 두고 있었다. 나에게 이러한 정보를 알려준 샤반느는 『통보』, 1906년, 307쪽에서 이 책을 설명했다.[58] 『사고전서총목제요』의 편수관들은 서문의 연대를 알지 못했다. 병술(丙戌)은 사실상 1286년 또는 1346년에 해당한다. 그러나 그들은 『성재잡기』가 『진랍풍토기』의 두 인용문을 담고 있다는 사실을 몰랐다. 캄보디아에 관한 주달관의 정보들은 1295~1297년의 사신행 이전일 수 없으므로 서문의 가능한 연대는 1346년이고 서문을 쓴 정확한 날짜는(12월 15일) 1346년 12월 15일이다. 서문이 진짜라면, 의심할 이유는 없지만, 간지 설명에 오류를 가정하지 않는 한, 주달관은 그해에 살아있었다. 1295~1297년 사신을 수행했을 때는 25~30세였다고 추정하면, 1346년은 75~80세였을 것이다. 이상할 것이 전혀 없다.

다음은 주달관의 서문이다.

> "나는 『성재잡기』를 소장하고 있는데, 놀라운 것들을 기록하고 있어 열에 아홉은 내가 보지 못했다. 그러나 [원문에는] 작자의 이름이 들어있지 않았다. 최근 나는 『고혈여편(孤穴餘編)』[59]을 읽었다. 거기에서 회계의 임재경 태사(太史)[60]를 말했는데, 그는 젊은 시절 정주(程朱) 연구를 좋아했다.[61] 그는 성실한 사고가 도로 들어가는 필수라고 생각했다.

---

58 자일스 씨가 『Adversaria Sinica』, 55쪽에서 간접적으로 원용한 것은 『성재잡기』의 문장이었다.

59 나는 이 책이 어떤 책인지 모르며, 서명이 전대흔(錢大昕)의 『원예문지(元藝文志)』에 언급되었다고 보지 않는다. 다른 곳에서 보겠지만, 전대흔이 『성재잡기』를 언급한 것에 따라 판단하자면 그는 『진체비서(津逮秘書)』을 읽지 못한 것 같다. 펠리오는 '고(孤)'자를 '호(狐)'로 잘못 옮기고 있어 바로잡았다.

60 상당히 모호한 직함으로, 여기서는 단순히 한림원의 관리 또는 전직 관리를 지칭하는 것이 분명하다. 임곤(林坤)이 진사에 급제한 것은 분명하다.

61 정호(程顥)와 정이(程頤) 그리고 주희(朱熹)를 말한다.

그래서 그는 서실[齋]의 합각(合閣)에 성(誠, '성실함')이란 명칭을 넣었다.[62] 이후 한림(翰林)이 되어서 동료들과 어울리지 못했다. 결국, 그는 관모를 걸어 두고 [고향으로] 돌아왔다. 우울함으로 포기하고 싶지 않아, 노래, 춤, 즐김과 음주로 일상을 살면서, 세상에서 유용하게 되려는 생각을 가지지 않았다. 그가 지은 책들과 문집은 12종을 구성한다. 『[성재]잡기』는 그중 하나이다. 그러나 많은 기이한 것을 이야기하고 있고 이름있는 문인이 출판할 것이 아니었기 때문에, 그는 자신의 이름을 숨겼다. 옛날 공자가 『시경』을 정리할 때, 그는 방탕한 [노래를] 남겼다. 석가모니는 법을 설파했고, 마등(摩登, Mātaṅgī)은 빠뜨리지 않았다. 어디 금지한 것이 있었던가? 정직한 사람의 잘못은 일월의 식(食)과 같다. 게다가 과실이 없었다면. 그래서 나는 미래 세대의 정직한 사람들이 태사(太史)가 큰 재주가 있었지만 낮은 지위에 있었음을 알도록 분명하게 [임의 이름을] 넣어 표기한다. 사람들이 그에 관해, 위(魏)나라의 신릉(信陵)처럼 말할 수밖에 없으므로,[63] 그는 도망쳐야 했다. 이것이 나의 서문이다. 태사는 이름으로 곤(坤)을, 자(字)로 재경(載卿)을 가졌다. 병술년 12월 15일에 영가의 주달관이 [이 서문을] 지었다."[64]

---

62 이 '성재(誠齋)'라는 명칭은 이미 양만리(楊萬里, 1124~1206)가 썼었다. [자일스의 『중국인명사전(Chinese Biographical Dictionary)』, no 2414를 참고하시오. 그러나 나는 양만리가 광종 황제의 즉위 전에 이 이름을 가졌다고 생각한다. 한편, 양만리와 혼동하여 자일스의 『중국인명사전』, no2368에서 '성재'라는 호를 양간(楊簡, 1140~1225?)의 것으로 추정한 것은, 잘못이다]. 사실, 모진(毛晉)은 그의 발문에서 유일한 서명에 따라, 그 책을 읽지 않고 우선은 송나라 철학자들과 함께 분류했다고 하였다.

63 신릉군(信陵君)이란 이름으로 알려진 무기(無忌)라는 사람으로 그에 관해서는 자일스, 『중국인명사전(Chinese Biographical Dictionary)』, no2320과 『사기』, 권65를 참고하시오. 여기에는 임곤이 한림원을 떠나야 했던 환경에 대한 모호한 암시가 들어있지만, 아무리 가정을 해봐도 주달관이 암시한 것을 정확히 하지 못했다. 펠리오가 원문을 잘못 읽고 있다. 이에 대해서는 아래 역자의 번역문을 참고하시오.

64 "우리 집에는 『성재잡기』을 소장하고 있었는데, 기록한 일이 매우 기이하여, 항목 중 보지 못한 것이 열에 아홉이었다. 다만 편집자의 성명이 들어있지 않았다. 근래 『고혈여편』을 살펴보니, 회계 임재경 태사가 있었는데, 젊어서부터 정주(程朱)의 학문을 좋아하여 성의(誠意)를 도로 들어가는 요체로 삼았기 때문에, 그의 서재를

우리는 임곤(林坤)에 관해 더는 알지 못하지만, 주달관의 증언에는 의심스러운 것이 전혀 없다. 어쨌든, 1646~1647년 『설부』가 밝힌 120권본 『설부』 교정본의 작자인 도정(陶珽)은 『성재잡기』을 주달관의 책으로 추정한 첫 번째 인물이 아니다. 아마도 『성재잡기』는 늦어도 1370년에 도종의가 편집한 100권본 『설부』에 들어있을 것이지만, 18세기 중반에 『배림당서목(培林堂書目)』이 보여주는 옛 『설부』 목록에는 보이지 않는다. 『설부』와 관련한 나의 결론이 정확하다면, 『성재잡기』는, 도종의가 자기 총집에 수록했을 경우, 도정의 시대에 이미 오래전부터 없어진 마지막 40권에 들어있어야 한다. 즉 17세기 초에 해당한다.[65] 어쨌든, 『성재잡기』는 '소설(小說)' 7종을 모아 놓은 총집인 『초현잡조(草玄雜俎)』에 수록되었었다. 작자와 연대는 미상이지만 그 목록이 기승엽(祁承爗, 1604년 진사)이 1625년에 편집한 『담생당장서목』에 보인다.[66] 기승엽은 여전히 도정의 총집을 알지 못

'성(誠)'이라 편액했다. 이후 한림원에 있었으니 동료 관리들과 서로 맞지 않아, 관모를 걸어 두고 돌아왔다. 우울하게 스스로 만족할 수 없어 연일 가무와 음주를 일삼으며 더는 세상에 뜻을 두지 않았다. 그의 저서와 시문은 무릇 12종인데 『성재잡기』는 그중 하나이다. 다만 그중에는 선정적인 것과 기이한 일이 많아 노성한 선비가 기술할 만한 것이 아니므로, 그의 이름을 숨겼다. 옛날 공자가 『시경』의 시를 줄일 때 음란한 것도 실었고, 석가모니가 설법할 때 가섭마등은 빠뜨리지 않았으니 어찌 피할 것이 있었으랴. 게다가 군자의 과실은 일식 월식과 같은데, 하물며 과실이 아님에서랴. 그러므로 특별히 포기하여 드러내는 것은 후세의 군자들이 태사는 재주가 두터웠으나 지위가 낮아 부득이 이런 것에 도피했음을 알게 하고 위나라의 신릉군과 더불어 일컬어지게 하기 위함이다. 이로써 서문으로 삼는다. 태사의 휘(諱)는 곤(坤)이고, 자는 재경이다. 병술년 12월 15일 영가의 주달관이 짓다(余家藏誠齋雜記, 記事甚奇, 目所未見者什九. 第不著集者姓名. 近覽孤穴餘編, 有會稽林太史載卿者, 少好程朱之學, 以誠意為入道之要訣, 故額其齋曰誠. 後在翰苑, 與同官不相中, 遂掛冠而歸. 鬱鬱不自得, 迺日事歌舞暢飲, 無復有用世志矣. 其所著書並詩文, 凡十二種, 雜記其一也. 祇以其中多艷異事, 非宿士所宜述, 故遂隱其名. 昔孔子刪詩, 淫奔仍載, 釋迦說法, 摩登弗遺, 安在其諱. 且君子之過, 如日月之食, 況非過乎. 故特表而出之, 使後世君子, 知太史之厚于才, 而薄于位, 不得已而逃于是, 與魏之信陵共稱之也. 是為序. 太史諱坤, 字載卿. 丙戌嘉平望日, 永嘉周達觀撰.)"

65 『통보』, 1924, 『설부』에 관한 나의 논문, 193, 213쪽을 참고하시오.

했고, 『초현잡조』가 그것보다 앞선다고 확신한 것 같다. 그런데 『초현잡조』에 들어있는 7종 중 하나는 『성재잡기』이며 주달관의 이름 아래 배치되었다. 이처럼 도정이 인용한 자료임이 분명하다. 그 오류는 틀림없이 『성재잡기』의 앞에 저자의 이름이 없었다는 사실로 설명된다. 성급한 편집자는 서문의 작자를 책의 저자로 여겼다.[67] 그러나 이러한 오류는 유명한 전대흔(錢大昕, 1728~1804)에까지 계속되었다. 그는 『원사예문지(元史藝文志)』에서 '주달관의 『성재잡기』, 20권'으로 기록하고 있다. 여기의 '20'은 '2'의 잘못으로 또 다른 실수를 보여준다.[68]

　　『성재잡기』에 관한 이러한 논의는 『진랍풍토기』의 연원을 추적하는데 무의미한 것은 아니다. 위에서 언급한 것처럼, 『성재잡기』에는 출처를 밝히지 않은 두 문장이 들어있는데, 그것들은 분명히 『진랍풍토기』로부터

---

66 『소흥선정유서(紹興先正遺書)』, 권11, 15~16쪽을 참고하시오. 또한, 권7, 2쪽에는 이 총집이 총 '22권'으로 되어있으며 '6책'이라고 한 것을 알 수 있다. 권11, 15~16쪽에 주어진 목록은 각 작품의 저자도, 권의 수도 명시되지 않았으며, 양수경(楊守敬)은 『총서거요(叢書擧要)』, 권52, 37쪽에 이처럼 다시 펴냈지만(여기에서 '현(玄)' 자가 아니라 '원(元)'자로 되어있는 것은 '현'자를 기휘(忌諱)한 것이다), 저자의 이름과 권수는 자기의 서목에서 주제별로 책을 정리하면서 기승엽이 검토한 것으로 주어졌다.

67 어쨌든 『초현잡조』는 『성재잡기』가 2권이라고 하였고, 많은 산삭(刪削)을 통해 1권으로 만든 것은 도정(陶珽)이다. '주달관의 『성재잡기』 2권'은 『천경당서목』, 권12, 37쪽과 『전시루서목(傳是樓書目)』, 자(子), 41쪽에서도 그대로 표기되었지만, 『초현잡조』에 들어있는 저서들 중간에 있으므로, 틀림없이 이 총집의 부분적인 사본들이 었을 것이다. 한편, 『전시루서목』은 조금 더 뒤에서(子, 42쪽) 『성재잡기』의 다른 사본을 알려주고 있는데, 그곳에서는 정확하게 임곤의 이름 아래 들어가 있다.

68 『잠연당전서(潛研堂全書)』, 1884년 재판본, 권3, 7쪽. '20'이란 숫자는 1884년 재판본이 가진 특별한 실수가 아니다. 사실 위원(魏源)의 『원사신편(元史新編)』, 권93, 6엽에서도 찾을 수 있다. 『원사신편』의 문헌 자료에 관한 권들은 전대흔의 『원사예문지』의 단순한 복제에 지나지 않는다. '『성재잡기』 2권' 역시 1735년에 간행되어 1899년에 재판된 『절강통지(浙江通志)』, 권246, 26쪽에서 주달관의 책으로 잘못된 정보를 주고 있다. 이는 『절강통지』가 상당히 자주 인용하는 『황씨서목(黃氏書目)』에 따른 것으로, 이 『황씨서목』은 황우직(黃虞稷)의 『천경당서목』임이 분명하다.

복제된 것이다(1장과 40장). 그런데, 1장의 인용문에서 『성재잡기』는 동쪽 호수[東池]의 청동 부처를 말하면서, 그 배꼽에서는 계속해서 물이 흘러나온다고 하였다. 그리고 현 『진랍풍토기』에 없는 다음과 같은 문장을 추가하고 있다. "그 맛은 중국의 술맛과 비슷하며 쉬이 취한다." 내가 『성재잡기』가 주달관의 것으로 생각했을 때는, 자기의 다른 책에 없는 상세 사항을 자기의 또 다른 책에 끼워 넣는 것은 매우 당연한 것으로 생각했다. 『성재잡기』가 임곤의 책이라면 이야기는 전혀 달라진다. 그 문장은 제삼자가 일종의 부연으로 추가한 것이 아니다. 그 문장은 17세기 전증이 알고 있었던 원래의 『진랍풍토기』에 들어있었을 것이다. 임곤이 편집 직후에 『진랍풍토기』을 알았을지라도, 그는 절강의 회계 출신이었고, 주달관과 같은 지방이었으므로 이상하게 여길 것이 없다. 이와 같은 근거는 주달관 쪽에서 『성재잡기』의 존재를 설명해준다. 그러나 주달관이 임곤으로 표현되는 같은 방식은 임곤이 느낌상 1346년 이전에 쓴 것임을 전제한다. 『성재잡기』는 14세기 초에 존재했음이 분명하다.

원나라 시기의 『성재잡기』와 내가 당윤공(唐允恭)의 『역어휘해(譯語彙解)』와 강희제의 『기가격물론(幾暇格物論)』에서 이미 알려준 훨씬 더 늦은 인용들 이외에, 나는 명나라 말과 청나라 초의 몇몇 저자들에게서[69] 즉 진정(陳霆)의 『양산묵담(兩山墨談)』,[70] 낭영(郞瑛)의 『칠수유고(七修類稿)』,[71] 왕사정

---

69 [폴 펠리오는 여백 주석에 "『격치경원(格致鏡原)』도 보라."라고 하였다.]

70 진정(陳霆)의 자는 성백(聲伯)이고, 호는 수남(水南)이며, 1502년 진사에 급제했고 절강 덕청(德淸) 출신이다. 다산의 문인으로 여러 책이 전해진다. 나는 『석음헌총서(惜陰軒叢書)』, 권15, 5쪽에 주어진 『양산묵담(兩山墨談)』을 활용했다. 『양산묵담』은 1539년에는 서문이 들어있다. 따라서 진정은 『진랍풍토기』를 현 판본들과는 별개의 텍스트에서 알았다. 왜냐하면, 이들 중 가장 오래된 것이 『고금설해』인데, 1544년의 것이기 때문이다.

(王士禎)의『향조필기(香祖筆記)』[72]에서『진랍풍토기』에 대한 다른 인용문들
찾아냈다.『진랍풍토기』의 연원에 관해 어떠한 새로운 정보도 가져다주지
않았다. 그러나 필요한 경우 이 저자들의 언급을 원문을 자세히 논의하면
서 설명할 것이다.

III-5. 주달관이 전사(傳寫)한 캄보디아어 단어들

주달관이 중국어로 옮긴 캄보디아어의 단어들은 오늘
날 대부분 확인되었다. 중국인의 관점에서 옮긴 단어들의 발음 자체 때문
에, 주달관이 어떤 전사 방식에 영감을 받았는지 알아보는 것은 우리의 흥
미를 끈다. 13세기 말 북중국에서 중국어 발음은 현대 중국어와 매우 근접
해 있었다. 말하자면 고음의 종성 폐쇄음들은 이미 무음화 되었고, 고음의
초성 유성 자음들은 이미 성조에 따라서, 유기음 또는 무기음의 무성음이
되었으며, 고음의 'ńźi'는 이미 'eul'로 변했지만, 종성 순음의 비음은 오늘
날처럼 '-n'으로 되지 않고 남아있었다. 그러나 주달관은 절강 출신이었고,
캄보디아에서 그의 중개인들은 특히 광둥 사람들이었을 것이다. 따라서

---

71 낭영(郞瑛)의 자는 인보(仁寶)로, 절강 항주 출신이다. 바로 더글라스(Douglas)가『서
목』, 70쪽에서 '낭인보'라고 부른 사람이다.『칠수유고』에 관해서는『사고전서총목
제요』, 권127, 21~22쪽을 참고하시오. 내가 사용한 1775년의 통행본은 원래 분권
을 따르지 않았다.『흠정천록림랑서목(欽定天祿琳琅書目)』, 후편, 권16, 15~16쪽을
참고하시오. 이 책의 서지사항은 상당히 복잡하다.

72 이 저명한 문인 왕사정(王士禎, 1634~1711)에 관해서는 자일스,『중국인명사전(Chinese
Biographical Dictionary)』, no2221을 참고하시오. 주달관에 관한 인용은『향조필
기』권9, 앞부분에 있다.

문제는 상당히 복잡하다. 1225년 복건에서 정보를 수집했던 조여괄의 예증은, 종성 폐쇄음을 가진 발음들이 틀림없이 남방 방언에 기인하고 있음을 보여주므로, 일단 배제하는 것이 좋겠다.

알파벳 순서에 따라73, 『진랍풍토기』에 보이는 캄보디아어 단어를 전사한 것들은 다음과 같다.

〔1〕 함평(咸平, §28), [ɣam-bc̜iwɒng]. 이 단어는 캄보디아어 'āṃpīl'일 것이다. 첫 번째 글자에 관하여, 우리는 당나라 시기에 초성 'ɣ'가 전사에서 단순히 일종의 부드러운 입김 또는 모음의 열림에 해당한다는 많은 예를 알고 있다. 13세기 말에 이와 같은 대응을 다시 찾을 수 있는 것은 흥미롭다. 게다가 이 글자는 주달관이 음을 빼먹지 않고 발음했음이 분명하다. 종성 순음의 비음을 가진 글자의 선택은 당연히 이 경우에 정확하다. 평(平)에 관하여, 북중국의 13세기, 고음에서 초성의 유성과 무성 사이에 더는 구분되지 않았다. 모든 초성의 폐쇄음들은 무음이었다. 이들의 기원이 무엇이든, 유기음들은 외국어의 무성음을 옮겼고, 무기음들은 유성음으로 옮겼다. 따라서 'āṃpīl'의 'pī-'는 매우 규칙적이다. 종성 'l'에 관하여, 당나라 시기에 이를 전사하기 위해 종성 치음의 폐쇄음을 가진 글자를 선택했

---

73 별표(*)를 한 발음들은 칼그렌(Karlgen) 씨의 『Analytic Dictionary of Chinese and Sino-Japanese』에서 재구성된 발음이다. 이 발음들은 13세기의 것이 아니라 6세기에 해당하며, 하나의 정보로서만 주어진 것이다. 〔제기된 재구성들이 주달관 시대의 캄보디아어 발음에 대응하는 경우에만 그 재구성들은 이 언어의 연원에 관한 약간의 중요성을 나타낸다. 이들은 "무성의 두 폐쇄음인 't'와 'p'가 실제 들어있는 단어에서 이미 약화되었고, 유성 자음들은 여전히 무성음이 되지 않았거나 적어도 그만큼 확대되지 않았으며, 어떤 모음들은 실제 가지고 있는 음색을 이미 취했음을" 입증해 준다. 『인도차이나의 언어들(Les langues de l'indochine)』, Conférences de l'Institut, de Linguistique de l'Université de Paris, VIII, 1940 ~1948, 76~77쪽을 참고하시오. -조르주 세데스〕

다. 관습은 반대로 13세기와 명나라 전반까지 외국어의 '-l' 종성들을 종성
치음의 비음(또한 '-n'과 '-l'을 옮기는 데 사용함)을 가진 글자로 표기했다. 종성
으로 '-ng'을 가지는 글자를 선택한 것은 예외적이다. 단순히 근접한 형태
로 봐야 하는지, 아니면 절강 또는 남방의 발음들이 개입했는지는 나로서
는 모르겠다.

⑵ 가득(佳得, §13), [kāi-dək]. 이 단어의 캄보디아어 표기는 인도어 음가
로 [kāṭik]이나, 현 캄보디아어 발음은 아이모니에(Aymonier) 씨에 따르면,
'kādāk'이고(『프랑스-크메르어 사전』, 107쪽; 『BEFEO』, II, 159쪽; 『Le Cambodge』,
III, 634쪽), 땅다르(Tandart)에 따르면(『프랑스-캄보디아어 사전』, II, 634쪽), 'kădĕk'
이며, 께스동(Guesdon) 신부에 따르면(캄보디아-프랑스어 사전, 122쪽), 'kadĕk'이
다. 여기에서 사용된 '가(佳, kāi)'는 전사에서 일반적이지 않다. 13세기에 이
글자는 'ka' 또는 'kā'에 해당했을 것이다. 무기음 '득(得, dək)'은 시기적으로
볼 때, 원칙적으로 초성의 유성음으로 시작하는 음절에 해당한다. 게다가 고
음에서 종성 후음은 캄보디아어 단어에 들어있고, 주달관 또는 중개하는 정
보제공자들이 타당하게 그 글자를 선택해야 했음을 알 수 있다. 요컨대, 13
세기 말 이 글자의 캄보디아어 발음은 이미 고음 't'의 유성음화와 더불어
[kadĕk](kàdĕk)이었을 것이다.

⑶ 개(箇, §13), [kā]. 캄보디아어 단어는 'kô'(인도어 음가로, [gō])이다. 텍스
트의 잘못이 아니라면, 중국어 표기는 극동프랑스학교 표기 방식으로, 아
이모니에, 땅다르(Tandart) 그리고 께스동(Guesdon) 사전에서 채택된 'u'가
아니라 모음 'o'를 전제로 한다. 어쨌든 중국어 표기는 13세기 말 [kô]보다

는 [go](gô?) 발음을 전제한다. 스티엉족은 오늘날까지 'gōu'라는 발음을 간직하고 있다(Azémar, 『Dictionnaire stieng』, 41쪽).

〔4〕 매절(買節, §34), [māi-tsiet]. 이 단어는 촌장의 실제 명칭인 'mé srôk'에 해당하는 것으로 알려져 있다. 첫 번째 요소는 중국어 '매(買)'에 해당하는 '장'을 의미하는 'mé'가 분명하지만, 절(節, [tsiet])에서 srôk을 찾는 것은 어렵다. [tsiet]의 종성 't'가 '-k'로 바뀌는 것은 복건 방언에서일 뿐이고, 언제 그랬는지도 모른다. 1225년 복건에서 정보를 수집한 조여괄에게서, 앙코르란 명칭의 전사는 '-t'에서 '-k'로의 변환이 고려되지 않았음을 보여준다. 또한, 매절과 'mé srôk'를 일치시키는 것이 확실해 보이지 않는다. 우리는 'mé'로 시작하는 다른 호칭이나 우리의 『진랍풍토기』 판본이 가진 오자를 상정해 볼 수 있다. 'srôk'은 종성의 폐쇄음이 방언으로 묵음인 글자에서 나온 것일까? 우리는 다른 예증을 통해 종성 치음의 폐쇄음이 주달관의 여러 음역 표기 중에서 설명되지 않는 것을 보게 될 것이다.

〔5〕 만(蠻, §13), [mwan]. 원문에는 란(欒)으로 되어있는데, 잘못된 글자일 것이다. 캄보디아어로는 mǎn('mĕân'으로 발음함)이다.

〔6〕 매(梅, §10), [muāi]. 캄보디아어는 'muy'이고, 주달관은 오늘날 '메이(mei)'로 표기하는 한자를 틀림없이 [mui]로 발음했다. 따라서 대응은 정확하다.

〔7〕 미(米, §9, 10), [miei]. 캄보디아어로 현재는 쓰이지 않지만, 유사한

언어와 방언에서 확인되는 '어머니'란 뜻의 [mi] 또는 [mé]이다. 아마도 전사는 [mi] 보다는 [mé]에 근거하여 이루어졌을 것이다.

〔8〕 남붕(南棚, §6), [nām-bʼɒng]. '남(南)'은 표기상 'nam' 또는 'nom'에 해당할 수 있다. 종성 'm'은 다음 글자의 초성 순음과 잘 어울린다. 그러나 이 의문의 용어에 대해 어떤 해법도 지금까지 제기되지 않았다.

〔9〕 애람(挨藍, §13), [·ai-lām]. 이 단어가 '춤추다'를 의미하기 때문에, 세데스 씨는 이러한 의미가 있는 캄보디아어 'rāṃ'으로 보고자 했다(『BEFEO』, XVIII, 8~9쪽). 나도 타당하다고 생각하지만, '애(挨)'자의 사용은 다소 뜻밖이다. 가장 그럴법한 해법은 어쨌든 애(挨, [·ai])가 여기서는, 더 옛날 시기에, 종종 초성의 'r'을 전사하면서 접두사인 아(阿, [·ā]) 또는 갈(曷, [ɣāt])이 가지는 역할을 한다는 것뿐이다. 중국인들은 (특히 초성에서) 'r'을 가지지 않고, 외국어 초성의 'r' 앞에서 다른 소리처럼 이해한다.

〔10〕 암정(暗丁, §3), [·am-tieng]. 이 표현은 캄보디아어로 'měn děń(mĭn tĭń으로 씀)'인 '모른다'는 의미를 분명히 가진다. 두 번째 부분은 잘 어울려, 유기음이 아닌 '정(丁)'은 현대 캄보디아어 'děń'의 발음을 나타냈다. 그러나 첫 번째 요소는 어렵다. '암정'이라는 같은 표기가 다음 단락에서 '관리들'의 다른 명칭으로 나타나기 때문에, 1902년에 나는 이 다른 명칭이 이 단락의 '암정'에서 나왔다고 추정했다. 그러나 관리의 명칭으로서의 암정은 매우 잘 설명되므로, 나는 지금도 이 단락에서 'měn děń'의 전사가 오염된 것은 바로 §4의 암정이라 생각하고 싶다. 따라서 '암(暗)'은 텍스트상

의 오류겠지만 제안할 만한 교정사항이 없다.

〔11〕 팔살(八殺, §3), [pwat-ṣat]. 이 캄보디아어 단어가 산스크리트어에서 '언어'를 뜻하는 'bhāṣā'에서 나왔지만 '관습'의 의미가 있다는 것에 더는 의심의 여지가 없다. 캄보디아어는 치음의 치찰음을 더는 가지지 않고, 캄보디아어로 현대 발음은 'pãsà' 또는 'phãsà'이다. 마찬가지로 시암어로는 'phasá'이고, 캄보디아 참족들의 'bāsa', 'basā'이며, 인슐랜드에서는 'basa', 'bāsa'이다. 그러나 주달관이 제시한, [bāṣā]라는 발음을 전제하는 형태는 그 단어가 인도차이나에서 산스크리트어 'bhāṣā'로 들어왔지, 팔리어 'bhāṣā'가 아님을 보여준다. [pwat-ṣat]의 폐쇄 치음은 입증되지 않으며, 주달관 또는 그의 중개자들의 발음에서, 북중국 전체에서 이미 그런 것처럼 무음으로 되어야 한다.

〔12〕 팔사유(八思惟, §5), [pwat-si-wi]. [basvi]란 형태로 이끄는 이 표기는 'páśupata'나 'baṣaiḥ'로도 입증되지 않는다.[74]

〔13-14〕 파정(巴丁), 또는 암정(暗丁, §4와 10), [pa-tieng]과 [·am-tieng]. 파정은 'mrateṅ'일 것이다. 이 대응은 주달관 또는 그의 정보제공자들이 거의 [braden]으로 들었음을 암시한다. 암정에 관해서, 아이모니에 씨가 이미 제기한 비문들 속의 'amteṅ'으로 대응시키는 것은, [amteṅ]의 'maden' 발음

---

74 [나는 「주달관에 관한 새로운 주석」(『통보』, XXX, 1933, 224쪽)에서 팔사유가 첫 번째 음절이 손상된 채로 '고행자'란 뜻의 'tapasvi'에 해당한다고 설명했다. 'tapasvi'들은 옛날 비문들에서 잘 규정된 종파를 구성하는 사람들로 언급되었다. -조르주 세데스]

을 전제하므로, 정확하다.

〔15〕 파치(巴馳, §9, 10), [pa-dcā]. 이 표기는 원래의 [bato]로 추정한다. 중국어로 '아버지'로 옮기는 이 단어는 캄보디아에서는 알려지지 않았으나 'patau(putau, patau)'라는 형태로 참파어에서 '왕'이라는 의미로 존재하고, 자라이(jarai)어에서 그와 같이(patao) 들어있는 바로 그것인 것 같다.

〔16〕 반(般, §10), [puān]. 캄보디아어의 buan[puon]을 옮긴 것이다. 몽골 시기에 'u' 앞에 오는 모음 'a'를 가진 한자는 모음 'o'를 가진 외국어를 규칙적으로 옮겼다. 따라서 대응은 정확하다. 현대 발음인 'buon'에 근거하여 설정된 것 같다.

〔17〕 반힐(班詰, §5, §10), [pwa-kcị̌et]. 반힐이 '문인'을 뜻하는 'paṇḍita'임은 분명해 보인다. 땅다르(Tandart)에 따르면(『프랑스-캄보디아어 사전』, II, 782쪽), 실제 발음은 반디트(bāndīt)이다. 따라서 두 번째 글자의 종성 '-t'는 여전히 역할을 하는 것 같다. 그러나 비정상적인 것은 'ḍ'를 'kc'로 옮기는 것에 있다. 원문의 오류일 가능성은 거의 없다. 이 글자는 같은 형태로 서로 상당히 떨어진 두 문단에서 보이기 때문이다.

〔18〕 방(邦, §10), [pǎng]. '형'에 해당하는 캄보디아어는 '방(baṅ)[paṅ]'이다. 전사는 현대식 발음에 따라 이루어졌음이 분명하다.

〔19〕 포릉각(包稜角, §27), [pau-ləng-kǎk]. 원문은 이 말이 '도정한 쌀'[米]

를 의미한다고 했다. 마지막 글자 '각'은 옛날 '랑코(raṅko)', 지금의 '앙카 (aṅka)'에 해당한다. 첫 글자 '포'에 관하여, 세데스 씨의 [por]라는 가설은 중국어 전사에서 'por'의 종성 'r'과 'raṅko'의 초성 'r' 사이의 융합으로 인정할 때만 타당하다. 이 둘은 모두 '릉'의 'l'에 해당될 것이다. 그러나 '쌀로 만든 죽+도정한 쌀'을 의미하는 [por+raṅko]의 조합은 표현을 완벽하게 구현했다고 보기는 어려울 것 같다. 차라리 '포(包)'자가 잘못되었다고 상정하고, '아(阿)'와 같은 글자로 바꾸고 싶다. 이 '아'는 위에서 본 '애람'의 '애'처럼, 'raṅko'의 초성 'r'에 전사의 첫 번째 요소가 된다. 마지막으로 각(角)의 고음 '-k'는 전사에서 역할을 하고 있지 않음에 주목하시오.

〔20〕 비(卑, §10), [pjiɛ̞]. 바로 캄보디아어 '뻬이(běi, [pī])'이다. 전사는 현대 캄보디아어 발음에 따라 이루어졌다.

〔21〕 비세(備世, §10), [bcjwi-śjäi]. [Bišäi]식의 원음을 보여주는, 중국을 부르는 이 '캄보디아어' 명칭은 다른 곳에서 알려지지 않았다. 치찰음과는 다른 슈음의 사용은 이 단어가 다른 어떤 언어에서 캄보디아로 들어왔음을 보여주는 것 같다. 이 명칭은 그 자체로 참파 왕국의 한 지역에 주어진 비자야(Vijaya)라는 명칭, 옛 수마트라 왕국이 스리비자야(Śrīvijaya)라는 명칭, 12세기 말 복건의 해안을 따라 포모사(대만)로 와서 필리핀의 비사야 (Bisaya, Visaya)인, 비사야(毗舍耶, Bišaya, Višaya)와 같은 형태들을 연상시킨다. 비자야는 11세기 초 호탄(Khotan) 왕족의 '성씨'였다. 비자야란 명칭을 캄보디아인들이 중국에 적용한 시기일까?[75]

_____

75 [나는 「주달관에 관한 새로운 주석(Nouvelles notes sur Tcheou Ta-Kouan)」(『통

〔22〕 피란(皮闌, §32), [bcjię-lān]. 나무 하나로 만든 배의 명칭이다. 원음, [pilan?], [piran?]은 알려지지 않았다. 쁘라우(prāū), 프라후(prāhū) 밖에 생각나지 않는다(이에 관해서는 율과 버넬의 『Hobson-Jobson』, 733~734쪽을 참고하시오).[76]

〔23〕 별(別, §10), [bciät]. 바로 캄보디아어로 '둘'을 뜻하는 삐르(pir, [bir])이다. 전사는 옛 발음에 따라 이루어진 것 같고, 고음의 폐쇄 치음이 전사에 역할을 했을 것이다.

〔24〕 패뢰(孛賴, §5), [bcuət-lāi]. 쁘라흐(práḥ, [braḥ])를 옮긴 것이다. 전사는 옛 발음에 따라 이루어진 것 같다. 고음에서 패(孛, [bcuət])의 종성 폐쇄음은 이어지는 유음(流音)에 동화되면서 역할을 했을 수 있다.

〔25〕 패람(孛藍, §5), [bcuət-lām]. 이 단어는 같은 단락에서 다섯 차례 사용되었으나 '람(藍)'을 모두 '감(監)'자로 잘못 쓰고 있다. 캄보디아어 브람(pràṃ), 즉 '다섯'을 의미한다. 전사는 [브람(braṃ)] 발음을 따를 것으로 보인다. 고음에서 '패(孛, [bcuət])'의 종성 폐쇄음은 이전의 경우와 같다.

보』, XXX, 1933, 225쪽)에서 어떻게 '나라, 왕국'의 의미로 비자야가 중국을 지칭하게 되었는지를 설명했다. -조르주 세데스]

[76] [「주달관에 관한 새로운 주석(Nouvelles notes sur Tcheou Ta-Kouan)」(『통보』, XXX, 1933, 225쪽)에서 나는 이 단어를 16세기와 17세기 유럽 여행가들의 설명이 글자 그대로 주달관의 설명과 대응하는 일종의 카누에 부여한 명칭인 'balão, ba-loon, ballon'과 연결 지었다. 이 명칭의 어원은 아마도 같은 종류의 카누를 지칭하는 드라비디어 '발람(ballam)'일 것이다. 그러나 중국어 단어와의 음성적 일치도는 완벽하지 않음을 알아야 한다. -조르주 세데스]

〔26〕 붕아사(朋牙四, §27), [b'əng-ya-sseu]. '어떤 나무의 잎'을 의미하는 이 말은 재구성되지 못했다. 원음은 [peñas, po'ñas]와 같은 것이었음이 분명하다.[77]

〔27〕 복새(卜賽, §13), [puk-sāi]. '말'을 의미하는 이 말은 두 번째 글자가 '말'을 의미하는 쎄흐(sèḥ)임이 분명하다. 원문의 오류를 상정할만한 것이 없다. 따라서 전사의 첫 번째 글자는 대략 [bu] 또는 [buk]인 부가 요소에 해당하는 것이 틀림없다.[78]

〔28〕 보온(補溫, §10), [puo-uən]. 캄보디아어는 파온(phaón)이다. 전사는 사실 [buun] 또는 [bhuun]이란 발음에 따라 이루어진 것 같다. 첫 번째 글자가 원문상의 오류에서 나온 전사라고 볼 아무런 정보도 주지 않는다.

〔29〕 삼파(三罷, §40), [sām-b'āi]. 캄보디아어는 쌈파흐(saṃpáḥ, [saṃbáḥ])이다. 전사는 고음에 따라 이루어졌다. 이는 스티엉족의 'sâmbăh'의 발음이

---

77 [현 캄보디아어에 bñãs로 표기되는(옛 형태는 bñãs일 것임) '프나스(phñãs)'라는 나무 명칭이 들어있다. 이 나무는 캄보디아 황실 도서관에서 출간한 『크메르어 사전(Vacanānukrama)』(I, 1938, 688쪽)에서 검고 붉은 심, 작고 오래가는 잎사귀가 있고, 자주색 꽃이 피는 야생 관목으로, 실생활에서 땔나무로 사용된다고 설명했다. 나는 캄보디아 사람들에게조차 거의 알려지지 않은 것 같은 이 나무를 확인하지 못했고, 또, 잎들을 발효시켜 술을 만들 수 있는지 알아보지 못했다. -조르주 세데스]

78 1902년 피노 씨는 '접두사'라고 말했다(『BEFEO』, II, 161쪽). 스티엉 족의 '페(pê)'에 해당하는 '수사'로 볼 수는 없을까? 아제마르에 따르면(H. Azémar, 『Dictionnaire stieng』, Saigon, 1887, 8절판(『Excursions et reconnaissance』, 별쇄본, 97쪽) '페(pê)'는 모든 동물 이름 앞에 놓일 수 있는 수사이며, 특히 114쪽에서는 '말'을 뜻하는 세흐(sèḥ) 앞에 그것을 표시했다.

기도 하다(아제마르, 『스티엉어 사전』, 113쪽). 쁘라흐(práḥ)와 아마도 쎄흐(sèḥ)에서처럼, '파(罷)'의 종성 'i'는('b'āi'의 'i' 종성은 13세기에도 분명히 발음되었음) 비사르가(visarga, [ḥ]를 말함)에 해당하는 것 같다. 비사르가와 같은 표기법이 유럽어 형태인 'çumbaya', 'zumbáya', 'zombaye' 등등의 근거가 된 것 같다(Cabaton, 『Brève et véridique relation』, 38, 146쪽; S.R. Dalgado, 『Glossário Luso-Asiático』, II, 326~328쪽을 참고하시오). 이러한 표기법을 설명하기 위해, 까바똥과 달가도 씨처럼, 말레이어의 부차적인 '셈바향(sĕmbahyang)'을 끌어들일 필요는 없다고 생각한다.

〔30〕 삼목(森木, §34), [sǐəm-muk]. 위베르(Huber)는 이것이 캄보디아어에서 '살라(sala), 여행자의 집'이란 뜻으로 사용되는 '쌈낙(saṃṇåk, [saṃḍåk 임])'이라고 특기했다(『BEFEO』, X, 624쪽). 전사는 동화가 'ṃ'과 이어지는 설면음 사이에서 발생하고, 이렇게 얻어진 순음 그룹이 이어지는 모음의 음색에 영향을 미친 통속 발음에 따라 이루어진 것 같다. 고음에서 '목'의 종성 후음은 여기서는 여전히 그 역할을 하는 것으로 보인다.

〔31〕 신나(新拏, §32), [sǐěn-nja]. '배'를 뜻하는 이 단어의 원형은, [seṇda] 같은 것이겠지만, 찾지 못했다.

〔32〕 시랄적(厮辣的, §4), [sǐę-lāt-tiek]. 아이모니에 씨는 아무런 관련 없는 스바스티(svasti)를 원형으로 생각했다(『캄보디아』, III, 644쪽). 지금까지 알려진 받아들일 만한 유일한 설명은 세데스 씨가 제기한 산스크리트어 스레스틴(śreṣthin)이다(『BEFEO』, XVIII, 6쪽). 그러나 고음에서 전사한 마지막

글자의 종성 후음이 작용하지 않는다는 것이 분명해도, 중국어 전사는 '스랏띠(sraddi)' 또는 그 비슷한 것들, 말하자면 스레스틴(śreṣthin)에서 나오지 않고, 초성으로 '-s'가 아니라 'ś'를 가지는 것으로 이끈다. 한편, 's'를 초성으로 가지나 'r'이 슈음 뒤에 유지되는 방언 형태임이 분명하다.

〔33〕 사(梭, §12), [suā]. 쓰는 데 사용하는 백악(白堊) 막대기를 지칭하는 이 명칭은 확실히 '쓰기용 백악'의 의미인 시암어 'só'와 같다. 이에 대해서는 §12에서 다시 언급할 것이다.

〔34〕 답(畓, §10), [tāp]. 캄보디아어로 '열'을 뜻하는 '다프(dăp, [tăp])'이다. 전사는 현대 발음인 '다프(dăp)'에 따라 이루어진 것으로 보인다. 게다가 전사를 위해 선택한 한자가 고음에서 '-p' 종성을 가지고 있는 것은 우연이라고 보기는 어렵다.

〔35〕 직로(直盧, §13), [dʰi̯ək-lou]. 캄보디아어로 '돼지'를 뜻하는 '츠루크(čruk)'이다. 여기에는 비정상적인 두 요소가 있다. 하나는 '직(直)'은 '츠'음이 예상되고, 다른 하나는 더 심각한 것으로 '츠루크(čruk)'의 종성 후음이 생략되어있다는 점이다. '츠루크(čruk)'의 종성 '-k'가 발음에서 무음화되는 것일까?[79]

〔36〕 흘뢰(吃賴, §10), [ki̯ət-lāi]. '외삼촌'을 의미하는 이 단어에서, 세데스

---

79 어쨌든, 이 종성 '-k'는 스티엉어 이 단어에서 매우 두드러지는데, 'rökei' 또는 'čerkei' 형태로 '멧돼지'를 지칭한다. 돼지를 지칭하는 스티엉어 단어는 '수르(sur)'이다 (H. Azémar, 『Dictionnaire stieng』, 25, 108, 120쪽을 참고하시오).

씨는 1701년과 1747년으로 추정되는 앙코르 와트 비문에서 나온 '끌라이 (khlai)'이로 볼 확실한 근거가 있었다(『BEFEO』, XVIII, 8쪽). 세데스 씨에 따르면, 현대의 '뜰라이(thlai)'와 정확하게 같다고 한다. '흘(吃)'자는 옛날에 초성으로 후음을 가졌는데, 13세기에도 같은 경우였다. 아마도 유기 후음으로 발음되었을 것이다. 이것이 흘뢰와 '끌라이(khlai)'의 확실한 대응에서 더 잘 설명된다.

〔37〕진담(陣毯, §8), [dʻi̯ĕn-tʻăm]. 이 용어에 관해 어떠한 재구성도 제기되지 않았다. 나는 여전히 어떤 캄보디아어를 전사한 것으로 생각하고 있다. 진(陣)의 종성 '-n'이 'tʻăn'의 치음 초성과 잘 어울리는 점에 주목하시오. 이 단어는 'čintam'과 같은 어떤 형태였을 것이다.

〔38〕진가란(陳家蘭, §6), [dʻi̯ĕn-ka-lān]. 세데스 씨는 이것이 바로 산스크리트어 스릉가라(śṛṅgāra)의 전사라고 했다(『BEFEO』, XVIII, 7~8쪽). 그러나 이 전사가 구개 슈음이 구개 파열음 'č'로 변하는 통속 발음에 따라 이루어졌음을 인정해야 한다. 오히려 현대의 대중적 형태는 '스레잉카(srĕiṅkā)'이다. 설명되지 않는 비정상적인 것은 바로 '란(蘭)'의 종성 '-n'으로, 이에 대응하는 산스크리트어나 캄보디아어 형태가 없다.

〔39〕당(撞, §9), [dʻăng]. 13세기 이 한자의 발음은 오늘날과 같았음이 분명하다. 모든 가능성을 다 따져 볼 때, '미개인'을 뜻하는 'Tchong'의 전사이다. 몽골 시기, 순음의 반모음 앞에 오는 'a'는 외래어의 처음과 중간에 있는 'o'모음에 대한 일관적인 전사이다.

〔40〕저고(苧姑, §5), [dʰįwo-kuo]. 세데스 씨가 밝힌 대로(『BEFEO』, XVIII, 6~7쪽), 이 승려들의 명칭은 시암어 짜오 꾸(chǎo ku)에 해당하는데, 이 단어는 13세기 말 캄보디아에서도 사용되고 있었다.

〔41〕압렵(壓獵, §13), [ap-liäp]. 음역한 글자로 생각하는 이 단어는 복원되지 않았다. 주달관이 옮긴 글자들은 고음으로 종성 파열 순음을 가진 글자를 사용했다. 이 옛 파열 순음은, 유보적이지만, 압렵이 야브렙(yabrep) 비슷한 원음에 해당할 것이라는 추정에, 제 역할을 하는 것으로 보인다.

이 목록에서 나는 지명들을 중개하지 못했다. 왜냐하면, 그 지명을 다른 곳에서 알려진 명칭으로 추정하는 것은 종종 가장 불확실하기 때문이다. 그렇지만 이들 지명 중에서 그 대응이 어느 정도 확실한 것은 두 개다. 간방(干傍), [kān bʹwāng]은 캄퐁(Kômpoń)에 해당하며, 글자 그대로 '강둑, 부두'란 의미이다. 사남(查南)[Dẓʹa-nām]은 캄퐁 치낭(Čhnǎń)이 분명하다. 첫 번째 대응은 잘 어울린다. 두 번째, 치낭의 종성을 옮기려면 묵음 종성 비음을 가진 글자를 예상하게 되는데, 고음에서 (오늘날에는 치음인) 순음의 종성 비음을 가지는 글자가 아니다.

그러나 다양한 표기 방식으로 특이한 문제를 제기하는 명사는 바로 캄보디아의 중국어 명칭이다. 이 명칭은 대략 600년부터 진랍(眞臘)[Tśįěn-lāp]으로 나타난다고 알고 있는데, 주달관은 13세기에 점랍(占臘)[Tśįäm-lāp]이라고도 부른다고 덧붙이고 있다. 오늘날까지도 진랍이란 명칭은 설명되지 않고 있다.[80]

_____

80 여기에서 'Chanda', 'Kanla', 'Kanda' 등으로 복원한 것들을 읽어보는 것이 전혀 무의

제리니(Gerini) 씨는 진랍이 옛날에는 쩐-라(Chön-rā), 쩐-라이(Chön-rāi), 또는 썬-라이(Sön-rāi)로 발음되었고, '틀림없이' 스티엉족이 오늘날에도 캄보디아를 지칭하는 써라이(Sörāi)란 명칭을 옮긴 것으로 추정했다.[81] 스티엉족이 캄보디아를 '써라이'라고 부르는 것은 정확하지만,[82] 기원후 600년경에 '랍(臘)'자가 '라(rā)'나 '라이[rāi]'로 발음된 것이 아니라, '랍[lāp]'으로 발음되었다는 것은 분명하다. 따라서 캄보디아에 대한 현 스티엉족의 명칭에서 종성 'p'는 종성 'i'만 남고 무음화 되었다고 전제해야 한다. 이는 절대 불가능하다. 그렇지만 나는 의심의 여지를 남겨둔다. 왜냐하면, 진(眞)[[Tśi̯ĕn]은 600년경 Sörāi의 [Sö]에 대응하지 않는 '친[čin]'이라는 확인된 음가를 가지고 있고, 스티엉족은 특히 '굴복시키다' '이기다'란 의미의 랍(rap)에서 종성 'p'를 보전하고 있다.[83] 이 [랍]은 중국인들이 진랍으로 옮긴 원음에 틀림없이 들어있었을 것이다.

파커(Parker) 씨는 점랍(占臘)을 시엔레프(Sienrep)로 복원했는데,[84] 이는 여러 관점에서 부정확하다. 아마도 파커 씨는 이러한 재구성에서 '시엠 레아프(Siem reap)'[Siem-râp] 지방의 명칭을 생각했을 것이다. 그리고 시엔레프(Sienrep)는 시엠 레아프(Siem reap)의 인쇄상 오류이다. 그러나 시엠 라프(Siem-râp)는 '굴복시킨 시암 사람들'을 의미하며, 시암어 명칭은 당연히 아무런 관련이 없다. 점랍은 늦은 변형일 뿐이지만, 진랍은 600년경 나타

_____

미하지는 않다. 이들에 관해서는 아이모니에, 『캄보디아』, III, 425쪽과 『BEFEO』, IV, 392쪽을 참고하시오.

81 『동아시아에 관한 프톨레마이오스 지리 연구(Researches on Ptolemy's Geography of Eastern Asia)』, London, 1909, 773쪽.

82 아제마르(Azemar), 『스티엉어 사전(Dictionnaire stieng)』, 119쪽.

83 앞의 사전, 106쪽.

84 『차이나 리뷰』, XX, 249쪽.

나기 때문이다. '굴복시킨 시암 사람들' 즉 시엠 라프(Siem-râp)는 우리가 사로잡힌 문제에 시사하는 바가 전혀 없는 것은 아니다. 진랍의 변형인 점 랍은 1178년 『영외대답(嶺外代答)』, 1225년 『제번지(諸蕃志)』, 그리고 1349 년 『도이지략(島夷志略)』[85]에도 보이지 않고, 1319년 완성된 『문헌통고(文獻

---

[85] 『도이지략』 1권은 왕대연(汪大淵)의 저술이다. 왕대연은 자가 환장(煥章)이고 장시성 남창(南昌) 출신이다. 그에 관해서 이 책이나, 책 앞에 실린 서문 이외에는 알려진 것 이 없다. 『사고전서』에 수록된 옛 필사본에 따르면(『사고전서총목제요』, 71, 12~14 쪽), 이 책은 1896년 『지복재총서(知服齋叢書)』 속에 편제되었다. 이 총서 이전의 책으로 알려진 것에 대해서는 『BEFEO』, IV, 255쪽을 참고하시오. 15년 전에 심증식(沈曾植) 씨 는 왕대연의 책에 주석을 『도이지략광증』 2권으로 『고학휘간(古學彙刊)』에 출판했다. 상당한 오류들 가운데 흥미로운 언급을 하고 있다. 나는 『통보』, 1912년, 450~451쪽에 서 『도이지략』에 관해 언급한 바 있다. 오루쏘(Aurousseau) 씨는 『BEFEO』, XIV, 35~40쪽에서 이 책과 저자에 관한 정보를 제시했고 동시에 참파와 참파에 속한 세 '나라'들과 관계된 부분을 번역했다. 록힐도 「14세기 중국과 인도양 연안, 동부 열도 와의 무역관계에 관한 주석」(Notes on the relations and trade of China with the eastern archipelago and the coasts of the Indian Ocean during the fourteenth century)」에서 그 책과 저자에 관해, 『통보』, 1913, 475쪽과 특히 1914, 61~69쪽에 서 언급하고 이어서 『통보』, 1914, 1915년에 『도이지략』의 대부분을 번역해 발표했 다. 나는 여기에서 오루쏘, 록힐 그리고 이전에 내가 발표한 것을 보충하고 교정하 는 것으로 그치고자 한다. 『도이지략』에서 '도이'란 표현은 옛날 중국을 둘러싼 사 람들을 구분하는 것에서 차용한 것으로, '도이'는 사마천의 현존하는 텍스트에는 '조 이(鳥夷)'의 형태로 되어있다(Édouard Chavannes, 『Les Mémoires historiques de Se-ma Ts'ien traduits et annotés』, 89~90쪽에서 참조 사항들이 많이 보강되었 다). 문헌학적 관점에서 오루쏘 씨는 정확한 참조 사항을 밝히지 않고, 『도이지략』 은 『천일각서목(天一閣書目)』에서 기술되었다고 했는데, 이는 부정확하다. 『사고 전서』에 사용된 사본은 천일각(天一閣)에서 나왔고, 『도이지략』이라는 제목으로는 건륭제의 편수관들에게 전해진, '천일각서목(天一閣書目)'으로 시작하는 서목(書目) 에 나타난다. 그 사본은 천일각에서 오지 않았고, 『천일각서목』이 1808년 편집될 당시 들어있지도 않았으며 그와 관련하여 어떠한 언급도 없었다. 반면, 오루쏘 씨 가 설명한 것에 『절강채집유서총록(浙江採集遺書總錄)』 무집(戊集) 69엽과 『애일정 려장서(愛日精廬藏書)』, 권17, 13~16쪽을 추가해야 한다. 원문 고증에 관해서 『대 명일통지』에 상당히 많이 인용된 것을 참작할 필요가 있고, 『대명일통지』의 문장 들은 『태평광기』와 『사림광기』로부터 취한 것들이다. 『도서집성』에 인용된 것들 은 신빙성이 떨어지며, 유구(琉球)에 관한 문장은 명대 『삼여췌필(三餘贅筆)』 『설부 속(說郛續)』 14부 1쪽에서 축약한 본)에서 인용되었다. 록힐과 오루쏘 씨의 작업 이 래로, 심증식의 것보다 훨씬 우수한 『도이지략』 주석이 후지타 토요하치 씨에 의해

通考)』에서 마단림(馬端臨)도 모르고 있다. 그렇지만 1343~1344년에 편집되

이루어졌고, 나진옥(羅振玉) 씨가 『설당총각(雪堂叢刻)』 2책에 넣어 출판했다. 왕대연의 자인 환장(煥章)을 록힐 씨는 '환장(換章)'이라 한 것은 아무런 근거가 없다. 필사본에는 '환장(煥章)'으로 되어있고 이 형태는 무엇보다도 『논어』를 환기하고 있고(8-19, 煥乎. 其有文章), 또 송나라 때는 환장각(煥章閣)이 있었기 때문에 더욱 그럴법하다. 현전하는 『도이지략』에는 3편의 서문이 들어있는데, 하나는 오감(吳鑒)의 것으로 추정되는 1350년 1월 23일의 서문과 또한 오감이 쓴 1351년 4월 4일의 것, 마지막으로 장저(張翥)가 쓴 1350년 3월 9일의 것이 있다. 이 두 인물은 알려져 있다. 오감은 자가 명지(明之)이고 푸저우(福州) 출신이다. 이에 관해서는 『원사신편』, 권92, 11쪽과 『복건통지(福建通志)』(1868년), 권195, 9쪽을 참고하시오. 장저(張翥)는 자가 중거(中擧)이고 산서 출신으로 『원사』, 권186, 9~10쪽에 열전이 있다. 그는 1278~1368년을 살았다. 그에 관해서는 『원시기사(元詩紀事)』, 권9, 2~3쪽을 참고하시오. 장저는 또한 『태암집(蛻菴集)』을 남겼는데, 상당히 다른 두 목록을 가지고 있다(사고전서총목 권167, 61~63쪽과 Mo Yeou tche 서목, 권 14, 11쪽). 『사고전서총목』 편수관들이 언급하고, 그들에 따라 내가 읽은 것처럼(『통보』, 1912, 451쪽), 1351년 4월 4일의 서문은, 1349년에 명을 받아 편집한 천주(泉州, 자이툰)에 관한 '보충' 기술인 『청원속지(清源續志)』의 서문이었다. 『청원속지』는 현재는 산실되었다. 그러나 오감이 『청원속지』의 마지막 서문을 1351년 4월 4일에 썼다면, 1350년 초부터는, 1350년 1월 23일 서문에서 오감은 이미 『청원속지』 뒤에 왕대연의 작품을 추가했다고 말하고 있으므로(故附清源續志之後), 20권의 편집이 끝났다는 것을 인정해야 한다. 게다가 판각도 이 시기부터는 완성되었어야 한다. 왜냐하면 1350년 장저는 왕대연의 책이 『청원속지』에서 이미 판각되었다고 특기하고 있기 때문이다. 그러나 왕대연이 고향으로 돌아온 시점에, 그는 책을 더 널리 유포시키기 위해 서강(西江, 이 지명은 천주 부근의 어떤 곳에 적용된 것인지 모르겠다)에서 새로운 판본을 만들었다. 이를 계기로 장저는 자신의 서문을 썼던 것이다(泉修郡乘, 旣以是誌刊入之. 煥章將歸, 復刊諸西江, 以廣其傳. 故予序之.) 따라서 1350년 초에 이미 『도이지략』의 두 판본이 있었다. 어떠한 사본도 남아있지 않는다. 모든 필사본은, 서강에서 간행되어 장저가 서문을 쓰고 있는 두 번째 판본으로 거슬러 올라가는 것 같다. 그러나 이후 이 판본에 누군가가 판각하거나 필사하는 단계에서 『청원속지』를 위한 1351년 4월 4일의 서문을 추가했다. 1330년 11월 남해에 있었던 왕대연은 1345년에 중국으로 돌아왔다. 그리고 1349년 중반까지 자신의 기술을 교정했다. 그러나 내가 보기에, 오루쏘 씨가 왕대연의 첫 번째 기술이 마지막의 것들과 너무 달랐다는 말을 오감에게 돌린 것은 잘못되었다. 내 생각에, "舊誌大有逕庭"라는 문장은 분명 외국을 언급한, 저자들이 소문으로만 말한 이전의 저술들과 관계된 것이다. 그렇지만 왕대연이 1330년에서 1345년까지 계속 바다를 떠돌아다녔을 가능성은 없는 것 같다(오루쏘 씨가 동의하고 있는 것처럼 적어도 1329년에 중국을 떠났어야 한다고 강제하는 것은 없다). 장저는 왕대연이 중국 나이로 20세(서양식으로는 19세)에 항해를 시작했다고 했고, 두 차례 바다로 나갔다고 했으므로 그는 1310년 또는 1311년에 태어나, 1329~1331년 또는 1330~1331년에

었지만, 960~1278년의 시기를 담고 있는 『송사』는 점랍을 기록하고 있다.[86] 몽골 왕조(1260~1367)에서는 진랍과 점랍 두 형태가 아무런 구분 없이 사용되었다. 주달관은 『진랍풍토기』에서 주로 진랍을 채택했지만, 서문에서는 점랍이란 변형을 언급했다. 조금 더 뒤인 1307년에 편집되어 저자가 1336년까지 수정한[87] 『안남지략(安南志略)』은 점랍으로 썼다.[88] 『원사』는 '진랍'이라고도 하고, '점랍'이라고도 했다.[89] 『대명일통지(大明一統志)』[90]에

첫 번째 여행을 했으며, 1343~1345년에 두 번째로 여행했을 것으로 생각한다.[『도이지략』에 관하여, 후지타 토요하치의 『동서교섭 연구(東西交涉の研究)』, I, 도쿄, 1932, 50쪽 이하를 참고하시오. -폴 드미에빌.]

86 권489, 5쪽. 같은 권 10쪽에서도 점랍으로 표기된 것을 찾을 수 있다.(『BEFEO』, IV, 233쪽을 참고하시오. 그러나 점랍이란 표기는, 이 텍스트에서 원래부터 있었다면, 그 정보들이 내가 생각했던 것만큼, 1001년 사신을 보낸 시기까지 거슬러 올라가지 않는다고 생각하게 한다.)

87 나는 『안남지략』의 저자에 관한 상당한 자료를 모아두었다. 별도의 주석에서 연구하고자 한다.

88 1884년본, I, 12쪽; II, 2쪽('占獵'으로 잘못되어있음); 쌩송(Sainson), 『Mémoires sur l'Annam』, 96쪽과 102쪽(색인에는 빠져있음). 이 명칭은 96쪽, 안남으로부터 '독립한' 나라와 종족이라는 상당히 난해한 목록에서 보이는데(Đại-la에서 북경까지의 거리에 관한 98쪽의 정보에서도 마찬가지임), 『안남지략』에서 『원사』 권63의 끝까지 사용되었다. 그러나 『안남지략』에서 점랍은 점성(占城, 참파) 뒤에 곧바로 나오고, 두 명칭은 같은 글자로 시작한다. 『원사』 편집자들의 부주의로 점랍을 빠뜨렸다(게다가 『도서집성』본은 점성(占城)을 고성(古城)이라고 잘못 인쇄되어 있음). 쌩송 번역본 96쪽에 관하여, 나는 포가(蒲伽)는 자바가 아니라 포감(蒲甘, Pagan)의 변형으로 보며, 녹회(淥滙)는 [yang-houai]가 아니라 [Lu-houai]로 읽어야 하고, 임파라(稔婆羅, 1630년 국자감(國子監) 간행본에는 '稔婆邏'로 되어있고, 『도서집성』본에는 '稔婆邏'로 되어있음)는 보르네오가 아니라 만족(蠻族)의 명칭이며(『대월사기전서(Đại Việt sử ký toàn thư)』, 1884년 일본판, 5, 21쪽과 『Việt Sử Thông Giám Cương Mục[월사통감강목]』, 1227), 마지막으로 주 10의 'Tcheou'는 'Tcheou Pi-ta'가 아니라, 『안남지략』에서('頭形'이 '飛頭'로 되어있음) 재 인용된 라오(Lao)족의 다양한 명칭들이 펼쳐져 있는(10권 10쪽) 1178년 『영외대답』의 저자 주거비(周去非)임을 밝혀둔다.

89 『원사』, 권7, 7쪽; 권13, 8쪽('眞蠟'은 BEFEO, IV, 241쪽에서 부주의하게 '眞臘'으로 썼다. 한편 마스페로(G. Maspero), 『참파 왕국(Le Royaume de Champa)』, 253쪽을 참고하시오); 권209, 4쪽; 권210 3쪽; 그러나 같은 책 권27 5쪽; 권33, 4쪽에서의

서는 두 형태[진랍과 점랍]만 나타나지만, 『동서양고(東西洋考)』[91], 『명산장(名

점랍으로 되어있다(이 사신은 1329년의 일이지 자일스(Giles)의 사전에서 '天曆'으로 잘못 설명한 것에 근거하여 내가 『BEFEO』, IV, 241쪽에서 읽은 것처럼, 1330년이 아니다.) 『원사』, 권13, 8쪽의 '眞蠟'이란 표기법은 근거 없는 변형이지만 두 글자('臘'과 '蠟')의 자형상 유사성이 여러 차례 재연되었다. 캄보디아라는 명칭이 『양산묵담(兩山墨談)』이 제시한(앞 60쪽을 참고하시오) 『진랍풍토기(眞臘風土記)』의 인용에서 보여주는 것은 바로 이 형태[蠟]이다. 그리고 『본초강목(本草綱目)』 sticklac 조목에서도 한 차례 더 찾아볼 수 있다(이 항목에 관해서는, 아래, §19 주석들을 참고하시오).

90 『대명일통지』는 1461년의 책으로 16세기 후반부에 상당한 부분이 증보되었다. 나는 소위 경창(經廠)이라는 명나라 관각본(官刻本)을 활용했다. 해당 문장은 권90, 12쪽에 보인다. 이 지리서의 연원은 상당히 복잡하여 별도의 주석을 붙일 만하지만, 우선은 『사고전서총목제요(四庫全書總目提要)』, 권68, 11~12쪽을 참고하시오. 『사고전서총목제요』의 편집자들은 『대명일통지』가 1370년 홍무제가 6명의 문인에게 내린 명에 따라 완성된 『대명지』를 따랐다는 것을 상기시키고 있다. 그리고 1461년 『대명일통지』가 이전 시대와 관련된 정보 대부분을 차용한 책은 1370년 없어진 이 『대명지』임에는 의심의 여지가 없다. 이를 매개로, 이 두 책의 상당 부분이 사실상 14세기 초반에 최종적으로 편집되어, 약간의 잔권만 남아있는 『원일통지』(이 책에 대해서는 조만간 설명할 것이다)로 거슬러 올라간다. 『사고전서총목제요』의 편집자들은 『대명지』를 편집한 6명이 '위준(魏俊) 등'이라고 했다. 그러나 『기록휘편』본 권144, 38~39쪽의 금언(今言), I, §51의 정보들은 '위준민(魏俊民) 등'으로 읽어야 함을 보여준다.

91 『동서양고』, 12권은 복건 용계(龍溪) 출신의 장섭(張燮)의 책이다. 그의 자는 소화(紹和)이고 호는 해빈일사(海濱逸史)이며, 1594년 진사에 급제했다(1793년 박사를 지낸, 자가 자화(子和)인 장섭(張燮)과 혼동해서는 안 된다. 이 사람에 관해서는 『장서기사시(藏書紀事詩)』, 권5, 62쪽을 참고하시오). 이 책에 관해서는 웨일리(Wylie), 『Notes on Chinese literature』, 47; 『사고전서총목제요』, 권71, 15~16쪽; 『절강채집유서총록(浙江採集遺書總錄)』, 戌, 71쪽을 참고하시오. 이 책은 왕기종(王起宗)이 1618년 쓴 서문이 있고, 초판본이 1618년이지만 『사고전서총목제요』의 편수관들은 소기(蕭基)가 쓴 것으로 추정되는 다른 서문에 1617년으로 추정되므로, 1617년에 완성되었다고 하는 틀림없는 근거가 있었다. 초판본에는 주기원(周起元)으로 추정되는 연대 없는 서문이 더 들어있다. 내가 가진 초판본 사본에는 사실 소기의 서문이나 주기원의 서문이 들어있지 않다(꾸랑(Courant), 『서목』, 1515~1518의 사본들, 그리고 『선본서실장서지(善本書室藏書志)』, 권12, 20쪽의 사본에도 마찬가지이다. 반면, 『선본서실장서지』의 사본에는 내가 전혀 모르는 부괴(傅樻)의 서문이 들어있다). 그러나 이 두 서문은 『석음헌총서(惜陰軒叢書)』에 수록된 『동서양고』의 재편집본에 수록되었다. 반면, 이 재편집본은 5장의 지도나 그 지도 뒤에 있는 『해방요론(海防要論)』이 들어있지 않다. 막우지(莫友芝)의 『여정지견전본서목(邸亭知見傳

山藏)』[92], 『천하군국리병서(天下郡國利病書)』[93], 그리고 『명사』[94]는 편집상의

本書目)』(권5, 30쪽)은 내가 모르는 방각본(坊刻本)을 언급하고 있다. 서두에 편집에 참여한 사람들의 이름이 제시되어 있다. 더글라스(Douglas, 『Catalogue』, 9쪽)는 'Suk Ke'와 'Woo Peen' 두 사람을 인용했지만 모두 '소기(蕭基)'와 '오혁(吳奕)'을 잘못 읽은 것이다. 장섭은 1637년에도 살아있었다(『명사』, 권255, 10쪽을 참고하고, 『사고전서총목제요』는 실수인지 인쇄상 오류인지 모르지만, 1645년에 대응시킨 불가능한 연대를 제시했다.) 1877년 『장주부지(漳州府志)』에는 장섭에 관한 설명이 없고 1594년 진사 명단에 언급되었고(권17, 38쪽), 그의 저술로 『동서양고』(권41, 9쪽)와 『칠십이가문선(七十二家文選)』이란 제목의 선집을 언급한 것에 그쳤다. 이 선집은 『천경당서목(千頃堂書目)』(권31, 13쪽)에는 장섭의 책으로 『한위칠십이가집(漢魏七十二家集)』351권이란 서명으로 표기되었다. 이 책은 우리에게 전해지지 않는 것 같다. 그러나 『천경당서목』(권25, 26쪽에서 장섭은 1636년에 현령직을 사임했다고 함)에 따르면 장섭은 또한 『비운거집(罪雲居集)』54권, 『비운거속집(罪雲居續集)』64권, 『북해고(北海稿)』1권, 『진장관집(藏眞館集)』4권, 『군옥루집(群玉樓集)』84권의 문집을 남겼다고 한다. 이들 문집 중 어느 것도 『사고전서총목제요』에 해제되지 않았다. 그렇지만 이들이 모두 없어진 것은 아니다. 『비운거속집』24권('64권'은 『천경당서목』에서 잘못되었을 것) 인쇄본은 절강 관아를 통해 『사고전서총목』 편수관들에게 전해졌으며(『절강채집유서총록(浙江採集遺書總錄)』, 癸, 下, 32쪽), 한편으로 오늘날까지 『고월장서루서목(古越藏書樓書目)』, 권9, 21쪽에는 장섭의 『비운거속집』53권 간행본을 언급했다(어쨌든 이 서목은 장섭을 청나라 초의 문인들 속에 잘못 배열했음). 아마 장섭에 관하여 『용계현지(龍溪縣志)』에 다른 정보가 있을 것으로 보이나 그 문집을 가지고 있지 않다. 장섭은 해외를 여행하지 않았고, 그의 책은 그의 시대까지 알려진 기록과 상인들과 선원들의 입을 통해 모은 정보들에 근거했다. 캄보디아에 관하여, 상당 부분 『진랍풍토기』를 인용하고 있는데(권3, 8~14쪽과 권12, 15~18쪽), 장섭의 텍스트는 『고금설해(古今說海)』의 원문과 같다. 캄보디아에 관하여 장섭에게서 가져올 중요한 정보는 다음 세 단락이다. 1) "지금은 이 나라의 왕도까지 오는 [중국인] 바다 장사치들이 없다. 그들은 바닷가에 있는 속국까지만 간다. 왜냐하면, [상인들이] [이 도시의] 화려함을 보지 못했기 때문이다(今賈舶未有到王城者, 只到海隅一屬國耳, 故不覩其麗靡.)" 2) "이목주(=대나무 柵; 이=籬)-그 울타리는 나무[木]로 만들었다. 바로 상주하는 중국인이 사는 곳이다(簛木州, 以木爲城, 是華人客寓處.)" 3) "배가 이목에 도착했다. 그 울타리는 땔나무로 만들었다. 추장은 이 영토의 행정을 관장한다. 과일과 비단을 가져가면, 이어서 값을 정하고 값을 치른다. 원주민의 성질은 매우 정직하다. 그들은 우리에게 [우리 상품을 상대로] 공식 주화를 판다. 우리는 그 주화를 모아두었다가 뒤에 그들이 나라의 산물을 우리에게 팔 때 되돌려준다. 거래 방식은 매우 공평하고 시장 검사관의 법을 어기지 않는다. 그래도 어려움이 있으면, 이 나라를 잘 아는 중국인들이 조사하는 사람이 된다(船至簛木, 以柴爲城. 酋長掌其疆政, 果幣將之, 遂成賈而徵償. 夷性頗直, 以所鑄官錢售我, 我受其錢, 他日轉售其方物以歸. 市道甚平, 不犯司觀之禁. 間有鯁者, 則熟地華人自爲戎首也.)" 도착해서 상인들이 주는 선물로 보이는

과폐(果幣)에 관하여, 『동서양고』, II, 10쪽 참파 조목의 같은 표현을 참고하시오.

92 하교원(何喬遠)의 『명산장(名山藏)』에 관해서는 『통보』, 1923, 195~196쪽을 참고하시오(여기에서 나는 하교원의 문집인 『경산전집(鏡山全集)』 등을 언급하지 못했다. 이 문집에 관해서는 『천경당서목』, 권25, 17쪽을 참고하시오. 이 문집은 『사고전서총목제요』에 수록되지 않았다. 어떤 사본이 존재하는지도 모른다. 아마도 없어졌을 것이다) 진랍(眞臘)과 점랍에 관한 문구는 옥형기(玉亨記) 조목, 23엽에 보인다. 문남(文枏)의 『청전잡지(靑氈雜志)』에 근거한 1824년의 『소주부지(蘇州府志)』는 장추(張丑)의 『명산장』에 관하여 언급하고 있다. 장추는 잘 알려진 인물이지만, 그가 『명산장』을 지은 것은 아니다.

93 1901년 『도서집성』 활자본, 권119, 12엽. 『천하군국리병서(天下郡國利病書)』 120권은 17세기 가장 박식한 학자 중 한 사람인 고염무(顧炎武, 1613년 7월 15일~1683년 2월 10일)가 지은 지리 서적이다. 자일스, 『중국인명사전(Chinese Biographical Dictionary)』, no 986과 『BEFEO』, I의 「색인(Index général)」의 참조 사항을 참고하시오. 이 책은 1639~1662년에 편집되었으나 간행되지는 않았다. 두 필사본이 통행되고 있다(『사고전서총목제요』, 권72, 8쪽을 참고하시오.) 120본을 뽑은 첫 번째 활자본은 1808년 용만육(龍萬育)이 사천에서 간행한 것이고, 두 번째는 같은 조건으로 1823년에 나온 것이다. 마침내 1831년에 용만육은 자신의 부문각(敷文閣)에서 고조우(顧祖禹)의 『독사방여기요(讀史方輿紀要)』와 『천하군국리병서』(더 글러스가 『서목』, 66쪽에서 1811년으로 연대를 잘못 추정한 판본일 것이다)를 합친 목판본을 간행했다. 1879년 사천에서 나온 설씨(薛氏) 판본 이후로, 내가 활용하고 있는 1901년 판본이 있다. 이 두 판본 모두 『독사방여기요』을 수록하고 있다. 『천하군국리병서』의 모든 판본이 터무니없는 이체(異體)들을 고염무 자신에까지 거슬러 올라가게 하지 못할 정도로 잘못된 것은 아니다. 필사자들의 부주의함이 상당 부분 작용했다. 고염무는 지리 관련 대작인 『조역지(肇域志)』[막우지(莫友芝)의 서목, 권5, 15쪽을 참고하시오]를 필사본으로 남겼다. 이 책의 간행이 시도된 지 10여 년이 지났는데, 완성되었는지는 모르겠다. [1943년 팡 자오잉[房兆楹] 씨는 『조역지』가 출판되지 않았다고 했고, 남경에 있는 잔권의 두 필사본을 알려주었다. 『Eminent Chinese of the Ch'ing Period (1644~1912)』, I, 424쪽을 참고하시오. -폴 드미에빌]

94 『명사』는 1368~1643년까지를 수록하고 있음에도, 18세기에 완성되었다. 편집은 1645~1739년 동안 이루어졌다. 진랍과 점랍의 명칭에 관한 언급은 권324, 5쪽에 보인다. 외국에 관한 이 전(傳)은 한편으로 우통(尤侗, 1618~1704)이 지은 것이고, 그의 저서에 들어있다(『휘각서목(彙刻書目)』, 권9, 40쪽). 『도서집성』에서 이미 활용되었음을 말해주는 것이 바로 이 책이다. 『도서집성』은 『명외사(明外史)』라는 서명으로 된 필사본에 따라 이 책을 인용했다. 진랍(眞臘)의 명칭에 관한 문장은 「변예전(邊裔典)」, 권101, 4쪽에 들어있다. 정효(鄭曉, 1499~1566)의 『오학편(吾學編)』에 들어있는 『사이고(四夷考)』, 권상, 43쪽에는 '진랍'과 '점랍' 두 명칭이 언급되었으나 점랍은 참파 사람들의 승리와 연관되어있지 않다.

차이만 있을 뿐, 캄보디아는 1190년 참파에게 승리한 이후95 '진랍'이라는
옛 명칭을 점랍으로 바꾸었고 진랍은 원나라 사람들에게 다시 채택되었다
고 한다.96 사람들은 1200년경 다른 저자들에게 이러한 설명을 찾으려 했

_____

95 마스페로(G. Maspero)가 지적한 것처럼, 중국의 자료들은 캄보디아가 참파와의 전쟁
에서 승리한 연대를 1199년으로 잘못 추정했다. 그 연대는 확실히 1190년이다(『Le
royaume de Champa』, 222쪽 주2를 참고하시오). 마스페로 씨가 1199년이라는
잘못된 연대에 관한 참고자료에 더 오래된 특히 1225년에 쓴 조여괄의 『제번지』를
추가해야 한다(조여괄, 54쪽). 그렇지만 나는 다른 텍스트들이 공통의 오류에 대한
책임이 있는 조여괄의 책을 베끼지 않았다고 절대 확신하지 않는다.

96 흥미롭게도 '점랍(占臘)'이란 형태는 조지 필립스(G. Phillips)가 연구한 해도에서
(『JChBRAS』, XX, 209~226쪽; XXI, 30~42쪽; 특히 XXI, 40쪽과 지도의 해당 부분
을 참고하시오) 두 차례 언급되었을 뿐이다. 이 해도의 기원에 관해 필립스가 제공
한 설명은 너무 소략하고 부분적으로 부정확하다. 웨일리(Wylie, 『Notes』, I, 74쪽)
는 과감하게 권수나 연대를 제시하지 않은 시영도(施永圖)의 책으로 돌리는 『무비
비서(武備秘書)』에 관해 말했지만, 그의 설명에 따르면, 그것은 최근에 간행된 것일
수 있다('현대 책의 순서로 되어있음). 필립스가 이 해도를 출간할 당시, 『무비비서』
의 마지막 권에서 발췌했다고 했고, 우리는 여러 차례 '『무비비서』의 지도'에 관해
말했다고 한다(예를 들어, 『BEFEO』, IV, 208쪽). 그러나 1895년 『JRAS』에서 필립
스는 뜬금없이 『무비지』를 그가 마지막 권에서 지도를 찾은 책으로 언급했다(527
쪽). 한편, 『JChBRAS』의 영인한 지도에 관해서, 그는 두 차례 『무비지』, 권240에
서 복사했다고 밝혔다. 사실 『무비비서』와 『무비지』는 다른 책이다. 내가 가지고
있는 중국 문헌 자료 어디에도 『무비비서』에 관한 언급을 찾지 못했다. 그렇지만
이 책은 그다지 희귀한 것도 아니어서 내가 소장하고 있다. 1923년 문교당(文敎堂)
에서는 '4권 본'을 10엔에 팔고 있었다. 이 사본은 내가 가지고 있는 판본이 '5권
본'이므로 분명 불완전한 책이다. 서명을 쓴 면에만 와운거(臥雲居) 판각이라는 언
급과 함께 『무비비서』로 되어있고 익명의 연대가 없는 서문이 이어진다. 표기된
성명은 작자가 절강 수수(繡水=秀水) 출신의 '산공(山公)'이란 자를 가진 시영도임
을 보여준다. 그리고 교정에 참여했던 세 아들의 이름이 들어있다. 나는 시영도에
관해 아무것도 모르지만, 내용과 판각된 것으로 볼 때, 이 책은 17세기 중반에 나
온 것으로 보였다. 5권에 의심의 여지 없이 『무비지』에서 영인된 것과 같은 원본
에서 나온 남해의 해도가 있었지만, 수많은 오자로 손상되어 있었다. 그렇다고 해
서 『무비비서』가 『무비지』를 베낀 것이 확실하다고는 보이지 않았고, 적어도 필립
스가 따른 『무비지』의 텍스트와 관련하여 어느 정도 『무비비서』가 제공하는 변형
들을 바로잡을 필요가 있다. 『무비지』로 말할 것 같으면, 훨씬 더 중요하고 더 큰
가치가 있는 책이다. 240권 이하는 아닌 이 책의 마지막에는 남해의 해도가 들어있
다. 저자는 학자 집안 출신으로, 자가 지생(止生)이며, 절강 귀안(歸安) 사람 모원의
(茅元儀)이다(다른 저술에 관해서는 나진옥의 『휘각서목(彙刻書目)』, 辛, 3쪽을 참

지만, 분명 이러한 변경은 중국인들이 만들어 낸 말일 것이다.[97] 그렇지만

고하시오). 서문으로 판단하건대, 책은 1621년 완성되어 간행되었다. 그러나『천경당서목(千頃堂書目)』(권13, 5쪽)은 1628년 음력 3월에 황제에게 헌상했다고 한다. 인쇄된 사본이 절강 당국을 통해 건륭제의 사신들에게 전해졌다고 하더라도(『절강채집유서총록(浙江採集遺書總錄)』, 庚, 81),『무비지』는『사고전서총목제요』에 해제되지 않았고, 황제의 사신은 만주 왕조에서 만들어진『무비지략』이라는 서명의 5권 축약본에 관하여 언급하는 것에 그쳤다. 이러한 침묵의 원인은『무비지』의 어떤 부분이 명나라 말 다른 저술에서 그랬던 것처럼, 만주 왕조에 불경한 것으로 보였기 때문일 것이다. 아직도 찾을 수 있는 명나라 초판본 이외에도 도광(道光, 1821~1850) 시대에 나온 활자본, 19세기 중반 호남에서 나온 목판본이 있다. 게다가『칸세키 카이다이(漢籍解題)』, 568~569쪽, 1899년 간행된 도쿄 제국대학 도서관 서목(789쪽)은 1664년에 간행된 81권 일본판을 언급하고 있고, 이 판본은 우카이 노부유키(鵜飼信之)가 해제한 바 있다. 나는 국립도서관에(펠리오, B1400)『무비지』사본을 들여왔다. 대영박물관에는 낙질의 네 사본이 있다. 발췌한 필사본들에 관해서는 1899년 도쿄 대학의 서목, 789쪽과 자일스,『웨이드 컬렉션 서목』, 37쪽을 참고하시오.『무비지』와『무비비서』를 통해 재연된 남경에서 아프리카 동해안까지의 해도는 이미 필립스가 살짝 언급하기는 했지만, 더 흥미로운 문제를 제기한다. 자세하게 연구되어야 할 것이다. 해도는 상당수의 위도를 '지(脂)'와 '각(角)'으로 표시했다. 이 체계를 위도를 '손가락'이란 의미의 'iṣba'와 'zām'(나는 이 단어의 의미를 모름)으로 표현하는 이슬람교도들의 항해 지침서와 비교하지 않을 수 없다. '손가락' 표기 체계는 중국에서 알려지지 않았고, 각(角)은 단순히, 오늘날 은달러의 10분의 1을 지칭하는 데 사용하는 것과 마찬가지로, 주요 측정 단위의 하위 단위를 표시하기 위해 사용되었을 수 있다(iṣba'당 8zām). 따라서 나는 중국인들이 여기에서 아랍어 표기법을, 틀림없이 아랍인들이 이러한 계산을 위해 사용한 같은 도구를 가지고 차용했다고 생각하고 싶다. 한편으로 위도는 북극성[北辰]을 기준으로 하기도 하고 '화개(華蓋)'라 부르는 별을 기준으로 표현되었다. 필립스는, 전혀 그럴법하지 않지만, 북극성의 상승이 5도 이하일 때, 아랍의 항해사들이 위도를 측정하기 위해 채택한 'farḳdain'(글자적 의미는 '두 눈') 즉 작은곰자리의 베타와 감마라고 추측했다. 그러나 중국 일반 천문학에서 화개는 카시오페이아의 일곱별을 가리킨다(슐레겔,『Uranographie chinoise』, 533, 809쪽을 참고하시오). 여기에는 해결하지 못한 난제가 있다. 중국의 해도는 15세기 초 인도양에서 환관 정화(鄭和)의 항해와 관계되는 것으로 알려져 있다. 그러나 같은 세기 이븐 마지드(Ibn Mājid)의 아랍 항해 지침서의 연대와 너무 가깝다. 옛날 포르투갈 행해가들의 내용과 비교하며 아랍 항해 지침서를 연구한 페랑(Ferrand) 씨는『무비지』의 해도와 아랍 항해술의 관계 문제를 깊이 연구해야 했다. 틀림없이『무비지』의 지도에서 제공된 위도와 방향 지침을 근거로 했을, 1520년 황성증(黃省曾)이 활용했으나, 알려지지 않은『침위(針位)[편]』가 영감을 받은 것은 바로 아랍의 항해 지침일 것이다(『차이나 리뷰』, III, 224쪽; BEFEO, II, 139쪽과『통보』, 1915, 77쪽). 용어상으로 볼 때, 중국의 해도는 모원의의 시대보다 훨씬 이전임이 틀림없다. 캄보디아의 명칭으로 '점랍'이라는

우리는 그럴만한 근거를 전혀 알지 못하고, 그리고 현지의 명칭은 이미 당나라 시기에 중국어로 알려진 크메르의 명칭이고[98], 몽골 시대 문헌에서

형태를 같이 사용한 것이 하나의 증거이다. 나는 더 나아가 이 해도가 몽골 시대까지 거슬러 올라가, 마르코 폴로와 동시대의 것이라고 하는 필립스에 동의하고 싶지는 않다. 제리니가 필립스의 지도를 1319년으로 추정한 것은(『Researches on Ptolemy's Geography of Eastern Asia』, 794쪽) 내가 아는 한, 아무런 근거도 없으며, 혼동의 결과임이 분명하다. 게다가 '점랍'이란 형태가 여전히 1535년 황충(黃衷)이 『해어(海語)』에서 시암에 할애한 단락 끝에 사용되었다는 것을 알려주고자 한다. 그렇지만 이것은 황충의 의고주의에 기인한 것으로 보인다. [『무비지』에 관하여, 뒤펜다크, 『마환』, 암스테르담, 1933, 17~22쪽; 펠리오, 「15세기 중국의 대항해」, 『통보』, 1933, 351쪽; W.Z. Mulder, 「The 'Wu Pei Chih' Charts」, 『통보』, 1942, 1~14쪽을 참고하시오. 『침위[편]』에 관해서는 펠리오, 『통보』, 1933, 345~346쪽과 1934~1935, 308쪽을 참고하시오. -폴 드미에빌]

97 진(眞)과 점(占)의 다른 변화에 대해서는 캄보디아의 지방을 기술한 §33의 주석에서 논의할 것이다.

98 『구당서』(10세기, 권197, 2쪽)는 "남방의 사람들이 진랍국를 '길멸국(吉蔑國)'이라 불렀다."(南方人謂眞臘國爲吉蔑國. 같은 문장이 『책부원구』, 권957, 70쪽에도 보임). 『신당서』(11세기, 권222하, 2쪽)는 캄보디아 조목을 길멸로 시작하며, "진랍, 혹자는 길멸이라 한다(眞臘一名吉蔑)"라고 하였다. 『당회요』(961년에 완성됨. 『JA』, 1913, I, 262쪽을 참고하시오)는 『구당서』와 같은 정보를 제시하고 있지만, 628년으로 말하고 있으며 문두에 '금(今)'자를 두었다("지금은, 남방의 사람들은…"). 여기 '금(今)'자는 『구당서』, 『당회요』, 『책부원구』가 참고한 자료에 있었을 것이다. 인쇄상의 오류들이 두 『당서』의 참조사항과, 『BEFEO』, II, 125쪽의 '길멸(吉蔑)'이라는 같은 명칭을 변경시켰다. 길멸은 고음으로 [Kiĕt-miet]이고, 그것이 크메르임에는 의심의 여지가 없다. 하지만 [Kiĕt]의 종성 치음은 설명하기 어렵다. 종성 순음이 예상되기 때문이다. 한편, 혜초(慧超)의 『왕오천축국전』에 관한 혜림(慧琳)의 주석(817년 완성됨)은 각멸(閣蔑)을 언급하고 있는데, 혜림에 따르면, 각멸의 옛 명칭이 '임읍(林邑)'이라고 한다. (임읍은 한국 판본에 따른 것으로, 이 한국 판본은 '읍심(邑心)'이라고 한 인징(忍澂)이 수정한 복사본이다. 따라서 내가 『BEFEO』, IV, 220쪽에서 말한 것을 고쳐야 한다.) 임읍은 참파의 옛 중국식 명칭이므로, 혜림이 실수한 것이 분명하며, 1904년부터 나는 각멸(閣蔑)을 크메르의 명칭으로 볼 것을 제안했다. 어쨌든 나는 각멸이 [Kâk-miet]으로 발음되고, 고음에서 '각(閣)'의 종성 후음은 문제가 된다는 점에 주목하게 했다. 그로부터 나는 둔황에서 혜초 기록의 대부분을 발견했고, 이 순례자가 725년 동투르키스탄을 거쳐 인도에서 돌아왔다고 알고 있다. 그러나 이 책의 첫 부분, 즉 혜초가 각멸을 언급하고 했을 부분은 없어졌다. 반대로 다른 주석과 의정(義淨)의 『대당서역구법고승전(大唐西域求法高僧傳)』과 관련하여, 혜림은 다시 각멸(閣蔑)이란 나라를 거명했다(『일본대장경』, 爲, X, 45쪽). 그러나 이번에는 고음으로 [Kâp-miet]인 '합멸(閣蔑)'로 표기했다. 원칙상

중국어로 나타나는 '캄부자'(Kambuja, 또는 kamvuja)라는 명칭임에도 불구
하고,[99] 첫 번째 글자가 항상 중국어로 참(Cham)과 같은 명칭을 옮기는 데
사용된 점랍(占臘)은 일정하게 원래의 'Čam-rǎp'으로 이끌고, 이 'Čam-rǎp'
은 바로 '정복된 참'을 의미하고 마찬가지로 시엠 라프(Siem-rǎp)는 '정복된
시암'을 의미한다. 이 같은 명칭이 크메르 왕국의 공식 명칭으로 불리는
시점에 통용되었다는 것이 불가능하지는 않다. '진랍(眞臘)'이라는 옛 명칭
도 비슷한 설명으로 가능해질 수 있다. '진(眞)'자는 당나라 시기와 그 이전
에 'čin'을 옮기는 데 자주 사용되었다. 따라서 진랍은 일정하게 Čin-rǎp(현
대 캄보디아어로는 Čěn-rǎp일 것임)에 대응하고 그 의미는 '정복된 중국인'일 것
이다. 메콩강 유역을 따라 캄보디아 역사의 건국자들은 인도차이나 북부
의 중국 속령들과 매우 빠르게 접촉하게 되었다. 어떤 분쟁의 결과로 '중
국인들을 정복한 사람들'로 선언하게 되었고, 중국의 실체 이름처럼 부수
적인 이러한 명칭으로 중국인들을 지칭하며 교묘한 기쁨을 누린 것일까?

구분은 되지만, '각(閣)'과 '합(閤)'은 중국어에서 흔히 통용한다. 그리고 나는 이 '합
멸(閤蔑)'이 여기서는 실제 표기임을 의심치 않는다. 그러므로 크메르에 대응시키
는 것은 타당하다. 나는 『Etudes asiatiques publiées à l'occasion du vingt-cin-
quième anniversaire de l'école d'Extrême-Orient』, II, 262쪽의 글에서 각(閣)이
아니라 여기 합(閤)자임을 입증했다. 『당서』의 길멸(吉蔑)에 관해서는, 『신당서』
가 단지 『구당서』을 베꼈을 것이다. 아마도 『구당서』와 『당회요』는, 초서로 '합(閤)'
자의 '문(門)'이 보통 '합(合)'자 위에 올라간 비음 부호(tilde)처럼 축소되어 있어서
'길(吉)'자로 서법상 오류를 일으킨 어떤 자료를 활용했을 것이다. 그러나 자형이
비슷하여 생긴 오류일 수도 있다. 용례들은 후음과 함께 있는 것보다는 종성의 폐
쇄 치음과 함께 있는 것이 더 적다. 위에서 언급한 『도이지략』 주석에서, 후지타
토요하치는 '계몰(繼沒)' 두 글자가 들어있는 『원사』의 문장에서 크메르 명칭을 찾
을 것을 제시했다. 그러나 그곳은 내가 『BEFEO』, IV, 327~328쪽에서 언급한 텍
스트의 그곳이다. 그 문장의 모든 명칭은 수마트라의 나라들과 관계된다. 후지타 토
요하치의 가설은 취할 것이 못 된다고 생각한다.

[99] 주달관의 「총서」, 그리고 『BEFEO』, II, 137쪽(47쪽)에서 내가 번역한 문장과 그
주석을 참고하시오.

그 뒤에 그들이 참파를 침공한 결과로 의도적으로 고친 것일까? 분명 많은 가설이 들어있지만, 그것들은 이러한 해법이 크메르 전문가들의 판단에 회부할 만한 정도로 상당히 놀라운 일치성에 근거하고 있다.

『진랍풍토기』에서 전사한 것들을 검증하는 과정에서 곧바로 정확한 결론을 끌어내는 것은 매우 어렵다. 우리는 당나라 시기의 공고한 현장에 있지 않다. 그렇지만 여러 예증이 비음 종성의 관점에서 우리가 예상한 것을 확인해준다. 즉, '-m' 종성은 '-n'으로 바뀌지 않았다. 확실히 북중국에서 1300년경 무음화된 고음의 폐쇄 종성에 관하여, 우리의 전사(傳寫)들은 후음과 순음이 중원과 남중국의 발음에서 치음보다 더 남아있음을 시사하는 것으로 보인다. 결국, 캄보디아어 발음은 당시 캄보디아 문인들이 인도어 음가에서 추출한 이론적 발음과 현대 발음 사이의 중간 단계에 있었던 것 같다.

III-6. 원문 해설[100]

총서(總敍)

〔1〕 '서문'이란 말이 글자 그대로 '일반 설명'을 뜻하는 중국어 총서(總敍)라는 사고를 '총론'보다 더 잘 옮기고 있다.

〔2〕 나는 '서번경(西番經)'에 해당하는 것으로 '티베트 종교 서적'을 채택했다. 1902년에 내가 말한 것과는 반대로, 사실 나는 중국의 몽골인들은 라마교 자료를 잘 알고 있기는커녕, 직접 산스크리트어 자료를 활용했다는 점, 따라나타(Tāranātha)의 캄보자(Kam·bo·ja, Kamboja에서 나온 Kamboja)는, 캄보디아를 겨냥한 것으로, 이 나라의 명칭이 티베트인들에게 알려지지 않았음을 보여준다는 점을 고려하지 않은 것 같다. 따라나타의 책은 1608년으로 추정될 뿐이고, 캄보디아가 언급된 더 오랜 티베트어 텍스트들은 지금까지 우리에게 전해지지 않는다. 주달관이 제시한 '현지 명칭'은 [Gamboji]로 이끌고, '서번경'에 따른 표기는 [Gampuji, 澉浦只]를 상정한다

---

100 『사고전서총목제요』의 해제 번역에서(『BEFEO』, II, 135~136쪽), 세세하게 고칠 부분이 몇 가지 있다. "그 문장은 귀중하고 적절하다."라고 한 것은 "그의 스타일은 매우 풍부하다."라고 고친다. "그러므로 잘 간직하여 예속된 사람들에 관해 정보를 주는 사람들의 책들을 교정해야 한다."라고 한 것은 "따라서 속국들에 관한 외부의 설명을 쓴 사람들과 대조하여 조절하는 수단을 보완하도록 확고히 보전되어야 한다(是固宜備參訂, 作職方之外紀者矣)."라고 고친다. 여기서는 알레니(Aleni)의 『직방외기(職方外紀)』을 암시하는 것으로 보인다. "그 책을 이르게 하자" 대신에 "그 책을 보여주다."라고 고친다. " 이 책에서 그는 주달관이란 저자의 재능에 경의를 표했다." 대신에, "이 책에서 과연 [오구]연도 주달관이란 저자의 재능에 경의를 표했다"로 고친다. 47쪽 서명된 표기에서 "자(字)가 초정(草庭)으로, 관직이 없는 사람이었다" 대신에 "자가 초정유민(草庭遺民)이다."라고 고친다.

는 것에 주목하자. 감포지(澉浦只)에서 앞의 두 글자는 절강에 있는 '감포(澉浦)'라는 옛 항구의 이름이다. 마르코 폴로는 이 항구를 '간푸(Ganfu)'라고 하였다. 중세의 중국인들은 이처럼 캄보디아라는 명칭의 무성 첫음절을 유성음처럼 들었다. 유사한 현상은, 더 이후이긴 하지만, 고무 수지인 'Gamboge'라는 영어 명칭에서 나왔다. 주달관이 제시한 두 형태에서 모음 종성이 [-i]이지 [-a]가 아니라는 것이 특이하다. 캄보디아어 현대 발음에서 종성 [a]의 어음 변조는 어쨌든 티베트어 표기에 따랐다고 하는 전사에서의 종성 [-i]를 알려주지 않는다. 『동서양고(東西洋考)』와 『명사』에서 잘못된 표기로 나타난 '감파자(甘破蔗)', 마찬가지로 명나라 시기 캄보디아 왕의 칭호에 들어있는 '감보자(甘菩者)', '감무자(甘武者)'라는 전사는 반대로 습음(濕音) 음색인 모음 [a]를 상정하고, 결과적으로 캄보디아의 종성과 일치한다.101 이는 이미 1292년, [Kambuča]를 상정하는(『BEFEO』, IV, 241쪽) '감부찰(甘不察)'이란 형태와 같다. 내가 활용한 '간부석(干不昔)'이란 명칭도(『BEFEO』, IV, 240쪽), 간(干)이 고음에서 순음이 아니라 치음의 종성 비음이기 때문에 어렵게 만든다. 그렇지만 우리는 '감푸(Gamfu)'102로 되어야 할 것 같은 마르코 폴로의 '간푸'와 유사한 하나의 변칙만 가지고 있을 것이다. 한편, 캄보디아어 비문들과 현대 용법에는 모음 [u]를 가지는 형태만 알려졌기 때문에, 주달관이 현지 명칭에 모음 'o'를 가지는 형태를 부여한 것과 반대로, 타라나타와 아마 그의 선임자들이, 인도 북서쪽의 Kamboja

---

101 [캄보디아의 공식 명칭 발음은 'Kampuča'로, 종성 모음 'ă'는 'éa'와 'ie'의 중간 소리를 가진다. 주달관이 종성 모음 [-i]를 가지는 글자를 사용한 것은, 유성음 뒤에 옛 [ă]에 해당하는 이러한 이중 모음을 표현하기 위함이었을 것이다. 이는 현대 발음에 따라 이루어진 하나의 전사이자 하나의 용례일 것이다. -조르주 세데스]

102 사실 B.N. 675 필사본에는 'Gamfu'가 'Gainfu'로 되어있다. 그리고 라무지오(Ramusio)는 'Gampu'로 인쇄했다. 이것이 마르코 폴로의 원본일까?

사람들처럼 'u'가 아니라 'o'가 들어간 'Kamboja'로만 쓸 때, 모음 'u'를 가지는 '티베트의' 표기를 제시했다는 점은 상당히 놀랍다. 주달관이 보여준 표기들은 몽골 시기 어떤 텍스트에서도 보이지 않는다. 명나라 시기 감패지(甘孛智)는 분명히 이로부터 나왔다. 따라서 명칭들이 전도되지 않았는지, 주달관의 초기 원문에 현지의 명칭이 감포지(澉浦只)였고, 감패지는 '서번경'에서 추출한 형태라고 말하지 않았는지에 의문이 든다. '동포채(東埔寨)'로 된 것은, 내가 제기한 대로(『BEFEO』, II, 126~127쪽), 여전히 그렇게 생각하지만, 간포채(柬埔寨)의 서법상의 변형으로, '간포채'라는 형태의 첫 글자는 고음에서 '-m'이 아니라 '-n'을 종성으로 가지며, 중국어에서 '-m' 종성이 이미 '-n'으로 바뀐 시기로 거슬러 올라갈 뿐이다. 말하자면 1500년경 이전이 아니다. 사실 이러한 변형은 1600년경에는 전혀 보이지 않는다.[103] 『BEFEO』, II, 137쪽 주3에서 '감보(甘菩)'와 '감보차(甘菩遮)'는 'gan pu'와 'gan pu zhe'로 표기되어야 하며, 'Kambhu'가 아니라 '캄부(Kambu)'로 읽어야 한다.[104]

---

103 『명사』(권324, 6쪽)에는 캄보디아의 명칭이 '만력(萬曆, 1573~1629) 이후' 동포채(東埔寨)로 바뀌었다(萬曆後又改為東埔寨)고 한다. 이 명칭은 1617년에 완성되어 1618년에 간행된 『동서양고』에서 확인되므로 적어도 '만력제 제위 시기'로 읽어야 한다. 또한, 『BEFEO』, IV, 392쪽을 참고하시오. 『Researches on Ptolemy's Geography of Eastern Asia』(615~615쪽) 마지막 부분에서 제기된 제리니 씨의 가설은 여러 이유에서 지지할 수 없고, 이 사실만으로 '동포채'라는 명칭이 1618년 이후라고 추정하고 있다. 블로쉐(Blochet) 씨가 『Djami el-Tévarikh, histoire des Mongols』, II(1911), 452쪽에서 표기한 것들인 '柬浦寨'와 '東浦寨'라는 표기들을 결코 찾을 수 없다고 생각하지 않는다. 이는 파커(Parker) 씨가 글자 혼동에(『차이나 리뷰』, XIX, 196쪽) 의한 것이다. "중세에 캄보지아(Cambogia)를 방문한 일본 상인들은 '감포채(甘浦寨)'라고도 말하곤 했다."라고 하였는데, 파커 씨가 참조하게 한 1865와 1872년의 『JChBRAS』에는 전혀 그렇지 않다.

104 마찬가지로 『BEFEO』, II, 247쪽과 IV, 546, 547쪽에서 [Kan-pou-che]라고 한 것은 [gan pu zhe]로 읽어야 한다. 그러나 당나라 시기에 이 보(菩)[bcuo]는 'bo'를 옮기므로, 불교 문헌의 옛 형태들은 산스크리트어 캄보자(Kamboja)에 정확히 대

〔3〕 "이는 음성적으로 감패지와 가깝다(蓋亦甘孛智之近音也)"라고 한 뒤에, 『역어휘해(譯語彙解)』[105]는 다음과 같은 몇 구를 끼워 넣고 있다. "그 남쪽에는 안수의 큰 강이 있다. '안의 음은 안(案)이고, 따뜻한 물이라는 뜻이다(其南有浹水大河. 浹音案, 煖水也)." '난(煖)'자는 '난(澳)'의 이체자이고, 그 자체는 '난(暖)'과 '난(暖)'에 해당한다. 자일스의 사전에 수록되지 않은 '안(浹)'자는 접하기 힘든 글자로, 2세기 『설문해자』에 들어있고, '따뜻한 물'로 풀이되어 있다. 그러나 이러한 구가 여기에 어떻게 들어오게 되었는지 전혀 알 수 없다. 주달관은 단지 캄보디아의 명칭들만 언급하고 이어서 이 나라로 가는 길을 표기했다. 이 문구는 나라의 입구나 변경을 묘사하는 것에 지나지 않는다. 따라서 이 문구가 가필된 것으로 생각하고 싶다. 어쨌든 어떻게 그러한 가필이 이루어졌는지 모르고, 엄격하게 말해서 『진랍풍토기』의 현 텍스트가 당윤공(唐允恭)이 인용한 위의 문구가 초반부를 구성했는데, 그 부연을 삭제했다는 추측도 불가능한 것은 아니다. 어쨌든 '안(浹)'자에 관한 음성적 의미적 언급은 『진랍풍토기』 원문에 더 작은 글자로 두 줄에 쓰인 주석일 것이다. 실제로 우리는 유사한 주석들이 상당수 있었음을 볼 수 있을 것이다. 사실은 이와 같은 것은 극소만 남아있다. 그러나 어떤 것은 저술의 본문으로 바뀌었고, 다른 것들은 도종의(陶宗儀)라든가 『고금설해(古今說海)』의 편집자들에 의해 삭제되었을 것이다. 하지만 어찌되었든, 당윤공이 전승되는 텍스트보다 더 완전한 텍스트를 인용했는지는 의문을 가질 수 있다.

응한다.

[105] 이 책에 관해서는 위의 213쪽을 참고하시오.

〔4〕 방향은 24개의 주기적 글자와 괘(卦)의 명칭으로 표기되었다. 이것은 지남침에 들어있는 것으로, 중간의 구분을 위해 두 글자를 짝지어, 48구역으로 나뉘었다. 클라프로트(Klaproth)가 나침판의 발명에 관하여 훔볼트(le baron A. de Humvoldt)에게 보내는 편지에서 1834년부터 활용된 주달관의 텍스트는 오늘날까지 이 시스템이 항해에 적용된 가장 오래된 자료로 남아있다. 또한, 드 쏘쉬르(L. de Saussure, 「L'origine de la rose des vents et l'invention de la boussole」,『Archives des sciences physiques et naturelles』, Genève, 1923에서 발췌한 것), 12쪽과 24쪽을 참고하되, 『통보』, 1924, 52~53쪽에서 내가 교정한 것을 고려하시오. 정미(丁未)는 1902년 내가 말한 대로 남남서에 해당하지만, 곤신(坤申)에 대해서 '남서 ⅓ 서쪽'으로 잘못 설정했다. '남서 1/6 서쪽' 또는 드 쏘쉬르 씨가 말한 대로, 'S50°31′W'로 읽어야 한다.

〔5〕 "복건, 광동과 해외 주(州)의 항구들을 지난다(歷閩·廣海外諸州港口)." 1902년 '복건'을 '통킹'이라고 한 것은 인쇄상 오류이다. 새 번역문이 원문에 더 가깝다. 나는 '주(州)'자를 '도청소재지'로 번역했는데, 여기서는 특수한 행정적 의미가 있는 것이 아니라, 상선들이 항구로 들어가지 않고 앞을 지나게 되는 복주, 천주, 광주 그리고 해남의 경주(瓊州)처럼 '주'로 끝나는 명칭을 가진 지역을 지칭한다. 해외(海外)라는 표현은 여기에서 분명 해남(海南)을 가리킨다. 해남의 4개 주는 일반적으로 13세기에 '해외사주(海外四州)'라는 이름으로 지칭되었다(예를 들어, 수산각총서(守山閣叢書)본 『송계삼조정요(宋季三朝政要)』, 권6, 5쪽을 참고하시오).

〔6〕 "일곱 섬의 바다를 건넌다(過七洲洋)". 1902년 나는 메이어스(『차이나 리뷰』, III, 326쪽), 흐루너펠트(『Notes on the Malay Archipelago and Malacca』, I, 151쪽), 히어트(『통보』, V, 388쪽)에 이어서 '칠주(七洲)'가 '파라셀 군도'라고 제시했었다. 히어트와 록힐 씨는 1912년 『조여괄(CHAU JU-KUA)』, 185쪽 에서 여전히 유지했고, 록힐 씨는 1915년 『통보』, 112, 113쪽에서 따랐다. 그러나 1904년부터 칠주가 사실상 8세기 말 가탐(賈耽)의 여정에서('九'자가 '七'자의 잘못임을 배제하지 않음) 구주(九州)와 같으므로, 어쨌건, 칠주는 해남 의 남쪽에서 멀리 떨어진 파라셀 군도가 아니라, 해남의 북동쪽 지점에서 약간 동쪽에 있는 타야(Taya) 군도임을 지적했다(州=洲).[106] 이러한 대응은 『무비지』와 『무비비서』(이 책에서 명칭은 '七川'으로 바뀌어 있음)의 해도상에 보 이는 칠주의 위치뿐만 아니라, 『동서양고』(권9, 3쪽과 4쪽)와 『경주부지(瓊州 府志)』의 매우 정확한 설명에서 나온 것이다. 『문창현지(文昌縣志)』를 인용 한 『경주부지』는 다음과 같은 문장을 담고 있다.[107] "칠주양산(七洲洋山)은 문창현[108]의 동쪽 100리 남짓에 있고 바다 한 가운데이다. 일곱 봉우리가 불규칙하게 서 있고, 동고산(銅鼓山)[109]과 연접하여 있다. 모두 석문(石門)을 가지고 있다. 위는 산이고 아래는 샘이다. 항해하는 사람들은 잊지 않고 땔감과 물을 취한다. 원나라 시기 유심(劉深)이 송나라의 단종(端宗)을 추격

---

[106] 『BEFEO』, IV, 208쪽. 216쪽의 '구주(九洲)'는 실수이다. 원본의 글자는 372쪽에 주어진 것이다. 한편, '주(洲)'는 필사하는 사람들이 옛날에 '주(州)'로 바뀐 가탐의 초기 형태일 것이다.

[107] 1841년의 『경주부지』, 권4 상, 27쪽.

[108] 문창현은 해남 북동부에 있다.

[109] 동고산(銅鼓山)은 문창현의 동쪽 60리에 있다. 『동서양고』, 권9, 4쪽; 『경주부지』, 권4 상, 25쪽을 참고하시오. 두 자료는 원주민들이 만드는 청동의 북에 관해 언급 하고 있다.

하면서¹¹⁰ 그곳에서 유여규(兪如圭)¹¹¹를 사로잡았다(七洲洋山縣東百餘里大海

110 1276년 6월 14일 복주에서 황제를 선언한 조시(趙昰, 또는 조하?)로, 참파에 피신
하려 했지만 1278년 5월 8일, 뇌주(磁洲)라는 중요한 주요 섬의 옛 이름이나, 오
늘날 광주만 프랑스 할양지에 속한 강주(碙洲)에서 죽었다(자일스, 『중국인명사전
(Chinese Biographical Dictionary)』, no 182와 177을 참고하시오. 여기에서 두
차례나 강(碙)자는 잘못 '망(碙)'자로 인쇄되었다. 그리고 마드롤(Madrolle), 『남중
국(Chine du Sud)』, II, [1916], 58쪽; 1918년 『인도차이나 리뷰(Revue indo-
chinoise)』에서 발췌한 「송나라의 마지막 황제들의 뇌주 섬 체류에 관한 연구
(Recherches le séjour à l'ile de Nao-tcheou des derniers empereurs de la dy-
nastie des Song)」, 여기에서 임베르(H. Imbert)는 오천(吾川)과 뇌주(雷州)의 현
지를 활용했다. 그리고 『불조역대통재(佛祖歷代通載)』, 일본대장경, 致, XI, 41쪽
에는 '망천(啁川)'으로 잘못되어있고, 강천(碙川)은 고빌(Gaubil)의 『칭기즈칸과
몽골 왕조, 그 후계자와 중국 정복자들의 역사(Histoire de Gentchiscan et de
toute la dinastie des Mongous, ses successeurs, conquérans de la Chine)』,
185쪽의 [Kang-tchouan]과 꼬르디에의 『중국사(Histoire de la Chine)』, II, 296
쪽의 [Kang-tch'ouan]에 근거한 것이다. 고빌과 꼬르디에는 '사막의 작은 섬'으로
잘못 기술했지만, 강천(碙川)은 나진옥(羅振玉)이 『신한루총서(宸翰樓叢書)』, 권6,
4쪽에 영인한 『송계삼조정요(宋季三朝政要)』, 1312년 판본에 이미 들어있음). 단
종(端宗)은 참파에 이르기 전에 죽었지만, 몇몇 그의 수하들은 참파로 피신했다.
특히 진의중(陳宜中)은 1276년 복주에서 '단종'으로 선언한 사람으로, 『송사』(권
47, 11쪽; 또한, 『수산각총서』본 『송계삼조정요』, 권6, 5쪽과 7쪽을 참고하시오)
에 따르면, 그는 먼저 1277년 말부터 참파로 가서 돌아오지 않았다. 진의중의 열
전(『송사』, 권418, 8쪽; 또한, 권451, 5쪽을 참고하시오)에서 '단종'과 '제병(帝昺)'
으로 알려진 그의 임시 계승자가 보낸 여러 차례의 사신에도 불구하고 돌아오지
않았고, 몽골의 군대가 1282년 참파를 침공했을 때, 진의중은 섬(暹, 시암)으로 피
신하였다가 그곳에서 죽었다고 한다. 1333년에 편집이 완성된 불교 연대기인 『불
조역대통재』는 상당히 다른 정보를 제시하고 있다(『일본대장경』, 致, XI, 41쪽).
1278년 윤8월에 진의중은 참파로 갔고, 그곳에서 낙학(落鶴)으로 갔으며, 이듬해
2월에 참파로 다시 왔다가, 장세걸(張世傑)이 죽기 조금 전인 4월에 애산(厓山, 광
주 강어귀)으로 갔다. 현 교정본으로 바뀐 『불조역대통재』의 이 문장은 다소 연
대와 사실을 혼동한 것으로 보인다. 그러나 다른 곳에서 찾아볼 수 없는 '낙학'
왕국에 관해서는, 섬과 합병함을 통해 14세기에 섬과 함께 중국 자료의 섬라(暹
羅), 또는 아유티아 왕조의 시암을 형성한 '나혹(羅斛)'이라는 나라 이름으로 봐야
한다고 생각한다. 마지막 문제는 『원사』의 한 구절에서(권13, 7쪽) 제기되었는데,
그에 따르면, 1285년 5월 16일 송나라의 광왕(廣王)과 진의중을 추격하여 잡아 오
라는 황명이 내려졌다. '광왕'이란 칭호는 1279년 익사한 제병(帝昺)의 칭호와 같았
다. 몽골 조정은 여전히 그의 죽음을 확신하지 못했거나 그 칭호가 아마도 시암에
피신해 있던 진의중에게 새로 취해진 것인가? 지금으로서는 문제를 열어둘 수밖에
없다. 마지막 송나라 사람들과 참파의 관계는 지금까지 역사가들에게 주목을 받지

中, 七峯連峙, 與銅鼓山相屬, 俱有石門, 上有山, 下有泉, 航海者皆於此樵汲. 元劉深追

_____

못한 것 같다. 마스페로(G. Maspero)의 『참파왕국(Le royaume de Champa)』에서
도 언급되지 않았으며, 꼬르디에의 『중국사(Histoire de la Chine)』, II, 297쪽에서
는 'Tchen Tch'eng'으로 둔갑해 있다.

111 같은 이야기를 보여주는 『동서양고』는 '유정규(兪廷珪)'로 되어있다. 내가 참고한
자료들은 원래 자형이 '유여규(兪如珪)'임을 보여준다. 문제의 해전은 또한 『송사』
에서도(권47, 11쪽) 기술되었다. "[지원(至元) 14년, 12월] 정축(丁丑) 일에(1278년
1월 17일), 시(昺=단종)을 추격하던 유심(劉深)이 칠주양(七洲洋)에 이르러 유여규
를 사로잡아 돌아왔다(丁丑, 劉深追昺至七州洋, 執兪如珪以歸)." 유여규는 권47, 9쪽
에 거명되었고, 유심은 『원사』에 열전이 없지만, 그의 이름은 『송사』(권451, 4쪽),
『원사』(권10, 4쪽, 10쪽; 권11, 7쪽; 마스페로(G. Maspero) 『참파왕국(Le royaume
de Champa)』, 237쪽을 참고하시오), 『안남지략(安南志略)』(생숑의 역본, 184쪽),
『목암집(牧庵集)』(무영전 원본, 권13, 20쪽)에 들어있다. 몽골 시기에 놀라운 백과
사전이 『경세대전(經世大典)』이란 서명으로 편집되어 1332년 황제에게 진상되었
다. 이 책은 오늘날 전해지지 않지만, 중요한 잔권들, 특히 『원문류(元文類)』의 권
40~42에서 전해진다(『경세대전』에 관해서는, 『BEFEO』, IX, 130쪽을 참고하시
오). 1889년 강소서국(江蘇書局)본, 권41, 10~11엽, 송나라에 대한 몽골의 최후 원
정 이야기는 다음과 같다. "[지원(至元) 14년, 12월], 23일(1278년 1월 17일)에,
[趙]시(昺), [趙]병(昺), [張]세걸(世傑) 등을 추격하던 연해경략사(沿海經畧使)와 행
정남좌부도원수(行征南左副都元帥, 이것이 유심의 관직이다. 왜 그의 이름이 여기
에서 주어지지 않았는지는 모름)의 군사들은 광주(廣州)에 [속한] 칠주양(七洲洋)
에 이르러 바다 한가운데에서 전투를 벌였다. 그들은 200척을 파괴하고(?한 글자
가 지워짐), 조시(趙昺)의 이종사촌인 유여규(兪如珪) 등을 사로잡았다." 이 텍스
트에는 오류가 있다. 조시의 어머니는 양(楊) 씨이므로, 여기에 언급된 사람은 '조
시'가 아니지만, 그의 이복동생 조병(趙昺, 바로 제병(帝昺)이라 불린 사람)의 어머
니가 사실 유(兪) 씨 출신이다(『송사』, 권47, 9쪽; 권243, 13쪽을 참고하시오). 따
라서 '시(昺)'자는 '병(昺)'자로 고쳐야 한다. 한편, 『속자치통감』(권183, 8쪽)에서
필원(畢沅, 1730~1797)은 송나라 왕을 칭하는 사람을 추적하던 유심이 칠리양(七
里洋)에서 전투를 벌였다고 했고, 주에서 『경세대전』은 칠주양(七州洋)으로 되어
있다고 덧붙였지만, 『송사』의 표기를 따른 것이다. 우리는 『송사』가 적어도 권47
의 구절에서(필원은 권을 언급하지 않았고, 나는 『송사』에서 같은 사건에 관한
다른 언급을 찾지 못함) 오히려 '칠주양(七州洋)'으로 쓰였고, 『경세대전』에는 '칠
주양(七洲洋)'으로 되어있음을 보았다. '칠리양(七里洋)'이 어디에서 온 것인지 모
르겠다. 한편, 『송사』와 『경세대전』이 1월 16일을 말하고 있지만, 필원은 병자(丙
子)일 즉 1278년 1월 16일의 사건을 말하고 있다. 필원이 내가 번역한 문단 바로
앞에, 병자일에 있었던 다른 사건을 보이는 『송사』를 너무 빨리 읽었음에 의심의
여지가 없을 것 같다. 필원(畢沅)의 『속자치통감』은 사마광(司馬光)의 『자치통감』
의 최고의 '속작'으로 여겨져 왔다. 그렇지만 한 문단에서 이중의 예를 통해, 편집
이 소홀함 없이 잘 이루어지지 않았음을 알 수 있다.

宋端宗, 獲兪如圭於此)." 같은 칠주양(七洲洋)이 1292~1293년 자바 원정과 관련하여 『원사』 사필(史弼)의 전기에서[112] 찾을 수 있다. 그러나 이 명칭은 『경주부지(瓊州府志)』를 편집할 시기 이미 구식이었고, 칠주양에서 유여규를 사로잡은 것을 언급한(권4상, 26쪽) 『경주부지』조차도 완원(阮元)의 지도로 1818~1822년에 편집된 『광동통지(廣東通志)』에서 가져온, 그리고 분명 같은 섬들과 관계되지만, 더 현대적인 명칭으로 지칭한 다른 단락을 담고 있다. 그 문장은 다음과 같다. "부구산(浮邱山)[113]은 [문창(文昌)에서] 성 동쪽 100리에 있다. 바다에 불규칙하게 서 있고, 조수를 동서의 흐름으로 나눈다. 사람들은 보통 [이 섬들 근처의 바다를] 분주양(分洲洋)[114]이라고 부른다(浮山, 在城東一百里, 屹立海中. 分潮水東西流, 俗呼爲分洲洋)." 사실 18세기 초에 예수회의 지도로 작성된 지도와 앙빌(Anville) 아틀라스 상에서 타야 군도 인

---

112 원문에는 다음과 같은 추가 설명을 괄호에 넣고 있어, 편의상 주석으로 옮겼다. "권162, 5쪽; 흐루너펠트, 『Notes on the Malay Archipelago and Malacca』, I, 151쪽; 히어트와 록힐, 『조여괄(CHAU JU-KUA)』, 185쪽을 참고하시오".

113 이 명칭은 '떠 있는 언덕들'로 옮길 수 있다. 『동서양고』가 말하는 전설을 암시하고 있을 것이다. 이에 대해서는 조금 뒤에 살펴볼 것이다. '부구' 또는 '부구(浮丘)'라는 명칭은 중국 문학에서도 찾을 수 있다. 이중적 이름이다. 전승에서 '부구공(浮丘公)'으로 알려진 옛 현인과 현재 부구공과 관련이 있는 광동에 있는 부구산이 있다. 명칭의 내원에는 '떠 있는' 산이라는 기억장치가 항상 있고, 이것이 바로 나부산(羅浮山, 라산과 부산의 합칭)으로 잘 알려진 두 산 중 하나를 구성하는 부구라는 명칭에 대한 전통적인 설명이다. 명나라 시대 노남(盧柟)이 쓴 「부구사부(浮邱四賦)」(이에 관해서는 『천일각서목(天一閣書目)』, 사(史), 40쪽을 참고하시오)와 관련된 것은 분명 강동의 부구산이다. 1221년의 『여지기승(輿地紀勝)』은 여기에서 우리가 말하고 있는 산이 아니라 타야(Taya) 섬들에 해당하는 해남 북쪽에 있는 부구산을 언급하고 있다. 그렇지만 '칠주양'이란 명칭은 『여지기승』에 보이지 않는다.

114 적어도 이러한 기술에 관한 저자의 생각에서, 이 명칭은 '[조수를] 나누는 섬들의 바다'를 의미한다. 인도차이나 동쪽 바다에서 이러한 흐름의 나뉨에 관해서는 『해어(海語)』(이 책에 관해서는 다음 주석을 참고하시오), 권하, 1쪽의 분수(分水) 조목을 참고하시오.

근에서 바다로 볼 수 있는 것은 '분주양'이란 명칭이다. 칠주양이란 명칭은
분주양과 함께 1536년 초 황충(黃衷)의 『해어(海語)』[115]에서 찾을 수 있다.
18세기 말에 통용되지 않았을 법함에도 불구하고, '칠주양(七州洋)'이라는
표기로, 마치 통용되는 명칭처럼, 그리고 부구(浮邱) 또는 분주양(分洲洋)은
제외하고, 진륜형(陳倫炯)이 1730년에 완성한 『해국문견록(海國聞見錄)』[116]

---

115 황충의 『해어』 3권에 관해서는 『사고전서총목제요』, 권71, 14~15쪽; 웨일리
(Wylie), 『Notes』, 47쪽(여기에서 1537년은 1536년으로 고쳐야 함)을 참고하시
오. 황충은 자가 자화(子和)이고, 호가 철교(鐵橋)이며, 남해(南海, 광동) 출신으로
1496년 진사에 급제했다. 병부의 차관[兵部侍郎]이 되었고, 문집으로 『구주집(矩
洲集)』 10권을 남겼다. 이 문집에 관해서는 『사고전서총목제요』, 권176, 5쪽을 참
고하시오. 관직에서 물러난 이후, 광주에서 선원들과 사신으로 온 외국 왕들을 수
행하거나, 광동을 지나는 승려들에게서 외국에 관한 정보를 탐문했다. 서문은
1536년에 쓴 것이고, 친척 중 한 세대 더 어린 황연년(黃延年)이 1537년에 나온
판본에 그해의 발문을 썼다. 1584년 호남 영흥(永興) 현령으로 있던 후손 황희석
(黃希錫)은 자신의 발문을 추가한 새 판본을 간행했다. 통행되는 판본들은 『보안
당비급(寶顔堂秘笈)』, 『학진토원(學津討原)』, 『영남유서(嶺南遺書)』, 『분흔각총서
(紛欣閣叢書)』에 수록된 판본들이 있고, 1800년경 오란수(吳蘭修)가 간행한 단행
본이 있다. 나는 세 판본을 보았는데(1922년 재판 『보안당비급』, 상무인서관에서
최근 축인 영인본 『학진토원』), 『보안당비급』본에 황희석의 발문이 없는 것을 제
외하면 모두 같았고, 게다가 『학진토원』의 편자, 장해붕(張海鵬)은 중요한 발문을
자신의 판본에 추가했다. 그러나 다른 문제가 제기되었다. 『사고전서총목제요』에
따르면, 책에는 한 세대 더 어린 친척 황학준(黃學準)이 붙인 부주(附注)를 싣고
있는데, 부주들은 원문과 같은 시기에 『사고전서』로 옮겨졌다. 내가 본 판본들은
황학준에 관하여 아무런 언급이 없고 그의 주석도 없다. 『사고전서총목제요』 편
수관들에 따르면 그들이 베낀 3권본은 절강 채진본이었다. 따라서 『절강채집유서
총록』, 술(戌), 66~67쪽에 기술된 것이 바로 그 사본이고('삼권'을 '이권'이라 한 것
은 인쇄상 오류임), 이 사본은 필사본이었다. 나는 어떻게 된 것인지 모르지만, 황
충의 원본과 비교하여 어떤 친척이 곧바로 붙인 주석들을 가지려면, 『사고전서』에
남아있는 사본 중 하나를 참조해야 할 것이다. 나의 인용은 『학진토원』 재판본에
따른 것이다.

116 『예해주진(藝海珠塵)』본, 16, 20, 27, 29쪽. 이 책에 관해서는 웨일리(Wylie), 『Notes』,
48쪽; 『사고전서총목제요』, 권71, 26~28쪽; 꾸랑(Courant), 『Catalogue』, no
1903~1904; 더글라스(Douglas), 『Catalogue』, 27쪽; 『JRAS』, 1890, 85쪽; 『벵갈
아시아협회 저널(The journal of the Asiatic Society of Bengal)』, XVIII[1849],
137~164쪽에 실린 라이드레이(J.W. Laidlay)의 논문을 참고하시오. 초간본 2권(1

에서 여전히 사용되었다. 『동서양고』에 따르면, 소위 통킹(交阯東京)으로
가는 배들은 해남 해협의 길을 따라갔다. 반면 다른 배들은 큰 섬의 동쪽
해안을 따라 나아갔다. 『동서양고』는 이상한 이야기를 다음과 같이 덧붙
였다. "민간에서는 옛날 잠겨 바다로 바뀐 일곱 주(州)가 있었다고 한다.
그곳을 지나는 선박들은 짐승과 쌀로 바다의 사악한 힘[海厲]에 제사를 지
낸다. 이렇게 하지 않으면 '해려'는 어떤 재앙을 일으킨다. 이 통로는 매우
위험하다. 조금이라도 동쪽으로 지나가려 하면, 만 리의 바위 제방[117]이

　　　권은 원문, 2권은 지도)은 1744년에 나왔다. 마준량(馬俊良)의 1793년 재판본, '청
　　옥산방(靑玉山房)'이라는 다른 판본(다른 지리서들과 함께)이 있다. 마침내 이 책은
　　『예해주진』에 수록되었다(이 총서에서 지도들은 매우 조악하게 만들어졌고, 1730
　　년의 서문과는 다른 서문들이 삭제되어있다). 진륜형(陳倫烱)은 진앙(陳昻, 『예해
　　주진』 1쪽에서는 '진묘(陳昴)'로 잘못 씀)의 세 아들 중 맏이로, 복건성 동안(同安,
　　천주) 출신이다. 진앙은 상업적 목적으로 극동의 바다를 항해했고, 1683년부터 대
　　만원정에 등용되었다. 코싱가(Koxinga, 鄭成功)의 최후 남은 세력에 관한 정보수
　　집을 맡아, 아들 진륜형을 데리고 1720년 일본에 갔다. 그는 67세의 나이로 1725
　　년경에 죽었다. 그의 아들 진륜형은 아버지 진앙이 복무한 이력으로 보거나 중국
　　어 능력에도 불구하고, 1720년 일본에서 돌아와 왕실 호위군에 충당되었고[三等
　　侍衛], 강희제는 여러 차례 직접 그를 접견하기도 했다. 1721년 진륜형은 대만에
　　사신으로 보내졌고, 수년 동안 그곳에 체류했다. 1728년 광동 해안 지역 사령관으
　　로 이임했고, 1732년에는 다시 대만으로 나갔다가 1734년 돌아와 여러 직책과 사
　　신 임무를 담당하며, 주로 해안 방어와 외국 관계 임무를 맡았다. 그는 1749년
　　약 65세의 나이로 죽었다. 1730년에 쓴 그의 책은 아버지와 강희제에게 얻은 정
　　보들, 그리고 자신이 견문한 결과였다. 그의 아버지와 그에 관해서, 진륜형이
　　1730년에 쓴 서문, 『국조기헌류징초편(國朝耆獻類徵初編)』(권273, 28~29쪽)에 실
　　린 진앙의 묘지명(墓誌銘), 앞의 책, 권284, 38~42쪽에 실린 진륜형의 전기를 참고
　　하시오. [진앙(예수회 선교사들의 陳昻)과 그의 아들 진륜형에 관하여, 펠리오, 『통
　　보』, 1930, 424~426쪽을 참고하시오. -폴 드미에빌]

117 만리석당(萬里石塘). 파라셀과 메이클즈필드 천퇴(Macclesfield Bank)이다. 장섭
　　(張燮)이 인용한 『경주지(瓊州志)』는 당연히 1617년 이전의 판본이다. 나는 현 『경
　　주부지(瓊州府志)』에서 이에 해당하는 문장을 찾지 못했다. 만리석당이란 명칭은
　　확실하다. 1178년 『영외대답(嶺外代答)』은 이미 '긴 모래[층]과 수만 리에 [펼쳐
　　진] 바위 제방'(長沙石塘數萬里, 1권, 13쪽)을 언급하고 있다. 1225년 조여괄(趙汝
　　适)도 천리장사(千里長沙)와 만리석당(萬里石塘), 히어트와 록힐의 『조여괄(CHAU
　　JU-KUA)』, 176쪽을 참고하시오. 조여괄의 원문에는 '장(庄)'으로 되어있는데, '당

있는데, 그곳이 바로 『경[주]지(瓊志)』가 '바위 제방의 바다'라고 하는 곳이

塘)'자에서 변형된 '당(唐)'의 오기이다. 히어트와 록힐 씨가 생각한 것과는 반대로(『조여괄(CHAU JU-KUA)』, 185쪽), 조여괄의 것은 『영외대답』에서와 같은 장소임)을 언급한 바 있다. 같은 시기 1221년 저자의 서문이 있지만 1227년의 다른 서문도 들어있는 왕상지(王象之)의 『여지기승(興地紀勝)』은 오리(烏里), 소밀(蘇密)과 길랑(吉浪)의 섬[烏里蘇密吉浪之洲, 『조여괄(CHAU JU-KUA)』, 176쪽에서 '소길랑'이란 섬은 이처럼 교정되어야 한다]에 이어 있는 천리장사(千里長沙)와 만리석당을 언급하고 있다(1855년 판본, 권127, 3쪽). 왕상지는 이 문장을 『경관지(瓊管志)』에서 인용하고 있는데, 이 책에는 대부분 해남 관련 자료들이 들어있다. 이 『경관지』는 오늘날 전하지 않고 『경주부지』, 권43의 문헌 자료에도 언급되지 않았다. 이 책은 석판에 새긴 의대초(義大初), 또는 의태초(義太初)의 서문을 수록하고 있다(『여지기승』, 권124, 14쪽; 『여지기승교감기』, 권29, 12쪽을 참고하시오). 아마도 그 책은 『송사』에서 언급한 조여하(趙汝厦)의 16권 『경관도경(瓊管圖經)』일 것이다. 그의 이름으로 볼 때, 조여하는 송나라 황실 사람이고 조여괄(趙汝适)의 친족으로 같은 세대일 것이다. 바로 『송사』, 권224, 28쪽의 세계표에 보이는 조여하일 것이다. 히어트와 록힐 씨가 조여괄만의 '고유한' 것이라고 한 해남에 관한 모든 정보는 사실상 『경관지』에서 나왔을 것이다. 한편, 『제번지』 해남 조목은 비정상적인 분량으로 되어있고, 권2의 마지막에 들어있는데, 말하자면 '지(志)'의 한 부분이 아니라, 「산물」편에 속하는 권의 끝자락임을 알고 있다(히어트와 록힐 씨는 아무런 말도 없이 1권 끝으로 옮겼음). 조여괄 자신이 그렇게 했을 것이지만, 그것은 초본(初本)에 추가된 것임을 배제하지 않는다. '만리석당'이란 명칭은 1292~1293년 자바 원정과 관련하여 『원사』 사필전(史弼傳)에도 들어있다(권162, 5쪽; 흐루너펠트, 『Notes on the Malay Archipelago and Malacca』, I, 151쪽; 히어트와 록힐의 『조여괄(CHAU JU-KUA)』, 185쪽을 참고하시오.) 1350년의 『도이지략』은 만리석당에 관한 흥미로운 기술을 보여주는데, 록힐은 언급만 하고(『통보』, 1915, 65쪽) 번역하지는 않았다. 『무비지』의 지도에서 이 명칭은 한 섬이고 '만생석당서(萬生石塘嶼)'로 되어있으며, 이 섬은 다른 '석당(石塘)' 가까이에 있다. 『무비비서』에서는 상당히 잘못 각인되어, '만주석당서(萬主石塘嶼)'로 되어있는 것 같다. 의심의 여지가 없이 파라셀 군도로 추정하는 것은 이미 필립스가 제기했다(『JChBRAS』, XXI, 41쪽). '석당'이라는 정확한 명칭은 없지만, 『경주부지』는 고개(顧岕)의 『해사여록(海槎餘錄)』에서 상당히 긴 문단을 인용했는데, 그 책에 보이는 해남에 관한 기술은 1522~1527년 사이에 수집된 것이다. 이 문단은 사실 책을 종결하는데, 나는 『보안당비급(寶顔堂秘笈)』(1922년 재판본. 이 책은 다른 총서에도 들어있음)에 수록된 텍스트에 따라 여기에 번역해 둔다. "천리석당(千里石塘, 『경주부지』에는 '당(塘)'자가 '용(墉)'자로 잘못되어있음)은 애천(崖川, 해남의 남쪽)의 해변에서 700리 남짓 떨어진 곳에 있다. 바위들은 해수면 8~9척(尺) 아래에 있다고 한다. 큰 해선들은 멀리서 지나야 한다('遙避'는, 『경주부지』에 '遠避'로 되어있음). 그곳에 빠지면, 벗어날 수 없다. 만리장제(萬里長堤)는 [만리석당의] 남쪽에서 시작한다. 거기에서 조류는 매우 빠르다. 선박들이 그 소용돌이에

다. 바위 제방을 무릅쓰는 배들은 거의 벗어나지 못한다(俗傳古是七州, 沈而
成海, 舶過, 用牲粥祭海厲, 不則為祟. 舟過此極險, 稍貪東便是萬里石塘, 郞『瓊志』所謂
萬州東之石塘海也. 舟犯石塘, 希脫者)."[118]

들어가면 더는 벗어날 수 없다. 외국 선박들은 오래전부터 그곳에 익숙해져 피할
줄 안다. 폭풍우에서도 그들은 손상 없이 지날 수 있다. 게다가 귀곡탄(鬼哭灘)이
있는데 매우 기이하다. 선박들이 이르면, 하나의 팔과 하나의 다리, 물에 잠긴 머
리를 가진 작고 대머리를 한 수천의('百十'은, 『경부부지』에 '百千'으로 되어있어
그에 따름) 귀신들이 떼로 몰려와서 선박들을 따라온다. 사람들은 곧바로 쌀을 던
져주면, 멈춘다. 나는 그들이 사람에게 해코지한다는 말을 듣지 못했다." 이러한
전승은 틀림없이 남중국에서 여전히 생생한 '반인반어'에 관한 전설과 비슷하며,
또한, 바다표범과 그 울음과 관련된 전승과도 유사하다. 만리석당과 만리장사는
1530년 『해어(海語)』(권하, 1~2쪽)에 별도의 조목으로 기술되었다. 게다가 천리
석당과 만리장사는 1736년 『해국문견록(海國聞見錄)』, 28~30쪽, 남오기(南澳氣)
조목에서 기술되었다. 진륜형은 물이 이곳에서 휩쓸려 들어간다고 설명한다. 『
사고전서총목제요』 편수관들이 해제에서 언급한 것처럼, 바로 『열자』의 귀허
(歸墟), 『장자』의 '미려(尾閭)', 『포박자』의 '옥초(沃焦)', 『송사』(유구(琉球) 조목)
의 '낙제(落漈)'라는 전승이다. 나는『BEFEO』, IV, 299~303쪽에서 이러한 믿음에
관한 정보들을 제시했고, 이들을 아랍 여행가에게도 찾을 수 있음을 보여주었다.
여기서는 더 많은 정보를 추가했다. 또한, 히어트와 록힐의 『조여괄(CHAU
JU-KUA)』, 26, 75, 79, 151, 152, 176, 185쪽; 『통보』, 1914, 422쪽을 참고하시오.
추가로 중국의 전승을 인도의 것과 비교해야 할 것이다. 인도의 전승에 따르면,
성난 파도가 바다바무카(Baḍavāmukha), 글자 그대로 '암말의 입', '세상을 파괴하
려는 해저의 화산'(S. Lévy, 『JA』, 1928, I, 87쪽)으로 몰아친다고 한다. 18세기에
도 여전히 생생한 이러한 전승을 찾을 수 있다는 점이 흥미롭다.

[118] 이 통로에서 항해하는 위험들은, 불완전한 방식으로, 처음으로 1350년의 『도이지
략』(『통보』, 1915, 112쪽)에서 보이는 속담에서 비롯되었다. 이 속담은 1436년의
『성사승람(星槎勝覽)』에서 완성되었고, 1520년 『서양조공전록(西洋朝貢典錄)』(참파
조목; 『차이나 리뷰』, III, 325~326쪽을 참고하시오)과 1617년 『동서양고』(권9, 6
쪽)에서 인용되었다. "위로는 일곱 섬을 두려워하고, 아래로는 곤륜(푸로 콘도르)을
두려워한다. 침(針)이나 키의 실수가 있으면 사람이나 선박 남아나지 않는다(上怕七
洲[『동서양고』의 인용에서는 '州'자로 잘못되어 있음], 下怕昆侖, 針迷舵失, 人船莫
存)". 아미오(Amiot)는 이미 이 속담을 인용한 바 있다(『Memoires concernant
l'histoire, les sciences, les arts, les moeurs, les usages, etc. des Chinois』, XIV,
53쪽과 율-꼬르디에, 『마르코 폴로』, II, 277쪽). 속담의 짝수 구에는 운이 들어있
는데, 록힐은 첫 번째 구만 속담으로 잘못 보았다(『통보』, 1915, 113쪽). (록힐의
같은 단락에서 그리고 112쪽에서, 명사로 본 '정치(鼎峙)'를 삭제하고, 아남바
(Anamba) 섬에 괄호로 넣어야 한다. 그 문장은 단지 점성 해안, 동서축, 곤륜 섬

〔7〕 "안남의 바다를 건넌다(經交趾洋)". 교지(交趾) 또는 교지(交阯)는 안남인 나라의 옛 명칭으로 알고 있다. 나는 항상 이 명칭이 프톨레마이오스의 '까티[가라](Katti[gara])'와 '코친[차이나]'이라는 같은 이름의 근거가 되었다고 생각한다. 이를 주장하고자 하는 것은 아니다. 교지양(交趾洋)을 나는 여기에서 '안남의 바다'로 번역했는데, 이 명칭이 원칙적으로 통킹만에도 적용되어야 함은 분명하다. 그렇지만 『동서양고』(권9, 3~4쪽)는 중국에서 해남해협을 지나 통킹까지의 길을 묘사하면서 교지양을 쓰지 않았고, 해남도 남쪽과 안남 해안 사이에 있는 바다 부분에 한정하고 있다. 따라서 그는 주달관처럼 정확하게 교지양을 이해하고 있다.

〔8〕 "참파에 이른다(至占城)." 이 시기 참파의 중심 항구인, 신주(新州), 현 꾸이년인 곳에 도착한 것을 말한다. 그곳은 더는 후에 근처에 있었던 것이 아니라 오히려 1902에 생각했던 곳에 있는 수도의 항구였다. 안남과 참파의 해안에 관한 『동서양고』9권9, 4~5쪽)의 항해 지침은 별도로 연구할 만하다. 필립스가 제시한 추정은(『JChBRAS』, XXI, 40쪽) 부분적으로는 받아들일 수 없다. 적감(赤坎)은 생작 곳(Cap Saint-Jacques)에 있는 것이 아니라, 해안에서 동북쪽으로 훨씬 더 멀리에 있으며, 여전히 참파의 지역이다. 이 위치변경은 일련의 다른 문제를 초래한다.

〔9〕 주달관이 순풍에 꾸이년에서 진포(眞蒲)로 가기 위해 보여준 '대략 보름'이라는 기간은 지나치다. 이는 같은 조건에서 광주 지역에서 대략 안남

_____

이 세 발의 솥단지처럼-일반적인 표현은 '정기(鼎岐)'임-서로를 마주하며 서 있다는 말일 뿐이다.)

해안까지 배로 가는 시간이다.

〔10〕 캄보디아에서 참파 쪽으로 향하는 경계에 있는 지방인 진포(眞蒲)의
위치 추정은 §33과 관련하여 논의할 것이다. 어쨌든 진포는 생작 곳 또는
바리아(Baria)의 지역에 있어야 한다.

〔11〕 '곤륜의 바다(崑崙洋)'이란 명칭은 '푸로 콘도르의 바다'를 의미하는
데, 여기서는 푸로 콘도르 군도의 북쪽에 있는 바다 부분을 지칭한다. 같은
명칭이 1350년 『도이지략』에서 사용되었다. 『통보』, 1915, 112쪽을 참고하
시오. '곤륜'이란 명칭과 그 다양한 적용에 관해서는 1919년 『JA』에 실린
페랑(Ferrand) 씨의 논문 마지막 부분을 참고하고, 그 뒤 내가 『통보』,
1923, 271~272, 290쪽에서 고찰한 것을 참고하시오.[119]

〔12〕 "어귀로 들어간다(入港)." 『동서양고』(권9, 5쪽)는 이에 대해, "어귀에
도착하려 할 때면, 온통 진흙의 땅이다. 그래서 '점랍니국'이라 부른다(將至
港, 俱是泥地, 故名占臘泥國)."라고 하였다. 점랍(占臘)이란 형태는 장섭(張燮)이
이 정보를 상당이 이전 자료에서 가져왔음을 시사하지만, 나는 찾아내지
못했다.

---

[119] 곤륜(崑崙), 혼둔(渾屯, 또한 軍屯), 곤둔(崑屯), 곤둔(崑㟧)은 푸로 콘도르이다. 또 록
힐은 『통보』, 1915, 112~113쪽; 『해어(海語)』, 권하, 1쪽; 『해국문견록(海國聞見錄)』,
27~29쪽(여기에서처럼 곤륜양으로 되어있음)을 참고하시오. 또한, 1292~1293년
자바 원정과 관련하여 『원사』 『사필전』(권162, 5쪽)에서 언급된 '혼돈대양(混沌大
洋)'이라고 한 곳이다. 흐루너펠트, 『말레이군도와 말라카에 관한 주석(Notes on
the Malay Archipelago and Malacca)』, I, 151쪽을 참고하시오.[곤륜이란 명칭
에 관해서는 스타인(R.A. Stein) 「임읍」, 『한학(漢學)』, II, 북경, 1947, 209~240쪽
마지막 부분을 참고하시오. -폴 드미에빌]

〔13〕 "사남(查南)이라 부르는 곳…반로촌(半路村)…불촌(佛村)…". 나는 1902년 사남(查南)[Dẓa-nām]을 캄퐁 치낭(Kômpoṅ Čhnǎṅ)으로 보는 것에 주저했지만, 나는 세데스 씨가 제시한 근거에(『BEFEO』, XVIII, 4~5쪽) 따랐고, 또 (21)에서 보겠지만, 이러한 근거들에는 항해의 날짜에 관하여 정확하지 않은 점이 있다. 사남이 캄퐁 치낭이므로, 나는 세데스 씨와 함께 배를 인도하는 사람들이 주달관을 우선 대호수의 남쪽 연안을 따라오게 했다는 점, 그리고 불촌(佛村)이 푸르사트(Pôrsǎt)에 있을법하고, "그 정확한 명칭은 우리가 알고 있는 것처럼, 포티사트(Pôthĭsǎt, Bodhisatta)"임을 인정했다. 어쨌든 사남이 원칙적으로는 [캄퐁]치낭([Kômpoṅ] Čhnǎṅ)이 아닌 [Čhnam]에 대응해야 하므로 음성적 일치는 부족하다.

〔14〕 "우리는 '간방'이라 불리는 곳에 도착할 수 있다(可抵其地曰干傍)." 나는 이 명칭이 '간방취(干傍取)'가 아니라 분명 '간방'임을 『BEFEO』, IV, 410쪽에서 이미 언급한 바 있다.[120] 취(取)자는 '…에 가다'라는 의미로 흔히 사용되며, 오늘날에도 쓰는 여러 예를 알고 있다. 세데스 씨는 어떻게 캄보디아 어법에서 '강둑', '부두'라는 의미의 캄퐁인 '간방'이 지명을 명시하지 않고 설명할 수 있는지를 보여주었다(『BEFEO』, XVIII, 5쪽).

〔15〕 "『제번지』에 따르면, 왕국의 넓이는 7천 리이다(按諸番志稱其地廣七千

---

120 그런데도, 1911년에도 블로쉐(Blochet) 씨는 레무사의 번역문에서 '간방취'라는 명칭을 취하고 캄보디아를 전사한 것으로 보았다(『Djami el-Tévarikh, histoire des Mongols』, II, 452쪽. 블로쉐의 주석에서 이 문장은 삭제되어야 한다.

里).” 당연히 1225년에 간행된 조여괄(趙汝适)의 『제번지(諸蕃志)』를 말한
다.121 이 인용문은 1896년부터 『JRAS』, 1896, 62쪽에서 히어트 씨에 의해
알려졌다. 나는 1902년 이를 알아보고, 아이모니에 씨가 레무사(Remusat)
의 정확하지 않은 번역문으로 그치는(『Le Cambodge』, III, 620쪽) 오류를 범
했다고 이미 언급했었다(『BEFEO』, IV, 410쪽). 『제번지』의 원문은 “其地約

---

121 연도에 관해서는 『통보』, 1912, 449쪽을 참고하시오. 내가 연대를 추정한 서문은
그 뒤로 록힐이 1914년 도쿄에서 인쇄한 『제번지』 판본의 앞머리에 수록되었는
데, 그 서문은 불행히도 많은 인쇄상 오류로 전체를 훼손했다. 우리는 정확한 방
법으로 『제번지』의 저자 조여괄이 『송사』, 권231, 27쪽에 언급된 그 사람인지,
『송사』, 권233, 17쪽의 사람인지 판단할 필요가 있다. 히어트 씨는 건륭(乾隆)의
목록에 근거하여 권231의 사람으로 보았고(『JRAS』, 1896, 78쪽), 이 견해는 『조
여괄(CHAU JU-KUA)』, 35쪽에서 인용되었다. 그러나 건륭의 서지학자들은 이점
에 관하여 우리보다 더 모르며, 그들은 자신들이 접했던 첫 번째 조여괄을 언급하
는 것으로 만족하고 두 번째 조여괄에 관해서는 전혀 언급하지 않았다(이 세계표
에는 같은 이름의 인물들이 많이 있다. 예를 들어, 15명의 조여필(趙汝弼), 6명의
조여림(趙汝霖)이 있다.) 어쨌든 첫 번째 조여괄이 확실하지만 두 번째 조여괄일
가능성도 제법 있다. 첫 번째 조여괄의 아들이자 『계륵(鷄肋)』의 저자인 조숭현
(趙崇絢)은 웨일리(Wylie)가 『Notes』, 148쪽에서 언급한 것처럼 12세기의 사람이
아니라, 13세기의 사람이다. 히어트와 록힐 씨가 생각한 것과 반대로, 조여괄의
책은 13세기에 간행되었을 가능성이 크다. 주달관의 인용, 『송사』의 편집자들만
큼 『문헌통고』에서의 마단림(馬端臨)이 조여괄의 책으로부터 가져온 그 활용도를
통해 『제번지』가 14세기 초중반에 잘 알려져 있었음을 알 수 있다. 왕대연(汪大
淵)은 1350년 가끔 그의 책을 베꼈다(『통보』, 1915, 63쪽). 15세기 초에 『영락대전』
에 포함되어, 나는 1904년(『BEFEO』, IV, 237~238쪽)에 『제번지』가 이 연도부터
건륭제의 편수관들이 『영락대전』에서 찾아냈을 때, 그리고 이조원(李調元)이 1783
년에 편집할 때까지 알려지지 않았다고 인정한 바 있다. 이 설은 타당하지 않다.
록힐은 1914년 간행본 후서에서 『제번지』가 진제(陳第, 1541~1617)의 『세선당서
목(世善堂書目)』에서 1616년 보인다고(『지부족재총서(知不足齋叢書)』본, 권상, 45
쪽) 특기했다-바로 내가 그에게 써준 것이다. 게다가 황충(黃衷)은 1536년 서문에
서 그가 『해어』를 지을 때 읽은 책 중에서 『제번지』를 거명했다. 따라서 『제번지』
는 1세기 동안, 즉 17~18세기에만 잊혔을 뿐이다. 또한, 18세기 초에 편집된 『도서
집성』에서 인용되었다(예를 들어, 『변예전』, 권97, 1, 5쪽, 자바 조목; 권101, 4쪽,
캄보디아 조목). 『제번지』를 활용한 최초의 유럽인은 히어트와 록힐 씨가 말한 것
처럼(38쪽) 뽀티에(Pauthier)가 아니라, 그 이전의 스타니스라스 쥴리앙(Stanislas
Julien)이다. 쥴리앙은 르낭(Renan)이 1855년 『셈어의 역사(Histoire des langue
sémitiques)』에서 활용한 대진(大秦)에 관한 문장을 별도로 발췌한 바 있다.

方七千餘里"이다. 히어트와 록힐 씨는 다음과 같이 번역했다(『조여괄(CHAU JU-KUA)』, 5쪽). "이 나라는 모두 7,000여 제곱 리에 달한다." 나는 이 번역문을 옹호하고 싶지 않다. 전하는 의미는 분명 그 나라는 남에서 북으로 그리고 동에서 서로 대략 '7천 리'라는 뜻으로 바로 주달관이 들은 것이다. 슐레겔(Schlegel)은 내가 여기에서 생각한 것처럼 말라카와 관련한 비슷한 문장인, "地方千里"를 "(그 나라는) 사방 1,000마일이다."라고 이해했다(『통보』, IX, 369쪽). 아이모니에 씨가 지적한 대로(『Le Cambodge』, III, 620쪽), 이 7천 리의 면적은 대략 2,800km에 달하는데, 너무 지나치게 많다.

〔16〕 "남서쪽으로, 시암으로부터 15일 정이다(西南距暹羅半月程)." 시암은 이 문장에서 섬라(暹羅)로 불렸다. 이와 같은 형태는 §3에서도 보인다. 이러한 표기는 시대를 착오한 것으로 보인다. 다른 곳에서(§9, 29, 34, 39) 우리의 텍스트는 '섬(暹)'[섬인(暹人)]으로 시암을 지칭했을 뿐이다. '섬라'라는 명칭은 나혹(羅斛)이 섬(暹)을 점령한 뒤로, 섬의 왕국과 나혹의 왕국이 혼동을 초래했다. 그런데 이 정복은, 명백하고 일치하는 자료들을 통해, 근 1년간에 걸친 1349년으로 되어야 한다. 섬과 나혹의 명칭은 『원사』에서 자주 등장한다.[122] 그러나 결코 '섬라'라는 명칭이 아니다.[123] 『BEFEO』,

---

[122] [여백에 연필로 다음과 같이 써두었다. 나는 1935년 북경에서 '나혹(羅斛)'으로 된 필사본을 봤다.]

[123] 1904년에 간접적으로 1350년의 『도이지략』을 알고 있었을 뿐이지만, 나는 『도서집성』에 따라 섬라라는 명칭이 거기에 들어있다고 시인했다(『BEFEO』, IV, 255쪽). 그러나 『도서집성』의 인용문은 섬과 나혹에 관한 『도이지략』의 설명을 섞어 놓은 것이었다. 록힐이 번역한(『통보』, 1915, 99~100쪽과 110쪽) 원본에서 '섬라'라는 형태는 보이지 않는다. [여백에 연필로 다음과 같이 써두었다. "그렇지만 원 나라 시기의 섬라라는 명칭에 관해서는 『고금설해(古今說海)』본 『삼조야사(三朝野史)』, 9b를 참고하시오."]

IV, 240~244쪽과 전체적인 논의로는 235~256쪽을 참고하시오. 따라서 나는『진랍풍토기』서문과 §3의 섬라는 우리가 가진 불완전한 판본의 장본인들에게서 나온 잘못된 이본이라고 생각한다.

〔17〕 "남쪽으로, '번우'로부터 10일 정이다(南距番禺十日程)"[펠리오는 우(禺)자로 잘못 옮김. 인쇄상 오류]. '번우'는 광동으로 알려진 명칭이고, 어디에도 알려지지 않은, 캄보디아의 남쪽에 있는 한 나라의 명칭이었을 리 없다.『진랍풍토기』을 간추린 사람들이 이렇게 바꾸었음이 틀림없다.

〔18〕 "총사령관 사도(唆都, Sōtu)가 참파를 행정 조직화했다(唆都元帥之置省占城也)." 소투는 잘 알려졌고,『원사』, 권129에 전기가 들어있다. 그는 잘라이르(Jaläir)124였다. 그는 1282~1285년에 바다로 참파 원정을 이끌었고, 안남 사람들과의 전투에서 1285년 중반에 죽었다.125 그는 중국에서 육로로 통킹을 침략했었던 쿠빌라이의 아들 토곤(Toɣōn)126 왕과 합류하려 했

---

124 록힐이 말한 것처럼(『통보』, 1914, 428쪽), '샬라르(Chalar)'가 아니다. 몽골의 한 부족 명칭이다.

125 마스페로(G. Maspero) 씨는 소투의 죽음을 1285년 음력 5월 22일, 말하자면 1285년 6월 26일에 두었다. (아마도 『Việt Sử Thông Giám Cương Mục[월사통감강목]』을 따른 것으로 보이는데, 나는 이 책을 가지고 있지 않다).『원사』, 권13, 7쪽에 그 일은 꽤 많은 날 동안의 추이를 담고 있는 한 이야기에서, 1285년 6월 30일로 기술했다. 1285년 6월 30일은 그 이야기의 중요한 사건이었으므로 소투가 죽은 전투의 날짜이거나 아니면 토곤(Toɣōn)왕이 다시 중국 영토에 있었을 날짜일 것이다.

126 『원사』에 따르면(권17, 8쪽), 쿠빌라이의 아홉 번째이고, 라시드웃딘에 따르면(Blochet, 『Djami el-Tévarikh, histoire des Mongols』, II, 369쪽), 11번째 아들인 이 왕은 1301년에 죽었다. 토곤과 그의 후손들에 관해서는 『원사신편(元史新編)』, 권216, 17~18쪽; 『몽올아사기(蒙兀兒史記)』, 쿠빌라이의 아들들에 관한 장, 13~15쪽과 쿠빌라이 후손들의 세계표, 12~13쪽; 『신원사(新元史)』, 권114, 10~12쪽(축인본)을 보라. 토곤의 이름은 『원사』에 '탈환(脫歡)', '탈환(脫懽)', '탈환(脫驩)'

었다.127 이 모든 추이가 조르주 마스페로(G. Maspero) 씨의 『참파왕국(Le

으로 쓰였다. 이러한 음역 명칭들은 몽골어 고유명사에서 가장 흔한 성 중 하나임을 보여준다. 그리고 왕휘조(汪輝祖, <u>1731~1807</u>)는『삼사동성명록(三史同姓名錄)』에서(광아서국본, 권30, 4~6쪽) 『원사』에는 '탈환'이라 부르는 32명의 다른 사람이 보인다고 하였다. 베레진(Berezin)은 '토간(Togan)'으로 옮긴 두 경우를 제외하고, 라시드웃딘에게서 ٹوغاڻ으로 언급된 인물의 이름을 '토간(Togan)'으로 발음했다(『Trudy Vostočnago Otdelenija Imperatorskago Archeologičeskago Obščestva』, V, XV책의 색인을 참고하시오). 중국어 음역과 마르코 폴로의 '토간(Togan)'은 첫 번째 음절에서 'u'가 아니라 'o'가 되어야 함은 의심의 여지가 없다. 그 종성에 있어서, 라시드웃딘의 표기와 마르코 폴로의 '토간'은 토간(Toɣan)으로의 발음에는 유리한 것 같다. 그렇지만, 13세기와 14세기의 전사 관습에 따르면, 탈환(脫歡)은 규칙적으로 'Toɣan'이 아니라 'Toɣon'으로 이끈다. 이러한 주장을 한 사람을 찾아내지 않고도(관습과는 달리 이름의 설명을 제시하지 않은 사람은 베레진이 아니다), 그 이름이 간혹 '매'를 의미하는 'tuɣan' 또는 'toɣan'으로 설명된다는 점을 상기하면 된다고 생각한다. 그러나 이는 현재까지 몽골어에서 보지 못한 투르크어 단어이다. 그리고 탈환이란 명칭의 대중성은 순전히 몽골어 단어임을 보여준다. 1781년 『원사』를 '교감'한 편수관들과(1878년본 『원사어해(元史語解)』, 권9, 3쪽) 블로쉐 씨는(『Djami el-Tévarikh, histoire des Mongols』, II, 499~500쪽) 확실하게 몽골어로 '솥'을 의미하는 토고안(toɣo'an, toɣoɣan으로 씀) 또는 토곤(toɣōn)으로 보는 근거가 되었다. 이러한 추정은 몽골인의 이름이 부모가 아이를 낳은 뒤에 눈으로 본 첫 번째 사물에 따라 종종 주어진다는 점, 한편 예를 들어 사낭 사칸(Sanang Säcän)의 몽골어 고유명사에도 들어있는 점을 상기하면 매우 자연스럽다(Schmidt의 번역본 색인을 참고하시오). 따라서 중국어 전사를 토곤(Toɣōn)으로 재구성하는 것은 타당하다. 그러나 라시드웃딘과 마르코 폴로가 전사한 것은 '토고안(toɣo'an)'이라는 전통 표기의 'a'가 선행하는 'o'와 장음의 'ō'로 완전히 융화되지 않았던 발음임을 시사하는 것 같다. 토고안(toɣo'an)은 명나라 초 『화이역어(華夷譯語)』에서 '탈활안(脫豁安)'으로 옮겨졌다.

127 라시드웃딘은 토곤(Toɣōn) 왕이 통킹 원정을 떠날 때, [li-kin-fu]에서 출발했다고 한다(블로쉐, 『Djami el-Tévarikh, histoire des Mongols』, II, 499~500쪽). 바로 율(Yule)의 『중국으로 가는 길(Cathay and the way Thither)』, III, 130쪽에서 'Kwe Lin fu'임). 한편, 라시드웃딘은 중국의 지방 중 하나의 중심지 명칭을 이렇게 불렀고(Yule, 『Cathay and the way Thither』, III, 126, 128쪽; 블로쉐, 『Djami el-Tévarikh, histoire des Mongols』, II, 491쪽), 또 그것은 블로쉐의 『집사, 몽골사(Djami el-Tévarikh, histoire des Mongols)』, II, 536쪽에서 'Lu-kin'로 언급되었다. 536쪽 주석에서 블로쉐 씨는 바싸프(Vaṣṣāf)에게서도 'Lunkin-fu'로 찾을 수 있다고 했다. 주저했던 율과 확신했던 블로쉐는 그곳을 사천의 중심지로 보았다. 나는 차라리 오늘날 남창(南昌), 강서성의 중심도시인 '융흥부(隆興部)'라고 생각한다. 명칭의 첫 부분에서 'ng'의 탈락에 관해서는 양양부(襄陽府)를 마르코 폴

royaume de Champa)』, 235~253쪽에서 상세하게 기술되었다. 그러나 여전히 참고할 만한 중국 자료가 상당히 남아있다.[128] 내가 소투로 재구성한 이름의 몽골어 원형은 의문의 대상이다. 이론상 재구성은 'Sotu' 또는 'Sotu', 'Sodu' 또는 'Sodu'이다. 몽골어에서 이 이름이 상당히 공통적있던 것은 『원사』에서 입증된다. '사도(唆都)', '사도(梭都)' 그리고 '쇄독(鎖禿)'이라는 표기로[129], 적어도 둘 내지 세 사람에 들어있다.[130] 블로쉐 씨는 라시드웃딘이 쿠빌라이의 재위 시기, 스둔-노얀(S.dun-noyan, 또는 S.don-noyan)의 아들 소르카그 노얀(Sortag-noyan)[131]이란 사람의 이름에 할애한 부분을 접하고, 이 사람의 성씨를 '잘 태어난, 정직한, 호감가는' 등의 의미가 있는 사툰(satun) 또는 사투(satu)를 생각하고(『Djami el-Tévarikh, histoire des Mongols』, II, 447쪽), 산스크리트어 싸두(sādhu)를 옮긴 것이라고 했다. 블로쉐 씨는 "이 몽골 관리의 이름은 사도(唆都) 형태로 주어졌고, 이는 몽골어 'soutou'['훌륭한', '용기나 가치 면에서 다른 사람을 능가한']를 가리킨다."라고 덧

로와 라시드웃딘은 '사이안부(Saianfu)'로 명명한 것을 참고하시오.

128 『원사』, 권210에서 참파에 할애된 조목은 『원문류(元文類)』, 권41에 수록되어 전하는 『경세대전(經世大典)』에 보이는 참파 조목을 거의 글자 그대로 베낀 것이다. 몇몇 유용한 이체자들과 원문의 전승과 관련된 중요한 검토사항이 들어있다. 지나가면서 말하자면, 위베르(Huber)가 『BEFEO』, IX, 662쪽부터 번역한 미얀마 원정에 관한 이야기를 발췌한 것도 『경세대전』이고, 우리에게 그 문장을 전해주는 것은 『원문류』이다. 위베르가 663쪽에서 『경세대전』이 『원전장(元典章)』과 같다고 한 점은 잘못이다. 『원전장』은 매우 잘못이 많은 필사본에 따라 전해지고 간행도 되었다(선본도 있음).

129 원문에는 다음과 같은 부연 설명을 괄호 속에 넣고 있다. 편의상 주석으로 옮긴다. "또한 요수(姚燧)의 원문에서는 '唆突'로 되어있음; 육심원(陸心源)의 『군서교보(群書校補)』, 권19, 16쪽을 참고하시오."

130 『원사어해(元史語解)』, 권11, 7쪽과 『삼사동성명록(三史同姓名錄)』, 권18, 8쪽을 참고하시오.

131 노얀(noyan)은 몽골 시기에 '나안(那顏)'으로 옮겨진 호칭이다. 현대 발음은 '노욘(noyon)'이다.

붙였다. 코발레프스키(Kovalevskii)와 블로쉐 씨에도 불구하고, 나는 'sadun'
이 산스크리트어 '싸두(sādhu)'에 대응한다고 확신하지는 않지만, 그것을
고집할 것도 아니다. 또한, 사도(唆都)는 '사두(Sadu)' 또는 '사둔(Sadun)'으
로 이끌 수도 있다. 라시드웃딘의 스둔-노얀(S.dun-noyan)은 13세기 초반에
살아있었다. 블로쉐 씨가 말한 것과는 달리, 중국 자료에서 사도(唆都) 또
는 다른 형태로의 전사가 보인다고 생각하지 않는다. 그는 술두스(Süldüs)
부족에 속하며, 베레진(Berezin)이 자신의 필사본 여러 곳에서 '새 날개
의 큰 깃'으로 번역한 'Sodo' 또는 'Sodon'의 다른 여러 형태를 제시했다
(『Trudy Vostočnago Otdelenija Imperatorskago Archeologičeskago Obščestva』,
V, 색인과 290쪽). '스둔-노얀' 또는 '스돈-노얀'이란 이름이 첫음절에서 'a' 또
는 'i'가 아니라 'o'로 발음되어야 한다면, 그 해법은 적어도 외견상으로는
받아들일 만하고, 『원사』의 편수관들이 사도(唆都)에 채택한 것이 바로
이것으로, 그들은 색다(索多)로 고치고 '큰 깃털'의 의미인 'sodo'로 설명
했다(『원사어해(元史語解)』, 권11, 7쪽). 나로서는 군주의 수식어로 접한 것
뿐인(A. M. Pozdneev, 『Lekciu po istorii mongol'skoï literatury』, 1896, 127쪽을
참고하시오) 블로쉐 씨의 수투(Sutu)는 사도(唆都)가 첫음절에서 'u'가 아니
라 반드시 'o'로 발음된다고 추정한 사실과는 거리가 멀다. 그러나 다른
요소가 생겨야 하는데, 바로 마르코 폴로가 옮긴 형태이다. 우리는 오래
전부터 중국 자료의 사도(唆都)가 뽀띠에(Pauthier)와 율의 판본이 '사가투
(Sagatu)'로 옮긴 인물로 알고 있었다. 사실, '사가투'가 사도(唆都)를 음성
적으로 끌어낼 가능성은 전혀 없다. 그러나 필사본 대부분이, 지리협회에
서 간행한 것들을 포함하여, '소가투(Sogatu)'를 제시하고 있는데, 나는 이
표기가 정확하다고 의심치 않는다.[132] 그로부터 소가투는 몽골어 'Soɣatu'

또는 'Sögätü'에 대응하고, 이는 정상적으로 'Sōtu', 'Sötü', 즉 중국어 표기인 '사도(唆都)' 또는 '쇄독(鎖禿)'으로 귀결된다.[133]

　"참파를 다스리는 임무를 맡았다(置省占城)"라고 한 옛날 번역은 정확하지 않다. 나는 마스페로(G. Maspero) 씨가 『참파왕국(Le royaume de Champa)』, 253쪽에서 인용하기 전에 고칠 기회가 없었던 것이 유감스럽다. 우리는 원나라 시기에 오늘날 성(省)이라고 부르는 것이 중앙 조정에서 중서성(中書省)에 해당하는 행정을 담당한 지방 장관 같은 것이며, 행중서성(行中書省), 또는 줄여 '행성(行省)'이라 한 것을 알고 있다.[134] 또한, 몽골 왕조 시기, 지방

---

[132] 『Recueil de voyages et de mémoires』의 1책으로 된 『마르코 폴로』, 파리, 1824, 546쪽. 이 판본에서 사용한 필사본은 프랑스 고문서 7367, 현 국립도서관의 1116이다. 믿을 수 없을 정도로 형편없는 이체자 목록을 갖추고 있는 필사본은 연달아 no 7367, 7368, 7377, 7387 그리고 '7363'로 표기되었다. 풍부한 해설을 통해 매우 신중한 율-꼬르디에 판본은 고유 명사들을 종종 이체자들 표시하지 않고, 임의로 선택한 형태들, 또는 영국식 발음에 따라 조정된 형태들을 취했다. 말하자면 참파(Champa)를 '참바(Chamba)'로 쓴 것들인데, 유적들은 분명히 마르코 폴로의 표기가 '치암바(Ciamba, 또는 Cyamba)'였음을 보여준다. 이 명칭에 관하여, 13~14세기 중국의 전사 습관이 보여주는 형태와 일치하는 'p'가 아니라, 'b'로된 발음에 주목할 필요가 있다. 치암바는 '참바(Čamba)'에 해당한다. 이는 같은 시기, '점팔(占八)', '점파(占把)' 또는 '잠팔(蘸八)'과 같은 형태들이 이끄는 것과 정확히 일치한다(『BEFEO』, IV, 243쪽을 참고하시오. 나는 이 논문에서 마지막 형태['잠(蘸)' 자는 '점(占)'자처럼 고음에서 종성으로 '-m'을 가진다]를 참파가 아닐 것으로 잘못 추정했다. 그리고 마스페로(G. Maspero)의 『참파왕국(Le royaume de Champa)』, 236쪽을 참고하시오). 중국어의 무기음 'p'는 외래어 발음에서 규칙적으로 'b'에 해당한다.

[133] 1689년 네르친스크 조약에 서명한 사람 중 하나인 '색안도(索顏圖, 'Sögätü', 'Sög'ätü')'라는 이름에서 찾을 수 있는 이 같은 이름이 상당히 그럴법하다.

[134] 나는 문제의 요소들을 단순화한다. 이에 관하여, 『원문류(元文類)』, 권40, 5쪽의 『경세대전(經世大典)』, 각행성(各行省) 조목; 『원사』, 권85, 1쪽과 권92, 1~2쪽; 또한 중서성(中書省)의 '성(省)'자의 의미에 관해서는 『자원(字源)』을 참고하시오. ('성(省)'자는 여기에서 자연스럽게 생각하게 되는, 그리고 비씨에르(Vissière) 씨가 『Le Seyyid Edjell Chams ed-Din Omar (1210-1279)…』(별쇄본, 9쪽)에서 채택한 '조사'라는 의미에서 나오지 않았을 것이다.

행정 조직에 세운 이러한 조직화는 숫자상, 영역상, 거점에 따라 다양했다. 원정할 때는 간혹 행성(行省)을 만들기도 했는데, 이는 실제 성(省)의 조직화를 낳지는 않았다. 이는 이 행성이 원정의 출발 전에 존재했음을 설명해준다. 참파에 적용되어야 하는 것이 바로 이것이다. 참파는 안남 사람의 왕국으로 중국에서 분리되어 있었고, 복종을 강요한 것이지 제국의 영토에 실질적으로 합병하는 것이 아니었다. 일본이나 자바 원정을 했던 것과 같은 명분으로, 소투가 바다로 군대를 이끌어 간 것은 바로 일종의 식민지 전쟁이었다. 이로써 소투가 복건의 해안을 맡은 것은 선도자로서였지, 통킹의 경계에 속한 당국자들이 아니었음을 알 수 있다. 한편으로 참파 침공은 인도차이나, 인슐랜드, 그리고 인도양의 다른 나라들과 중국의 일반적인 관계상에서 연구되어야 한다.[135]

　　1278년 3월 26일, 몽고대(蒙古帶, MoṅγoDai?)[136], 소투, 복주(福州) 행성(行省) 포수경(蒲壽庚)[137]에게 해안 지역의 평화를 구축하라는 황명이 내려졌

135　또한 록힐, 『통보』, 1914, 428쪽 이하를 참고하시오.

136　이 명칭은 '망올태(忙兀台)'로 더 자주 쓰였다. 조금 뒤에 볼 수 있을 것이다. 이 인물의 전기는 『원사』, 권131, 3~4쪽에 들어있다.

137　포수경(蒲壽庚)에 관해서는 『통보』, 1914, 428쪽; 또한 『수산각총서』본, 『송계삼조정요(宋季三朝政要)』, 권6, 3, 4쪽을 참고하시오. 복주(福州)의 장저(張翥)가 왕대연(汪大淵)의 『도이지략(島夷誌略)』을 위해 1350년에 쓴 서문에서, 송나라가 굴복한 이후 쿠빌라이는 정봉대부(正奉大夫)[내가 가진 판본의 원문에서 '정(正)'자는 잘못되었다. 아마도 바로 병부(兵部)를 의미하는 병(兵)자로 읽어야 할 것이다]와 해외 오랑캐들의 선위사(宣慰使) 포사문(蒲師文)에게 부장 손승부(孫勝夫)와 우영현(尤永賢)과 함께 외국으로 가라고 명했다고 한다. 손승부와 우영현에 대해서는 이후 다시 보게 될 것이다. 포사문(蒲師文)에 관하여, 포사문은 포수경의 자(字)일 수 있지만, 나는 포수경이 직접 외국에 갔다고 생각하지 않는다. [포수경에 관해서는 구와바라 지쓰조(桑原隲藏), 「포수경에 관하여(On P'u Shou-keng)」, 『東洋文庫欧文紀要(Memoirs of the Research Department of the Tōyō Bunko)』, 2(1928)와 7(1935)를 참고하시오. 구와바라 씨는 특히 포사문이 포수경의 맏아들임을 보여준다(7, 67, 92쪽). 그에 따르면, 포수경의 선조들은 참파의 아랍인들이

다(『원사』, 권10, 1쪽). 같은 해 9월 18일 새로운 칙령이 행중서성(行中書省)[138] 사투와 포수경에게 내려왔다. 그 칙령은 다음과 같다. "남동쪽 요새화된 곳과 섬에 흩어져 있는 오랑캐 왕국들은 모두 정의를 사랑하는 마음을 가지고 있다. [우리의 항구로 오는] 외국의 뱃사람들에게 내 생각을 알게 하는 것이 가능할 것이다. 진실로 나에게 예를 표한다면, 나는 그들에게 총애와 시혜를 보여줄 것이다. 오고 가는 거래에 관한 것에 있어서, 그들 각각이 원하는 대로 할 수 있을 것이다."[139] 같은 날 소투와 포수경은 중서좌승(中書左丞)에 임명되었는데, 달리 말하자면 중앙 조정에서 그러한 직함으로 승진했고, 사신의 임무도 계속되었다는 말이다(『원사』, 권10, 4쪽). 송나라를 정복한 황제는 인도차이나, 인슐랜드, 그리고 인도양의 외국에 자신의 성공을 알려주고 싶었고, 동시에 송나라라고 칭하는 나라가 여전히 중국 밖에서 틀림없이 거점을 두고 있을 것이라고 걱정했다. 그러나 우선은 이러한 공식적 초대를 넘어서고 싶지는 않았다. 포수경이 해외의 오랑캐들에게 조공을 요청하는 특별한 칙령을 내릴 것을 간청하자, 황제는 1279년

었다. 그의 할아버지는 광주에 정착했고, 그의 아버지는 천주에 정착했다(7, 5, 35쪽). 손승부에 관해서는 앞의 출처, 7, 99쪽을 참고하시오. -폴 드미에빌] 펠리오가 근거한 문장은 1350년에 쓴 장저(張翥)의 서문이 아니라, 1349년에 쓴 오감(吳鑒)의 서문에 나온다. 만년의 펠리오가 유작으로 남긴 책을 정리하여 두 석학, 조르주 세데스와 폴 드미에빌이 추가 주석까지 붙인 책이 어떻게 이러한 오류를 바로 잡지 못했는지 의문스럽다.

138 적어도 몽골 왕조 초반, 관리들에 대한 행중서성 앞에 들어가는 특별한 칭호는 없었다. 종종 그들이 맡은 기관 명칭이 그 자체로 호칭으로 사용되었다. 한편 중앙 조정의 직함도 동시에 유지되었다.

139 『원사』, 권10, 세조본기, 중화서국, 204쪽. "동남쪽 도서에 늘어서 사는 여러 외국 모두 정의를 흠모하는 마음을 가지고 있으니 외국의 선박과 그 사람들에게 짐의 뜻을 널리 알리는 것이 마땅하다. 정성으로 내조(來朝)한다면, 짐은 그들을 총애하고 예우할 것이다. 왕래하며 교역함에 각기 바라는 바를 따르라(諸蕃國列居東南島嶼者, 皆有慕義之心, 可因蕃舶諸人宣布朕意, 誠能來朝, 朕將寵禮之. 其往來互市, 各從所欲.)"

6월 15일 그러한 요청을 거절했다(『원사』, 권10, 7쪽).[140] 그러는 사이, 분명 1278년 9월 18일의 칙령에 고무된 소투는 남방의 여러 나라에 사신으로 갔다. 사람들이 참파에서 돌아온 그에게 참파의 왕은 중국의 봉신으로 인정해 줄 것만 요구한다는(1278년부터) 정보를 알려 왔음을 알고 있다.[141] 그리고 우리는 아래에서 소투의 다른 사신이 1280년 초에 자바에 사신으로 간 것을 볼 것이다. 또한, 남방 국가들의 대표들이 조정에 모습을 드러내기 시작한다. 1279년 8월 6일 날짜로, "참파, 마아바르 왕국이 사신들을 보내와 귀중한 물품과 코끼리 한 마리 그리고 코뿔소를 바쳤다."(『원사』, 권10, 9쪽)라고 기록하고 있다.[142] 참파와 마아바르의 사신들이 이렇게 동시에 온 것에 주목하자. 안남과 미얀마 사람들을 제외하고, 자바 사람들을 포함하여 남방의 모든 사람들이 참파를 기항지로 삼아 바다를 통해 중국으로 왔다. 따라서 이러한 상업적 또는 외교적 관계를 방해하거나 단절시키는 것은 참파 사람들의 권한이었다. 이와 같은 사실이 정확히 중국과 참파 사이에 벌어질 전쟁의 원인 중 하나였다. 소투가 북경으로 온 것도 아마 외국들과의 관계 문제였을 것이다. 논의는 상당히 엄숙한 형태로 이루어졌다. 1280년 1월 26일 "추밀(樞密)과 한림원(翰林院)의 관리들에게 해외의 모든 오랑캐에게 보내는 소환령을 소투와 상의하라는 황명이 내려졌

---

140 록힐은 복건의 여러 도시에서 이와 관련해 이루어진 포고령에 관해 언급했다(『통보』, 1914, 430쪽). 그러나 원문을 잘못 읽고, 외국의 복종과 아무런 관계가 없다고 했다.

141 『원사』, 권200, 3쪽; 마스페로(G. Maspero), 『참파왕국(Le royaume de Champa)』, 235쪽.

142 마스페로(G. Maspero), 『참파왕국』, 235쪽을 참고하시오. 나는 마스페로 씨가 생각하는 것처럼 다음 문장이 외국의 군주들에게 주는 선물들과 관계된 것인지 확신하지 않는다. 몽골 왕과 관련된 것일 수 있다('제왕(諸王)'이 빠진 것일까?)

다." "대륙과 해외의 오랑캐 왕국들의 왕들에게 통지하는 칙령"이 1월 27 일 선포되었다(『원사』, 권10, 10쪽). 같은 날, (1279년 8월만 사신을 보내온) 참파 의 군주에게 조정으로 직접 오라는 칙령이 내려진 것 같다. 그리고 같은 1월 27일에 소투를 통해 자바에 사신으로 간 치중(治中) 조옥(趙玉)이 사신 임무를 보고하기 위해 도착했다. 참파 왕에게 보내는 특별한 칙령은 소투 뿐만 아니라, 병부(兵部)의 부장관[兵部侍郞] 교화적(敎化的), 총관(總管) 맹경 원(孟慶元), 그리고 만호(萬戶) 손승부(孫勝夫)가 들고 갔다.143 1280년 음력 2월(1280년 3월 3~31일)부터 참파의 사신들이 예물과 편지를 가지고 중국에 도착했다. 이 날짜가 정확하다면, 1월 27일 중국 조정에서 보낸 사신에 대 한 응답일 수는 없다.144 1280년 6월 30일 "다시 참파 왕국의 의무를 상기

---

143 마스페로(G. Maspero) 씨가 첫 번째 사람으로 제시한 '가탄달(嘉琿達)'은 인쇄상의 오류에서 비롯된 것이다. 『도서집성』 활자본에 들어있는 오자이다. '琿'자는 없는 글자로, '혼(琿)'자가 잘못된 것이다. 아무런 근거 없이 건륭 시기 '수정된' 표기이 다. 1781년 편수관들은 만주어로 '매 그물을 가진 사람'이란 뜻의 'giyahun-da'로 번역할 수 있도록 '교화적(敎化的)'을 '가훈달(嘉琿達)'로 바꾸었다(『원사어해(元史 語解)』, 권13, 43쪽). 사실 '교화(敎化)' 또는 '교화적(敎化的)'[『원문류』에는 교화적 (敎化迪)으로 쓰여있음]이란 이름은 몽골 시기에 매우 흔했다. 『삼사동성명록(三史 同姓名錄)』(권24, 5~6쪽)은 『원사』에서 14명의 '교화(敎化)'와 12명의 '교화적(敎化 的)'이 들어있으나, 여기의 '교화적'은 1280년, 쿠빌라이의 「본기」에서(『원사』, 권 11, 4쪽) 단지 교화라고 불리는 사람과 혼동되었다. '교화' 또는 '교화적'이란 이름 은 몽골 용어가 아니라, 단지 중국의 몽골인들이 사용하는 구어의 표현으로 보인 다. 아마도 몽골 이전의 여진 사람들의 말일 것이다. 우리가 모르는 어떤 환경에서 이 사람들은 '교육(또는 문명)'으로 불렸다. 마스페로(G. Maspero)의 'Mong Suan Yuan'(235쪽과 236쪽)은 바로 맹경원(孟慶元)이다. 손승부란 이름은 217쪽, 주 137 에서 이미 보았고, 이 사람은 계속해서 등장한다.

144 마스페로(G. Maspero) 씨가 제시한 '5월'은 '3월'을 잘못 인쇄한 것이다. 이 날짜 는 참파에 관한 기술에서만 주어졌다(『원사』가 베낀 『경세대전』에서도 마찬가지 임). 그리고 「본기」에서 가져온 날짜와 같다는 보장이 없다. 그 날짜는 거의 가능 성이 없다. 어쨌든, 소투는 상당히 긴 시기 동안 부재중이었음이 분명하다. 왜냐 하면, 그의 군대가 저지른 악행을 그에게 책임을 돌리지 않은 것으로 설명할 수 있기 때문이다. 그들 군대의 진압은 1280년 5월 9일과 7월 5일 역사서에 기록되 었다(『원사』, 권11, 2쪽).

시켰다."(『원사』, 권11, 2쪽) 같은 해 9월 4일에 "참파와 마아바르 왕국은 모두 그들이 신하임을 인정한 탄원서를 바치는 사신들을 보내와, 보물, 코뿔소, 그리고 코끼리를 바쳤다."(『원사』, 권11, 3쪽) 마침내, 12월 22일에 "다시 선위사(宣慰使) 교화(敎化)와 맹경원(孟慶元) 등을 보내 참파의 군주에게 의무를 상기시키고, 조정에 예를 표할 아들이나 형제 중 한 사람, 또는 대신들을 보내도록 했다."(『원사』, 권11, 42쪽)[145] 그러는 동안, 소투는 중국으로 돌아와 복건의 직책을 맡았거나,[146] 아니면 조정에서 1280년 9월 3일, 삼불제(三佛齊, 스리비자야, 팔렘방) 왕국을 포함한 8개 왕국에 보내는 칙령을 요청하고 있었다. 그러나 그의 요청은 받아들여지지 않았다. 남해와의 외교적 관계는 그다지 활성화되지 않았다. 1280년 11월 21일 사신들이 자바와 안남으로 급파되었다. 11월 24일 한 한림(翰林)이 콜람, 마아바르, 자바 그리고 안남이 탄원서를 올린 것을 알고, 그들에게 답하는 칙령을 요청한 것과 부합한다. 하사품들이 안남 사람들에게 주어졌고 한 칙령은 자바에게 의무를 상기시켰다.[147] 나는 말라유(Malāyu, 木刺由)에 보낸 사신들, 즉 1281년 1월 2일 미리 관직을 하사했던 슐레이만(Sulaymān, 速刺蠻) 등과 점사정(苫思丁, Šamsu'd-Dīn, 思자가 忠자로 잘못 인쇄되어 있음)을 언급할 것이다. 한 사신을 통해 참파를 지나던 중 배가 부서졌다고 알게 된 이 점사정은

---

145 마스페로 씨는 이들 날짜와 이름을 정확하지 않게 기록하고 있다(앞서 언급한 출처, 236쪽).

146 복건의 행성은 복주(福州)에서 천주(泉州)로 1280년 6월 11일 옮겨졌다. 그리고 1280년 8월 6일 천주에서 강서 남창인 융흥(隆興)으로 옮겨졌다(『원사』, 권11, 2쪽).

147 『원사』, 권11, 3쪽. 이어지는 추이는 원문에서 가져온 대로이다. 마아바르(Maabar)와 참파의 사신들은 1280년 9월 4일 황제를 알현했으므로, 마아바르와 관련된 칙령이 내려진 것은 11월 24일이다. 참파의 사신들에 관해서, 이 사신들에 대한 응답이 단지 12월 22일 교화와 맹경원을 사신으로 보내는 것을 통해 주어졌다.

배, 식량, 보충할 군사를 요청하였고, 1281년 7월 15일 샴숫 딘에게 쌀 1,400여 석을 지급하라는 조서가 내려졌다.[148]

이 사건은 우리를 참파로 데려간다. 1280년 8월 13일 참파의 사신은 몽골 황제에게 코끼리와 코뿔소를 헌상했고, 또 다른 사신은 11월 12일 나라의 산물을 조공했다. 마침내, 1281년 11월 29일 조서를 내려 슈리자야 심하바르마하[리]드바(Śrījaya siṃhavarmaha[ri]deva, 失里咱牙信合八剌麻合迭瓦)를 중국의 명예직인 '영록대부(榮祿大夫)'와 하사품 '호부(虎符)'와 함께 '참파의 군왕'으로 삼았다.[149] 중국과 참파의 관계가 모든 면에서 잘 되어가는 것 같았다. 사실 원정의 동력이 이미 결정되었다. 1280년 말에 소투는 확실히 복건에 있었다. 역사서들은 1281년 1월 16일 자 기사에 그가 복건의 장주(漳州)에서 정계룡(鄭桂龍)의 반란을 기록하고 있기 때문이다(『원사』, 권11, 4쪽). 1281년 8월 13일, 즉 참파 사신이 알현한 날로, 사서들은 "소투가

---

148 『BEFEO』, IV. 326쪽을 참고하시오.
149 『원사』, 권11, 6쪽, 7쪽. 마스페로(G. Maspero), 『참파왕국(Le royaume de Champa)』, 235, 236(이 페이지 주 6에서 '랄(剌)'자가 '팔(八)'자와 '마(麻)'자 사이에 빠졌음), 244쪽을 참고하시오. 『원사』, 권11, 7쪽은 '失里咱牙信合八剌麻合迭瓦'로 되어있다. 『경세대전(經世大典)』을 베낀 『원문류』(권41, 19쪽)도 같은 표기를 보여주지만, 두 번째 '합(合)'자가 '합(哈)'자로 되어있다. 또한 『경세대전』에서 가져온 『원사』, 권210, 3쪽은 '마(麻)'자를 빠뜨린 것을 제외하면, 『원문류』와 일치한다. 몽골 시기의 전사 관습으로 볼 때, 이름에서 '합(合)'이 아니라 두 번 모두 '합(哈)'자로 읽어야 함에는 분명하다. 재구성에 관해서는 혐의점이 없을 것 같다. 문제의 군주는 하리드바(Harideva)로 불리다가 즉위한 뒤에 스리자야심하바르만(Śrījaya siṃhavarman)을 앞에 붙인 것이다. 'li'(利 또는 里) 음절은 중국어 전사에서, 적어도 『원사』의 '본기'를 토대로 한 『실록(實錄)』이 편집된 시기부터, 이미 『경세대전』에서 활용되었다. 그러나 전체 이름은 슈리자야 심하바르마하[리]드바(Śrījaya siṃhavarmaha[ri]deva)로 읽어야 한다. 마스페로 씨는 「본기」에 따라 1281년 말에 참파의 군주에게 주어진 이 칭호가 참파 기술에서는 1287년부터 주어졌으나, 실질적인 수여는 1281년에 있었을 뿐이라고 훌륭한 지적을 했다. 결국, 「본기」의 더 큰 비중으로 보아, 『원사본증(元史本證)』(『소흥선정유서(紹興先正遺書)』본, 권29, 9쪽)과 함께, 「점성전」의 단순한 착오로 보고 싶다.

참파 원정을 할 것이므로, [황제는] 그에게 말라리아를 피하도록 타봉(駝蓬)을 하사했다."라고 기록하고 있다.150 이어서 1281년 11월 29일, 즉 참파의 왕에게 중국식 관작이 주어진 날, 참파 행성(行省)이 창설되었다. "[1281년 11월 29일] 참파를 위한 행중서성(行中書省)을 만들었다. 소투는 우승(右丞)으로, 유심(劉深)은 좌승(左丞)으로, 야흑미실(也黑迷失, Yiɤmiš)은 참지정사(參知政事)로 임명되었다."151 전야인 11월 30일, "1백 척의 해선들과 신구의 1만 명의 무장한 군사와 그만큼의 선원들을 모이도록 했고, 이듬해, 첫 번째 달에, 이들은 해외의 오랑캐 원정을 떠났다. 다시 참파의 군왕에게 군대에 식량 지급을 명했다(敕以海船百艘, 新舊軍及水手合萬人, 期以明年正月征海

---

150 畯都征占城. 賜駝蓬以辟瘴毒(『원사』, 권11, 6쪽). 독립된 이 첫 번째 문장을 통해 마스페로 씨는 이 날짜에 소투가 참파로 떠났다고 하였다(236쪽). 이는 정확하지 않은 말이다. 타봉이란 식물 또는 약재 이름은 브레트슈나이더(E. Bretschneider)와 스미스 스튜어트(Smith-Stuart)의 책에는 보이지 않는다. 나는 고증을 위한 별도의 연구를 하지 못했다. [펠리오의 여백 주석은 다음과 같다. "'낙타의 풀' 타봉은, 라우퍼(Laufer), 「서하 언어(The Si-hia Language)」, 『통보』, 1916. 93쪽, 봉실(蓬實?)을 참고하시오."]

151 『원사』, 권11, 6쪽. 몽골 시기 관직 체계에서 '우(右)'가 '좌(左)'보다 우월하다. 따라서 소투는 행성(行省)의 가장 높은 직책이다. 유심(劉深)에 관해서는 위의 87, 88쪽 주1을 참고하시오. 야흑미실(也黑迷失) 대신에, 『원사』에서는 '야리미실(也里迷失)'로 쓰였다. 그러나 역흑미실(亦黑迷失)의 전기를 참고하는 것으로 충분할 것이다(『원사』, 권131, 8, 9쪽). 그의 전기에서 이그미슈는 1281년 "형호(荊湖), 참파 등의 행중서[성] 참지정사(參知政事)로 참파를 복종시키는 일을 [담당했다]"라고 하였고, 그의 이름이 계속해서 「본기」에 역흑미실(亦黑迷失, 권13, 10쪽), 역리미실(亦里迷失, 권14, 1쪽), 역흑미실(亦黑迷失, 권17, 2쪽에서 두 차례 쓰임), 야흑미실(也黑迷失, 권17, 4쪽)로 되어있으므로, 권14, 2쪽의 '리(里)'자는 '흑(黑)'의 오기일 뿐이다. 그 잘못을 알지 못한 1781년의 편수관들은 역흑미실과 야리미실 두 재구성을 채택했다(『원사어해』, 권12, 10쪽, 권13, 4쪽). 이그미슈에 관해서는 흐루너펠트, 『말레이군도와 말라카에 관한 주석(Notes on the Malay Archipelago and Malacca)』, I, 153~155쪽을 참고하시오. 흐루너펠트의 번역문은 부정확하고 글자들이 빠져있다. 또 펠리오, 『BEFEO』, IV, 326~327쪽; 블로쉐, 『집사, 몽골사(Djami el-Tévarikh, histoire des Mongols)』, II(1911), 478, 536쪽; 록힐, 『통보』, 1914, 437~438쪽을 참고하시오.

外諸番, 仍諭占城郡王給軍食)."(『원사』, 권11, 7쪽). 1281년 12월 19일, "참파에 사신으로 간 맹경원과 송승부는 모두 광주 선위사(宣慰使)에 임명되었고, 추가로 원정군의 감독하는 임무를 맡았다(奉使占城孟慶元·孫勝夫並為廣州宣慰使, 兼領出征調度)." 같은 날, 안남 왕에게 참파 행성의 군대에 식량을 지급하라는 명이 내려졌다[詔安南國王給占城行省軍食](『원사』, 권11, 7쪽).152

조르주 마스페로(G. Maspero) 씨의 연구는 이 시기 동안 참파의 역사에 관한 우리의 지식을 많이 진전시켰다. 그렇지만 중국과 참파의 관계가 둘러싸고 있는 의문점들을 모두 해결해주지는 못했다. 참파 조정 자체에서 친중국 일파 또는 적어도 복속에 찬성하는 사람들과 항전을 밀고 나가는 사람들 사이의 커다란 힘겨루기가 있었던 것으로 보인다. 그러나 이를 분명하게 하기 위해서는 텍스트를 정밀하게 분석해야 하고 중국의 사가들이 간혹 자신들의 이야기에 스스로 함정에 빠진 것도 잊어서는 안 된다.153

---

152 이 텍스트는 어쨌든 하나의 난제를 제기한다. 우리는 『원사』, 권12, 3쪽에서, 1282년 8월 20일 자에, "자바에 사신으로 나갔던 선위[사] 맹경원과 만호 손승부가 돌아오는 길에 망고대(忙古帶, Moṅγudai?)에게 사로잡혔다. 그들을 풀어주라는 칙령이 내려졌다."라고 읽고 있다. 록힐, 『통보』, 1914, 444~445쪽을 참고하시오. 틀림없이 1282년 8월 20일 석방하라는 칙령이 내려졌다. 그러나 어떻게 손승부에게 '만호'라는 직책이 주어질 수 있는지 그리고 어떻게 1281년 12월 19일의 날짜로 명시된 직책으로, 특히 참파 원정에서 두 사람에게 부여된 활동으로, 맹경원과 함께 자바에 임무를 수행할 수 있었는지 모른다. 사실 우리가 모르는 움직임과 변동이 1281년 11월 29일 참파 행성의 건설과 1282년 12월 실제 원정을 떠난 시기 사이, 참파에 대한 중국 정책을 표명해 주는 것 같다.

153 당시 전사 과정에서 주어진 참파의 명칭들은 부분적으로 이루어졌을 뿐으로, 우리가 그로부터 끌어낼 수 있는 것은 추정을 항상 수월하게 하는 것은 아니다. 마스페로(G. Maspero) 씨는 하리지트(Harijit)가 중국인에 의해 '보적(補的, 또는 補底)'으로, 또는 '패유보랄자오(孛由補剌者吾)'라는 명칭으로 지칭되었다고 하였다(237, 239쪽). 이는 하나의 실수에 지나지 않는다. 왜냐하면, 참파에 관한 기술에서 '보적'은 '패유보랄자오'의 아들이고, 345쪽에서 마스페로 씨는 '패유보랄자오'를 인드라바르만 4세(Indravarman IV), 즉 하리지트의 아버지라고 했다. 패유보랄자오의 출신에 관하여, 마스페로 씨는 'Pu lyaṅ Poṅ…'로 보았다. 나는 다른 해

그래서 나는 여기에서 전체 역사를 자세히 다시 읽기를 주장한다. 그러나 나는 적어도 소투와 원정대의 출정 시기와 조건을 분명히 밝히는 데 힘쓰고 싶다.

　내가 논의를 시작하는 기본적인 텍스트는 곧바로 『원문류』, 권41(19쪽), 약 반세기 뒤에 『원사』에 복제된(권210, 3쪽) 1332년의 『경세대전(經世大典)』의 원문이다. "[지원] 19년 10월에(1282년 11월 2일~12월 1일), 참파에 군사 원정을 하기로 [결정했다]. 먼저,[154] 참파의 군주 패유보랄자오(孛由補剌者吾)는 이전해 사신을 조정에 보내와 그를 통해 [중국의] 신하이며 제국의 한 부분임을 선언했다. 그리고 [사신이] 왕의 복종은 진실하다고 하여, 조정은 좌승(左丞) 소투 등에게 이 나라로 가서 행성을 세워 평온하게 통치하고 유지하도록 했다.[155] 그러나 [왕의] 아들 보적(補的)은 나라를 맡아, [나라의] 자연적

　　법을 찾고자 한다. 마지막의 '오(吾)'자는 당연히 'Pu Yuvarāja…' 또는 'Uparāja…'임을 암시하지만, 참파어에서 흔히 종종 보는 것처럼 순음의 자음 뒤에 오는 모음의(patau, putau의 형태처럼) 이러한 순음화로 [Pu Yuvurāja…] 또는 [Pu uburāja…]로 발음된다. 인드라바르만 4세는, 즉위 이전에, 'Pulyaṅ Śrī Yuvarāja vlom'으로 불렸다(마스페로, 232, 345쪽). '황태자' '유바라자(Yuvarāja)'라는 칭호로 통치하는 군주를 지칭하는 것이 이상하지만, 우리가 '유보랄자(由補剌者)'로 봐야 하는 사람은 바로 이 사람인 것 같다. 아마도 그 명칭은 상당한 시기 동안 중국인들에게, 또는 인드라바르만 4세를 찬탈자로 보는 쪽으로 알려졌을 것이다. '보적'이란 명칭(?)은 또한 하나의 호칭으로도 나타난다(Cabaton, 『Dictionnaire Čam-français』, 288쪽의 putirai?). 『원사』를 통해 언급된 '보적'의 두 형제에 관하여(마스페로, 241쪽), 첫 번째 명칭은 -바드라(-bhadra)로, 두 번째는 -인드라(-indra)로 끝나는 것은 확실하지만, 두 명칭의 첫 부분에 있는 '이세(利世)'를 '스리(Śrī)'로 보는 것은 주저된다. 어쨌든, 이 잘못된 의역으로 야기된 '이세(利世)'는 이미 『경세대전(經世大典)』의 '이세'였음을 『원문류』(권 41, 19쪽)에서 볼 수 있다.

154 '征占城. 初'는 『원사』 편수관들이 빠뜨려, 이 사건의 날짜를 분명하지 않게 만들었다. 사실, 이 텍스트는 여기에서 1281년 11월의 결정을 위한 이전 사건의 이야기를 다시 취하고 있다.

155 이와 관련된 사신은 1281년 12월 27일에 알현했고 참파의 행성이 같은 날 설치되었음을 보았다.

방어를 믿으며, 복종하지 않았다.[156] 만호(萬戶) 하자지(何子志), 천호(千戶) 황보걸(皇甫傑)을 시암(暹) 왕국에 사신으로 보내고, 선위사(宣慰使) 우영현 (尤永賢)과 아란(亞蘭)을 마아바르[馬八兒] 왕국에 보냈는데, 그들의 배가 [참 파를 경유하는] 해로를 지날 당시 [보적에게] 사로잡혔다.[157] 원정한 것은 바로 이 때문이다. 황제는 '옛 왕은 죄가 없다. 나의 명에 반대하는 자들은 남해 의 [다른] 오랑캐들과 공모한 그의 아들이다.[158] 이 두 사람을 잡는다면, 마 땅히 옛날 조빈(曹彬)[159]에게 했던 것에 비추어, 백성의 단 한 사람도 죽이 지 않을 것이다.'[160]라고 하였다. 11월에(1282년 12월 2일~31일) 참파 행성의 관리들은 군대를 거느리고 광주를 떠나 바다를 건넜다. 그리고 29일에 (1282년 12월 30일),[161] 군대는 참파항[占城港]에 도착했다.[162]"

---

156 負固弗率(『원사』에는 '負固弗服'로 됨). 이 표현은 『주례(周禮)』에서 가져왔다.

157 『원사』에서는 '해도(海道)'가 삭제되었다. 나는 곧 이 두 사신단에 관해 언급할 것 이지만, 내가 실수한 것과(『BEFEO』, IV, 241) 마스페로(G. Maspero) 씨가 나를 따라(『참파왕국(Le royaume de Champa)』, 238쪽), '尤永賢伊蘭'으로 말한 것을 당장 바로 잡겠다. 두 인물로, 첫 번째 사람은 우영현이라 불리는 중국인이고, 두 번째 사람은 '아란(亞蘭)'으로 불린 중앙아시아 사람이다. 이 사람의 이름을 '이란 (伊蘭)'으로 바꾼 장본인은 건륭의 편수관들이다. 아쉽게도 1904년 나는 옛 표기 를 보여주는 『원사』의 다른 판본을 가지고 있지 않았다.

158 乃其子與一蠻人耳.

159 조빈(曹彬)에 관하여(자일스가 말한 것처럼, 930~999년이 아니라 931~999년임), 『송 사』, 권258, 1~3쪽; 자일스, 『중국인명사전(Chinese Biographical Dictionary)』, no 2009를 참고하시오. 975년 남경을 탈환했을 때, 조빈은 장군들에게 백성에게 어떤 해도 끼치지 않겠다고 서약하게 했다.

160 마스페로(G. Maspero) 씨는 이 황제의 말을 1282년 11월 19일의 날짜에 넣었다. 「본기」에서(『원사』, 권12, 4쪽) 1282년 11월 19일 "복종의 협정을 체결하기 위해 참파로 [보낸] 사신이 돌아왔다. [황제는] 그에게 의복을 하사했다."라고 말한 것 과 연결되기 때문이었다. 이 가정은 그럴법하다.

161 중요한 이 날짜는 『원사』에 빠져있다.

162 바다를 통한 원정은 확실하다. 『대월사기전서(Đại Việt sử ký toàn thư)』(1884년 일본판, 권5, 28쪽)의 단정에 주목할 것은 없다. 이에 따르면, "50만 군사를 거느 린 소투 장군은 운남을 떠나 라오스[老撾]를 가로질러 곧바로 참파에 도착했다."

1281년 11월 27일 참파 행성의 설치와 1282년 12월 30일 참파항에 도착한 것 사이 시간에 관하여 『원사』가 보여주는 다른 텍스트들은 다음과 같다. α) 「본기」(권12, 3쪽), 1282년 7월 16일 자에, "복속한 이후로 참파가 다시 반란을 일으켰으므로, 회절(淮浙), 복건, 호광(湖廣)의 군사 5천 명 및 해선(海船) 10척, 전선(戰船) 250척을 동원하고 소투를 장군으로 임명하여 [참파를] 토벌하러 보냈다."163라고 하였다. β) 소투의 전기에(권129, 6쪽) "[지원] 19년(1282)에 전선 1천 척을 거느리고 [소투는] 광주를 떠나 참파를 복속시키기 위해 바다를 건넜다."라고 하였다.

마스페로(G. Maspero) 씨는 소투가 유심(劉深)과 함께 참파로 떠난 시기가 1281년 11월 27일이지만, 그가 하리지트(Harijit), 즉 인드라바르만 4세의 아들의 저항에 부딪혔고, "백성들의 불만이 암암리에 조정을 자극하여 중국 사신들의 안전이 확보되지 않아 그들의 나라로 돌아갔다."라고 인정했다(236~237쪽). 이를 입증해 줄 어떠한 텍스트도 없는 것 같다. 1281년 11월 28일 조서는 다음 해 1월에(1282년 2월 10일~3월 10일) 출정할 원정을 준비하라는 명령이었다. 소투와 유심이 그 이전에 떠났을 리는 없다. 1281년 8월 13일부터 소투가 참파로 가게 된 원정을 말하고 있음을 보았다. 그가 도착한 시기처럼 준비는 예기치 못한 그 이상의 시간이 걸렸을 것이다. 아마도 효과가 나타나도록, 주어진 순간까지 의문의 협상들이 오갔을 것이다. 소투는 1280년 1월의 사신행과 1282년 12월 30일 참파의 항구에 도착한 날사이에 참파에 가지 않은 것처럼 보인다.

_____

라고 하였다.
163 펠리오 씨는 '해선(海船)'과 '전선(戰船)'을 구분 없이 번역하여, 여기서는 전선으로 고쳤다. 원문은 다음과 같다. 중화서국, 243~244쪽: 發淮·浙·福建·湖廣軍五千·海船百艘·戰船二百五十, 命唆都為將討之.

　『경세대전』에 따르면, 참파에 대한 군사 원정이 보적(補的, 하리지트 왕자)이 시암에 가는 하자지(何子志)와 황보걸(皇甫傑)과 마아바르에 사신으로 가는 우영현(尤永賢)과 아란(亞闌)을 체포했을 당시에 결정되었다. 하자지와 황보걸은 『원사』의 「본기」에 (권12, 3쪽) 보이는데, 그에 따르면, 1282년 7월 17일 "하자지에게 관군만호(管軍萬戶)의 직위를 가지고 시암 왕국에 가라는 명을 내렸다."[164] 마스페로(G. Maspero) 씨가 언급한 것처럼 군사 원정과 관계된 최종 명령은 1282년 7월 16일에 나왔다. 따라서 결정을 초래한 이후 날짜에 하자지의 체포가 있을 수 없다. 게다가, 1282년 7월 16일 이전에도 이미 1281년 8월 13일과 11월 29~30일 참파로 군대를 보내는 것이 언급되었다.

　마아바르에 사신으로 간 우영현(尤永賢)[165]과 아란(亞闌)에 관해서, 『경세대전』이 말해주는 그 이상은 모른다. 『원사』에서 (권210, 7쪽) 마아바르에 할애된 조목에는 소투가 복주에 임명되었을 때, 외교적 활동에 관한 매우 흥미로운 문장이 들어있다. 여기에 그 문장을 번역하자면, "지원(至元, 1264~1294) 연간에 행중서성(行中書省) 좌승(左丞) 소투 등이 황제의 편지 10

---

164 또한, 『BEFEO』, IV, 240~241쪽을 참고하시오. 관군만호(管軍萬戶)는 하자지의 사신행 또는 특별한 원정과 관련된 직함이 아니다. 몽골 시기에 관군만호는 각 로(路)의 군대 수장, 즉 대략 자사(刺史)에 해당했다. '섬국(暹國)'이라는 표기는 건륭의 판본에서 나온 것이고, 건륭의 판본은 『원사』의 원래 표기일 것이다. 남경 국자감의 명나라 판본인 1630년 본(권12, 6쪽)은 '섬라(暹羅)'로 되어있으며, 이 표기는 위원(魏源)의 『원사신편(元史新編)』(권95, 40쪽)에서 인용되었다. 그러나 권200에서 모든 텍스트는 '섬라'가 아니라 '섬(暹)'으로만 되어있다. 나는 앞서(98쪽을 참고하시오) 13세기 말에 '섬라'라는 명칭이 시대착오임을 이미 말했다. 따라서 『진랍풍토기』의 두 곳에서 '섬'이 아니라 '섬라'를 쓴 것과 비슷한 착오가 명나라 말의 『원사』 판본들에서 만들어졌다.

165 『도이지략』 장저(張翥)의 서문이 사실이라면(위의 103쪽, 주3을 참고하시오), 우영현은 해외의 외교 활동에서 1278년부터 포수경(그리고 소투?)과 협력하고 있어야 한다. 여기의 장저(張翥)도 오감(吳鑑)의 잘못이다.

통을 받고 오랑캐들에게 의무를 촉구했다. 얼마 되지 않아, 참파와 마아바르 왕국이 간청하는 편지를 올리고, [제국의] 속국임을 인정했다. 구람(俱藍) 등의 다른 나라들은 복종하지 않았다. 행성은 의무를 상기시키도록 15명의 사신을 파견했다. 황제는 '이는 소투 등이 맡을 [일이] 아니다. 나의 명령이 없이, 그들에게 사신을 보내서는 안 된다.'라고 하였다. 16년 12월(1280년 1월 4일~2월 1일), 광동의 초토사(招討司) 다루가치(daruɣači)[166] 양정벽(楊庭璧)[167]을 콜람에 통지문을 들려 보냈다. 17년 3월(1280년 4월 1~30일), 그는 이 나라에 도착했다. 그 나라의 군주 필납적(必納的)[168]이 그의 아우 긍나각 불랄목성(肯那却不剌木省)에게 아랍[回回] 문자로 복종하는 진정서를 쓰도록 명하고, 다음 해에 조공을 들려 사신을 보내겠다고 하면서 [양]정벽에게 주어 [황제에게] 올리게 했다. 10월(1280년 10월 25일~11월 23일), 합살아해아(哈撒兒海牙, Qasar-qaya)[169]를 콜람 왕국의 선위사 자격으로 [양]정벽과 함께 가

---

166 (몽골어로 'daru-'는 '누르다'와 '억압하다' 또 '새기다'는 뜻의) 다루가치란 관직은 터키어 바스까크(basqaq)와 정확하게 대응하는데, 어근인 'bas-'는 'daru-'와 완전히 같은 의미가 있다.

167 양정벽에 관해서는 록힐, 『통보』, 1914, 429~428쪽을 참고하시오. 그의 이름은 『원사』, 권12, 4쪽에는 '양정견(楊庭堅)'으로 잘못 쓰였고, 『원사』, 권12, 6쪽에서는 '양정벽(楊廷璧)'으로 되어있다.

168 록힐은 이 텍스트를 언급하면서(『통보』, 1914, 432쪽), 왕의 동생을 거명하지 않았다. 록힐에 따르면, 필납적(必納的)은 'Pandi' 또는 'Pandya' 즉 '마아바르 왕조를 통치하는 성씨의 이름'일 것이라고 했다. 그러나 필납적은 'Pandi'와는 상당히 거리가 먼 [Binadi]를 보여주고, 콜람 왕을 마아바르를 찬탈한 군주의 성씨로 부른 이유를 모르겠다.

169 까사르 까야(Qasar-qaya)는 옛날 지원(至元) 10년 1월(1273년 1월 21~2월 18일) 다루가치 부관으로 통킹에 사신으로 간 적이 있고, 지원 12년 2월(1275년 2월 27일~3월 38일)에 수석 다루가치로 승진했다. 『원사』, 권209, 2와 3쪽을 참고하시오. 그곳에서 그의 이름은 '합살아해아(合撒兒海牙)'로 쓰였고, 1275년에 그는 틀림없이 1275년 3월 24일 칙서를 받은 것으로 『원사』, 권8, 8쪽에 언급되었다. 1275년의 이 임무는 『안남지략(安南志略)』에서도 기록되어 있는데, 까사르 까야가 조정으로 돌아와 있었고, 그 자리에서 승진되지 않았음을 의미하는 말로 되어

서 [이 왕국을] 두 번째로 의무를 상기시키게 했다. 18년, 1월(1281년 1월 23
일~2월 19일) 그들은 천주(자이툰)에서 바다로 나가 석 달 만에 승가야(僧伽
耶)[170] 산에 도착했다. 뱃사람 정진(鄭震) 등이 역풍과 식량부족 때문에 마
아바르 왕국으로 가서 그곳에서 육로로 콜람 왕국에 갈 수 있다고 권했
다.[171] [두 사신은] 그의 견해를 따랐다. 4월에(1281년 4월 29일~5월 18일) 그들
은 마아바르 왕국의 '신촌(新村)'이라는 부두에 도착하여 상륙했다. 이 왕국
의 재상(宰相) 마인적(馬因的, Mahedra?)이 '당신 등의 관리들이 여기에 와
주시니 매우 기쁩니다. 우리나라의 배(들)가 천주에 갔을 때, 그곳 당국이
마찬가지로 위로해 주었는데, 우리는 그 고마움을 표할 방법이 없었습니
다. 무슨 일로 지금 이곳에 오셨는지요?'라고 했다. [양]정벽 등은 이유를
말해주었다. [콜람으로 육지로 가는] 길을 빌리는 문제에 이르자, 마인적은 [육
로로] 통하는 길이 없다고 주장했다.[172] [사신들은] 재상 부아리(不阿里, Abu
'Ali)와 접견하여 다시 빌릴 길에 관해 말했으나 부아리도 다른 일로 회피
했다. 5월(1281년 5월 19일~6월 17일)에, 두 사람[173]은 [사신들의] 숙소로 이른

있다(쌩송, 『안남지략』, 105, 107쪽). 『원사』, 권8, 8쪽에서처럼 처음으로 쓰인 이
명칭은, 적어도 1884년 일본 판본에서는, 두 번째 글자가 '철(徹)'자로 바뀌어 있
다. 까사르 까야의 임무는 『대월사기전서(Đại Việt sử ký toàn thư)』(1884년 일본
판, 권5, 20쪽), 1276년 4월(5월 15~6월13일)로 기록되어 있다. 안남 조정에서 그
를 맞이한 날짜임을 인정할 수 있다. 그러나 그의 여행이 1년 이상 걸렸다는 것은
의아스럽다.

170 나는 실론일 것이라는 록힐의 생각에(『통보』, 1914, 431쪽) 동의한다.

171 가육로(假陸路)는 록힐이 생각하는 것처럼(앞의 출처, 431쪽) "그들이 살고 있다고
생각한 육로"를 의미하는 것이 아니라, '육로를 빌리다'라는 의미로 다음 페이지
에 나오는 '가도(假道)' 역시 마찬가지이다.

172 乃託以不通爲辭. 록힐처럼 "알아듣지 못하는 척했다."라고 번역할 수도 있다. 그
나머지 부분에 대한 록힐의 번역은 매우 잘못되었다. 두 번째 인물은 마인적과
같은 재상(宰相) 직책을 가졌으므로 비서도, 보좌관도 아니다.

173 二人. 어려운 점이 있음에도, 나는 대중에게 하는 말과는 완전히 다른 언어로 비

아침에 와서, 그들의 실제 사정을 사신들에게 알리기 위해 다른 사람들을 물리고, 조정에 그것을 말해 줄 것을 간청했다. [그들은 말했다.] '우리는 온 마음으로 황제의 노예가 되기를 바랍니다. 우리가 찰마리정(札馬里丁, Jamalu-'d-Din)을 보내 조정에 예를 표할 때,174 우리의 대 필사적(必闍赤)175 이 산탄(算彈, sulṭān)176에게 가서 우리에게 재앙을 초래할 것입니다. 술탄은 우리의 황금, 은, 재산, 여자, 아이들을 빼앗았습니다. 게다가 그는 우리를 죽이려 했고, 우리는 거짓말을 해서 벗어났을 뿐입니다.177 지금 술탄과 그의 네 형제가 모두 가일(加一)에 모여178 콜람을 위협하는 전투를

_____

밀리 말을 주고받던 마인적과 부아리로 이해한다. 이 텍스트의 번역은 록힐의 것과 상당한 차이가 있다.

174 선행한 기술에 따르면, 자말룻딘은 자이툰 항구를 통해 중국에 도착한 것 같다. 1297년 8월 6일 참파의 사신들과 함께 황제를 알현한 사람은 틀림없이 이 사람일 것이다.

175 몽골어로 '서기' '비서'를 의미하는 'bičikči'(그러나 발음은 [bičäkči] 또는 [bijäkči])이다. 이 단어는 몽골 시기에 자주 사용되었다(록힐, 앞의 출처, 433쪽을 참고하시오). 터키어, 몽골어 그리고 만주어 형태는 상당히 미묘한 문제를 제기하지만, 여기에서 다루고 싶지 않다. 'bitigči' 또는 "bitkäči"의 터키어 형태로, 이 단어는 중세 페르시아어로 변했음에도, 나는 이것이 마아바르 재상들이 사용한 같은 말이고, 또 과도기적 페르시아어로 바뀌면서 상당히 그럴법하게 유지되었다고 감히 단정한다.

176 술탄은 이 전(傳)의 원문에 주석되었다. "중국어로, 이 단어는 군주(君主)이다."라고 하였다. 한편 산탄(算彈)은 같은 시기 다른 중국 자료에서도 술탄의 음역 표기이고 (예를 들어, 브레트슈나이더(E. Bretschneider)의 『중세연구(Mediaeval Researches)』의 색인을 참고하시오), 사실 술탄의 발음상 매우 정확하게 전사하고 있다(중세의 'soldanus'를 참고하시오). 록힐은 이미 율이 제시한 대응에도 '순다르(Sundar)' 또는 '순다라(Sundara)'의 전사로 보는 실수를 했다. 또한, 록힐이 생각했던 것과는 달리, 중국에 사신으로 간 자말룻딘과 우리 텍스트의 '대필사적'을 한 사람으로 보는 것은 불가능하다.

177 내가 원문을 잘 이해했다면, 두 인물은 여전히 재상이었으므로 그들의 처지를 성공적으로 회복시켰다. 그러나 자신들이 모시는, 자신들의 군주를 박탈한 군주의 몰락을 원했다.

178 皆聚加一之地. 록힐은 '한 자리에 함께(一之地)'라고 이해했는데, 내가 보기에 이는 모든 면에서 불가능하다. 가일(加一)은 카얄(Kāyāl), 즉 카일(Cail)인 것 같다. 카

논의하고 있습니다. [우리가] 하늘의(중국의) 사신들이 도착해 있음을 알았을 때, [우리는] 백성들에게[179] 우리 왕국이 가난하고 하찮은데, 이는 거짓말이라고 우겼습니다. 모든 이슬람 나라[回回]들의 금, 진주, 보석들은 모두 우리나라에서 나는 것입니다. 다른 이슬람 왕국들 모두 이곳에 장사하러 옵니다. 이들 여러 왕국이 모두 복종하려고 열망하고 있습니다. 마아바르가 복속되면[180] 우리는 사신을 보내 그들에게 의무를 상기하는 편지를 가져다줄 것입니다. 이렇게 모두가 복속하도록 할 수 있을 것입니다.'라고 했다. 이때, 바람이 반대로 불어 그들은 콜람에 도착할 수 없었으므로, 까사르-까야와 [양]정벽은 [중국으로] 돌아갔다.[181] 까사르-까야는 사안을 검토하기 위해 조정으로 갔다. 북풍이 불기를 기다린 뒤인 11월(1281년 12월 13일~1282년 1월 10일)로 새로운 출발 날짜를 확정했다. 그날이 되자 조정에서는 [양]정벽 혼자만 [콜람에] 사신을 보냈다.[182] 19년 2월(1282년 3월 11일~4월 9일) 그는 콜람에 도착했다. 군주, 재상 마합마(馬合麻, Mohammad) 등은 황제의 편지를 영접하기 위해 [사신]에게 왔다."[183]

일은 마르코 폴로가 다섯 형제 중 맏이의 소유로 정확하게 알려주고 있다(율-꼬르디에본, II, 370쪽). 이 명칭에 관해서는 페랑(Ferrand), 『JA』, 1922, 93쪽을 참고하시오.

179 對衆. "나를 제국의 봉신 지위로 올린다"라고 록힐이 번역한 말에(앞의 출처, 433쪽) 해당하는 원문은 없다. 부분적으로는 '대(對)'자와 '봉(封)'자의 혼동으로 보인다.

180 달리 말하자면 "중국이 우리를 술탄에게서 벗어나게 해 주시오!"

181 록힐은 다음과 같은 착오를 했다(434쪽). 까사르-까야가 혼자 중국으로 돌아가는 동안 양정벽은 마아바르에 머물고 있었다고 생각했다.

182 『원사』(권1, 7쪽)에서는 1282년 1월 6일(원문의 기유(己酉)는 기축(己丑)의 명백한 잘못이다), 마아바르 왕국에 사신으로 갔었던 엄도랄(俺都剌, 'Abdullah)에게 은을 하사했다고 하였다. 록힐은 이로부터 '의심 없이' 이 사람이 양정벽에게 보낸 사신이라고 결론지었다. 전혀 그렇지 않다. 한 사람은 콜람에 갔고, 다른 한 사람은 마아바르로 갔다. 그렇지만 이들이 일정 부분 함께 길을 갔다는 것은 그럴 법하다.

183 이후의 사정은 록힐, 앞의 출처, 434쪽을 참고하시오. 그러나 435쪽에서 나왕(那旺)

양정벽은 콜람으로 간, 이 마지막 임무의 결과로, 인도양의 여러 나라를 거쳐 돌아오는 길에, 이들 여러 나라의 사신들이 중국 조정에 도착했고, 1282년 10월 7일 황제를 알현했다.[184] 그들 중에 마아바르에서 오는 사신은 전혀 없었고, 마아바르에서 우영현(尤永賢)과 아란(亞闌)의 임무는 양정벽이 돌아오기 전, 틀림없이 하자지(何子志)와 황보걸(皇甫傑)이 시암에 간 같은 시기에 부여되었을 것이다. 하자지를 사신으로 보내는 명령은 1282년 7월 17일에 있었음을 보았다. 참파 해안에서 사로잡힌 사신들의 운명은 비극적이었다. 중국의 적절한 공격으로 참파의 왕자는 진영에 불을 놓고 산속으로 도망갔다.[185] 그러나 그 전에 그는 1283년 2월 24일, '[위]영현, 아란 등을' 죽였다. 2월 28일 '하자지와 황보걸을 포함하여 1백여 명'을 죽이게 했다.[186]

　　의 왕 이름으로 '망앙(忙昻)'이 아니라, '망앙비(忙昻比)'로 읽었는데, '비(比)'자는 뒤에 나오는 것과 연결된다. 내가 양정벽의 임무와 관련하여 내가 번역한 텍스트는 인도와 극동 사이의 해양 관계사에 있어서 중요하다. 왜냐하면, 순풍을 활용하면서 선박들은 이러한 횡단을 통해 놀라운 속도를 보여주고 있기 때문이다. 1282년 초에 양정벽은 중국에서 인도의 서안에 도착하는 데 3개월도 걸리지 않았다.

184　록힐, 앞의 출처, 436~437쪽을 참고하시오. 그러나 주2와는 달리, 나왕(邪旺) 왕이 보낸 사신의 이름이 『원사』, 권210에 보인다는 것은 정확하지 않다. 소목달(蘇木達)의 재상 이름에서 '탄(攤)'자는 [nan]이 아니라 [tan]이다. 그리고 예물 목록에서 '반지'인 지환(指環)과 '꽃문양이 날염된 비단'인 '인화기단(印花綺段)'으로 고쳐야 한다.

185　이 전투 이야기에서 이는 이미 18세기 고빌(Gaubil)이 언급한 흥미로운 세목이다 (『Mailla's Histoire générale de la Chine ou annales de cet empire』, XII, 12쪽). 그러나 마스페로(G. Maspero) 씨는 빠뜨렸거나 아니면 잘 이해하지 못했다. (『원문류』, 권41, 19쪽과 『원사』, 권210, 3쪽에 인용된) 『경세대전』은 참파 사람들이 세운 요새를 중국인들이 없애는 것을 묘사하면서, 참파 사람들은 "그곳에 무슬림[回回]의 1백여 삼초포(三梢礮)를 설치했다."라고 하였다. 삼초포(三梢礮)의 글자적 의미는 '3개의 막대기를 가진 포'이다. '포'자는 '투석기'와 '대포'를 의미하는 것으로 알고 있지만, 몽골 시기에는 '회회포'를 말할 때의 '대포'였다. 마스페로 씨는 이것을 '잘 보호된 3층의 병영'으로 번역하거나 부연 설명하는 실수를 범했다(239쪽). 나는 §13과 관련하여 13세기 말 인도차이나의 화약을 다시 언급할 것이다.

나는 소투와 참파가 싸우는 동안 참파 행성의 역사를 여기에서 추적하지 않을 것이다. 「본기」에는 마스페로(G. Maspero) 씨의 대작에서 다 담지 못한 이와 관련된 상당한 정보들을 수록하고 있다. 1283년 10월 5일, "참파와 형호(荊湖) 행성을 하나로 합쳤다(倂占城·荊湖行省爲一)."(『원사』, 권12, 9쪽)라는 말에 주목하는 것으로 충분할 것이다.[187] 형호(荊湖)는 호북, 즉 양자강의 중심 부분을 물고 있다. 이 통합보다 군사적 성격의 '행성'이 실제

---

[186] 『원문류』, 권41, 18쪽; 『원사』, 권210, 4쪽. 마스페로(G. Maspero) 씨는 중국 군대가 중국인들을 통해 하자지(何子志)와 황보걸(皇甫傑)의 운명을 알았는데, 이 중국인들은 참파에 정착해있던 증연(曾延) 등의 사람들로, 참파의 군대를 피해 달아나 1283년 3월 13일 중국 군대에 피신했다고 하였다. 그럴법하지만, 텍스트는 이를 말하지 않았다.

[187] 사실은 이후로도 '형호와 참파의 행성'이라는 언급을 찾을 수 있다(예를 들어, 『원사』, 권13, 2쪽 1284년). 또한, 마스페로(G. Maspero)의 『참파왕국(Le royaume de Champa)』, 249, 253~254쪽을 참고하시오. 마스페로 씨는 '형호와 참파 행성'이 역흑미실(亦黑迷失) 전기에서 처음으로 언급되었고, 그곳에서 그는 1281년 참지정사(參知政事)로 거명되었는데, 사실 역흑미실의 전기에서(『원사』, 권131, 8쪽) 말한 사람이라고 했으나, 1281년에 '형호와 참파 행성'이란 명칭은 존재하지 않는다. 1281년 11월 29일 역흑미실을 참파 행성의 참지정사로 임명하는 것이다(『원사』, 권131, 8쪽). 따라서 역흑미실의 전기는 약간의 오류가 있는 셈이다. 아리해아(阿里海牙, 1286년 6월 18일, 틀림없이 투르크 이름으로 'Arïq-qaya'이지, 시리아식으로 'Alāhikhāya' 또는 'Eli-khayaï', 또는 블로쉐 씨가 『Djami el-Tévarikh, histoire des Mongols』, II(1911), 524쪽에서 제기한 아랍어 "Ali Yaha'가 아님)를 '형호와 참파 행성'의 평장정사(平章政事)로 1283년 7월(7월 26일~9월 23일) 임명한 것에 관하여, 마스페로 씨가 근거한 텍스트는(249, 254쪽; 『원사』, 권209, 4쪽) 상당히 긴 기간을 담고 있는데, 7월은 그 시작을 표시할 따름이다. 우리가 말할 수 있는 것은 그 임명이 2월(1283년 10월 23일~11월 20일) 이전이라는 것이다. '형호와 참파 행성'은 1283년 10월 5일로 추정될 뿐이므로, 아리해아(阿里海牙)의 임명은 10월 5일과 21일 사이로 옮겨져야 한다. 『원사』, 권128, 3~5쪽의 아리해아 전기는 이에 대해 침묵하고 있고, 아리해아에 관련된 가장 자세한 자료, 특히 요수(姚燧, 1238~1313)의 묘지명에서도 아무런 언급이 없다. 『목암집(牧庵集)』에 수록된 묘지명과 1329년의 『원조명신사략(元朝名臣事略)』, 권2, 16~19쪽을 참고하시오. (그러나 『원조명신사략』에 전하는 텍스트는 빠진 문장이 많아, 육심원(陸心源)의 『군서교보(群書校補)』, 권19, 11~17쪽으로 보완되어야 한다. 이에 관해서는 『BEFEO』, IX, 434쪽을 참고하시오.)

지방 행정 조직이 아니었음을 보여주는 것은 없다. 그렇지만 이 '참파 행성'은 지나친 중요성을 가지게 되었고, 그것은 반발을 초래했다. 1284년 8월 15일 "중서성(中書省)의 관리들은 '재상(宰相)'이라는 호칭이 가볍게 부여되어서는 안 되며, 현재로 참파 행성의 7명이 가지고 있으므로 그 [수를] 줄이는 것이 좋다고 했다. [그 뒤로] (행성의 군관들처럼) 군관들은 상(相)이라는 직함을 지니지 말라는 칙령이 내려졌다(中書省 臣言, 宰相之名, 不宜輕授. 今占城省臣已及七人, 宜汰之. 詔軍官勿帶相銜)."(『원사』, 권13, 3쪽)

〔19〕 "그는 이 나라까지 함께 가도록 호부백호(虎符百戶) 한 명과 금패천호(金牌千戶) 한 사람을 보냈으나 사로잡혀 돌아오지 못했다(遣一虎符百戶·一金牌千戶, 同到本國, 竟爲拘執不返)." 본국(本國)은 주달관의 필치로 캄보디아를 지칭하기 위한 독특한 표현이다. 일반적으로 이 용어는 자신의 나라 또는 탓하는 사람들의 나라를 말할 때만 사용된다. 사신들은 분명 캄보디아인이 아니므로, 두 경우 모두 여기에 해당하지 않는다. 결국, 언어의 이상함과 원문의 오류만 남는다.

대 참파 전투 초기에, 그는 회개를 끌어내려 했지만, 소투는 그들에게 도진무(都鎭撫) 이천우(李天祐)와 총파(總把) 가보(賈甫)를 통해 7차에 걸친 최고장을 보내게 했다. 아무런 응답이 없었다. 그래서 "12월(1283년 1월 1~29일) 캄보디아 왕국에 의무를 촉구하는 사신, 속로만(速魯蠻, Sulaymān)이 [참파 사람들에게] 의무를 상기시키도록 가게 했다. 이번에 그는 [이]천우, [가]보와 함께 가서, [참파인들이] 그들의 성곽이 완성되었고, 군비가 갖추어져, 전투하려는 날짜를 정했다는 편지를 응답으로 받았다(招真臘國使速魯蠻請往招諭, 復與天祐·甫偕行, 得其回書云, 已修木城, 備甲兵, 刻期請戰)."[188] 『영가현지(永嘉

縣志)』(권21, 52쪽, 『온주부지(溫州府志)』에 인용됨)와 1904년(『BEFEO』, IV, 240~241
쪽) 나는 주달관이 15년 뒤에 라고 암시한 두 사신 중 한 사람이 이 슐레이
만이라고 추측했다.[189] 나도 내가 이미 1904년에 추정한 것처럼(앞의 출처,
326쪽), 슐레이만이라고 생각한다. 그의 이름은 『원사』 다른 곳에서도 다
음과 같이 보인다. "[지원 17년, 12월] 무인(戊寅)일(1281년 1월 2일)에, 말라유로
가는 사신 임무를 맡은 속랄만(速剌蠻, Sulaymān) 등이 초토사(招討使)가 되
어 금부(金符)를 허리에 찼다(戊寅, 以奉使木剌由國速剌蠻等為招討使, 佩金符)."
말라유에 사신으로 간 샴숫딘(Šamsu'd-Dīn, 苫思丁)이 수행한 같은 임무였
을 수 있다. 그의 선박은 참파 해안에서 부서져, 그에게 쌀을 원조하라는
조서가 1281년 7월 15일 내려졌었다(위의 280쪽을 참고하시오).

　주달관은 소투의 사신들이 "사로잡혀 돌아오지 못했다."라고 말했다.
그렇지만 곧이곧대로 이 증언을 따라야 하는지 확신할 수 없다. 틀림없이,
여기에서 관계된 사람이 바로 그라면, 1283년 1월에 참파에 개입했던 슐

---

188 『원사』, 권210, 3쪽. 여기에서 우리는 드문 경우 중 하나를 가지고 있는데, 바로
　　『원사』가 『원문류』에 들어있는 『경세대전』보다 더 자세한 점을 가지고 있다. 『경
　　세대전』의 내용은 다음과 같다. "12월 18일(1283년 1월 18일), 참파 사람들은 전
　　투를 원하는 날짜를 정한 편지에 서명했다." 적어도 날짜만큼은 『원사』보다 정확
　　하다.
189 1281년 11월 30일 보낸 사신일 수도 있다. 『원사』(권11, 7쪽)는 다음과 같이 기록
　　하고 있다. "[1281년 11월 30일] 간부석(干不昔, '감(甘)'자로 잘못되어 있어 바로
　　잡음) 왕국이 복속되어 오도록 의무를 환기시켰다." 여기의 간부석이 내가 생각하
　　는 대로, 캄보디아라면(앞의 83~84쪽을 참고하시오), 참파 행성은 소투를 수장으
　　로 전날 설치되었다. 소투가 당시 조정에 있었다면, 캄보디아와의 관계에 즉각 전
　　념하는 것은 매우 당연하다. 그러나 이 경우에도 『원사』가 거명하지 않은 사신이
　　같은 해 상반기에 말라유 임무에서 이미 돌아온 슐레이만이었을 수도 있다. 그가
　　1283년 1월 '캄보디아 왕국에 의무를 촉구하는 사신'으로 지명된 것은 바로 이 임
　　무 때문이었을 것이다. 물론 이 사람은 사신들이 "붙잡혀 돌아오지 못했다."라고
　　한 주달관의 설명과 맞지 않는다. 그러나 주달관의 증언이 이점에서 부정확할 수
　　도 있다는 것을 보게 될 것이다.

레이만에 관한 언급을 인용할 수 없다. 그러나 이에 대해 잡혔다든지 죽었다든지 『원사』에서 더는 보이지 않는 인물들인 만큼, 이러한 부정적 논쟁은 여기에서 아무런 의미가 없다. 그런데 이상하게 보일 수도 있지만, 주달관은 자신이 수행한 임무 이전인 15년 또는 20년간 중국과 캄보디아 사이의 외교적 관계를 잘 알고 있었던 것은 아닌 것 같다. 그의 말을 믿는다면, 1281년 또는 1283년, 어쨌든 1285년 여름에 죽기 이전에 있었던 소투의 시도와 1296~1297년의 사신행 사이에 캄보디아에 가는 중국 사신이 없었다. 그러나 이는 거의 확실히 부정확하다. 나는 이미 1904년에 『원사』의 문장을 언급하며(『BEFEO』, IV, 241쪽, 위의 74쪽, 주4에서 교정함) 1285년 10월 6일 "진랍(眞臘)과 참파는 조공으로 10명의 악공, 약재, 그리고 악어가죽을 바쳤다(丙子, 眞臘·占城貢樂工十人及藥材·鰐漁皮諸物)."라고 했고, 마찬가지로 『원사』의 다른 기사에 따르면(권17, 4쪽), 1292년 8월 19일 "아리(阿里, 'Ali)[190] 스스

---

[190] 단독으로 쓰인 '아리(阿里)'라는 이름은 몽골 시기에 일반적으로 이슬람교도에 사용되었고, 알리('Ali)에 대응한다. 그러나 이러한 알리('Ali)가 무수히 많다. 『삼사동성명록(三史同姓名錄)』, 권18, 2~3쪽에는 최소한의 숫자로 환산하더라도 18명에 달한다. 관직이 명시되지 않아 추정을 더욱 어렵게 만든다. 당시 인도차이나 문제와 관련된 사람은 적어도 한 명에서 세 명이 있다. 『삼사동성명록』이 제시하는 대로, 1286년 안남의 좌승(左丞, 실제 『안남지략』에 있는 관직명임. 쌩송, 『안남지략』, 194쪽을 참고하시오), 1292년 4월 5일 중서우승(中書右丞, 『원사』, 권17, 3쪽)에 임명되었다가 1304년과 1305년에 중서평장(中書平章)에 임명된 알리일 가능성이 크다. 특별히 언급하고 있는 것은 없지만, 1285년 7월 18일로, 『원사』(권13, 7쪽)가 "마속홀(馬速忽, Mas'ūd)과 아리(阿里, 'Ali)가 지폐 1천 정(錠)을 가지고 마아바르 왕국(『원사』의 판본들에는 '도(圖)'자로 되어있으나 '국(國)'자의 오기임)으로 가서 기이한 보물을 구했다. 마수드에게는 호부(虎符)를, 알리에게는 금부(金符)를 하사했다(丙辰, 遣馬速忽·阿里齎鈔千錠往馬八圖求奇寶, 賜馬速忽虎符, 阿里金符)."(또한, 록힐, 『통보』, 1914, 439쪽을 참고하시오)라고 하였는데, 바로 여기의 알리일 것이다. 반대로, 『원사』 권23, 4쪽, 흥미로운 문장에 있는 사람은 다른 알리일 것이다. "[1309년 10월 23일] 점팔(占八, 참파) 왕국의 왕은 아우 찰랄노(扎剌奴) 등을 보내 조공으로 한 마리(또는 여러?) 흰 코끼리와 가람(伽藍, calamba, 침향). 1309년의 이 사신은 마스페로(G. Maspero) 씨가 『참파왕국(Le

로 배를 갖추어 장존(張存)[191]과 함께 조와(爪哇, 자바)[192]를 정벌하기 위한
군대를 따라 참파와 감부찰(甘不察, 캄보디아)[193]에 의무를 상기시키러 갔다.
조서를 내려 알리에게 세 개의 진주로 장식한 호부(虎符)를, 장존에게는 진
주 한 개로 장식한 호부를 하사했다.[194] 게다가 알리의 아버지 포백(布伯,
Abu-Bakr?)[195]이 빚진 알탈초(斡脫鈔)[196] 3천 정(錠)을 없애주었다(阿里願自備

royaume de Champa)』, 264쪽에서 말한 것을 고치도록 강제한다)을 헌상했다.
합로납답사(合魯納答思, Karuṇadāsi. '합(合)'자는 '합(哈)'이 맞다. 1312년에 죽은
이 위구르 인물에 관해서는 『원사』, 권14, 8쪽을 참고하시오. '사(思)'자가 원문에
는 '충(忠)'자로 잘못 인쇄되어 바로 잡음), 독견철목아(禿堅鐵木兒, Tügän-tä-
mür), 상가실리(桑加失里, Saṅghaśrī) 등이 해외 나라들에 사신을 보낼 것을 간청
하는 상소문을 올렸다. 독견(禿堅, Tügän), 장야선(張也先, Tchang Äsän), 백안(伯
顏, Bayan) 등이 불련팔(不憐八, 팔렘방이 거의 확실하다. 이 언급은 『BEFEO』,
IV, 346쪽에 추가되어야 한다. 음역에서 초성 순음에 따르는 모음의 순음화에 주
목하시오. 같은 시기에 페르시아 아바가(Abaga)[여백에 쓴 추가 주석: 조건은 다
름]의 '일칸(ilkhan)'이란 명칭을 옮기기 위해 '아부합(阿不合)'으로 쓰고, '아부합
(阿不哈)'으로 읽는 것과 같은 현상이다)에 사신으로 갔고, 손설철올(孫薛徹兀,
Souen Säčä'ü), 이당(李唐) 그리고 서백안(徐伯顏, Siu Boyan)은 팔석(八昔, 수마
트라 Pasé)에 사신으로 갔으며, 찰한(察罕, Čagān), 역부랄금(亦不剌金, Ibrāhīm),
양홀답아(楊忽答兒, Yang Qudar?)와 아리(阿里, 'Ali)는 참파에 사신으로 갔다(占
八國王遣其弟扎剌奴等來貢白面象·伽藍木. 合魯納答思·禿堅鐵木兒·桑加失里等奏請遣
人使海外諸國.以禿堅·張也先·伯顏使不憐八, 孫薛徹兀·李唐·徐伯顏使八昔, 察罕·亦不
剌金·楊忽答兒·阿里使占八)." 나는 중요한 이 자료에 대해 여기에서 자세하게 다루
지 않을 것이다. 카루나다시[合魯納答思]의 전기는 쿠빌라이 치하에서 한 유사한
행보를 말하고 있고, 이미 일련의 사신 파견을 주도한 바 있다.
191 이 인물의 이름을 다른 곳에서 봤지만 기억하지 못하겠다.
192 이 명칭은 '과와(瓜哇)'로 표기되지 않고 정확하게 쓰였다.
193 감부찰(甘不察)에 관해서는 위의 253쪽을 참고하시오.
194 '진주로 [장식한] 호부(虎符)'는 서열이 더 높은 것이었다. 1~3개의 진주를 가질 수
    있다. 이에 관한 더욱 자세한 연구를 기다리며, 율-꼬르디에의 『마르코 폴로』, I,
    351~354쪽을 참고하시오.
195 나는 '백(伯)'자를 현대식 발음에 맞추어 옮겼다. 그러나 이 글자는 항상 'bai'를
    옮기는 데 사용된다. '포백'이란 이름은 여기에 쓰인 대로 『원사』에서 여러 차례
    접할 수 있다(『삼사동성명록(三史同姓名錄)』, 권23, 3쪽과 전대흔(錢大昕)의 몽골
    시대 세계표를 참고하시오). 우리가 확신하고 이르게 되는 모든 경우에 이 이름은
    이슬람교도들이 가지고 있었다. 따라서 첫 번째 음절은 아부(Abu)의 어두음이 탈

船, 同張存從征爪哇軍, 往招占城·甘不察, 詔授阿里三珠虎符, 張存一珠虎符, 仍鸜阿里
父布伯所負斡脫鈔三千錠)." 우리는 황제가 비준한 이 사신행이 이루어지지 않
았다고 생각할 아무런 근거가 없다. 따라서 몽골 시기, 1296~1297년 이전
에 중국과 캄보디아 사이에 외교적 관계가 있었다. 한편, 필연적으로 1285
년 이전이고, 1281년 말 또는 1283년 초가 분명한 소투의 사신들이 붙잡
혀 억류되었다면, 이 나라의 한 사신이 1285년 10월 6일 조정에 와 황제를
알현하는 것은 그럴법하지 않다. 내가 보기에, 주달관이 여기에서 사실들

락한 형태인 'Bu'일 것이다. 두 번째 글자의 재구성은 더욱 의문스럽다.
196 '초(鈔)'자는 원래 지폐를 가리키고, '정(錠)'은 금괴 특히 은 덩어리의 명칭으로, 당
시 페르시아 사람들에게 '방석'을 의미하는 '발리슈(bāliš)'로 불렸고(Quatremère,
『Histoire des Mongols de la Perse』, 320~321쪽), 몽골인에게는 내가 언젠가 소
개하겠지만, '도끼'(이 의미는 장례에 불태우는 종이 덩어리를 지칭하는 만주어 수
케(suke)에 남아있음)를 의미하는 '수카(sükä)'로 불린 것으로 알고 있다. 금이나
은의 가치와 지폐의 '정(錠)'으로 환산한 값, 즉 이론적으로 상응하는 값의 지폐에
관한 문제는 매우 복잡하므로 여기서는 다루지 않는다. 우선은 율-꼬르디에, 『마
르코 폴로』, I, 426~430쪽과 『주석과 보유』, 70~72쪽을 참고하되, 제시된 것이 언
제나 정확하고 완전한 것은 아니다. 또한, 록힐, 『통보』, 1914, 424쪽을 참고하시
오) 옛 지폐로 알려진 견품들은 나진옥(羅振玉)이 1914년 『사조초폐도록(四朝鈔幣
圖錄)』에서 영인되었다. 『천포통지(泉布統誌)』에 보이는 옛 지폐들은 명백한 위조
품들이다. 이 별난 출판물이 램스댄(H.A Ramsden, 『Manuals of Far Eastern
numismatics, No 1, Chinese paper money』, Yokohama, 1911)과 데이비스
(A.Mcf. Davis, 「Ancient Chinese Paper Money as Described in a Chinese
Work on Numismatics」, 『American Academy of Arts and Sciences』, 1918)를
통해 두 번씩이나 번안되는 영예를 가졌다는 것은 유감스럽다. 『JChBRAS』,
1919, 206~207쪽에서 데이비스 씨의 소논문을 언급한 비평은 사기인지도 알아채
지 못했다. 내 기억으로, 10여 년 전 파리에서 중국 예술 소장전이 열렸는데, 『천
포통지』에 들어있던 것들과 같은 출처에서 나온 상당히 많은 지폐를 보여주었다.
나는 '알탈초(斡脫鈔)' 또는 '알탈 지폐'라는 표현을 봤는지 기억나지 않지만 '알탈'이
란 표현은 익숙하다. 언젠가 이들 주제에 관하여 모은 많은 기술을 출판할 작정이
다. 내가 보기에 이 명칭은 확실히 이슬람교도 상인 협회를 지칭한다. 종종 '간탈
(斡脫)'로 바꿔 쓴다고 하더라도, '알탈'은 단순하게 'ortaq'에 해당하는 것처럼 보인
다. 이에 관해서는 까트르메르(E. Quatremère), 『페르시아의 몽골 역사(Histoire
des Mongols de la Perse)』, 308~309쪽을 참고하시오.

을 모호하게 만들었고, 소투가 캄보디아에 보낸 사신과 같은 시기 시암과 마아바르에 보낸 사신들을 혼동했다. 우리는 수장들이 참파 사람에게 사로잡혀 1283년 2월 처형된 것을 보았다.

〔20〕 1902년부터 지금까지 주달관이 소속된 1296~1297년 사신행에 관한 언급을 주달관 자신에게서가 아닌 다른 곳에서 찾지 못했다.

〔21〕 주달관이 제시한 날짜들에 관하여, 그의 배는 절강 온주(溫州)에서 안남의 해안을 따라 꾸이년까지 가는데, 25일(1296년 3월 24일~4월 16일까지) 걸렸을 뿐이다[二十日自溫州港口開洋, 三月十五日抵占城]. 이어서 주달관은 "중간에 우리는 역풍의 방해를 받았다(中途逆風不利)"라고 하였다. 달리 말하자면, 그는 중국을 조금 늦게 떠났고, 북동의 몬순 바람을 타고 꾸이년까지 빠르게 나아갔다고 할지라도, 꾸이년과 메콩 강어귀 사이에서, 정확히 4월에 부는 몬순 바람의 방해를 받았다는 점은 의아하다. 그는 음력 7월(1296년 8월 1~29일)에 비로소 도착했다고 덧붙이고 있다. 이는 분명 앙코르에 도착한 날짜일 것이다. 엄밀하게 추정하자면, 내가 그럴법하게 생각하는 것은 캄퐁 치낭에서 작은 배로 갈아탄 날짜로, 앙코르에 도착한 날짜는 더 늦을 것이다. 세데스 씨가 "주달관이 중국에서 북동의 몬순 바람을 타고 간 것은 거의 확실하다. 그런 다음 그는 수위가 낮아지는 시기에 강을 거슬러 올라갔다."라고 한 것은 틀렸다. 주달관이 북동의 몬순 바람을 타고 안남 해안까지 갔지만, 그러나 몬순의 역풍을 받아, 그가 강을 거슬러 올라간 시점은 빨라도 7월 중순이었고, 그가 캄퐁 치낭에 도착한 것은 빨라도 그달 중순이다.[197] 그런데 메콩의 수위 상승은 6월에 시작하여 9월에

최대치에 이른다. 7월 말에는 이미 수위가 높아지는 시기이다. 이에 대한 세데스 씨의 고증은 폐기되어야 한다. 그러나 그의 결론들에 심각한 영향을 주는 것은 아니라고 생각한다.

앙코르에서 근 1년을 체류한 주달관은 1297년 6월 21일과 7월 20일 사이에 "자신의 배로 돌아왔다." 나는 그가 이 날짜에 중국에서 타고 온 배에 합류했으며, 캄퐁 치낭에 머물고 있었다고 이해한다. 그는 1297년 8월 30일 영파에 닻을 내렸다. 결국, 캄보디아에서 중국으로 돌아오는 여정은 많으면 두 달하고 9일 걸렸을 것인데, 아마도 그보다는 덜 걸렸을 것이다. 그는 매우 안정적인 남서의 몬순을 타고, 매우 유리한 조건에서 항해했기 때문이다.

〔22〕 "8월 12일(1297년 8월 30일) 사명(영파)에 닻을 내렸다(八月十二日抵四明泊岸)." 원문에서는 '四明舶岸'으로 되어있다. 나는 '박(泊)'을 '박(舶)'자로 통용한 것으로 (또는 오기) 생각한다. 이 두 글자는 이론적인 발음은 다르지만, 현 발음에서 혼동된다. 아마도 몽골 시기부터 그랬을 것이다. 어쨌든, '박안(泊岸)'은 '닻을 내리다'라는 의미로 여기에서 사용된 것 같다. 이러한 표현은 일반적이었다. 『원사』, 권210, 3쪽에서 그 용례를 찾을 수 있다.

---

197 이러한 계산은 그가 캄퐁 치낭에서 앙코르 강 입구까지 10일(자신의 경험에 따른 것임) 걸렸다고 한 기술에서 나온 것이다. 1296년 8월 1~29일 사이 앙코르에 도착했으므로, 그가 캄퐁 치낭을 떠난 시기는 빨라도 7월 20일경일 것이고, 심지어는 8월 중이었을 수도 있다.

1. 주성(州城)

〔23〕 "도시의 성은 둘레가 약 20리이다(州城周圍可二十里)." 주성의 글자적 의미는 '주(州)의 성'이란 뜻이다. '주(州)'는 '주' 또는 '현'을 지칭하고 또한 행정 중심이 있는 곳을 가리킨다. 1350년 『도이지략』은 캄보디아의 도읍을 '주(州)'라고만 불렀다(『통보』, 1915, 105쪽). 외국에 대해 이러한 명칭을 사용하는 것에 관해서, 예를 들어 참파에 대해 '구주(舊州)'와 '신주(新州)'로 부르던 것으로, 1225년 조여괄의 『제번지』에서 이미 알려졌고, 같은 세기 말, 『원사』, 권210에서 다시 볼 수 있다. 그리고 특히 『원사』 같은 권에서 참파의 수도에 대한 명칭이었던 대주(大州)를 참고하시오.

주달관은 길게 자신의 기행을 써가면서 이 '주(州)'라는 명사로 캄보디아를 달리 지칭하지 않았다. 1902년부터 나는 앙코르라는 명칭에 관해 침묵한 것이 틀림없이 단순히 '도시'를 뜻하는 나가라(nagara) 부르는 것을 들은 것에서 비롯되었음을 지적해왔다. 사람들은 앙코르가 '나가라'의 변형일 뿐이라고만 한다. 나는 그로부터 조여괄이 1225년 그 도시에 부여한 명칭인 녹올(祿兀. [Luk-ñuet])이 그 자체로 '나가라' 즉 앙코르의 다른 음역임을 제시했다(『통보』, 1912, 466~467쪽).[198] 그러나 주(州)는 '나가라'의 실제 번역에 매우 적절한 선택이라고 볼 수 있다. 이와 같은 설명이 참파의 명명법에서 그 용어의 사용을 적용할 수 있는지를 연구해야 한다.

리(里)는 다양한 길이를 나타내지만, 보통 20리는 대략 8km 남짓이라고 한다. 이 숫자는 현실에 미치지 못하지만, '주위 3리우(lieue, 약 4km)에 가

---

[198] 그렇지만, 블로쉐 씨가 생각했던 것과는 달리 '앙코르'라는 명칭은 라시드웃딘에 게서 찾을 수 없다. 『JA』, 1920, 151쪽 나의 주석을 참고하시오.

까운' 앙코르 톰에 부여한(『캄보디아』, II, 88쪽) 아이모니에 씨는 자신이 적절하게 '2리우'로 추산한 20리로 주달관이 앙코르 톰을 '거의 실체 크기의 절반으로' 축소시켰다고 하였다(『캄보디아』, III, 648쪽). '2리우'는 12km의 3분의 2에 해당한다.[199] 아마도 '이(二)'는 '삼(三)'자의 오기로 주달관은 '30리'로 썼을 것이다. 왕대연은 『도이지략』에서 캄보디아 수도에 '70여 리'를 제시했는데(『통보』, 1915, 105쪽), 왕대연이 남해로 항해했으므로, 사람들의 말을 듣고 캄보디아를 언급한 것 같다. 게다가 『도이지략』의 판본들도 그렇게 확실하지도 않다.[200]

〔24〕 "다섯 개의 문이 있고, 각 문은 이중이다(有五門, 門各兩重.)" 내가 옛날 "다섯 개의 문이 있고, 각기 측면의 두 개 문으로 덧대어 있다."라고 번역한 것은 정확하지 않으며, 아이모니에 씨를 당황스럽게 하고 착각하게 했다(『캄보디아』, III, 649쪽). 내가 근거한 푸르네로(Fournereau)의 인용문은 앙코르 톰의 문에는 맞지 않는다. 각각의 '문'은 사실 사람들이 연달아

---

199 이 12km란 숫자는 조금 약하다. 라종끼에르(Lajonquière) 대장은 12.225km를 제시했고(『Inventaire descriptif des monuments du Cambodge』, III, 9쪽), 주뱅(Jubin) 씨가 그린 지도에는 12.245km로 되어있으며(George Groslier, 『Recherches sur les Cambodgiens, d'après les textes et les monuments, depuis les premiers siècles de notre ère』, 147쪽), 마지막으로 『BEFEO』, VIII, 292쪽에 수록된 부아-뒤크레(Buat-Ducret)의 지도를 근거한 그로슬리에 씨는 13.525km로 귀결시켰다(앞의 책, 145쪽).

200 '주위 70여 리(週圍七十餘里)'는 아마도 원래 그랬을 것이다. 왜냐하면, 이미 15세기 전반 『성사승람(星槎勝覽)』 진랍 조목은 대부분 『도이지략』을 베끼고 있고(『통보』, 1915, 108쪽), 『명사』에서도 그대로 인용되었으며, 16세기 『서양조공전록』에서는 '사방 70여 리(方七十餘里)'[이 판본이 정확하다면]로 바뀌었기 때문이다. 캄보디아에 관한 『도이지략』의 정보들의 신뢰도는 그가 이 나라에 40만 마리의 전투용 코끼리가 있다고 한 것을 상기하면서 판단하면 될 것이다. 또 왕대연의 근거는 책에서 나온 것 같다. 왕대연은 1225년 『제번지』(『조여괄(CHAU JU-KUA)』, 53쪽)에서 밝힌 20만 마리의 전투용 코끼리를 두 배로 늘린 것에 지나지 않는다.

통과하는 두 개의 문으로 되었다고 이해해야 한다. 이는 『수서』가 적토(赤土)를 기술할 때, 연속되는 세 개의 문 사이에는 중국식으로 100보가 된다고 덧붙이면서 "有門三重"이라고 한 것도 '삼중의 문'인 것과 마찬가지이다.[201]

〔25〕 "54개의 돌로 만든 신들은 돌로 만든 '장군들'의 모습을 하고 있다 (石神五十四枚, 如石將軍之狀)." '석장군(石將軍)'에 관하여, 나는 매우 귀중한 것, 특히 왕이나 왕자의 무덤으로 가는 길 양쪽에 거리를 두고 늘어선 돌로 만든 인물상과 동물상으로 구성된 돌로 만든 '장군들'로 이해해야 하는 것에는 의심하지 않는다.

앙코르와 캄보디아에서 짧은 생애지만, 매우 흥미로운 기술에 전념한 가브리엘 드 산 안토니오(Gabriel de San Antonio, 1565?~1608)는 앙코르 기술에 메콩강에 있는 70개의 기둥으로 세워진 다리 위의 통로에 관한 이야기를 다음과 같이 끼워 넣고 있다. "기둥들은 거인의 몸을 하고 있고, 거인의 머리와 손이 다리를 떠받치고 있다. 난간은 1바르(vare, 대략 1m) 높이이고, 공 모양의 장식물 여기저기 피라미드로 바뀌어 있고 그것으로 끝난다."[202] 메콩강에서 해당하는 다리를 찾을 수 없고, 정보는 이후에도 몇몇 실수로 확실히 얼룩져 있다. 까바똥(Cabaton) 씨는 라종끼에르(Lajonquière)의 『캄보디아 비석들에 관한 자세한 목록(Inventaire descriptif des monuments du

---

201 [이 교정사항은 펠리오가 『BEFEO』, IV, 192쪽, 주5에서 이미 했다. '중문(重門)'이란 표현은 고문헌에서 종종 확인되는데, 예를 들어, 『주역』「계사전(繫辭傳)」하; 『초사』「구변(九辯)」; 좌사(左思)의 「삼도부(三都賦)」에 보인다. 이 표현은 언제나 연속적으로 배치된 문들을 지칭한다. -폴 드미에빌]

202 까바똥(Cabaton), 『캄보디아 사건들에 관한 간략하고 진실한 기술(Brève et véridique relation des événements du Cambodge)』, Paris, 8절판, 96쪽.

Cambodge)』, III, 323쪽(223쪽은 인쇄상 오류임)을 참조케 하면서 앙코르의 북서쪽 50km 지점에 있는 스떵 스렝(Stung Sreng) 강을 가로지르는 다리일 것으로 생각했다. 그러나 34개 아치로 된 이 다리는 그 기둥이 장식되어있지 않고, 난간도 조각된 보잘것없는 것으로 지지 되어, 가브리엘 신부의 설명에서 보이는 특징들을 전혀 보여주지 않는다. 무엇보다도 위치 추정이 그럴법하지 않다. 왜냐하면, 분명 수도에 닿는 어떤 다리임이 분명하기 때문이다. '거인의 형상으로' 된 기둥의 설명은 내가 보기에 중요한 것이다. 내 생각으로는, 가브리엘 신부가 1598~1600년까지 말라카에서 앙코르에 관한 정보들을 수집했는데, 1564년 또는 1570년에 앙코르를 발견했던 포르투갈의 두 선교사 중 한 사람인 안토니오 도르타(P. Antonio Dorta)의 입을 통한 것이었다.[203] 그의 생각과 이야기에서 야기된 모든 혼란에도 나는 거인의 모습으로 70개의 기둥을 가진 그 다리가, 나가(nāga, 반은 사람 반은 뱀인 신)의 형태로 된 난간, 통로 양쪽에 손으로 떠받치고 있는 54개의 거인이 있는 앙코르의 문으로 닿는 통로길 중 하나로 생각하고 싶다.

〔26〕 "다리의 난간은 돌로 되었고, 아홉 개의 머리를 가진 뱀의 모양으로 깎아 만들었다(橋之闌皆石爲之, 鑿爲蛇形, 蛇皆九頭)." 사실 통로의 양쪽에 있는 난간을 구성하고 있는 나가(nāga)들은 머리가 일곱 개뿐이다. '구(九)'자를 '칠(七)'자의 잘못이라고 생각할 수도 없다. 왜냐하면, '아홉 개의 머리를 가진 뱀'이란 언급이 §2에서도(154쪽을 참고하시오) 보이기 때문이다. 크메르 예술에서 나가의 다양한 형태에 관해서는 그로슬리에(Groslier), 『기원 초기부터 텍스트와 비문들에 따른, 캄보디아 사람들에 관한 연구(Recherches

---

203 『JA』, 1914, II, 196쪽에 실린 나의 서평을 참고하시오.

sur les Cambodgiens, d'après les textes et les monuments, depuis les premiers siècles de notre ère)』, 249~252쪽을 참고하시오. 나는 중국 전설에서 주달관이 쓴 '아홉'이라는 숫자로 이끌어 줄 수 있는, 매우 대중적인 '아홉 개 머리를 가진 뱀'이 있었다고는 생각하지 않는다.

〔27〕 "[각] 성문 위에는 돌로 만든 부처의 큰 머리 다섯이 있고, 그 얼굴은 사방을 향해 있다. 가운데에 [다섯 중] 하나가 자리해 있는데, 금으로 장식되었다(城門之上有大石佛頭五, 面向四方. 中置其一, 飾之以金)." 원문은 사실 "그 얼굴은 서쪽으로 향해 있다." 터무니없다. 그러나 '서(西)'자를 '사(四)'자로 고쳐야 하는 것은 분명하다. 우리가 알고 있는 것처럼, 앙코르 톰의 각 문은 오늘날 일반적으로 브라흐마 카투르무카(Brahmā caturmukha, 네 개의 얼굴을 가진 브라흐마)로 여겨지는 것이 올려져 있다. 1902년 번역문 주석에서 나는 시바 팡차나나(Śiva pañcānana, 다섯 얼굴을 가진 시바)일 것이라고 가정했었다. 아이모니에 씨는 '더 작은' 다섯 번째 머리의 존재를 인정하면서, 네 얼굴을 가진 브라흐마에 관한 언급을 이어갔는데(『캄보디아』, III, 94, 649쪽), 더 맞지 않는다.[204] 피노(Finot) 씨는 다섯 얼굴을 가진 링가(liṅga)에 따른 설명을 제기했으나(『Bulletin de la Commission Archéologique de l'Indo-chine』, 1911, 21~22쪽), 그 뒤로 판단을 유보했다(『BEFEO』, XXII, 190쪽). 그

---

204 94쪽에서 아이모니에 씨는 다음과 같이 설명했다. "결국, 옛 기술들을 믿어야 한다면, 이들 탑에는 연꽃이 올려져 있고, 그곳에서 금관을 쓴 다섯 번째 머리가 튀어나와 있다." 나는 주달관의 원문과 다른 텍스트가 다섯 번째 머리를 언급하고 있다고는 생각하지 않는다. 그러나 주달관은 '연꽃'이라든가, '금관'은 더더욱 언급하고 있지 않음을 알 수 있다. 어쨌든 '금관'은 틀림없이 레무사(Rémusat)의 정확하지 않은 번역(『Nouveaux mélanges asiatiques』, I, 103쪽)에서 나왔을 것이다. "가운데의 것은 황금으로 장식한 머리 장식을 하고 있다." 이에 해당하는 중국어 원문은 "中置其一, 飾之以金"으로 애매하지 않다. 따라서 '금관'은 없어야 한다.

로슬리에 씨는 다섯 번째 머리가 있다는 설을 부정했으나(『Recherches sur les Cambodgiens, d'après les textes et les monuments, depuis les premiers siè-cles de notre ère』, 204, 258~259쪽), 주달관의 텍스트는 명백하고, 교정을 고려하지 않은 방식으로 재편집되었다. 따라서 주달관이 실수했을 것이다. 그가 근 1년을 앙코르에 산 것을 생각하면, 이는 상당히 의아스럽다.[205]

　〔28〕 "성은…높이가 2장쯤 되고…총안은 없다(城皆疊石爲之, 高可二丈. 石甚周密堅固, 且不生繁草, 却無女墻)." 장(丈)은 약 3m 20이다. 6m 40으로 명시된 높이는 실제보다 조금 못 미친다. 앙코르 성은 높이가 7~8m이다. 가브리엘 드 산 안토니오(Gabriel de San Antonio)는 성의 높이를 5브라쓰(brasse), 대략 8m라고 했다(까바똥의 번역본, 96쪽). 그러나 높이에 총안을 잘못 포함했지만(총안이 없음), '매우 근접하다.'

　〔29〕 "성 위 어떤 곳에는 광랑 나무가 심겨 있다(城之上, 間或種桄榔木)." 큰

_____

205 [불교적 성격의 바이욘(Bayon)과 같은 스타일의 다른 기념물들이 알려지고, 건설이 자야바르만 7세(Jayavarman Ⅶ, 1181~1219?)로 추정된 이래로, 그들의 탑을 장식한 네 얼굴이 로케슈바라(Lokeçvara) 보살의 얼굴들이라는 것에 일치를 보인다. 인도의 건축술에서 변함없는 건축적 구도를 따르면서, 문들이 네 방향을 가진 일종의 시점(視點)인 중앙 사원의 모티브를 축소하여 재연한 도시의 문에 있는 얼굴들도 마찬가지이다. 1944년 이루어진 앙코르 톰 북문의 복원은 이 구조물의 모든 요소를 되찾고 제자리에 놓이게 해주었다. 궁륭 모양의 부분 위로 늘어선 세 건조물이 구성되었고, 통로 위 중앙에, 하나는 도시 안으로, 다른 하나는 통로를 바라보고 있는 두 얼굴로 장식되었으며, 하나가 작은 다른 두 구조물은 각각 성벽 쪽으로 돌린 얼굴로 장식되었다. 이러한 네 얼굴은 어느 정도 독립적이고, 바이욘의 네 얼굴이 있는 건물들이 풍기는 것과는 상당히 다른 인상을 연출한다. 각 건물의 문은 마감하는 모티브로 활짝 핀 연꽃을 가지고 있는데, 그 위에 원추형의 꼭대기 장식을 한 돌이 놓여 있다. 세 개의 돌을 되찾았으나, 중앙 건물에 다섯 번째 머리가 있다는 어떠한 실마리도 없다. -조르주 세데스]

나무들은 앙코르 톰의 성을 따라, 안쪽 땅에서 자라는데(아이모니에, 『캄보디아』, III, 90쪽), 어떤 종인지 나는 모른다. 광랑(桄榔)에 관하여 나는 1902년 단순히 자일스의 사전에서 빌려온 카르요타 오클란드라 한츠(Caryota ochlandra Hance)에 대응시켰다.[206] 카르요타 오클란드라는 적어도 중국에 있는 종을 지칭하도록 식물학적 용도로 존재한 것 같지 않다. 스튜어트(G.A. Stuart)가 리뷰한 스미스(Smith)의 『중국의 약재(Chinese Materia Medica)』(상해, 1911)는 이 나무를 언급하지 않았고, 특히 광랑은 카르요타가 아닌 것 같다.[207] 어쨌든 광랑은 사고(야자나무의 녹말)가 있는 종려나무로, 중국의 남부 지방에서만, 적어도 옛날에는 사천에서만 찾을 수 있는 나무이다. '광랑'이란 명칭은 기원후 3세기 좌사(左思)의 「촉도부(蜀都賦)」에서 처음 보이지만, 고랑(姑榔)이라는 형태로 『임해이물지(臨海異物志)』에도 보인다.[208] 사고가 있는 종

---

206 나는 당시 출간된 자일스의 사전의 교정된 제2판의 인쇄상 오류까지 베끼면서 'ochlaudra'라고 인쇄했다. 몇몇 중국 사전들과(『패문운부(佩文韻府)』, 『강희자전(康熙字典)』이 아닌) 그에 따른 자일스의 사전은 '랑(榔)'자와 '랑(根)'자를 조심스럽게 구분했고, '랑(根)'자로 '광랑'을 썼다. 여기 주달관의 텍스트에서 쓴 것은 바로 '랑(榔)'이다. 이는 『본초강목』, 권31에서도 마찬가지이다.

207 이는 그로슬리에 씨가 『기원 초기부터 텍스트와 비문들에 따른, 캄보디아 사람들에 관한 연구(Recherches sur les Cambodgiens, d'après les textes et les monuments, depuis les premiers siècles de notre ère)』, 183쪽에서 말한 것을 수정하도록 이끈다.

208 심영(沈瑩)의 『임해이물지(臨海異物志)』 또는 『임해수토이물지(臨海水土異物志)』는 이미 전해지지 않고, 그 저작 연대조차 정확히 알지 못한다. 브레트슈나이더(E. Bretschneider)는 이 책이 『제민요술(齊民要術)』에 이미 인용되어있으므로 늦어도 5세기라고 말한 바 있다(『Botanicon Sinicum』, I, 169~170쪽). 그러나 오늘날 전하는 『제민요술』은 매우 가필되어 있고, 『임해이물지』로부터의 인용문이 일본에서 발견된 옛 『제민요술』에서 찾을 수 있는지 연구해야 할 것이다. 『임해이물지』에서 인용한 것들은 『수경적지고증(隋經籍志考證)』에서 알려졌지 『제민요술』에서 인용한 것들이 아니며, 고랑(姑榔)과 관계된 것은 더더욱 아니다. '고랑'에 관한 문장은 『중국의 약재(Chinese Materia Medica)』에서 진장기(陳藏器, 8세기 전반)의 『본초습유(本草拾遺)』로부터 옮겨진 것이다. 1885년 장소당(張紹

려나무의 다른 명칭인 특히 '양(欀)'자는 좌사의 「오도부(吳都賦)」(<u>'오'자가 '무(武)'자로 잘못 인쇄되어 바로잡음</u>)에 사용되었다. 과도기였지만 당나라 이전에 사고가 있는 종려나무가 확실히 있었고 그것은 광랑과 양(欀)이 같은 것이거나 둘이 매우 유사하며, 더욱이 중국 남부와 통킹에서 '사목(莎木)'으로도 표기하는 사목(莎木) 즉 '사 나무' 또는 '사를 가진 나무'라는 이름을 받았다. 그러나 실제 한자인 '사(莎)'자는 풀이지 나무가 아니고, 우리가 그 글자를 어떻게 표기하든, 여기서는 새로운 글자이며 그것 때문에 당시 새로 만들어졌거나 서체상의 글자를 빌린 것이다.[209] 나로서는 이렇게 다양한 종을 확실하게 확인하거나 구분할 방법이 없다.[210] 스튜어트는 '광랑'을 사구스 룸피이

棠)이 편집한 『본초강목』에서는 권31, 24쪽에 들어있다. 어쨌든 『임해이물지』는 7세기 이전의 것이다. 그렇지만 나는 『임해이물지』의 같은 문장을 인용하고 있는 『태평어람』(권960)은 '고랑'이 아니라 '광랑'으로 쓰여있음을 부언해 둔다.

209 호소영(胡紹煐)의 『문선전증(文選箋證)』(『취학헌총서(聚學軒叢書)』본, 권6, 10쪽)에 따르면 '사(桫)'자도 있다. 호소영은 이에 관해 『광운(廣韻)』과 『북호록(北戶錄)』을 원용했다. 그러나 『광운』은 많은 수정을 받았다고 알고 있다. 원래 글자를 담보할 수 있어야 한다. 어쨌든 『강희자전』과 『중화대자전』의 '사(桫)' 항목도 역시 『광운』을 원용하여, '사 나무'가 아니라 광랑과 비슷한 사라(桫欏)를 말하고 있다. 그렇지만, 이 '사라'는 목면수 살말리(śalmali)인 '사라(娑羅)'의 다른 표기일 뿐이므로, 『광운』이 원래 '사라'가 아니라 '사'만 말했을 것이다. 『북호록』에 관하여, 유일한 완전본이 『십만권루총서(十萬卷樓叢書)』로 알고 있는데, 그것을 언급한 문장에서(권2, 9쪽), '사(桫)'가 아니라 '사(莎)'자로 되어있다. 그러나 이번에도 텍스트의 원래 형태임을 보장하지는 않는다.

210 『본초강목』(권31, 24쪽)은 '사(莎)'자에 관해 터무니없은 어원 설명을 하고 있다. 더 뒤, 이시진이 인용을 한 것인지 자신이 말한 것인지 분명히 알기 어려운 한 문장에서 '사(莎)'자는 '양(欀)'자의 음성적 변형이라고 했는데[<u>후세 사람들이 음이 서로 가까워 '양'을 '사'로 잘못 여겼다(後人訛欀爲莎, 音相近爾)</u>], 내가 보기에 전혀 그럴법하지 않다. 마지막으로 이시진은 좌사(左思)의 「오도부」에 광랑과 '양'을 동시에 말하고 있고 같은 나무를 이렇게 두 번씩 언급하는 것은 규칙에 어긋나기 때문에 '양'과 광랑은 양신(楊愼)의 설명에도 불구하고 다른 것이라고 덧붙였다. 나는 광랑과 '양'이 비슷하지만 다른 두 종이고, 『태평어람』이(권960) '광랑'과 '양'에 별도의 조목을 둔 이유임을 인정하지만, 이시진의 주장은 전혀 유효하지 않다. 좌사는 사실 「오도부」에서 두 명칭을 사용한 것이 아니라 하나는 「촉도부(蜀都

(Sagus Rumphii)에, '사목(桫木)'을 사구루스 룸피이(Saguerus Rumphii)에 대응
시켰다(『Chinese Materia Medica』, 389쪽). 라우퍼 씨는 『북호록(北戶錄)』의 문
장과 관련하여 광랑을 사구스 룸피이(Sagus Rumphii)로 번역했다(『
Sino-Iranica』, 385쪽). 인도차이나 식물국에서 채택한 분류법에 사구스 룸피
이(Sagus Rumphii)는 메트로실론 룸피이(Metrosylon Rumphii)로, 사구루스
룸피이(Saguerus Rumphii)는 알렝가 삭차리페라(Arenga Saccharifera)로 되어
있다(Crevost et Lemarié, 『Calalogue des produit de l'Indochine』, I, 140쪽).[211]

　　그러나 중국인들도 사고 야자나무에서 나는 사구(sagou) 가루를 같은 이
름으로 알았다. 사구는 말레이어 사구(sāgū)에서 왔으며, 이 명칭은 인도차이
나에서도 보이고, 메트로실론(Metroxylon)에 적용되어, 크메르어로는 '사쿠
(sàku[sāgū])', 라오스어로는 '사쿠(sakhu)'임을 알고 있다.[212] 율은 1522년 이
전에는 분명, 이 사구라는 단어의 쓰임을 모르고 있었다(『Hobson-Jobson』,
780~781쪽). 중국 자료는 이보다 더 거슬러 올라간다. 1225년 조여괄은 여러
차례 '사호(沙糊)'라는 명칭을 사용했다. 히어트와 록힐 씨는 사구의 명칭으
로 정확히 알고 있었다(『조여괄(CHAU JU-KUA)』, 61, 84, 155쪽). 같은 표기
가 1350년 『도이지략』에서도 사용되었다.[213] 1617년, 장섭(張燮)은 『동서양
고(東西洋考)』에서 사구를 '서국미(西國米)'라는 말로 여러 차례 언급했다. 그

賦)」에서 사용했다. 추가로 「촉도부」에서 가져온 인용을 양웅(揚雄, 기원전 53~기
　　원후 18)에게 돌린 『사원(詞源)』의 잘못을 지적해 둔다.
211 또한 율(Yule)과 버넬(Burnell)의 『Hobson-Jobson』의 'sago'와 'sagwire' 조목을
　　참고하시오.
212 귀나르(P.th. Guignard)의 『라오스-프랑스어 사전』에서 이 단어를 찾을 수 없어,
　　크레보스(Crevost)와 르마리에(Lemarié)에 따라(140쪽), 인용했다.
213 사실, 록힐은 이 텍스트의 번역문에서(『통보』, 1915, 260쪽), '사호(沙湖)'로 썼으
　　나 조여괄과 같은 표기를 보여주는 『도이지략』 필사본을 가지고 있는데, '사호(沙
　　糊)'가 정확한 것임이 분명하다.

러나 첫 번째 경우(권3, 18쪽)는 상당히 길게 설명하고 있다. 현지 말로 '사고미(沙孤米)'라고 하며, 사고는 나무의 명칭이라고 덧붙이고 있다.[214]

따라서 이것은 사고 야자나무로 틀림없이 메트로실론 룸피이(Metrosylon Rumphii)이다. 이 나무는 앙코르 톰 성을 보강하는 평지 몇몇 곳에 심겨 있다. 달리 주장할 것 없이, 이 사고 야자나무들이 캄보디아 사람들의 믿음에서 어떠한 역할을 하는 것은 아닌지 의문을 가질 수 있다. 세데스와 페랑 씨는 인도차이나까지 스리비자야(Śrīvijaya, 팔렘방) 왕국의 영향력을 제시했다. §2의 주석에서 스리비자야 왕이 캄보디아의 왕들처럼 '나가(nāga)'라는 종족이라고 하며, 신격화의 관습도 두 나라에서 같음을 보게 될 것이다. 그런데 조여괄은 팔렘방의 왕이 "[일반] 곡식을 먹지 않고 사고[沙糊]만 먹었다. 아니면 그해는 가뭄이 들어 곡식이 비싸진다."[215]라는 정보를 1225년 수집하고 있다. 이와 비슷한 전통이 캄보디아에서도 존재했을까?

〔30〕 "간격을 두고 빈 방들이 있다(比比皆空屋)." 이러한 방들의 흔적을 찾을 수 없다. 아이모니에 씨는 호위 부대가 있던 곳으로 볼 것을 제안했다(『캄보디아』, III, 649쪽). 그로슬리에 씨는 나무로 만든 망루로 추측했다(『Recherches

---

214 펠리오가 여기 언급한 것은 『동서양고』 권3 길란단(吉蘭丹) 조목의 산물인 서국미(西國米)를 설명하며 달린 주석으로, 다음과 같다. "서국미【또한 사고미라고도 한다. 그 나무를 사고라 부른다. 몸체는 파초 같고 속은 비었으며, 그 속을 취하고 껍질은 깎아 낸다. 물로 찧고 절구질로 하여 가루로 만든다. 가는 것을 왕미라고 하는데 매우 미세하다. 거친 것은 민간에서 먹는데, 이것으로 쌀을 대신한다. 장삿배들은 파도에 젖을까 염려하여 다만 그 분말만 가지고 돌아가 자신들이 섞어 환으로 만든다.】 西國米【亦名沙孤米. 其樹名沙孤, 身如蕉, 空心, 取其裏皮削之, 以水搗過, 舂以爲粉. 細者爲王米, 最精；粗者民家食之, 以此代穀. 今賈舶慮爲波濤所濕, 只攜其粉歸, 自和爲丸.】"

215 조여괄, 『제번지』, 삼불제(三佛齊) 조목: "不敢穀食. 惟以沙糊食之, 否則歲旱而穀貴." 자세한 것은 『바다의 왕국들』, 77쪽을 참고하시오.

sur les Cambodgiens, d'après les textes et les monuments, depuis les premiers siècles de notre ère』, 183쪽). 이 설이 가능하다.

〔31〕 "[성의] 안쪽은 10여 장(丈) 크기의 비스듬한 제방 같다. 각 제방의 위에 큰 문이 있는데, 밤에는 닫혀 있고 아침에는 열린다. 문을 지키는 사람들도 있다. 그 문의 출입은 개에게만 금지되었다. 그 성은 매우 네모났으며, 각 모퉁이에는 돌탑이 있다. 문의 출입은 뒤꿈치가 잘린 죄인에게 금지되었다(其內向如坡子, 厚可十餘丈. 坡上皆有大門, 夜閉早開, 亦有監門者, 惟狗不許入門. 其城甚方整, 四方各有石塔一座, 曾受斬趾刑人亦不許入門)." 나는 이 문장들이 일관성이 없어 여기에 전체를 인용했다. 제방의 위에 있는 문이라는 것은 난센스이고, 주달관은 개의 출입을 금지하는 것과 죄인의 출입을 금지하는 것을 성의 배치와 관계되는 문장으로 분리하지 않았다. 우리는 평지로부터 출입이 쉽도록 계단이 있었다는 것을 알고 있다(아이모니에, 『캄보디아』, III, 90쪽). 따라서 나는 다음과 같은 방법으로 원문을 고치고자 한다. "坡上皆有"를 "제방으로 오르는 계단이 있다[上坡有楷, '해(楷)'자는 '계(階)'의 오기로 보임]". 그리고 개폐(開閉)에 관한 문장은 독립되어, 무엇보다도 성의 문들에 요구되는 만큼 완전히 잘 어울린다. 한편 나는 인용문 첫머리에 성의 형태에 관한 문장을 되돌려 놓고자 한다. 전체는 다음과 같이 될 것이다. "그 성은 매우 네모나며, 각 모퉁이에는 돌탑이 하나씩 있다. 성의 안쪽은 10여 장 크기의 제방 같은 것이 있다. 그 제방에 오르기 위한 계단이 있다. 큰 문들은 밤에는 닫혀 있고, 아침에는 열린다. 문을 지키는 사람들도 있다. 문의 출입은 개에게만 금지된다. 뒤꿈치가 잘린 죄인에게도 금지된다(其城甚方整, 四方各有石塔一座. 其內向如坡子, 厚可十餘丈. 上坡有階. 大門夜閉早開, 亦有監門者, 惟狗不許入門. 曾受斬趾刑人亦不許入門)."

아이모니에 씨는 앙코르 톰이 '거대한 직사각형'이라고 했으나(『캄보디아』, III, 90쪽), 직사각형의 긴 쪽이 동쪽에서 서쪽으로 인지, 북쪽에서 남쪽으로 인지를 판단하지 못했다. 우리는 위에서(125쪽, 주2) 현대 도구로 잰 측량의 불일치를 보았다. 어쨌건 북쪽이 약간은 다른 쪽보다 더 길게 나왔다. 정밀한 지형측량학자가 아닌 관람객에게 앙코르 톰의 성은 완벽한 정사각형이다.

나는 '각 모퉁이'에 돌탑이 하나씩 있다고 말하면서 글자 그대로 번역했다. 원문은 사실 '사각(四角)'이 아니라, 레무사의 번역과 1902년 나의 번역대로 '사방(四方)'으로 되어있다. 그러나 성의 평지, 네 모퉁이에 세워진 네 개의 구조물이고, 오늘날 '모퉁이 사원'이라 부르기 때문에 사실상 근거가 있다. 라종끼에르(Lajonquière), 『캄보디아 비석들에 관한 자세한 목록(Inventaire descriptif des monuments du Cambodge)』, III, 11~12쪽을 참고하시오.

10여 장(丈)의 제방 같은 것은 30~35m에 달한다. 평지와 제방 둘 다를 '제방'으로 이해해야 한다. 아이모니에 씨는 평지 자체는 14m의 폭이라고 했고(『캄보디아』, III, 9쪽), 라종끼에르 씨는 대략 25m를 부여했다(『Inventaire descriptif des monuments du Cambodge』, III, 9쪽). 따라서 주달관이 설명한 규모가 과장된 것은 전혀 없다.

여기 주달관의 기술 중간에서 문을 지키는 사람들[監門者] '또한[亦]' 있다고 했는데, 이 '또한[亦]'은 중국에 있는 것과 비교한 것을 의미한다.

"문의 출입은 금지된다(不許入門)"라는 같은 문장의 반복은 만족스럽지 못하다. 아마도 두 번째는 원문에서 작은 글자의 주석으로 되었을지도 모른다.

〔**32,** 원문에는 '31'로 되어있어 바로잡음. 이하는 고친 번호에 따름〕 "나라의 중앙에는 하나의 금탑이 있다(當國之中有金塔一座)." 왕국의 중심은 수도의 중심이기도 하다. 1902년부터, 아이모니에와 피노 씨는 바이욘(Bayon)으로 보았지만, 아이모니에 씨는 "이 기념물은 정확히 도시의 중앙에 있는 것이 아니라 남동쪽으로 치우친 듯하다."라고 덧붙였다. 현재까지 측량된 설계도에 따르면 주달관의 설명이 타당하다. 바이욘은 앙코르 톰의 기하학적 중심에 있다. 『BEFEO』, VIII, 292쪽을 참고하시오.

〔33〕 바이욘의 중심 출입문은 동쪽에 있다. 기념물의 밖에 있음이 분명하다. 그리고 동쪽 대문으로 연결된 길의 초입에 두 마리의 '황금 사자'가 양쪽에 있는 '황금 다리'가 있다. 이 다리는 확인되지 않고, 사자들도, 돌로 만든 방들의 아래에 있는 8개의 '금부처'도 보이지 않는다. 틀림없이 구리로 도금된 기념물들로, 녹여졌을 것이다. 도금된 화살을 가지고 있는 기념물인 다양한 '금탑들'을 덮고 있던 황금도 마찬가지로 사라졌다. 틀림없이 청동과 구리 같은 귀한 물질에 대한 탐욕 때문일 것이다. 이는 우리가 유일하게 도금되어, 앙코르 톰의 대문 꼭대기에 있었던 다섯 번째 머리를 찾지 못하는 것을 설명해준다.216

〔34〕 '황금 탑'(바이욘)의 북쪽으로 1리에 주달관은 돌로 만든 방 10여 개 아래에 '청동 탑'을 위치시켰다. 그것은 바푼(Baphoun)임이 틀림없으므로

---

216 [황금 다리와 사자들이, 아래 141쪽에서 인용한 『도이지략』의 문장에 보이는 '상향불사'의 다리처럼, 금박으로 덮은 돌일 수 있다면, 주달관이 언급한 다리를 다른 곳의 사원 입구 앞에 있는 통로들처럼 사자로 도금되어있는 바이욘의 동쪽 입구 통로로 확인할 수 있을 것이다. -조르주 세데스]

그것은 옛날 청동 장식으로 마감되었음이 분명하다.

마찬가지로 1225년 조여괄이 언급한 기념물로 확인해야 하는 것은 바로 바푼임이 분명하다. 조여괄은 왕의 궁전과 왕이 접견하는 곳에 관해 언급했고, "남서쪽 모퉁이 청동 테라스에는 청동 탑 20개가 배치되어 있고, 각각 4천 근이 나가는 8마리 청동 코끼리가 지키고 있다(西南隅銅臺上列銅塔二十有四, 鎭以八銅象, 各重四千斤)."라고 덧붙였다. 히어트와 록힐 씨는 '남서쪽 모퉁이'에 따라 '수도의'라는 말을 괄호에 넣었다(『조여괄(CHAU JU-KUA)』, 53쪽). 그런데도, 55쪽의 주석에서, 그들은 바푼과 관계된다고 생각했다. 이러한 해법은 당연히 불가능하다. 그 기념물이 수도의 남서쪽에 있었다면, 그곳에 위치시킬 이유도 없거니와 문맥은 당연히 '(왕궁의) 남서쪽 모퉁이에'로 이해해야 한다는 것을 보여준다. 사실, 바푼은 왕궁의 남서쪽이 아니라 남쪽에 있다. 그러나 왕궁의 중심 출입구는 동쪽 편에 있으므로, 왕궁의 문에서 오는 관람객이 바푼으로 가기 위해 남서쪽으로 향해야 한다. 다른 한편으로, 24개의 청동 탑과 함께 있는 조여괄의 '청동 테라스'[217]를 주달관의 '청동 탑'과 떼어놓기는 어렵다. 아이모니에 씨는 우리가 조여괄에게 가져온, 그의 자료들에 보이지 않는 지형적 설명을 모르고서, 그도 바이욘과 바푼 사이를 주저하다가 바푼으로 생각했다.[218] 내가 생각할 때,

_____

217 내가 테라스로 번역한 단어는 '대(臺)'이다. 이 글자는 높이가 적어도 부분적으로, 평지에 세워진 구조물을 지칭한다. 히어트와 록힐 씨는, 이전 아벨 레무사와 데르베이 생드니(d'Hervey Saint-Denys)도 마찬가지로, 『송사』와 마단림(馬端臨)의 비슷한 문장을 번역하면서(『Nouveaux mélanges asiatiques』, I, 87쪽; 『Ethnographie des peuples étrangers à la Chine, Méridionaux』. 486~487쪽), '탑'으로 번역했으나, 이는 어원적으로 스투파(stūpa)인 탑(塔)에 해당하므로, 나는 캄보디아 기술에서 독자들에게 혼란된 생각을 주지 않도록 스투파로 번역하지 않는다.

218 조여괄의 텍스트를 복제한 마단림과 『송사』는 모두 존재할 근거가 없는 '서남쪽 모퉁이'를 삭제했는데, 아이모니에 씨가 정보를 가져온 것은 바로 데르베이 생드

우리가 표명해야 할 것은 바로 두 번째이다.

캄보디아와 관련하여 1349년 『도이지략』의 정보 중 하나가 나온 것은 조여괄의 같은 문장임이 분명하다. 그러나 원문은 매우 모호하고, 뒤섞이고 변경되어있어, 나는 여기에서 록힐에 따라(『통보』, 1915, 105~106쪽), 처음부터, 말하자면 이 기념물에 관한 모든 것을 다시 번역하고자 한다. 그 원문은 다음과 같다.

"주(州)[219]의 남쪽에 있는 문은 [상업적 활동의] 실제 중심에 있다.[220] 둘레

니가 번역한 마단림의 텍스트이다. 그러나 가장 놀라운 실수 중 하나가 이 문장에 관해 발생했다. 마단림의 텍스트를 번역한 데르베이 샌드니는 마단림이 여기에서 『명일통지(明一統志)』를 베꼈다고 했는데(489쪽), 『문헌통고(文獻通考)』는 13세기 말부터 편집되었고, 판본은 전체적으로 1322년에 각인되었다. 반면, 『명일통지』는 15세기 중반부터(앞의 75쪽을 참고하시오)이다. 믿을 수 없는 이러한 실수에 비해, 아이모니에 씨가 캄보디아에 관한 마단림의 기술이 12세기라고 말한 것은 사소한 실수이다. 캄보디아에 관한 마단림의 기술은 13세기 말이거나 내가 보기로는 1332년의 것이고, 이 경우에서는 1225년의 저술을 베낀 것이다. 『Nouveau mélanges asiatiques』, I, 87쪽에서 아벨 레무사는 2차 자료(『도서집성』, 「변예전」을 따라)로부터 '청동 테라스'에 관한 『송사』 조목을 번역했다. 가르니에(Fr. Garnier)는 이 문장을 『인도차이나에서의 탐험 여행(Voyage d'exploration en Indo-Chine)』, I, 135쪽에서 원용하며, 점차 변형되어 그로슬리에의 『기원 초기부터 텍스트와 비문들에 따른, 캄보디아 사람들에 관한 연구(Recherches sur les Cambodgiens, d'après les textes et les monuments, depuis les premiers siècles de notre ère)』, 168쪽에서 "1128년 라오스에서 마찬가지 구리로 된 24개의 작은 탑으로 둘러싸인 구리로 만든 하나의 탑을 본 것 같다."라고 하는데 이르게 되었다. 당연히 라오스가 아니라, 캄보디아이고, 소위 1128년의 정보는 1225년 『제번지』의 기술일 뿐이다. 그다음 행에서 Geraerdt Wusthof 또는 Gerrit Wuysthoff의 여행이 18세기로 되어있는데, 이 여행은 1641년에 있었으므로, 분명 '17세기'로 읽어야 한다.

219 우리는 위에서 주달관이 이러한 방식으로 앙코르를 지칭하는 데 그쳤음을 보았다.

220 州南之門實爲都會. 이 문장은 1436년 『성사승람(星槎勝覽)』에서 약간 바뀌어 인용되었다(록힐, 『통보』, 1915, 107~108쪽). '주(州)'자는 『차월산방휘초(借月山房彙鈔)』본, 1책, 4쪽에 수록된 『성사승람』에는 빠져있다. 이는 터무니없는 텍스트로 되었지만[南之門爲都會之所], 나진옥(羅振玉) 씨가 영인한 더 완전한 필사본에서도 찾을 수 있다. 1520년의 『서양조공전록』은 "바로 남해의 상업 중심지이다(乃海南都會之所)"라고 해당 조목을 시작하고 있다. 그러나 그가 『성사승람』을 베꼈고,

70여 리의 성곽이 있다.[221] 돌의 강[石河]이 [성을] 감돌고, 20장의 폭이다.[222] 전투용 코끼리 40만여 마리가 있다.[223] 궁전[의] 건물은 매우 화려하게 모두 30여 개로 구성되어 있다.[224] 벽을 황금으로 장식했고,[225] 바닥은

문에 관한 언급을 없애고 '주(州)'자를 '해(海)'자로 바꾼 것은 아마도 그의 사본에서 '주'자가 빠져있었던 것에서 비롯되었으며, 더 단순하게 '주남(州南)'을 이해하지 못한 것을 어떻게 교정해야 할지 잘 몰랐다. '도회(都會)'라는 표현은 중요한 도시, 즉 상업적 중심지를 의미한다. 여기의 경우 나는 록힐처럼 모든 상업적 활동이 앙코르 톰의 남문에 집중되며, 특히 성 밖에 있었다고 이해한다. 아이모니에 씨는 이미 상품의 집적이 성 밖, 남쪽과 동쪽에 있어야 한다고 추정했었다(『캄보디아』, III, 88~89쪽). 대호수에서 남쪽으로 오므로, 남쪽이 더 분명하다. §20 앙코르 톰의 상업에 관하여 다시 언급할 것이다. 몇 년 전 『도이지략광증(島夷誌略廣證)』이란 서명으로 출판된 『도이지략』 주석에서 심증식(沈曾植) 씨는 '주남'의 의미를 오해하고 주달관의 사남(査南)을 달리 표기한 것으로 보려 했다.

221 앞의 301쪽 주200을 참고하시오.

222 당연히 성의 해자일 것이다. 왕대연의 20장(대략 64m)은 실제 보다 믿돈다. 해자의 폭은 대략 100m의 폭이다(아이모니에, 『캄보디아』, III, 89쪽; 라종끼에르(Lajonquière), 『캄보디아 비석들에 관한 자세한 목록(Inventaire descriptif des monuments du Cambodge)』, III, 10쪽). 아이모니에 씨는 해자가 단의 양쪽에 홍토(紅土)로 칠해졌다고 했다(아이모니에 씨는 라종끼에르 씨에 따라 갈철광이라고 했다. 나는 이 용어를 『BEFEO』, XXI, I, 97쪽에 따라 홍토로 바꾸었다) 반면, 라종끼에르 씨는 "그렇지만 대규모의 이 역사가 완성된 것 같지 않다."라고 하였다. 그러나 앙코르 톰의 건축가들과 더불어 나는 이러한 역사가 실행 도중에 포기될 계기가 있었다고는 보지 않는다. 그리고 왕대연의 '돌의 강[石河]'이라는 표현은 외장공사에 부합한다. '돌의 강[石河]'에 관한 정보는 『도이지략』으로부터 『성사승람』과 『서양조공전록』에서 인용되었다.

223 이 숫자에 관해서는 위의 301쪽, 주200을 참고하시오.

224 殿宇凡三十餘所. 이 문장은 『성사승람』, 『서양조공전록』(전우(殿宇)가 궁전(宮殿)으로 되어있음), 그리고 『명사』에 인용되었다. '범(凡)'자는 『서양조공전록』에는 제자리에 놓여 있지만, 『성사승람』에서는 다음 문장의 첫 글자로 옮겨졌고, 『명사』에서는 '왕(王)'자로 바뀌어 있다. 록힐은 『성사승람』과 『도이지략』의 번역문에서 '전우(殿宇)'를 '사원'으로 번역했으나 그것이 '사원'이 아니라 궁궐 건물들임을 확인하기 위해서는 『서양조공전록』의 '궁전(宮殿)'이란 이본을 필요치 않는다. 『명사』의 문장으로 바뀐 원문을 번역하면서 레무사는 이미 더 정확하게 '30 궁전과 공관'이라 말했고(『Nouveaux mélanges asiatiques』, I, 97쪽), 동시에 『도이지략』의 같은 문장을 '30개의 거처를 가진 궁전'으로 번역했다(91쪽). 같은 정보에 따른 두 경우라고 합리적인 의심을 하며, 아이모니에 씨는 "군주들은 분명히 휴양지 또는 은퇴지로 이렇게 많은 왕의 거처로 갔다."라고 추정했다(『캄보디아』, III, 652쪽).

은으로 만든 전돌이다. 그곳에는 군주가 앉는 칠보를 갖춘 의자가 놓여 있다. 귀족들은 모두 황금의 등받이 없는 의자에 앉는다.[226] 해마다 [큰] 모임이 있는데, 옥으로 만든 원숭이, 금으로 만든 공작,[227] 여섯 상아가 있는

그러나 아이모니에 씨는 이 건물들이 서로서로 독립되어 곧이곧대로 궁전 밖에 있는 것으로 이해한 것은 확실히 실수이다. 30여 개소의 건물들은 모두 왕궁의 성안에 들어있었다.

225 飾以金璧. 이 이본은 『지부족재총서(知不足齋叢書)』의 것으로, 내가 가진 필사본에는 '금벽(金璧)'으로 되어있는데, 이는 "금으로 된 귀중한 원반형 물체로 장식했다."라고, 또는 더 정확하게, "금과 귀중한 원반형 물체로 장식했다."라고 번역된다. 이 이본은 『도서집성』(『변예전』, 권101, 4쪽)에서 『도이지략』을 인용한 문장에 보이지만, 매우 수정된 문장으로 "왕과 대신들이 사용하는 많은 물품은 금과 귀중한 원형 물체로 장식되었다(其王及貴人所御之物多飾以金璧)"라는 의미이다. (레무사의 생각과는 달리(『Nouveaux mélanges asiatiques』, I, 91쪽), '머리 위에 지니는 것' 또는 '꽃'을 말하는 것이 아니다) 내가 보기에, 『도서집성』의(또는 원전의) 편집자들이 그들이 가지고 있는 『도이지략』 사본이 '금벽(金璧)'으로 되어있었기 때문에 '금벽(金璧)'으로 고칠 생각을 하지 않았던 것은 거의 확실하다. 이 '금벽(金璧)'이 선본이다. 600년경으로 추정되는 『수서』(권83, 3쪽)에 따르면, 캄보디아의 군주는 벽이 상아와 황금을 붙인 작은 방에 있는 '칠보가 들어간 침상'에 앉았다. 우리는 『도이지략』의 다음 문장에서 칠보가 들어간 의자를 볼 수 있다. 아마도 황금의 벽은 『수서』에서 가져왔을 것이다. 『수서』의 이 문장은 『제번지』(『조여괄(CHAU JU-KUA)』, 52쪽. 히어트와 록힐 씨는 이러한 차용을 알지 못했음)에서 인용되었으나 황금 마감을 삭제하면서, 왕대연은 『제번지』을 베끼지 않았다(현 『제번지』에 빠진 것이 없는 한). 나는 더 뒤의 다른 곳에서(43주석), 『수서』의 문장을 번역할 것이다.

226 나는 이 단락이 궁궐에서 일어난 일을 기술한 것으로 이해한다.

227 판본상의 원문은 이와 같다. 『성사승람』과 『서양조공전록』, 그리고 『명사』는 "옥으로 만든 원숭이와 공작"으로만 되어있다. 록힐이 "황금으로 만든 원숭이, 옥으로 만든 공작"으로 번역한 것은 부주의한 실수이다. 『명사』에 보이는 문장을 번역하면서 레무사는 '옥'이란 글자를 빼먹고 다음과 같이 번역했다(『Nouveaux mélanges asiatiques』, I, 97쪽). "매년, 한 특정한 시기에 왕은 전체 모임을 한다. 사람들은 원숭이, 공작, 흰 코끼리, 코뿔소를 '백탑주(百塔洲)'라 불리는 유람 시설에 집합시킨다." 그러나 '왕'자는 우통(尤侗) 또는 어떤 사람이 원문에 들어있지 않은 것을 추가한 것이다. 아이모니에 씨는 이러한 동물들로 구성되는 것을 알지 못했다(『캄보디아』, III, 650쪽). 사실 실제 원숭이들을 말하는 것이 아니다. 옥원(玉猿)은 상당히 귀중한 옥이나 대리석으로 만든 '옥으로 만든 원숭이'를 의미할 뿐이다. '옥원'이란 표현이 들어있는 『패문운부(珮文韻府)』가 제시한 유일한 인용문은 『유양잡조(酉陽雜俎)』에서 가져왔는데 바로 옥으로 된 원숭이를 말한다. 이

흰 코끼리,[228] 세 개의 뿔과 은으로 만든 다리를 가진 코뿔소[229]를 진열하
여 헌상하고, 앞에는 황금으로 만든 사자 10마리를 배치한다.[230] 청동 테

_____

것이 바로 간접적으로 바로 옆의 '황금으로 만든 공작'이란 언급을 확인해준다.

[228] 선행하는 것들과의 유사성과 여섯 상아라는 언급은 여기에서도 실제의 코끼리를
말하지 않음을 암시하고 있다. 어쨌거나 그것들은 흰색이므로 황금으로, 또는 도
금되지도 않았다. 따라서 그것들은 은 또는 은도금한 것들이다. 우리는 인도차이
나에서 '흰' 코끼리에 관한 믿을 만한 증언을 알고 있다. 전승에 따르면, 붓다는
여섯 상아를 가진 흰 코끼리 모양을 한 마야(Māyā)의 가슴에서 내려왔다는 점을
잊지 말아야 한다.『성사승람』,『서양조공전록』, 그리고『명사』는 단지 '흰 코끼
리'라고만 했다. [여섯 상아를 가진 코끼리에 관해서는『법원주림(Hôbôgirin)』,
223~224쪽을 참고하시오.-폴 드미에빌]

[229] 원문은 '세 개의 뿔과 은으로 만든 다리를 가진 소'로 되어있는데,『성사승람』,
『서양조공전록』, 그리고『명사』는 서우(犀牛, 코뿔소)라고만 했다. 나는 1436년의
『성사승람』이(다른 두 책은 이를 베끼고 있으므로) 타당하고,『도이지략』에서 '우
(牛)'자 앞에 '서(犀)'자가 빠졌거나 아니면 단독으로 쓰인 '서(犀)'자가 '우(牛)'로 생
략되었다고 생각한다. 그러나 '세 개의 뿔과 은으로 만든 다리를 가진 코뿔소'는
매우 기상천외한 동물로 남아있다. 반면, 중국 자료에서 코뿔소가 가지고 있는 필
수적인 특징 중 하나는 바로 세 개의 발굽[三蹄]인데, 중국 수사학 관점에서 볼
때, 이는 흰 코끼리의 여섯 상아와 훌륭한 대구를 이룬다. 정확히 말하자면, 여기
텍스트의 동물 이름에서 '삼(三)'자와 '제(蹄)'자가 들어있다. 왕대연은 월아백상(六
牙白象) 뒤에 삼제은서(三蹄銀犀)를 언급했을 것으로 생각하고 싶다. '각(角)'자는
'제(蹄)'자와 '은(銀)'자가 뒤바뀐 어떤 필사본에서 일종의 도치 표시로부터 나왔을
수 있다. 어쨌든 '삼각(三角)'이 원문이었지만, 이것이 코뿔소로 우리를 이끌어가
는 것이 불가능한 것은 아니다. 곽박(郭璞, 276~324) 이래로 중국 자료들은 여러
차례 '세 개의 뿔을 가진' 코뿔소 종을 언급하고 있으며, 아주 자세하게 코뿔소를
다룬 라우퍼 씨는 이 같은 동물은 "아마도 첫눈에 보이는 것처럼 그렇게 우화적
인 것은 아님"을 보여주었다(『Chinese clay figures』, I, 94, 104~105쪽. 그러나
라우퍼 씨는 자신의 논의에서 현재의 텍스트를 넣지 않았다. 그가『지부족재총서
(知不足齋叢書)』본 권2, 2~5쪽의『유환기문(遊宦紀聞)』에서 코뿔소에 할애된 긴
조목도 인용하지 않았다고는 보지 않는다). 한편, 캄보디아에서 만들어진 코뿔소
의 이미지들이 실제로 '세 개의 뿔'을 가졌다고는 생각하지 않는다. 곽박의 기록
이 왕대연에게 이러한 특기 사항을 추가하게 했거나, 아니면 그것이 아마도 원문
에 기록된 '세 발굽'을 '세 개의 뿔'로 변형시키는 개정을 도왔을 것이다.

[230] 이상의 원문은 다음과 같다. 歲一會, 則以玉猿·金孔雀·六牙白象·三角銀蹄牛羅獻, 於
前列金獅子十隻.『성사승람』,『서양조공전록』, 그리고『명사』는 '어전(於前)' 뒤에
서 끊고, 금으로 만든 10마리 사자를 빠뜨리고 있다. 따라서 이 책들의 '어전'은
'[왕궁] 앞'이라는 의미인데, 나도 바로 그런 의미이며, 모두가 왕궁 앞에서 일어난

라스 위에는 청동으로 만든 8마리 코끼리가 지키는 은으로 만든 12개의 탑을 배치한다.231 [왕의] 음식으로, [이 축제 때?] 항상 황금으로 만든 차 쟁반, [황금으로 만든] 항아리, 황금으로 만든 찻잔을 사용하여 물체를 담고 활용한다.232 [왕궁의] 밖은 '백탑주(百塔洲)'로 부르는 곳이다.233 [거기에] 금으

━━━━━━━

일임을 인정한다. 그러나 이 원문으로는 내가 한 방식으로 끊을 수밖에 없다. '어전'은 새 문장을 시작하며 '[이 모든 동물의] 앞에'를 말한다. 록힐은 나처럼『도이지략』의 원문을 이해했지만, 이 문장의 영향으로『성사승람』의 '어전'에 대해서 같은 해석을 유지하려 했다. 그것은 가능하지 않다고 생각한다.

231 록힐이 보여주는 것처럼(68쪽), 왕대연은 조여괄의『제번지』을 알고 있었고(그러나 록힐이 말한 바와는 달리(106쪽), 주달관에게 영감을 받은 것으로 보이지 않음), 록힐이 현재 이 문장에 관해 설명하지 않았다고 하더라도,『제번지』가 바로 여기『도이지략』의 출처로 보인다. 틀림없이 24개가 아니라 12개의 탑이 있었을 것이고, 이 탑들은 청동이 아니라 은으로 만들어졌다. 그러나 '동(銅)'자를 '은(銀)'자로 쓴 원문상의 잘못은『도이지략』원문만큼 잘못 옮긴 텍스트에서 아주 가벼운 실수이다. 나의 번역문에서『도이지략』을『제번지』에 따라 교정한 것은 이러한 맥락이다. 사실『도이지략』은 코끼리의 숫자를 명시하지 않았지만, 이어서 '인(人)'자를 보여주는데, 잘 어울리지 않으므로, '인'자는 뒷 문장에 붙여야 할 것이다. 그러나 나는 '인'자가 '팔(八)'자의 잘못이거나 왕대연이 '팔'자만 썼거나, 아니면 선행하는 문장에서 우리의 사본이 빠뜨린 양사 '척(隻)'자처럼 이어지게 했음이 분명하다고 생각한다.

232 『서양조공전록』과『명사』가 따르고 있는『성사승람』에는 '차(茶)'자와 '항아리'를 의미하는 두 글자[籩豆]를 빼고 '금반(金盤)'과 '금완(金碗)'만 기록되어 있다. '차(茶)'자가 적어도 우리의『도이지략』사본에서 추가되었다는 점에 사실 그다지 놀랍지 않다. 이 부분에서 왕대연이 생각한 것을 재구성하기는 상당히 어렵다. 왕궁 앞 현장에서(즉 동쪽에서) 이루어진 연중 대축제와 관계된 것 같지만 청동 테라스[동대(銅臺)], 즉 궁의 남쪽에 있는 바푼에 관한 언급은 설명되지 않는다. 어쨌든 왕대연이 조여괄의 기술을 차용하고 있으므로, 앙코르를 가본 적이 없는 조여괄이 다른 자료에서 가져온 정보들과 섞어 묘사함으로써 동대를 잘못 위치시켰다는 추정은 그리 놀랍지 않다. 황금의 그릇들에 관하여『성사승람』과 그것을 옮긴 텍스트들은 앙코르 사람들의 일반적인 그릇으로 이해하고 있지만, 더 뒤에 나오는 언급에서 거부된다. 나는 차라리 이러한 황금으로 만든 그릇이 의례에서 사용되는 것들이라 생각한다. 이에 관해서는 §30과 40에서 다시 언급할 것이다.

233 이 단락에서 가장 혼란스럽게 하는 문장이다. 통행본『성사승람』에서는 "매년, [큰] 모임이 있는데, 그때 옥으로 만든 원숭이, 공작, 흰 코끼리, 코뿔소들을 [왕궁] 앞에 배치한다. 사람들은 그것을 '백탑주'라 부른다. 음식은 황금으로 만든 쟁반과 황금 찻잔에 담겼다. 이것이 '캄보디아는 부귀하다'라는 말이다(凡歲時一會,

로 백 개의 스투파를 만들었다.234 이들 중 하나는 개에게 부딪쳐 뾰족한

則羅列玉猿·孔雀·白象·犀牛於前, 名曰百塔洲. 次桑香佛舍, 飮饌必以金盤金碗盛食之. 諺云, 富貴眞臘也.)"라고 하였다. 『명사』의 이야기도 몇몇 이체자를 제외하면 이와 같다. 『서양조공전록』은 30 궁전에 관한 기술 뒤에 그들은 매우 부유하다고 덧붙이고 있다. 따라서 『서양조공전록』은 『도이지략』 또는 『성사승람』만큼 생략되지 않은 텍스트를 활용하여, 주민들과 산물에 관한 일반적인 순서로 기술한 뒤에 우리의 텍스트로 돌아와 다음과 같이 설명했다. "[캄보디아 사람들의] 음식용 그릇들은 모두 금과 은으로 만들어졌다. 기후는 항상 덥다. 연중 어느 날에 사람들은 앞에(어디 앞인지는 말하지 않음) 옥으로 만든 원숭이들, 공작들, 흰 코끼리들, 코뿔소들을 배치한다. 이것을 사람들은 '백탑의 모임[白塔之會]'라고 한다. 이러한 모임 날에 사람들은 향을 피우고 예불한다(飮饌之器皆以金銀爲之. 其土氣恒燠. 歲時列玉猿·孔雀·白象·犀牛於前, 名曰百塔之會. 會之日則然香而禮佛.)" 마지막으로, 나진옥(羅振玉)이 재판한 더 완전한 『성사승람』은 '백탑주'와 '음식이 들어있다[飮饌]' 사이에 '상향 불사라는 이유로?[以桑香佛舍]'라는 구를 끼워 넣었다. 이 구는 『도이지략』의 원문을 대체하는 것이 아니라면 큰 의미가 없다. '향(香)'과 '불(佛)'이라는 두 글자는 사실상 반대 방향으로 『서양조공전록』의 마지막 문장의 근거가 된다. ("사람들은 향을 피우고 예불한다.") 이처럼 외견상 『성사승람』과 『명사』, 그리고 『서양조공전록』에서는 어느 정도로 왕대연의 '백탑주'를 앙코르의 연중 대축제의 명칭이라고 했다. 레무사는 오늘날 『명사』의 문장을 번역하면서 사람들은 '백탑주라는 유람의 집에' 원숭이 등등을 집합시킨다고 했다. 록힐은 『성사승람』과 『도이지략』 번역문에서도 이것이 캄보디아(또는 앙코르)의 다른 이름이라고 이해하고, "이는 또한 백탑의 땅이라고도 부른다."라고 번역했다. 가브리엘 산안토니오(Gabriel San Antonio)가 '앙코르'라는 명칭에 부여한, 말하자면, 즉 앙코르는 "도시가 가지고 있는 다섯 봉우리 때문에 다섯 봉우리의 도시"를 의미한다는 환상적인 설명과의 유사성을 원용할 수 있다고 하더라도, '앙코르'라든가 캄보디아의 다른 이름을 '백탑주'로 볼 수 있다고는 생각하지 않는다. 명백히 왕대연을 이해하지 못한 『성사승람』 등등에 그치는 것은 무의미하다. 그러나 왕대연의 원문에는 문두에 '외(外)'자가 있는데, 록힐은 이전 문장에 붙일 수도 있다는 것 외에는 아무것도 하지 않았다. '백탑'은 백 개의 스투파로 설명되는데, 이어서 백 개에 포함되지 않는 새로운 다섯 개의 스투파를 만든 앙코르의 다른 장소를 언급하고 있으므로, 이것이 바로 한정할 수 있는 전부이다. 결국, '주(州)'와 '주(洲)'의 혼동에도 불구하고, 이 글자가 주달관과 왕대연에게, 앙코르에 대한 하나의 지칭으로 유일하다. 그러나 '백탑주'라는 명칭에서 나의 사본과 마찬가지로 록힐이 따르고 있는 텍스트는 '주(州)'가 아니라 '주(洲)'로 쓰고 있다. 『성사승람』의 두 텍스트와 『명사』에서도 '주(洲)'자로 되어 있다. 레무사가 한 것처럼, '주'자는 '섬'의 의미가 있다고 생각한다. 그리고 왕궁 밖에 중국인들이 백 개의 탑들이 있으므로 '백탑주'라고 부르는 물로 둘러싸인 집합체가 있었음을 인정한다. 원칙적으로 원문은 왕궁의 중심 출입구, 즉 동쪽에서 이러한 집합체를 찾도록 이끈다.

234 왕대연은 여기에서 탑(塔)의 유사어로 흔히 사용되지 않지만, 더 엄격하게 불교의

끝이 완성되지 않았다.[235] 이어서 '사마록의 못'[馬司錄池]이라는 곳이 있다. 그곳에 새로 다섯 스투파를 만들었다. 꼭대기는 황금으로 되었다.[236] 다음으로 '상향 부처의 집'[桑香佛舍]라고 부르는 곳이 있다.[237] 그곳에 황금을 입힌, 40여 장의 돌다리를 만들었다.[238] 속담에서 '캄보디아는 부귀하다'라고 하는 것이 이 말이다."[239]

구조물에 한정된 '부도(浮屠)'라는 말을 사용했다. 이것이 별다른 확신 없이 스투파로 번역한 이유이다.

[235] 주달관에 따르면, 개들은 앙코르 성에 출입이 허용되지 않음을 보았다. 이 이야기가 사실이든 가짜든, 의미는 그 스투파가 개와의 접촉을 통해 허물어졌고, 그 때문에 미완성인 채로 남아있다는 말이다.

[236] 나는 중국어 '사마록'이 무엇인지 모른다. 주달관과 왕대연이 우리에게 몽골 시기 앙코르의 기념물 중 중국어 명칭이 있었음을 보여준다고 할지라도, 나는 이것이 [Masru] 또는 [Masruk]과 비슷한 원음을 가졌을 것으로 추정하는 단어의 음역이라고 생각한다. [다섯 스투파를 갖춘 마사록 못은 동쪽 바라이(Bàrày oriental)에 해당하는 것으로 보인다. 그 가운데에는 동쪽 메본(Mébôn oriental)이라는 기념물이 세워져 있는데(982년 Rājendravarman이 세움), 다섯 개의 첨형으로 배치된 다섯 개의 탑으로 구성되어 있다.-조르주 세데스]

[237] 록힐은 '상향불의 유물'로 이해했으나 나는 '사(舍)' 한 글자로 '유물'의 의미로 쓰이는 예를 보지 못했다. '사리(舍利, śarīra)'로 되어야 한다. (이 같은 교정은 록힐이 『통보』, 1915, 392쪽, 몰디브 관련 번역에서 가져온 것이다). '상향불'이란 명칭은 『도이지략』에서 두 차례 보인다. 『통보』, 1915, 256쪽('상불(桑佛)'은 록힐이 상향불을 잘못 옮긴 것임), 466쪽을 참고하시오. 그러나 다른 저술에서 이러한 표현을 본 기억이 없다. 이 명칭은 오다 코쿠노오(織田得能, 1860~1911)의 사전에도 보이지 않는다. '뽕나무 향을 가진 부처'라는 가능한 번역은 아무런 의미를 제시하지 않는다. '상향'은 칼라(kāla) 등을 고음 [kiang-leang]으로 옮기는 식으로 석가[Śākya]에 해당하는 복건 사람들의 발음 형태일까?

[238] 造裹金石橋四十餘丈.이 구의 첫 부분에 대한 나의 번역은 그다지 확실하지 않다. 사(舍), 즉 사리(舍利)의 해석과 연결한 록힐의 번역은 불가능해 보인다.

[239] 이상 펠리오가 교정하여 번역한 원문은 다음과 같다. 州之門實爲都會. 有城週圍七十餘里, 石河週圍廣二十丈, 戰象幾四十餘萬, 殿宇凡三十餘所, 極其壯麗, 飾以金壁, 舖銀爲磚, 置七寶椅, 以待其主. 貴人貴戚所坐, 坐皆金机. 歲一會, 則以玉猿·金孔雀·六牙白象·三角銀蹄牛羅獻, 於前列金獅子十隻. 於銅臺上, 列十二銀塔, 鎭以銅象八. 凡飲食, 必以金茶盤·籩豆·金碗貯物用之. 外名百塔洲, 作爲金浮屠百座. 一座爲狗所觸, 則造塔頂不成. 次曰馬司錄池, 復建五浮屠, 黃金爲尖. 次曰桑香佛舍, 造裹金石橋四十餘丈. 諺云富貴眞臘者也.

〔35〕 "해외의 상인들이 항상 반복하여 '부귀한 캄보디아'라고 칭송한 것은 바로 이 기념물들이다(所以舶商自來有富貴眞臘之褒者)." 나는 중국어 '박상(舶商)'을 '해외의 상인들', 즉 외국뿐만 아니라 중국의 커다란 해선으로 상륙하는 상인들로 번역했다. '자래(自來)'라는 표현은 내가 1902년에 번역했던 것처럼 '그들의 도래부터'라는 의미가 아니라, '항상'에 해당한 관용어법의 의미이다. '부귀한 캄보디아'라는 말은 『도이지략』에 보이며, 『성사승람』과 『명사』에도 인용되었음을 보았다. 그러나 록힐이 생각했던 것처럼(106쪽), 왕대연이 주달관의 기술을 베낀 것은 아니다. 그것은 온 세상이 알고 있던 속담이었다.

〔36〕 "동쪽의 못은 성의 동쪽으로 10리에 있다.···탑 안에는 청동으로 만든 와불이 있는데, 배꼽은 항상 물이 흐르고 있다(東池在城東十里,···塔之中有臥銅佛一身, 臍中常有水流出)." 나는 이미 1902년에 『성재잡기(誠齋雜記)』는 이 문장을 요약한 뒤에, 다음과 같이 덧붙였다. "그 맛은 중국의 술[맛]과 비슷하고 쉽게 취하게 한다(味如中國酒, 易醉人)." 우리는 위에서(55~60쪽) 『성재잡기』가 옛날 내가 인정한 바와 같이 주달관의 책이 아님을 보았다. 그렇지만 이러한 추가 문장은 주달관에게서 나올 수밖에 없는 것은 당연하다. 따라서 1370년 이전 『설부(說郛)』의 도종의(陶宗儀)나 1544년의 편집자들이 삭제한 『진랍풍토기』의 한 문장일 것이다. 아마도 주달관은 그럴만한 이유는 없지만, 이 문장을 주석으로 붙였을 것이다.[240]

---

240 [여기에는 주달관의 방향 착각이 있다. '배꼽에서 물이 흐르는' 청동상은 사실상 1938년 동쪽 바라이(Bàrày, 야소바르만(Yaśovarman)dl 9세기 말에 정비한 옛 Yaśodharataṭāka)에서가 아니라, 우다야디탸바르만 2세(Udayātyavarman Ⅱ, 1050~1066)가 만든 것으로 추정되는 서쪽 바라이에서 발견되었다. 이 청동상은

〔37〕 "북쪽 못은 성의 북쪽 5리에 있다. 중간에 네모난 금탑 하나와 십여 칸의 돌로 된 방들이 있다. 금사자, 금불, 청동 코끼리, 청동 소, 청동 말로 된 것이 모두 그곳에 있다(北池在城北五里, 中有金方塔一座, 石屋數十間. 金獅子·金佛·銅象·銅牛·銅馬之屬, 皆有之). 원문만으로는 이러한 명칭의 상들이 단수인지 복수인지 판단할 수 없다. 이러한 열거는 우리가 『도이지략』에서 보았던 옥으로 만든 원숭이 등등의 열거와 유사성이 없는 것은 아니지만, 왕대연의 텍스트를 완전히 뒤집지 않는 한, 이 북쪽 못에 적용할 수는 없다. 1902년부터, 아이모니에와 피노 씨는 북쪽 못의 탑을 낙판(Năk Păn)으로 확인했다. 이로부터, 아이모니에 씨는 낙판 탑은 네모난 것이 아니라 둥글다고 반대하고, 쁘라 칸(Práh Khǎn)에 있는 둥근 탑을 찾으려 했다(『캄보디아』, III, 652쪽). 쁘라 칸은 옛 북쪽 못 밖에 있었으므로, 주달관이 오해했다는 것

거대한 규모로 만든 누워있는 비스누(Viṣṇu) 이미지로, 머리, 잘린 팔 그리고 가슴의 윗부분만 남아있다(『BEFEO』, XXXVI, 도판 XCIII에 보임). 사암의 계단에 도장(塗裝)된, 가장자리를 형성하는 둑으로(서쪽 바라이의 중간에 정비된 서쪽 메봉으로 이어짐) 둘러싸인 층 중심에 있는 기단의 패인 구멍에 있었다. 의문의 이 구멍은 "원래 변이 0.88m의 팔각 단면, 지름 1m의 원, 바닥에 두께 1.70m의 사암 포석(鋪石)으로 되었으며, 반짝이는 이음새를 가진 매우 정교하게 깎은 돌로 만든 우물"(Glaize, 『Les Monuments du groupe d'Ankor』, 1948, 275쪽)이 확장된 것이다. 이 지점의 바로 동쪽에 변이 2m의 사암으로 도장된 정사각형의 구덩이가 있다. 아마도 도금되었을 청동상은 동쪽으로 향해(즉 기단(基壇)으로 가는 작은 통로 쪽으로), 전통적인 방향에 맞게 머리는 남쪽, 발은 북쪽으로 눕혀져 있었을 것이다(크메르어로, 남은 머리 'thbóṅ'으로 북은 발 'čoṅ'으로 지칭한다). 첫 번째 우물은 도수(導水)에 사용했고 두 번째 우물은 배꼽으로 흐르는 물을 받는 데 사용되었을 것이다. 물을 끌어오는 시스템은 분출식 우물이었을 것이다. 사실 시스템이 말해주는 것처럼, 사암의 울타리가 위에 올려진 분명 물이 새지 않는 흙 제방으로 된 서쪽 메본 못은 바라이 수준에서 낮은 곳에(적어도 높은 수위에) 있었다. 바라이와 연결된 단순한 배관으로도 거대한 청동상의 배꼽에서 솟아오르는 샘에 물을 공급하기 충분하다. 이 청동상이 주달관이 '성의 동쪽에 있는 동쪽 못'에 있는 것으로 언급한 것이므로, '서쪽에 있는 서쪽 못'으로 고칠 필요가 없다는 점은 분명하다.-조르주 세데스]

이다. 이러한 아이모니에 씨의 가정은 폐기되어야 한다. 낙판 탑은 둥근 평지 높이에 있지만, 그 자체는, 토대에 거의 둥글게 만들어진 복잡한 설계에도 불구하고(『BEFEO』, XXIII, 544쪽), 사각형이다.241 아주 최근 피노와 고루뷰(Goloubew) 씨는 아주 능란하게 '낙판의 상징체계'을 논의하고, 마지막 발굴의 결과와 주달관의 텍스트를 근거로 삼아, 사자, 코끼리, 말과 소 등, 네 동물 입의 주요 네 지점에서 나오는 네 갈래 물줄기를 가지고 있는 아나바타프타(Anavatapta) 못의 표현물을 이 이상한 기념물로 볼 것을 제안했다. 주달관이 보여준 황금과 청동의 동물들은 사실 돌로 만든 석루조들로, 옛날에는 금속판으로 덮여 있었을 것이다. 그러나 이러한 석루조 중 하나는 사람의 머리를 하고 있고, 말의 자리를 차지했을 것이다. 주달관의 청동 말은 남자들이 붙들고 있는 수직으로 선 말을 표현하고 있는 돌로 만든 군상들로, 안타깝게도 완전하지는 않지만, 내가 보기에 크메르 조각이 여전히 보여주는 환조(丸彫)로 된 가장 아름다운 조각이다. 이 가설은 매우 솔깃하다. 앞으로 확인되기를 바란다. 현재로서는 여전히 난관에 부딪혀 있다. 피노와 고루뷰 씨가 진전시킨 대안들 이외에도, 우리는 중국 불교 문헌에서 아나바타프타 못의 네 모퉁이에 물이 흘러나오는 네 동물의 입과 관련된 변함없는 전승을 가지고 있다. 나는 이점에 관하여 언젠가 활용할 작정으로 자료들을 모았다. 기다리면서, 코끼리의 입은 못의 남쪽에, 사자의 입은 북쪽에 있다는 것을(이는 낙 판에서 찾을 수 있는 배치와는 반대임) 보도록, 스타니스라스 쥴리앙(Stanislas Julien)의 『현장의 대당서역기(Mémoires de Hiouen-Thsang)』, I,

---

241 원문에는 다음과 같은 참고 사항이 괄호 속에 설명되어있어 편의상 주석으로 옮긴다. "아이모니에, 『캄보디아』, III, 64쪽과 라종끼에르, 『Inventaire descriptif des monuments du Cambodge』, III, 163~167쪽을 참고하시오."

LXXIV을 참조케 하는 것으로 그친다.[242]

2. 주거[宮室]

〔38〕 왕궁, 공공건물 그리고 귀족의 집들은 모두 동쪽으로 향했다(國宮及
官舍府第皆面東)." 당나라 시기의 자료들은 이미 캄보디아에서 건물들은 동
쪽으로 향하며, 사람들에게 존경받는 사람은 동쪽을 향해 자리한다는 것
을 알고 있었다(『구당서』, 권197, 2쪽;『신당서』, 권222하, 17쪽;『당회요』, 권98,
13쪽).[243] 그로슬리에 씨는 사원들의 다른 방위에 관한 예들을 인용했지
만(『Recherches sur les Cambodgiens, d'après les textes et les monuments,
depuis les premiers siècles de notre ère』, 143쪽), 주달관은 백성들의 건물만
말했을 뿐이며, 우리가 판단할 수 있는 유일한 것, 왕궁도 사실상 동쪽에
중심 출입구가 있다. 한 중국인은 중국에서 관공서들은 남쪽을 향한다는
점에 더 주목했을 것이다. 집의 방위는 종종 사람들이 향하는 방법과 종종
연결되므로 옛 캄보디아 사람들은 인도인들처럼 동쪽으로 향했을 것이다.
어쨌든 『수서』(권82, 2쪽)의 설명에 주목해보자. 그에 따르면, 적토(赤土)의

---

242 [낙판의 도면에 관해서는, 글래즈(Glaize), 「복원술에 따른 낙 판의 지식에 관한 글
(Essai sur la connaissance de Năk Păn après anastylose)」,『BEFEO』, 1940,
351쪽을 참고하시오. 1191년으로 추정되는 쁘라 칸의 비석(1939년 11월 발굴)은
낙판이 '라즈야스리(Rājyaśī)'라는 이름으로 언급되었고, "못의 매력을 끌어내는,
접하러 오는 사람들이 죄악을 씻어내는, 존재의 대양을 건너는 배를 타는 특별한
섬"으로 묘사되었다(『BEFEO』, XLI, 300쪽). 낙판의 영혼을 구제하는 성격이 여
기에서 명백하게 설명되었다. -조르주 세데스]
243 『구당서』, 권197, 「진랍전」: "그들 풍속은 동쪽으로 문을 내는데, 동쪽을 위로 여
긴다(其俗東向開戸, 以東爲上)."라고 하였다.

건물은 확실히 인도차이나 또는 더 정확하게 인슐랜드의 인도화 된 상태
로, 남쪽으로 향하고 있었다. 본서의 아래 332쪽에서 그 문장을 번역할 것
이다. 마찬가지로, 6세기 전반에 해당하는『양서』는 임읍(林邑, 참파) 사람
들의 관습은 "거주하는 곳에 우란(于闌, '우'자는 '간(干)'자의 잘못임, 틀림없이 참파
어 'kalan'에 해당함)이라 부르는 층이 있는 집[閣]을 만들고 그 문들은 모두
북쪽으로 향하게 낸다(居處爲閣, 名曰于闌, 門戶皆北向)."라고 하였다. 이 관습
은 참파에서 오래되었음이 분명하다. 왜냐하면, 중국인들이 이미 기원전
3세기부터 확인되는 '북호(北戶)'라는 지칭으로 분명하게 표현한 것은, 참
파의 선조들임이 분명하기 때문이다. 이에 관해서는 샤반느의『사마천의
사기 역주(Les Mémoires historiques de Se-ma Ts'ien traduits et annotés)』, I,
89쪽과 II, 136, 148쪽;『BEFEO』, IX, 223쪽, 그리고 마스페로(G. Maspero)
씨의『참파왕국(Le royaume de Champa)』, 48, 60쪽을 참고하시오. 그러나
적어도 참파의 사원들에 관해서 말하자면, 그 유적들은 중국 자료의 이러한
전통적 정보와는 일치하지 않는다. 왜냐하면, 그들은 항상 동쪽의 출입구를
가지기 때문이다(마스페로, 앞의 책, 49쪽). 한편, 3~4세기부터 중국인들은 참파
에서 방위 규칙이 항상 옛 자료에서 설명된 것과 부합하지 않는다는 점을
지적해 왔다. 265~420년에 걸친『진서(晉書)』는 이미 이 나라에서 "관습은
태양과 마주하도록(하지 무렵만 그러함) 항상 북쪽으로[원문의 '지(地)'자는 '북(北)'
자의 오기임] 낸다. 차지하는 [영광의] 자리로는, 정해진 규칙 없이 동쪽 또는
서쪽으로 [향하는] 것이다(其俗皆開地戶以向日, 至於居止, 或東西無定.)"

　『통전(通典)』(권188, 4쪽)은 이 문장을 다르게 이해하고 있는데, '至於居止'
를 삭제했기 때문에 북쪽, 그리고 동쪽과 남쪽으로 향하는 것은 건물 차제
가 된다. 이는 전혀 어울리지 않는다. 마단림(馬端臨)은『통전』을 따르고

있다(『Ethnographie des peuples étrangers à la Chine, Méridionaux』. 422쪽).

〔39〕 "왕궁은 금탑과 금교의 북쪽에 있고, 문(?)과 가까우며, 둘레는 대략 5~6리이다(國宮在金塔·金橋之北, 近門, 周圍可五六里)." 1902년에 나는 '금교' 뒤에 구두하고, "바깥 문에서 계산하여 둘레는 5~6리이다."라고 번역한 바 있다. 그러나 '근문(近門)'은 단지 '문에서 가깝다'는 것을 의미할 뿐이고, 한편, 우리가 출발하는 성의 어느 지점으로부터, 총 둘레는 당연히 그 자체이다. 이 때문에 텍스트가 확인해주지 않는 '바깥'을 추가한 것이다. 당연히 '근문' 뒤에 끊어야 한다. 그러나 왕궁은 '근문'을 '근(近)'자와 '문(門)'자 사이에 '북(北)'자를 다시 넣어 '[성의] 북문과 가깝다'라고 해석하기에는 성의 중심과 너무 가깝다. 나는 의심스러운 해법만 어렴풋이 제시할 뿐 나의 번역문에 들이지 못했다. 그 해법은 '근(近)'자를 동음의 '금(禁)'자로 대체하는 것이다. 금문(禁門)은 보통 황궁의 문을 지칭했고, 의미를 확장하여 왕성 자체로도 이해할 수 있다. 그러나 그 잘못된 글자가 완전히 다른 자일 수 있다.

〔40〕 "그 중심 거처의 기와는 납으로 만들었다. 다른 [왕궁의 건물들은] 점토 기와이고 누렇다(其正室之瓦以鉛爲之. 餘皆土瓦, 黄色)." 내가 1902년에 '사적 거처'로 번역한 '정실(正室)'이란 표현을 여기서와 §6에서 '중심 거처'로 번역했다. '정실'은 글자 그대로 '정확한 거처'라는 의미로, 중국어로 특히 합법적 부인을 지칭하는 것으로 사용된다. 그 부인이 '중심 거처'를 차지하고, 맞은 편에는 둘째 부인과 첩들이 차지한다. 이러한 사용은 §6에서 보인다. 캄보디아의 옛 기와에 관해서는 그로슬리에의 『기원 초기부터 텍스

트와 비문들에 따른, 캄보디아 사람들에 관한 연구(Recherches sur les Cambodgiens, d'après les textes et les monuments, depuis les premiers siècles de notre ère)』, 167과 396쪽의 흥미로운 정보들을 보시오. 옻칠하여 구운 점토 기와를 발견했지만, 납으로 만든 기와는 없었다. 그러나 놀랄만한 것은 없다.[244]

[41] "횡목과 기둥은 거대하다. 모두에는 붓다가 새겨져 채색되었다(橋柱甚巨, 皆雕畫佛形)." 1902년 나는 첫 번째 구를 "다리의 기둥들은 거대하다."라고 번역했다. 반면 레무사는 옛날에 "기둥과 대들보들은 매우 크다."라고 번역한 바 있다. 아이모니에 씨는 나의 첫 번째 번역에 관해, "사실상 여기서는 잘못 다리로 지칭된 왕궁 대전의 양각으로 된 조각들과 관계된다."라고 하였다(『캄보디아』, III, 651쪽). 그리고 그는 자연스럽게 레무사의 해당하는 문장과 같게 확인했다. 따로따로, '교(橋)'자는 '다리'를 의미하고, '주(柱)'자는 '기둥'(간혹 지주)을 의미한다. 그러나 '주'자는 다리의 지주를 의미하는 통상적인 용어가 아니다. '교주(橋柱)'라는 조합은 확인되지 않았다. 따라서 여기서는 실제 다리를 언급할 수 없고 왕궁의 정면 건축물을 말한다. 『진랍풍토기』를 독립된 책으로 베낄 때, 『사고전서』의 편수관들은 이

---

244 주달관이 사용한 글자의(鉛=납) 정확함에도 불구하고, 실제 납이 아니었을 수도 있다. 그로슬리에 씨는 이미 18세기 말에 제르베즈(Gervaise)가 아유티아에서 주석으로 만든 지붕을 특기한 점에 주목했다(345쪽). 라 루베르(La Loubère)는 정확한 것은 아니지만, "게다가 그들은 왕궁, 사원의 외부 장식을 전혀 알지 못했고, 지붕에 그들이 '칼린(Calin)'이라 부르는 값싼 주석으로, 또는 중국 왕궁에 있는 것처럼 누렇게 옻칠한 기와들로 덮었다."라고 했다(『Du royaume de Siam』, Amsterdam, 1691, I, 93쪽). 칼린(Calin)에 관해서는 『Hobson-Jobson』, 'Calay' 항목과 『JA』, 1920, II, 38쪽을 참고하시오. 시암인과 캄보디아인 사이에 이러한 유사함이 있다. 나는 두 경우가 같은 제품일 것이라고는 생각하지 않는다.

구에 대해 아무런 주석을 내지 않았고, 『고금설해(古今說海)』에서는 1646~
1647년의 『설부(說郛)』에서 세 차례나 이 글자를 접하면서 오자(誤字)를 찾
아내, '교(橋)'자를 '양(梁, 횡목)'자로 교정했다.[245] 나는 이것이 채택할 만한
의미지만, '교'자를 유지하고, 출입구나 문에 올려진 바깥 '횡목'이라는 의
미가 있다고 생각한다. 어떤 의미에서 이 횡목은, 바깥에서는 보이지 않는
나무 들보를 의미하는 '가로지르는 들보'와는 달리, 다리의 판목과 비교될
수 있다(자일스의 사전에서는 문교(門橋)를 '문의 횡목'으로 번역하였음). 나는 여기에
서 왕국의 구조로 들어가는 재료 문제를 다루고 싶지 않다. 주달관은 그에
대해 전혀 말하지 않았다. 그로슬리에 씨는 주달관의 증언에 따르면, 캄보
디아 왕궁은(그로슬리에 씨가 말하는 것처럼 부남이 아님) 자른 돌로 만들어졌다는
것에 의문을 품었다(『Recherches sur les Cambodgiens, d'après les textes et
les monuments, depuis les premiers siècles de notre ère』, 315과 415쪽). 또한,
피노 씨의 『BEFEO』, XXII, 191쪽을 참고하시오. 어쨌든, 돌이든 나무든
이 구는 왕궁에 적용되므로, 나는 아이모니에 씨가 말한 대전으로만 보는
것에 수긍하기 어렵다. 레무사는 그림들을 언급했을 뿐이지만 나는 '조화
(雕畫)'를 '조각되어 색칠한'으로 번역했다. 조각들과 관련된 것이라면, '조
(雕)'자를 넣는 것이 분명 가능하다. 그러나 이 조각들이 색칠되었느냐는 점
은 미심쩍다. '화(畫)'자는 흔히 '그리다'는 의미지만, 또한, 도상화 된 표현
전체에도 적용되므로, '조화'를 단순하게 '조각으로 표현하다' 또는 '조각하
다'라고 번역할 수 있다. 이 그림 문제에 관해서는 그로슬리에, 『기원 초기
부터 텍스트와 비문들에 따른, 캄보디아 사람들에 관한 연구(Recherches

---

245 『흠정사고전서고증(欽定四庫全書考證)』, 무영전(武英殿) 판본을 영인한 복건 판본,
　　권56, 32쪽.

sur les Cambodgiens, d'après les textes et les monuments, depuis les premiers siècles de notre ère)』, 170~172쪽과 397쪽을 참고하시오.

〔42〕 "지붕(?)은 인상적이다(屋頭壯觀)." 1902년 나는 "건물의 본채는 장엄하다"라고 번역했다. 레무사의 번역문은 "꼭대기는 장엄한 탑(donjon)으로 끝난다."이다. 여기 '탑(donjon)'은 거리가 멀다. 장관(壯觀)은 일반적으로 '인상적이다', '장엄하다'는 의미이고, 간혹 '관(觀)'자는 단독으로 '돌출한 테라스', '망루' 등을 의미한다. '장관'은 『제번지』의 '웅장치려(雄壯侈麗)', 『도이지략』과 『서양조공전록』의 '장려(壯麗)'에 해당한다. 그러나 '옥두(屋頭)'는 더욱 당황스럽다. 이 표현은 확인되지 않는다. 글자 그대로 '방의 끝'을 의미한다. 건륭의 편수관들은 독립된 책으로 취한 『진랍풍토기』와 『고금설해』에서는 아무런 언급하지 않고 있다가, 『설부』에서는 '두(頭)'자를 '파(頗)'자로 교정했다. 이 '파'자는 '매우', '꽤'라는 뜻이다. 따라서 "방들은 [꽤] 인상적이다"는 의미이다. 전승되는 텍스트가 정확한지 확실하지 않지만 나는 '두'자를 유지하고자 한다. 주달관은 왕국의 정면을 말하고 회랑의 복잡함을 말할 것이다. 틀림없이 뾰족한 물체로 끝나는 지붕을 언급한 것보다 자연스러운 것은 없다. 중국 민간 건물에 이와 같은 것은 없으므로, 주달관은 이 점에 관해 별도의 표현을 사용했을 수 있다. 이 표현에 별도로 할애하지는 않았지만, 어쨌든 이해할 수는 있다.

〔43〕 "긴 베란다, 덮인 회랑은 우뚝 솟아 있고, 서로 얽혀 조화를 이루지 않은 것이 없다(修廊複道, 突兀參差, 稍有規模)." 표현의 미묘한 뉘앙스와는 별도로, 이 번역문은 1902년의 번역과 마지막 구만 다를 뿐이다. 즉 "커다란

규칙성은 없다"를 "조화를 이루지 않은 것이 없다."라고, 부정을 긍정으로
바꾸었다. 중국어 원문은 "稍有規模"이다. 이러한 유의 문장에서 '초(稍)'자
는 '아주 조금'이란 의미로 이해되는 것이 아니라, '약간'의 의미이다. 이
오랑캐들에게서도 건물은 '약간의' 조화가 있다는 말이다. 레무사의 기상
천외한 번역을 뒷받침해 주는 것은 없다(아이모니에, 『캄보디아』, III, 651쪽에서
재인용됨). 그에 따르면, 마지막 두 글자 즉 규모(規模)는 '경사지의 원형건
물'을 지칭한다.

〔44〕"[군주가] 일을 처리하는 곳에는 금으로 만든 창문이 있다. 창틀의 오
른쪽과 왼쪽, 네모난 기둥들 위에는 거울이 있다. 대략 40~50개가 창문의
옆에 배열되어 있다. [창문의] 나무는 코끼리 형태로 만들어졌다(其蒞事處有
金窗, 欞左右方柱上有鏡, 約有四五十面, 列放於窗之旁. 其下爲象形)." 이 단락은 상
당히 어렵고 구두조차도 논란의 대상이 될 수 있다(그렇지만 직감적으로 번역을
고치지 않는 한). 텍스트를 자세히 검토하기 전에 우리가 가지고 있는 정보의
다른 요소들이 무엇인지 살펴보자. 먼저 '금 창문'은 §6에서도 보이는데,
왕은 사저의 금 창문에 등장한다. 그리고 §40에서 왕은 검을 손에 쥐고
금 창문에 서서 접견한다. 따라서 여기서는 금 창문을, 1902년 나의 번역
에서처럼 복수가 아니라, 레무사가 이미 한 것처럼 단수로 놓아야 한다.
6장 주석에서 그로슬리에 씨가 『기원 초기부터 텍스트와 비문들에 따른,
캄보디아 사람들에 관한 연구(Recherches sur les Cambodgiens, d'après les
textes et les monuments, depuis les premiers siècles de notre ère)』, 338쪽에
서 두 개의 금 창문이 있다고 생각하게 된 난제들을 풀어볼 것이다. 그로
슬리에 씨는 앞의 책, 337쪽에서 프놈펜의 궁전에 금 창문은 없다고 지적

했지만, 라 루베르(La Loubère)가 17세기 말 시암에도 그것의 존재를 파악하고, 같은 이미지를 부여했다고 적절하게 지적했다. 1685년 10월 18일 라루베르는 아유티아 궁전에 루이 14세의 편지를 직접 왕에게 전하게 되었을 때, 왕은 접견실 뒤편 세운 벽에 나 있는 창문틀에 서 있었다. 이러한 서신 전달은 그 창문이 적어도 바닥에서 6척에 나 있고, 라 루베르가 왕에게 편지를 내밀려면 세 걸음을 옮겨야 했으므로, 지장이 생겨났다. 이 사신의 모든 이야기는 이 창문을 말하고 있다.[246] 그리고 라 루베르는 왕이 "다른 방에 있었고, 그는 대전으로 나왔다."라고 특기하고 있다. 같은 용도가 미얀마 조정에도 있었다. 만달레이(Mandalay) 궁전에 온 방문자들을 접견하는 창문을 소개하자면, 만달레이의 이 창문은 율, 『아바 조정으로 간 사신의 기술(A narrative of the mission to the Court of Ava)』, 런던, 1858, 4절판, 84쪽에서 기술되었다. 내가 그에 대해 말했던 위베르(Huber)는 이 창문이 시하팡자라(sīhapañjara, 사자 우리)라고 불린다고 말해주었다. 결국, 그로슬리에 씨가 그에 대해 아무런 말도 하지 않았고, 그것이 크메르인의 조각물들과 상당한 유사성이 나를 다소 주저하게 하지만, 나는 1922년 마르세유 식민 박람회(Exposition coloniale de Marseille)에서 보았던, 안타깝게 출처를 까먹었지만, 손에 칼을 들고 한 창문의 공간에 앉아 있는 인물을 표현한 크메르의 한 부조 사신을 언급하지 않을 수 없다. 역사이든, 전설이든 나는 '황금 창문'에 앉아 있는 군주가 그것이라는 인상을 받았다.

---

246 라 루베르(La Loubère), 『시암 왕국에 관하여(Du royaume de Siam)』, Amsterdam, 1691, I, 330~331쪽; 드 쇼이지(de Choisy), 『시암 여행기(Journal du voyage de Siam)』, Paris, 1687, 336쪽; 『예수회 신부들의 시암 여행(Voyage de Siam des pères jésuites)』, Amsterdam, 1687, 197쪽; 『후속 시암 여행기(Journal ou suite du voyage de Siam)』, Amsterdam, 1688, 186쪽. <u>이 주석은 본문에 있었으나 편의상 주석으로 옮겼다.</u>

한편으로 이 텍스트의 나머지 부분을 이해하려면, 특히 아이모니에 씨와 그로슬리에 씨가 이미 한 차례 이상 원용했던, 그렇지만 2차 자료의 매우 느슨한 번역문에 따른 왕의 접견실에 관한 설명들을 번역하는 것은 무용하지는 않을 것이다. 첫 번째 기술은 607년 사신으로 간 중국인을 통해 알려진 '적토(赤土)'라는 나라와 관계된다. 사람들은 이 나라를 종종 시암으로 확인한다. 나는 20년 전에 이러한 추정이 어떤 난관에 부딪히는지 말한 바 있다(『BEFEO』, IV, 272~273쪽). 인슐랜드라기 보다는 인도차이나의 인도화한, 캄보디아와 밀접한 관계를 유지한 것으로 보이며, 그 성, 궁궐, 접견실에 관한 기술이 매우 의문스러운 어떤 나라 그 이상은 아니다. 더 옛 자료인 『수서』(권82, 2쪽)에서 가져온 것은 다음과 같다.

"[적토의 왕은] '승지(僧祇, 또는 僧祇?)'[247]라는 성에 사는데, 그 성의 문들은 삼중이고, 각기 앞의 문에서 대략 100보이다.[248] 이들 문에는 날고 있는 정령들, 리쉬(ṛṣi, 힌두교의 현자들) 그리고 보살들의 상을 그려져 있고,[249] 금화(金花), 종[鈴], 모직 천[氈]이 걸려 있다. 수십여 여인들이 연주하거나 손에 금화를 들고 있다. 또 얼굴과 장식이 불탑의 옆에 있는 바즈라(vajra, vajradhara)를 가진 투사를 연상시키도록[250] 여인을 치장시켜, [중심] 문에 각각 세운다. 문밖에 있는 [두] 사람은 손에 무기를 들고 있고, 문의 안쪽에 있는 [두] 사람은 손에 파리채를 들고 있다. 길 양쪽에는 꽃으로 장식한 흰 그물을 걸어 두었다. 왕궁의 거처들은 모두 층이 있고 북쪽으로 문을 냈

---

247 이 명칭에 관해서는 『BEFEO』, IV, 289~291쪽을 참고하시오.
248 이에 관해서는 위의 301쪽, 더 정확히는 아이모니에, 『캄보디아』, III, 671쪽을 참고하시오.
249 圖畫飛仙·仙人·菩薩之像.
250 如佛塔邊金剛力士之狀. 이에 관해서는 §3의 주석을 참고하시오.

다.[251] [왕은] 북쪽으로 앉는다. 그는 의자로 삼중의 침상(三重榻)에 앉고, '오로라의 붉은' 천[252]을 입으며, 금관을 쓰고, 여러 보석 목걸이를 건다. 네 딸이 그의 좌우에 서 있다. 호위병은 백여 명이다. 왕의 침상 뒤에 나무 감실[龕]을 지어 금, 은, 다섯 가지 향으로 붙였다. 감실 뒤에 하나의 황금 후광[253]이 걸려 있다. 침상의 양쪽 바닥에 두 개의 황금 거울이 세워져 있다. 각 거울 앞에는 황금 항아리가 놓여 있다. 각 옹기 앞에는 금향로가 있다. 이 모든 것들 앞에 황금으로 만든 엎드린 소가 있다. 소 앞 땅에 보석 덮개[寶蓋]가 고정되어 있다. 덮개의 좌우에 보석 부채[寶扇]들이 있다. 수백 명의 브라만이 좌우에 두 줄로 서로 마주 보며 앉아 있다."[254] 607년 중국 사신을 접견할 당시에 행해진 의식을 기술하고 있으며, 어떤 세부 사

---

251 위의 325쪽을 참고하시오.

252 조하포(朝霞布). 워터스(Watters), 『현장의 여행에 관하여(On Yuan Chwang's travels)』, I, 287쪽; 『통보』, 1912, 480쪽; 1913, 339, 340쪽을 참고하시오. 분명 거즈나 가벼운 모슬린일 것이다.

253 金光焰. '광염'이란 표현은 내가 『통보』, 1918~1919, 311, 385~386쪽과 1923, 270쪽에서 보여준 표현에 추가해야 한다. 이 표현은 뒤에 캄보디아 왕에 관하여 다시 보게 될 것이다. 데르베이 드 생드니(『Ethnographie des peuples étrangers à la Chine, Méridionaux』, 468쪽)가 언급하고 아이모니에 씨가 그에게서 차용한 '불꽃 모양으로 황금빛의 원판'은 아무런 의미가 없는 구어적 설명이다. 이 용어는 『남사(南史)』(권78, 5쪽)과 『북사(北史)』(권95, 5쪽, 『양서』, 권54, 5쪽에 해당하는 원문에는 '광염(光豔)'으로 잘못되어있음)에 보이는데, 받침도 후광도 찾아볼 수 없는 불교 이미지와 관련되어 있다. 그러나 시기를 달리하면서 서로 기적적으로 나타났다. 이 텍스트에서 '후광'으로 사용된 표현은 『수서』에서 쓰인 대로 광염 (光焰)이므로 그 의미는 확실하다.

254 『수서』, 권82, 적토국(赤土國): 居僧祇城, 有門三重, 相去各百許步. 每門圖畫飛仙·仙人·菩薩之像, 縣金花鈴毬, 婦女數十人, 或奏樂, 或捧金花. 又飾四婦人, 容飾如佛塔邊金剛力士之狀, 夾門而立. 門外者持兵仗, 門內者執白拂. 夾道垂素網, 綴花. 王宮諸屋悉是重閣, 北戶, 北面而坐. 坐三重之榻. 衣朝霞布, 冠金花冠, 垂雜寶瓔珞. 四女子立侍左右, 兵衛百餘人. 王榻後作一木龕, 以金銀五香木雜鈿之. 龕後懸一金光焰, 夾榻又樹二金鏡, 鏡前並陳金甕, 甕前各有金香爐. 當前置一金伏牛, 牛前樹壹寶蓋, 蓋左右皆有寶扇. 婆羅門等數百人, 東西重行, 相向而坐.

항은 더 뒤에 이 사신에게 맞춰진 접대에서 말하는 것과 전적으로 일치하는 것은 아닌 것 같다.

적토에 관한 기술에 이어서, 『수서』는 진랍(眞臘, 캄보디아)을 기술했다. 다음과 같이 해당 단락을 발췌한다. "그 왕은 3일마다 접견한다. 그는 다섯 향과 칠보의 침상에 앉는다. [침상] 위에 보배 닫집[寶帳]을 세웠다. 이 닫집의 기둥[竿]은 나뭇결이 있는 나무[文木]로 만들었고, 벽은 상아와 금도금으로 되었다[象牙·金鈿爲壁]. 그 모양은 작은 방과 비슷하다. [뒤에] 황금 후광[金光焰]이 걸려 있다. 이 모두가 적토와 같다. 앞에는 하나의[또는 여러?] 향로가 있다. 두 사람이 양쪽에 서 있다. 왕은 입는다…."[255] 『수서』의 이러한 문장들은 내가 위 316쪽, 주225에서 말한 대로, 조여괄의 『제번지』에 인용되었다. 조여괄은 또 『수서』에서 조정의 의결에 관한 문장들을 빌려왔다(이 인용문에 관해서 §40에서 재론하겠다). 캄보디아와 관련된 이 텍스트의 '닫집[帳]'은 적토의 기술에 보이는 '감실[龕]'임이 분명하다. 그로슬리에 씨는 전혀 그럴법하지 않은 것은 아니지만, 프놈펜 왕좌가 있는 방 왕좌 뒤에 오늘날까지 남아있는 '높고 아름다운 단(壇)'의 잔존물로 볼 것을 제안했다(『Recherches sur les Cambodgiens, d'après les textes et les monuments, depuis les premiers siècles de notre ère』, 337쪽).

이제 주달관의 텍스트를 더 분명하게 보도록 하자. 우리 방금 시암과 미얀마의 비슷한 배치에 관해 알아본 것을 통해 주달관이 접견실에서 그 뒤로 황금 창문이 나 있는 것을 확인한 것은 분명해 보인다. 바로 이 창문틀에서 왕이 서 있었다. 주달관이 황금 창문의 좌우에서 볼 수 있었던 것

---

255 『수서』, 권82, 진랍국(眞臘國): 其王三日一聽朝, 坐五香七寶床, 上施寶帳. 其帳以文木爲竿, 象牙·金鈿爲壁, 狀如小屋, 懸金光焰, 有同於赤土. 前有金香爐, 二人侍側. 王著….

은, 왕이 실제 있는 방이 아니라 그가 서 있었던 같은 방에 있어야 한다. 나는 레무사와 내가 옛날에 했던 것처럼 '령(欞)'자 뒤가 아니라 '창(窗)'자 뒤에 구두했다. 사실, §6과 §40에서 주달관은 '금창령'이 아니라 '금창'에 관해 언급하고 있다.

한편, 세 글자를 함께 읽어야 한다면, '금령창', 즉 '황금으로 만든 틀을 가진 창문'으로 우리가 예상했던 것과는 달리, '금창령(金窗欞)'은 '황금으로 만든 창문의 틀'을 의미한다('금'자는 '창'자 위에 있음). 거울들은 창문의 각 측면, 네모난 기둥[方柱]에 있다. 캄보디아 접견실에 관한 기술에서 『수서』는 거울을 전혀 언급하지 않았다고 할지라도, 적토의 접견실에 관한 더 상세한 기술의 참조 사항은 기원후 600년경 캄보디아 접견실에 거울도 있었음을 추정케 한다. 따라서 13세기 말에 다시 보는 것은 이상하지 않다. 어떻게 거울들이 '네모난 기둥' 위에 있을 수 있는가? '금창'의 오른쪽과 측면에 접견실 뒤의 벽을 구성하는 기둥들을 상상해볼 수 있다. 거울들은 그곳에 걸려 있었을 것이다. 나는 이 경우로 생각하지 않는다. 적토의 두 거울을 말하면서 『수서』는 바닥에 고정되어 있다고['수(樹)'자는 '심다', '세우다'는 의미임] 하였다. 여기에서도 마찬가지로 '현(懸)' 또는 '괘(掛)'와 같은 글자가 없고, 다만 거울이 네모난 기둥 '위[上]'에 있다고만 했다. 따라서 나는 각 거울은 네모나고 상당히 들어 올려진 받침대 위에 수직으로 자리 잡고 있었음이 매우 그럴법하다고 생각한다. 그리고 접견실의 뒤쪽 벽 앞에 '금창'의 양쪽으로 이러한 20~25개의 받침대가 있었다.[256] 이들 거울의 특성에 관하여, 텍스트는 침묵하고 있지만, 적토에서처럼 아마도 캄보디아에서 사용

---

256 라 루베르(La Loubère), I, 330쪽에 주어진 도면에서, 접견실 창문의 앞과 양쪽에 땅에 꽂힌 일곱 원판과 아홉 원판을 가진 세 파라솔의 위치를 참고하시오.

하는 대형 금속 거울들일 것이며, 그것들은 수입되었을 수도 있다.257 텍스트상으로 볼 때, 사람들이 코끼리로 표현한 '금창'의 틀 아래에(엄밀하게 이해하여 네모난 기둥들 아랫부분이 아니라) 있음을 암시하는 것 같다. 시암의 예는 '금창'이 땅 위에서 상당히 높이 나 있었고, 틀림없이 안전에 대한 우려로 인한 이러한 배치는 캄보디아에서도 존재할 충분한 개연성을 가지며, 이러한 높이의 창은 코끼리들이 떠받치고 있는 것처럼 보이게 하는 것은 매우 자연스러웠음을 보여준다.

〔45〕 "나는 왕궁 내부에 놀랄만한 많은 곳이 있다고 들었으나, 방비가 매우 심하여, 그것들을 볼 수 없었다(聞內中多有奇處, 防禁甚嚴, 不可得而見也). 이 문장은 매우 중요하다. 무엇보다도 주달관이 왕궁의 외부 구조물들에서 접견실까지만 접근했다고 예상했던 것을 확인시켜 준다. '금창'을 통해 왕은 궁 밖으로 나오지 않고 접견할 사람과 소통했으므로 이방인들은 소위 말하는 왕궁의 건물들 속으로 결코 들어가지 못했다."258

257 나는 가능한 혼동을 피하도록 이 기회를 이용하고 싶다. 『수서』의 텍스트는 마단림의 복제본과 원본에서도 마찬가지로 적토의 접견실에는 '두 개의 황금 거울[金鏡]'이 있다고 할 뿐이다. 이것이 바로 데르베이 생 드니가 '대형의 두 금속 거울'로 번역한 글자들이다. 이러한 대응은 사실 정확하지만, 텍스트상의 글자들은 아니다. 나는 『남중국 외래인들에 대한 민족분류(Ethnographie des peuples étrangers à la Chine, Méridionaux)』의 번역문을 1902년 역주에서 인용했다. 그것을 정확하게 해야 했다. '황금 거울들'은 우리 서양식 개념으로, 황금으로 만든 틀에 유리 거울들이다. 이 시기의 중국 자료에서는 그것이 금속 거울이었고, 금이나 도금한 청동으로 된 반질반질한 표면이었음이 분명하다. 그로슬리에 씨가 피즈마리에(Pfizmarier)와 나를 따라 언급한(『Recherches sur les Cambodgiens, d'après les textes et les monuments, depuis les premiers siècles de notre ère』, 24, 386쪽) 유리[파리(玻璃)] 거울에 관해서, 우리가 인용한 자료가 특히 당나라 이전 사실들에 대해 텍스트를 그대로 믿었을 수도 있는 상상의 소산임을 잊지 말아야 한다.
258 시암에 관해서는 라 루베르, I, 97쪽을 참고하자면, "나는 이것이 시암 왕의 거처

〔**46,** 일련번호가 다시 '44'로 중복되어 앞의 순서에 따라 바로잡음〕 "왕궁 내부에 있는 '금탑'이라는 곳으로, 군주는 밤에 그 꼭대기에 자러 간다. 모든 토착민은 탑에 아홉 개의 머리를 가진 [한 마리] 뱀인 정령, 즉 모든 왕국의 땅 주인이 있다고 한다. [이 정령은] 매일 밤 여인의 몸으로 나타난다. 바로 그와 먼저 군주가 자면서 합방한다.…정령이 나타나지 않는 날이면, 오랑캐 왕이 죽을 때가 된 것이다.…(<u>其內中金塔, 國主夜則臥其下, 土人皆謂塔之中有九頭蛇精, 乃一國之土地主也. 係女身, 每夜則見, 國主則先與之同寢交媾, …若此精一夜不見, 則番王死期至矣.…</u>)" '아홉' 머리를 가진 뱀에 관해서는 위의 303쪽을 참고하시오. '뱀'은 여인의 몸으로 출현하므로, 틀림없이 '나가(nāga)'가 아니라 '나기(nāgī)'일 것이다. 아이모니에 씨는 이미 이 전설을 부남의 건국과 관련된 옛날 전승과 연결하려 했다(『캄보디아』, III, 651쪽). 피노 씨는 확신하도록 이끄는 정확하고 풍부한 정보들로 이와 같은 생각을 발전시켰다(Sur quelques traditions indochinoises, 『Bulletin de la Commission Archéologique de l'Indochine』, 1911, 30~37쪽). 크메르의 군주들은 소위 옛날 부남 왕들의 전승을 자기들 것으로 만들며, 그들이 나기의 후손이라고 주장했다.[259] 조금

라고 말할 수 있을 뿐이다. 나는 시암과 루보(Louvò)에서 접견실인 첫 번째 방을 봤을 뿐이다."라고 하였다.

[259] 내가 옛 부남에서 나가(nāga)의 역할을, 흥미로운 한 텍스트에 따라 제시한 번역을 교정하는 계기로 삼고자 한다. 484년에 부남의 왕 자야바르만(Jayavarman)은 인도 승려 나가세나(Nāgasena)를 중국 황제에게 사신으로 보냈다. 부남 왕의 많은 선물 중에 내가 '용왕 의자에 앉은 새겨진 금으로 만든 도상'으로 번역한 것이 보인다(『BEFEO』, III, 259쪽). 항상 그랬듯이 인도의 영향을 받는 나라일 경우, '용(龍)'자는 나가(nāga)에 대응한다. 그러나 나의 번역은 부주의를 가속했다.[여백의 주에, "마르코 폴로에 대한 나의 주석에서 교정했음"으로 되어있다.] 원문은 (『남제서(南齊書)』, 권58, 5쪽) '金鏤龍王坐像一軀'로, 분명히 '새겨진 금으로 만든 용왕(nāgarāja)의 좌상'으로 이해해야 한다. 나는 이러한 선물 중에 유리소립 이구(瑠璃蘇鉝二口)도 보인다고 덧붙였다. 나는 '유리'를 우리가 항상 생각하는 대로 '유리'로 번역했다. 라우퍼 씨는 일관적이지 않은 의미로 이러한 대응이 절대적으로 정확한 것은 아니라는 논의를 내놓았지만(『The beginnings of porcelain in

뒤에 세데스 씨는 부남의 나기(nāgī)가 팔라바(Pallava) 조정의 인도 전설과
분리할 수 없다고 지적했다(『BEFEO』, XI, 391~393쪽).[260]

번역의 관점에서 볼 때, 옮기기 어려운 유일한 글자가 '정(精)'자이다. 이
글자는 '정제된', '정수', '필수적인 원리'(이로부터 '정자'의 의미가 나옴), '영혼',
'정령', '정신'(예를 들어, '산의 혼'이란 의미의 山精)의 의미가 있다. 나는 1902년
'영혼'으로 번역했고 이번에는 '정령'을 채택했다. 사실상 의미의 변화는
없지만, '정령'이 분명히 주달관의 사고 속에 있었을 '초자연적'이란 의미

China』, 138~147쪽), 여기에서 유지하지 못할 근거도 없다고 본다. 내가 이 단
락에서 재론하는 것은 '유리'에 관해서가 아니다. 그러나 『BEFEO』, III, 260쪽
에서 '소립(蘇鉝)'의 어원을 모른다고 했지만, 나는 별쇄본에서 이 주석을 교정하
고, 『Hobson-Jobson』의 'serai'조목을 참조케 하면서 그것은 '긴 목을 가진 병'이
라는 의미의 '수라히(ṣurāḥī)'라고 제안했다(69쪽). 나는 이 변경이 만족스러운지
의문이 든다. '수라히'는 율과 버넬, 『Hobson-Jobson』, 812쪽에서 아랍-페르시아
어로 가르쳐 주지만, 페르시아어 '수라히' 형태는 순수하게 아랍어 형태로, '깨끗
이 하다, 순수한' 의미를 어근으로 가지는 '수라흐(ṣurāḥ)'이므로, 아랍어 단어가
5세기 말부터 중국에 들어왔을 법하지 않다. '립(鉝)'자는 이러한 표현으로만 알려
졌고, 이 유일한 예를 통해서라고 생각한다. 사실, 『강희자전』과 『중화대자전』은,
여기의 텍스트를 인용하지 않고, 9세기의 『집운(集韻)』에 나오는 문장을 환기했
다. 그에 따르면, "임읍의 왕이 유리로 만든 소립(들)을 바쳤다(林邑王獻流離蘇鉝)"
라고 했다. 그러나 나는 이와 같은 문장을 본 기억이 없고, 새로운 자료가 나올
때까지는, '유리'라는 명칭 표기의 다름에도 불구하고, 나는 『집운』의 저자들이
실수를 범했고, 임읍(참파)의 왕과 부남의 왕을 혼동한 것으로 본다. 어쨌든, 소립
(蘇鉝)의 고음이 [suo-liəp], 또는 [suo-lāp]으로 둘 다 [-p]를 종성으로 가지므로,
'수라히(ṣurāḥī)'와 일치하지 않음은 분명하다. 그 원음은 [surab] 또는 [sulab]으
로 예상된다. 찾아야 하는 것은 아마도 이란어 쪽일 것이다.

260 원문에는 다음과 같은 부연 설명이 괄호 속에 들어있어 편의상 주석으로 옮겨 둔
다. "인도의 다른 지역에서 보이는 인간과 나기의 결합에 관해서는 푸쉐
(Foucher)의 『L'art gréco-bouddhique』, II, I, 30쪽을 참고하시오." [이 참조 사
항에 덧붙이자면, 골루베프(V. Goloubew), 「나기와 아프사라 전설(Les légende
de la Nāgī et de l'Apsaras)」, 『BEFEO』, XXIV, 501~510쪽, 그리고 프르질루스
키(J. Przyluski), 「동아시아 전승에서 비린내 나는 공주와 나기(La princesse à
l'odeur de poisson et la Nāgī dans les traditions de l'Asie orientale)」, 『극동
프랑스학교 25주년 아시아 연구(Etudes asiatiques, 25e année E.F.E.O.)』, II,
265~284쪽을 참고하시오.-조르주 세데스]

를 더 잘 전달한다.

내가 '정(精)'자에 관하여 이렇게 자세히 들어가는 것은 여기에서 우리를
매우 흥미롭게 하고 그 의미가 알려지지 않은 한 텍스트에서 나타나기 때
문이다. 1225년 조여괄은 삼불제(三佛齊, 스리비자야, 팔렘방)의 군주를 말하면
서, "통속적으로 [이 사람들은] 그들의 왕을 '용정(龍精)'이라 부른다. [이 사람은
보통의] 곡물을 먹지 못하고, 단지 사호(沙糊, sāgū, sagou, 앞의 308쪽을 참고하
시오)를 음식물로 먹는다. 그렇지 않으면, 그해에는 가뭄이 들어 곡물이 비
싸진다. 그는 장미수로 목욕하는데, 물을 사용하면 홍수의 재난이 생긴
다."라고 하였다. 히어트와 록힐 씨는 용정(龍精, 그들은 [longqing]으로 잘못 읽
음)이 말레이어를 옮긴 것으로 추정하려 했다(『조여괄(CHAU JU-KUA)』, 61,
65쪽). 블래그덴 씨는 말레이어가 아니라 중국어 표현일 것으로 생각했지
만, 용(龍)이 중국어에서 종종 '황제의'라는 의미가 있다는 것을 빌미로 '폐
하' 같은 것으로 보는 실수를 범했다(『JRAS』, 1913, 166쪽). 사실 '용(龍)'은 주
달관의 '사(蛇)'처럼, 단지 나가(nāga) 또는 나기(nāgī)에 해당할 뿐이다. 나
는 이미 페랑(Ferrand) 씨에게 '용정'이 사실은 '용의 정수', '용의 혼'(=nāga.
다카쿠스 씨는 『A Record of the Buddhist Religion』, XLIII쪽에서 '뱀의 정수'로 번역
한 바 있음)을 의미하며, 팔렘방의 군주들은 이처럼 나가 또는 더 그럴법하
게 나기의 후손들로 간주되었다고 알려주었다(『JA』, 1922, II, 11쪽을 참고하시
오). 여기에서도 주달관과 같은 의미로 '정(精)'자를 취하고 팔렘방의 왕들
이 실질적으로 그들의 조상인 '나기'를 부활시키기라도 한 것처럼, 통속적
으로 '나가의 정령'들로 불렸다고 이해해야 할 것이다. 이어서 나오는 정보
를 설명해주는 것은 바로 '나가'의 속성을 통해서이다. 실제 어떤 것에 적
용한 것인지 조여괄은 알아낼 수 없었다. 따라서 사람들은 팔렘방에서 대

중적으로 그 왕이 들에서 자란 곡물을 먹어서 가뭄이 발생하고, 보통의 물

을 씻기 때문에, 홍수가 난다고 말했다. 이러한 이중의 믿음은 어떤 식으

로든 왕의 '나가' 속성과 관계된다. '나가'는 물의 신이었고, 또한 주달관에

따르면 캄보디아에서처럼 사람들은 농사 수확에 영향력을 미치는 '전 왕

국의 (종교적 의미로) 땅 주인'으로 간주되었다.261

---

261 당나라 시기에 중국 자료들은 왕이 나가의 종족 출신이라는 남해의 다른 나라를
     알려주는데, 바로 다마장(多摩萇)으로, 안타깝게도 우리는 여전히 인도 갠지스강
     너머 또는 인도 본토에 있었다는 사실만 확인할 수 있을 뿐이다(『BEFEO』, IV,
     292, 325, 360~363쪽을 참고하시오). 이에 관한 가장 자세한 설명은 713~741년에
     그치는 위술(韋述)의 일실된 『당서(唐書)』에서 나온 것으로 보인다(앞의 출처, 324
     쪽). 이 조목은 더 완전하게 『통전』(권188, 9~10쪽, 그리고 『문헌통고』, 권332, 5
     쪽. 데르베이 드 생드니, 『Ethnographie des peuples étrangers à la Chine,
     Méridionaux』. 534~536쪽을 참고하시오), 『태평어람』(권788, 17쪽), 『당회요』(권
     100, 14쪽), 『신당서』(권222하, 3쪽), 『책부원구』(권957, 7쪽)에 보인다. 이 조목은
     다마장(多摩萇)에서 통킹까지 오기 위해 건너야 하는 나라들의 이름 목록으로 끝나
     는데, 그 마지막 나라만 알려져 있다(그 명칭의 구두조차 확실하지 않다). 살로(薩
     盧), 도하로(都訶盧, 또는 都思訶盧), 군나로(君那盧), 임읍(林邑, 참파) 등이다. '-로'
     로 끝나는 이들 나라는 『전한서(前漢書)』의 부감도로(夫甘都盧, 『통보』, 1912, 457
     쪽을 참고하시오)와 같은 형식으로 보이는데, 이 '부감도로'는 '도로'라는 약칭의
     형태로 우리가 활용하지 않은 텍스트들에서 보인다. 사실상 같은 편집으로 이루
     어진 이 텍스트들은 다마장(多摩萇)의 왕이 '골리(骨利)'라 부르는 나가(용)의 후손
     들임을 말하고 있다. 이 골리는 큰 새의 알을 찾았는데, 그 알을 깨보니, 아름다운
     소녀가 있어 아내로 맞았다고 한다. 그래서 다마장의 왕은 나기가 아니라 나가의
     후손이다. 나는 다마장의 왕들을 나가의 종족 그리고 가루다(garuḍa)의 종족과
     연결 지어 이 전설을 해석해야 하는지 모르겠다. 나가 '골리(骨利, [Kuət-lji])'라는
     명칭은 '쿨리(Kuli)'라는 원음으로 이끈다. 여기서는 나가 쿨리카(nāga Kulika)의
     축약된 형태임이 분명하다. 나가 쿨리카에 관한 이미지 설명들은 『일본대장경』,
     餘, I, 73~74쪽에서 『설구리가용왕상법(說矩里迦龍王像法)』이란 서명으로 보인다.
     티베트 연대기는 각기 1백 년을 재위한 샴발라(Śambhala) 쿨리카의 우화적인 왕
     들을 알려주는데(『JA』, 1913, I, 652쪽), 쿨리카의 수식어는 종종 전설의 왕 웃디
     나야 인드라부티(Uḍḍiyana Indrabhūti)의 이름과 연결된다(예를 들어, P.
     Cordier, 『Catalogue du fonds tibétain de la Bibliothèque nationale』, III, 136
     쪽을 참고하시오). 몇몇 운남의 타이 종족은 용의 후손임을 자처했고, 운남에서는
     이른 시기에, 이미 『후한서』에 기술된 이 전설과 결부되었으며, 미얀마에서는 어
     렴풋한 상태로 '아쇼카(Aśoka)'라는 유명한 이름에 연결되었다. 『BEFEO』, IV,
     166~169쪽을 참고하시오.

이는 팔렘방에서 있었던 것과 우리가 캄보디아에서 안 것 사이에 보이는 마지막 유사점이다. 조여괄은 팔렘방의 군주들 각각이 즉위할 때 황금으로 자신의 상(像)을 만들게 하는 신에 관해 언급하고 있다.[262] 원문은 매우 모호하여 히어트와 록힐 씨는 잘 이해하지 못했다(61쪽). 나는 그래도 더 나은 번역본을 페랑 씨에게 제공했다(『JA』, 1922, II, 10~11쪽). 페랑 씨는 그로부터 중앙아시아 몇몇 종족의 황금으로 만든 옛 조상들을 비교했을 뿐이다. 그러나 우리는 분명히 아이모니에 씨가 이미 개괄적으로 주목했고(『캄보디아』, III, 882쪽), 그에 대해 세데스 씨가 매우 풍부한 주석을 할애한(『Bulletin de la Commission Archéologique de l'Indochine』, 1911, 38~49쪽) 것들과 같은 신격화의 예를 여기에 확보하고 있다. 또한, 그로슬리에, 『기원 초기부터 텍스트와 비문들에 따른, 캄보디아 사람들에 관한 연구(Recherches sur les Cambodgiens, d'après les textes et les monuments, depuis les premiers siècles de notre ère)』, 238~239쪽을 참고하시오.

3. 의복[服飾]

〔47〕 "왕으로부터 시작해서 남녀 모두가 쪽 찐 머리를 한다(自國主以下, 男女皆椎髻)." 오늘날 캄보디아 사람들은 솔 모양으로 자른 짧은 머리를 하는 것으로 알고 있다. 그로슬리에 씨는 1647년 캄보디아를 가로지른 반 우스토프(Van Wusthoff)가 캄보디아 사람들의 '자른 머리'를 언급한 것에 주목

---

262 역자는 『바다의 왕국들』, 77쪽에서 "불상에는 금은산(金銀山)이 있는데 황금으로 주조한다. 국왕이 즉위할 때마다 먼저 금으로 형상을 주조하여 그 몸체를 대신한다(有佛名金銀山, 佛像以金鑄. 每國王立, 先鑄金形以代其軀)"라고 번역한 바 있다.

했지만(『Recherches sur les Cambodgiens, d'après les textes et les monuments, depuis les premiers siècles de notre ère』, 57쪽), 반대로 1598~1600년의 정보를 담은 가브리엘 드 산 안토니오(Gabriel de San Antonio)는 캄보디아에서 "속인들은 긴 머리를 한다(중국인 만큼은 아니지만)."라고 하였다. 가브리엘이 괄호에 기술한 말은 모호하지만, 머리를 자르는 관습이 1600~1640년 사이 캄보디아로 들어왔으며, 그로슬리에 씨가 틀림없이 시암의 영향 또는 개입이 있었던 것으로 보는 것은 타당한 것 같다. 주달관은 추계(椎髻), 그리고 더 뒤에는 작계(作髻)를 사용했다(§6). '계(髻)'자는 머리의 뒤나 꼭대기에 있는 보통의 상투(쪽) 같은 것을 의미한다. 머리 꼭대기에 있는 부처의 우슈니샤(uṣṇīṣa)는 중국어로 '육계(肉髻)'라고 하며, '작계(作髻)'는 전혀 특징적인 것이 없다. 그러나 아이모니에 씨는 내가 보기에 텍스트를 잘못 읽고(『캄보디아』, III, 623쪽), 주달관이 "남녀는 머리의 꼭대기에 몽둥이 모양으로 머리를 땋는다"라고 말한 것처럼 해석했다. 중국의 주석가들은 '추계'를 '몽둥이 모양으로 쪽 짓는다'라는 의미로 설명하지만, 내가 보기에, 이 용어는 사실상 머리 꼭대기에 있는 것이 아님을 암시한다. 옛날 머리 꼭대기에 상투를 틀고 관(冠)을 쓴 중국인들이 광동과 통킹의 옛 주민들에 대해 '추계'('몽둥이가 있는 가발'이라고도 부름)라는 다채로운 표현을 만들어 냈는데, 정확히 말하자면, 그들과는 다른 상투(쪽)의 형태가 있었기 때문이다. 안남의 상투(쪽)는 오늘날까지 유지되고 있는데, 어느 정도는 이렇게 하기도 하지만 더러는 머리 뒤에 하기도 한다. 옛날 나는 목덜미 바로 위에 하는 것으로 생각했다. 어쨌든 그로슬리에 씨가 옛 크메르 기념물에서 묘사된 남자의 상투들 대부분이(『Recherches sur les Cambodgiens, d'après les textes et les monuments, depuis les premiers siècles de notre ère』,

59쪽) 주달관이 처음으로 사용한 표현이 생각하게 하는 것보다 더 높은 곳에 있었음을 보여준다. 여기에는 내가 전체적으로 다 해결하지 못한 작은 문제가 있다.

중국 자료에 따르면, 옛 캄보디아 사람들이 곱슬머리였는지 알기 위한 논의로는 깊게 들어가지 않을 것이다. 그로슬리에 씨는 이에 대해 정확한 결론에 이르지 못하고 애만 썼다(앞의 책, 9~11, 57쪽). 사실상 중국어 용어는 애매하다. 글자적 의미로 '말린'이란 뜻인 '권(卷)'자가 가장 많이 사용되었는데 '곱슬한', '굽실한', '곱슬곱슬한' 것을 의미할 수 있다. 한편, 그로슬리에 씨는 중국 자료들이 부남에 관해 말한 것을 일관적으로 캄보디아에 적용하면서 일을 더 어렵게 만들었다. 두 나라 사이에 미묘한 민족적 차이가 있을 가능성이 크다. 그로슬리에 씨가 적토(赤土)를 시암으로 보고, 시암 사람들의 짧은 머리를 과거로 더 거슬러 올라가도록 한 것은 그 자체로 어울리지 않는다. 게다가 600년경의 적토가 시암에 있었다고 할지라도, 시암 사람들에게 장악되지 않았음을 알고 있다.263 순전히 캄보디아 사람들에 관련하여 말하자면, 그들의 머리에 관해 말한 첫 번째 텍스트는, 대략 600년의 것으로, 바로 『수서』(권82, 3쪽)의 문장이다. "[캄보디아에서] 주민

---

263 적토에 관한 이 텍스트는 그로슬리에 씨가 잘못 인용했다(57쪽). 『수서(隋書)』(권82, 2쪽)의 이 텍스트는 마단림이 옮겨 둔 것은 "그들의 관습은 귀를 뚫고, 머리를 짧게 하는 것이다.…그들의 관습은 부처를 신봉하며 브라만에게 극도의 경의를 표한다. 여인들은 목 뒤쪽으로 쪽을 짓는다(婦人作髻於項後)"라고 하였다. 데르베이 드 생드니는 잘못 구두하여, "…불교가 다른 곳 어디보다 더 열렬하다. 브라만의 여인들은 목 뒤로 머리를 땋는다."라고 하였다(『Ethnographie des peuples étrangers à la Chine, Méridionaux』. 469쪽). 그를 이어, 아아모니에 씨는 적토의 사람들은 머리를 자르고 "브라만의 여인들을 제외하고…"라고 했다(『캄보디아』, III, 609쪽). 그로슬리에 씨의 인용문에서(57쪽), 이 문장들은 "여인들과 브라만들을 제외하고"로 되어버렸다. 문장이 엉망이 되었다.

들은 키가 작고 검은색이다. 부인 중에는 흰 사람도 있다. 모두 '말린' 머리와 늘어진 귀를 가졌다."[264]

〔48〕 "[남녀는]…어깨를 드러낸다. 그들은 단지 천으로 허리에 두른다. 나갈 때 그들은 작은 천 위로 두르는 큰 천의 띠를 더한다(…祖裼, 止以布圍腰. 出入則加以大布一條, 纏於小布之上)." §6에서 주달관은 마찬가지로 다음과 같이 말했다. "일반적으로 남자들처럼 여인들은 한 조각의 천을 허리에 맬 뿐, 젖가슴을 [적나라하게] 드러내 놓는다…(大抵一布纏腰之外, 不論男女皆露出胸酥…)". 피노 씨가 1902년 나의 번역에 붙인 주석을 내가 잘 이해했다면, 허리에 두르는 그 천은 삼폿(sampot)이고 큰 띠 천은 오늘날 시암인들의 저고리로 대체된 스카프였을 것이다. 그러나 내가 보기에는 그렇지 않은 것 같다. 허리를 두르는 천은 단순히 빠네(사롱) 또는 랑구티(langouti)이고, 이것 위에 두르는 [전(纏)] 큰 천이 바로 삼폿임이 분명하다. 그로슬리에 씨는 나처럼 생각한 것으로 보인다(『Recherches sur les Cambodgiens, d'après les textes et les monuments, depuis les premiers siècles de notre ère』, 45~46쪽).[265]

소위 캄보디아의 초기 관습에 관하여, 기원후 600년경의 『수서』(권82, 3

---

264 人形小而色黑. 婦人亦有白者. 悉拳髮垂耳. 나는 '권(拳)'자의 가능한 의미 중에서 선택할 만한 것이 없어 '말린'이란 의미를 유지했다. 그러나 머리의 자연 상태를 의미하는 것은 분명하다. 정확히 마단림이 권332에서 복제한 바로 그 문장이다. 데르베이 드 생드니는 다음과 같이 잘못 번역했다. "모두 머리를 말고, 귀걸이를 단다."(479쪽). 그 이전에 레무사도 같은 오해를 했다. "주민들은 머리를 땋고 귀걸이를 한다."(80쪽).

265 [이 해석은 비문에 보이는 증언과 일치한다. 사원에 올리는 옷가지들은 참략 유갈라(caṃlyak yugala)로 지칭된다. 산스크리트어 '유갈라'는 '짝(벌)'을 의미한다. '참략'은 '몸의 하체를 입히다'(상체를 입히는 것은 'pak'이라고 함)는 뜻인 슬리에크(sliek)에서 변형된 [clyak]에서 나온 단어이다. '한 벌의 옷'은 작은 팬티(주달관의 '小布')와 지금의 '삼폿(saṃpŏt)'으로 구성된다.-조르주 세데스]

쪽) 중요한 설명이 들어있다. 캄보디아(진랍) 왕이 조례(朝禮)하는 날의 모습을 기술하며, "노을 같은 붉은색의 고패(古貝)로 만든 만(瞞)을 입고, [그것으로] 허리와 배를 메며, [그것을] 종아리까지 아래로 떨어뜨린다."266라고 하였다. '고패(古貝, [kuo-puāi])'는 '면'을 의미한다. 이것은 우리가 사서에서 접하는 길패(吉貝, [kiĕt-puāi])의 변형임이 분명하다. 길패는 당연히 산스크리트어 '카르파사(karpāsa)'로 보이지만, 음역 표기는 프라크리트어의 [kărpāi]로부터 이루어진 것 같다.267 'r'이 없는 인도차이나와 인도네시아어 형태에 관하여,268 이 또한 몇몇 인도차이나어 차용이 오늘날 예를 들어 캄보디아어로 '크라바스(krabàs, [krapās])'로 표현된 형태로부터 나왔다는 것은 'r'이 유지되는 형태에서였다.269 어쨌든 중국 불교 자료에서는 '겁

---

266 王着朝霞古貝, 瞞絡腰腹, 下垂至脛. 이 문장은 『북사(北史)』, 권95, 6쪽과 『문헌통고』, 권332, 1쪽(데르베이 드 생드니, 『Ethnographie des peuples étrangers à la Chine, Méridionaux』. 478쪽을 참고하시오)에도 그대로 들어있다.

267 길패와 고패에 관해서는 예를 들어, 『자원(字源)』의 두 조목; 워터스(Watters)의 『Essays on the Chinese language』, 439~440쪽(고음을 표기하지 않음); 히어트와 록힐, 『조여괄(CHAU JU-KUA)』, 218쪽(중국어 형태는 말레이어 'kapas'에서 나왔다고 하였음); 라우퍼(Laufer), 『Sino-Iranica』, 491, 574쪽(라우퍼는 '길패'가 아니라 '고패'에서 시작함)을 참고하시오.

268 프루질루스키(J. Przyluski), 『파리 언어어학 협회 논문집(Les Mémoires de la Société de Linguistique de Paris)』, XXV[1924], 69~70쪽. 'r'이 없는 이 형태는 '카르파사'에서 나온 것 같지 않고 차라리 원래 아리아어로 보이며 그로부터 '카르파사'가 나왔다.

269 면(coton)과 그 명칭이 인도차이나와 인슐랜드의 벵골만으로 유입된 연대는 매우 오래되었지만, 그로슬리에 씨를 그렇게 생각하게 한 잘못된 자료들처럼(『Recherches sur les Cambodgiens, d'après les textes et les monuments, depuis les premiers siècles de notre ère』, 44쪽), 중국 자료들이 한나라 시기(기원전 206~기원후 220년) 인도차이나에서 면(나무가 아니라 식물로서)의 출현을 증명해준다는 것은 정확하지 않다. 그로슬리에 씨는 아이모니에, 데르베이 드 생드니, 그리고 마단림의 가라(哥羅) 왕국에 관한 중국 기술에 근거했는데, 이 나라는 사실상 『신당서』로 거슬러 올라간다. 『신당서』가 이 나라는 한나라 때부터 알려졌다고 한다고 할지라도, 사실 당나라 시기에 나타날 뿐이며, 우리에게 주어진 정보들은 빨라도 7세기 당나라 시기이다. 내가 『BEFEO』, IV, 350쪽에서 말한 것을 참고하시오.

패(劫貝)', '겁파사(劫波娑, kiɒp-pādi)' 등으로 알려져 있다.[270] 이것은 팔리어 '캅파사(kappāsa)'처럼 'r'이 뒤에 나오는 'p'에 동화된 원형으로 거슬러 올라가는 것 같다. '만(瞞)'자를 설명하려면, '감만(敢曼)', '도만(都漫)' 등에 관한 문제를 다뤄야 할 것이다. 이와 관련된 주요 텍스트는 다음과 같다.

〔48-1〕 7세기 초에 편집되었지만, 더 이전인 265~420연간을 담고 있는『진서(晉書)』「임읍전」에는 다음과 같은 문장을 수록하고 있다. "사람들은 나체이고 맨발로 다닌다. 그들은 [피부가] 검은색을 아름답게 생각한다. 그들은 딸을 높이 치고 사내아이를 업신여긴다. 같은 성(姓)의 사람들과 서로 혼인한다. 남편에게 결혼을 요청하는 쪽은 여자이다. 결혼할 때, 여인들은 '가반(迦盤)'이라는 옷을 입는다. 이것은 끝을 우물 난간의 모습이 되도록 꿰맨 수평의 천으로 만든 띠이다. 머리에는 귀중한 꽃을 단다(人皆倮露徒跣, 以黑色爲美. 貴女賤男, 同姓爲婚, 婦先娉婿. 女嫁之時, 著迦盤衣, 橫幅合縫如井欄, 首

'가라(哥羅)'라는 나라는 더 완전하게 '가라부사라(哥羅富沙羅)'로 불렸다. 나는 페랑 씨와 더불어, 가라부사라를 '가라싸부라'로 고치고, '칼라싸푸라(Kalaśapura)'로 재구성하고자 한다(『JA』, 1918, I, 401~402쪽). 그러나 페랑 씨에게서처럼, 명칭의 정확성에도 불구하고, 이 칼라싸푸라를 다른 중국 자료에서 우리가 알고 있는 '칼라샤푸라(Kalaśapura)'로 추정하기는 어려운 것 같다. 이 칼라샤푸라에 관해서는 『BEFEO』, IV, 360쪽을 참고하시오.

270 이러한 다양한 표기에 관해서는 후지이 엔준(藤井圓順)이 편집한 에코오(慧晃, 1716)의 『범어자전(梵語字典)』, 도쿄, 1905, 168쪽; 오다 토쿠노오(織田得能), 『불교어대사전』, 470쪽을 참고하시오. '겁패(劫貝)'는 불교 자료 이외에도 피일휴(皮日休, 9세기 중반)의 시에서도 찾을 수 있는데, 『패문운부』 길패포(吉貝布) 조목에 인용되었다. 이어지는 인용에서 『남사』는 『양서』의 같은 텍스트가 '길패'를 보여주고 있는 곳에 '고패'로 되어있음에 주목하자. 그러나 '길패'가 『남사』외에는 보이지 않는다는 말은 아니다. 예를 들어 카슈가르 지역의 갈반타국(渴盤陀國), 권 79, 7쪽에서도 찾아볼 수 있다. 『JA』, 1919, I, 407쪽에서 두 차례 보이는 '겁패(劫貝)'는 '고패(古貝)'를 고려하여 설명된 것은 아니다. 이는 프르질루스키(Przyluski) 씨의 실수로, 원문에는(『일본대장경』, 戌, IX, 24쪽) '겁패'로 되어있다.

戴寶花…).” 6세기 전반에 편집되어, 479~501년의 자료를 수록하고 있는 『남제서(南齊書)』에도 이 단락의 '저가반의'가 보이는데, '저'자가 '자(者)'자로 되어있으며, 마지막의 '보화'가 '화보(꽃장식을 한 보석)'로 되어있다. 그리고 가반(迦盤)이 '가람(迦藍)'으로 되어있다. 틀림없이 하나가 다른 것의 변형일 것이다. 나는 '가반'이 정확하다고 생각한다. '가람'은 보통 많이 쓰는 가람(伽藍, saṅghārāma)에 영향을 받았다. 마스페로(G. Maspero) 씨의 번역에 따르면, 소녀들은 "그에 맞추어 우물의 격자식으로 합쳐진 천 띠로 만든, 면 옷을 입는다"라고 했는데(『참파왕국(Le royaume de Champa)』, 40쪽), 정확하지 않다. 마스페로 씨는 참파 왕들의 보물 중에 들어있었던 투명한 십자형 사롱과 연결했지만, 시기를 착각했고, 중국 텍스트의 용어를 오해했다. '투명한 십자형'과 비교할 수 있는 우물의 '격자'가 아니라, 중국 우물의 원통형 틀이다. 두 끝이 꿰매진 천의 너비는 일종의 자루로, 그것을 통해 여인들은 머리를 통과시켜 틀림없이 팔 아래, 가슴 위로 꽉 조인다. 3세기 말 참파의 남자들이 여전히 나체로 다녔고. 아마도 결혼하기까지의 여인들도 마찬가지였다는 것은 이 텍스트에 따른 것 같다. 여인들이 입은 이러한 종류의 자루는 틀림없이 '머리를 통과시키는', 전설에 따르면, 까웅딘야(Kauṇḍinya)가 부남의 남자들은 그대로 나체로 다니게 하고 여인들에게 입도록 한 같은 천일 것이다(『BEFEO』, Ⅲ, 254, 256, 261, 265, 268, 274쪽을 참고하시오. 부남의 간만(干漫)에 관한 문장들은 곧 보게 될 것이다).

〔48-2〕 7세기 초에 편집되었지만, 6세기 전반이 자료를 담고 있는 『양서』는 임읍의 주민들에 관해 다음과 같은 정보를 제시하고 있다(권54, 2쪽). "남녀들은 허리 아래를 '길패(karpāsa)'라는 수평의 띠로 두른다. 그들은

'간만(干漫)'이라 부르고, '도만(都縵)'이라고도 한다. 그들은 귀를 뚫고 작은 고리를 끼운다. 귀족들은 가죽 샌들을 신고, 서민들은 맨발로 다닌다. 임읍(참파)에서, 부남(캄보디아 역사 이전의 옛 캄보디아), 그리고 이남의 여러 나라 [관습도] 마찬가지이다(男女皆以橫幅吉貝繞腰以下, 謂之干漫, 亦曰都縵. 穿耳貫小鐶. 貴者著革屣, 賤者跣行. 自林邑·扶南以南諸國皆然也)."271 7세기 편집되어 『양서』의 내용을 옮기고 있는 『남사』는 같은 문장들을 보여주지만(권78, 2쪽), '길패'를 '고패(古貝)'라고 했고, '도만'을 '도만(都漫)'으로 표기하고 있다. 『태평어람』(권786, 11쪽)은 『남사』를 인용하면서 고패(古貝)가 '고구(古具)'라고 했으며, 그 옷은 '한만(汗漫)' 또는 '도만(都漫)'이라 불렸다. 8세기 말, 두우(杜佑)의 『통전』은 『양서』를 베끼면서('길패'를 '고패'라고 하고 있으므로 『남사』일 수도 있다.) 간만(干漫, 현재 어떤 판본에는 '천만(千漫)'으로 된 곳도 있음)과 도만(都漫)으로 썼다. '도만'의 이러한 표기가 『양서』의 원래 표기였을 가능성이 있다. 파리(婆利)에 관한 세 번째 텍스트는 이러한 해법에 유용하다. 976~983년의 『태평환우기(太平寰宇記)』는 '간만(干縵)'과 '도만(都漫)'으로 표기하고 있다. 1300년경 마단림의 『문헌통고』(권331, 5쪽)는 『통전』을 옮기면서 '간만(干漫)'으로 썼으나 '도만'의 다른 명칭은 삭제했다(간만을 거명한 문장은 데르베이 드 생드니 번역문에서 빠져있다, 423쪽).272 『패문운부(珮文韻府)』(干漫 조목)는

---

271 마스페로(G. Maspero) 씨가 『양서』의 형태로 보여준 '간만(干鬘)'과 '도만(都鬘)'은 『양서』에서 보이지 않는다. 실수거나 인쇄상 오류임이 분명하다.

272 참파의 역사에 관해 언제 내가 다시 언급하게 될지 모르므로, 참파의 두 고관의 이름에 관해 말하기로 한다. 마스페로(G. Maspero) 씨는 『문헌통고』에 따라 '서군파제(西郡婆帝)'와 '살파지가(薩婆地歌)'라는 두 직함을 인용했지만, 고증하지 않았으므로 나는 그 당시부터 그러했는지 모르겠다. 그러나 '서군파제'라는 명칭은 잘못이다. 바른 표기는 『수서』(권82, 1쪽)의 원문에 들어있는데, 바로 서나파제(西那婆帝, senāpati)이다. '살파지가'에 관하여 나는 그가 사르바디카(sarvādhika, [또는 sarvādhikāra가 더 나음-조르주 세데스])를 재구성한 것으로 생각한다.

간타리(干陁利)에 관한 『양서』의 단락을 잘못 가져왔는데, 전혀 다른 말을 하고 있다.

〔48-3〕『양서』, 권54, 6쪽, 파리(婆利)273 왕국 조목은 다음과 같다. "이 나라 사람들은 숄[帊?]과 비슷한 길패(吉貝, karpāsa, 면) [띠]를 입으며 도만(都縵)으로 만든다."274 '도만'의 표기가 『양서』의 현 텍스트에서 주어진 것과 참파의 도만과 같다는 점에 주목하자. 이 문장은 '길패'를 '고패'로 표기한

---

273 원문에는 다음과 같은 부연 설명이 괄호 속에 기술되어있어 편의상 주석으로 옮겼다. "婆利, 거의 발리섬이 확실함. 『BEFEO』, IV, 280~285쪽과 『통보』, 1918~1919, 267쪽과 433쪽을 참고하시오. 여기에서 나는 이 나라가 기원후 433년 전 중국인에게 알려졌음을 밝혔다."

274 其國人披吉貝如帊, 及爲都縵. 이 문장에는 여러 난제가 들어있다. 데르베이 드 생드니는 다음과 같이 이해했다(『Ethnographie des peuples étrangers à la Chine, Méridionaux』, 458쪽). "이 나라의 사람들은 일종의 치마처럼 허리 언저리까지 늘어뜨려 어깨를 면포로 덮는다." 흐루너펠트는 "이 나라의 사람들은 옷으로 면을 사용하며, 그것으로 사롱을 만든다."라고 번역했다(『Notes on the Malay Archipelago and Malacca』, 204쪽). 흐루너펠트의 이 번역에 대해 슐레겔(Schlegel)은 "이 나라 사람은 스카프처럼 면(karpāsa)를 입고 (그것으로) 터번을 만든다."(『통보』. 1898, 199쪽)라는 번역으로 이의를 제기했다. 1904년 내가 제시한(『BEFEO』, IV, 238쪽) 번역은 지금 내가 번역하고자 하는 것과 거의 같다. 모호함은 '피(披)'자와 '파(帊)'자의 명백하지 않은 의미와 '급(及)'자의 애매한 역할에서 나온다. 그러나 데르베이 드 생드니의 부연은 이해하지 못한 것에 대한 궁여지책임이 분명하다. 슐레겔의 '터번'은 어원적으로 상상에서 나온 소산이다. 이에 대해서는 뒤에 다시 언급하겠다. '피(披)'자는 '열다', '펴다' 그리고 펼쳐놓은 옷을 '입다'는 뜻이다. 여기서 우리는 단순히 사람들이 면으로 만든 천 띠를 '열다' '펼친다'는 의미이다. 이 면으로 만든 천 띠는 '파(帊)' 같은 것이었다. 나는 이 글자를 별다른 확신 없이 '숄'로 번역했다. 이 글자의 옛 의미는 2~3폭(幅)의 천을 말한다. 그러나 이는 드문 경우로, 여기서는 '파'를 사람들이 숄을 만드는 것과 비슷한 '천 띠'라는 단순한 의미로 이해해야 한다고 생각한다. '급(及)'자에 관해서, 나는 파리의 사람들이 상의로 면포와 도만을 입는다는 것을 나타낼 수 있다고 생각하지 않는다. 따라서 나는 이 펼쳐진 면으로 만든 천 띠를 입고, 그것을 걸치거나 도만으로 묶는다고 생각했다. 그러나 우리는 간만이 간혹 두 조각의 천으로 만들어지는 것처럼 언급되는 것을, 아마도 여기에서는 '급'자를 말을 연결하는 일반적 의미로 두어야 하는 것을 더 뒤에서 보게 될 것이다.

것을 제외하고 같은 표기로 『남사』(권78, 6쪽)에서 복제되었다. 『태평어람』
(권787, 14쪽)에서도 『남사』를 인용하면서 '고패'를 '고구(古具)'로 잘못 표기
했지만, 근거한 자료에 따라 '도만'으로 썼다. 그러나 '파(岮)'자 대신에 잘못
된 '포(袍)'자를 썼다. 『통전』(권188, 6쪽)과 『태평환우기』(권176, 13쪽)는 『남
사』와 완전히 일치한다. 마단림(馬端臨)은 늘 그랬던 것처럼 『통전』을 복제
했다(권331, 7쪽).275

〔48-4〕 『양서』는 또한 긴 기술을 부남(扶南)에 할애하고 있다. 245~250년
강태(康泰)와 주응(朱應)가 사신으로 갔을 당시, 이 나라의 여인들은 이미
머리를 통과시켜 입는 일종의 자루 같은 것을 입고, 남자들은 여전히 맨발
로 다닌다는 것을, 다른 나라들 사이에서 언급하고 있다(권54, 3쪽).276 중국

---

275 파커 씨는 『구역지(九域志)』를 원용했다(『차이나 리뷰』, XIX, 194쪽). 거기에서
'파사(婆斯)'라는 나라의 사람들이 입는 '도만(都縵)'을 언급했고, 라우퍼 씨는 페르
시아와는 말레이반도에 있는 다른 파사(波斯)의 옛 위치에 관한 파커 씨의 주석을
설명했다(『Sino-Iranica』, 471쪽). 해당 도서는 당연히 왕존(王存) 등이 1080년에
완성한 『원풍구역지(元豐九域志)』이다. 파커 씨는 그가 원용하지 않은 자료에 따
라 재인용했으나 이 자료는 잘못되었고 문제의 문장은 『원풍구역지』에 보이지 않
는다. 어쨌든 그 텍스트는 잘못되었음이 분명하다. 그 문장은 정확히 파리(婆利)
와 연관된 『양서』와 『남사』의 문장이고, 여기의 '파사(婆斯)'는 확실히 '파리(婆
利)'에서 변경된 것이다. 따라서 이 예문은 라우퍼 씨가 인도네시아의 '파사'로 원
용한 것 중에서 삭제되어야 하고, 페랑(Ferrand) 씨의 주석에서도(『JA』, 1921, II,
287쪽) 삭제되어야 한다.

276 펠리오가 말하고 있는 것은 『양서』, 권54, 제박국(諸薄國) 조목에서이다. 그 원문
과 해석은 다음과 같다. "오나라 시기에 중랑(中郞) 강태(康泰)와 선화종사(宣化從
事) 주응(朱應)을 심국(尋國)에 사신으로 보냈다. 나라 사람들은 여전히 나체였고,
오직 부인들만이 [천에 구멍 하나를 뚫어 머리를 끼워 걸쳐 입는] 관두(貫頭)를 입
었다. 강태와 주응이 말하여 이르기를, "나라 안은 실로 아름다우나 사람들만이
추잡하게 드러내, 참으로 괴이했습니다."라고 하였다. 범심(范尋)이 비로소 나라
안의 남자들에게 가로로 천을 둘러 입도록[著橫幅] 명했다. 횡폭은 지금의 간만(干
漫)이다. 잘 사는 사람들은 비단을 끊어 횡폭을 만들었고, 가난한 자들은 베를 사
용했다(吳時, 遣中郞康泰·宣化從事朱應使於尋國, 國人猶裸, 唯婦人著貫頭. 泰·應謂

사신들이 기술한 것에 따르면, 그 왕은 "처음으로 나라의 남자들에게 가로로 천을 입도록[著橫幅] 명했다. 이 가로로 입는 천은 지금의 간만(干縵)이다."라고 하였다. 『남사』(권78, 3쪽)에서는 『양서』의 이 단락을 인용하면서 '간만(干漫)'으로 썼다. 『통전』(권188, 5쪽), 그리고 『문헌통고』(권331, 6쪽)에서도 마찬가지이다. 『태평환우기』는(권176, 8쪽) 『양서』와 같은 표기로 되어있다. 『BEFEO』, III, 268쪽과 데르베이 드 생드니, 『남중국 외래인들에 대한 민족분류(Ethnographie des peuples étrangers à la Chine, éridionaux)』, 439쪽(여기에서 주15는 당연히 삭제해야 한다. '금(今)'자는 마단림의 시기가 아니라 양나라 시기를 의미함)을 참고하시오.

[48-5] 『양서』는 또한 낭아수(狼牙脩)라는 나라를 자세히 말하고 있다(권54, 6쪽). 이 나라는 말레이반도의 북쪽 지역에서 찾아야 할 것이다.[277] 『양서』에 따르면, "이 [나라 사람들의] 관습은 남녀가 양어깨를 드러내고 머리는 등 뒤로 늘어뜨린다. 길패(면포)로 간만(干縵)을 만든다(其俗, 男女皆袒而被髮, 以古貝爲干縵)."라고 하였다. 『남사』도 같은 문장을 보여주지만, '길패'를 '고패'라고 하였고, 간만(干漫)으로 되어있다. 『태평어람』에서는(권787, 14쪽) 『남사』를 인용하여 '고패'를 '고구(古具)'라고 하였고, '한만(汗漫)'으로 잘못 표기되어있다. 『통전』에서는(권188, 6쪽) '고패'로 되어있고, '한만'으로 잘못 되어있다. 『태평환우기』는 (권176, 12쪽) 고패와 간만(干縵)으로 썼다. 『문헌

曰, 國中實佳, 但人褻露可怪耳. 尋始令國內男子著橫幅. 橫幅, 今干漫也. 大家乃截錦爲之, 貧者乃用布.)

277 원문에는 다음과 같은 참조 사항이 괄호 속에 기술되어있어, 편의상 주석으로 옮겨 둔다. "『BEFEO』, IV, 405~408쪽; 세데스, 『BEFEO』, XVIII, 11~13쪽; 페랑, 『JA』, 1918, II, 134~145쪽; 1919, II, 174~175쪽을 참고하시오."

통고』는(권331, 7쪽) 길패와 간만(干縵, 어떤 판본에서는 천만(千漫)으로 되어있음)으로 되어있다.

〔48-6〕 스리비자야(팔렘방)에 있었던 의정(義淨)은 691~692년에 『남해기귀내법전(南海寄歸內法傳)』을 완성했다. 서문에서(『일본대장경』, 致, VII, 68쪽) 인도차이나와 인슐랜드의 '곤륜국(崑崙國)'에 관하여 다음과 같이 말했다. "교[주](交[州])와 광[주](廣[州])에 온 최초의 사람들은 굴륜(掘倫)의 [사람들]이었기 때문에, 사람들은 [모든 나라를] 곤륜(崑崙)이라는 일반 명칭으로 불렀다.[278] 그러나 [실제] 곤륜 사람들은 '말린'[捲, 곱슬한?] 머리와 검은 몸을 가졌는데, [정확하지 않게 곤륜으로 불린] 다른 왕국의 [사람들은] 중국[사람들]과 그들이 맨발로 다니며 '감만(敢曼)'을 [하는] 것을 제외하면 다르지 않다. 일반적인 규칙은 그들에게 있다. 더 자세한 것은 『남해록』의 완전한 설명을 보시오[279]"

---

278 '곤륜국(崑崙國)'에 관해서는 내가 『BEFEO』, IV, 219~231쪽에서 논의한 것(위의 문장은 마지막 문장을 제외하고 221쪽에 번역되어있음)과 페랑 씨의 『JA』, 1919, 「Le Kouen-luen…」라는 논문을 참고하시오. 여기에 내가 『통보』, 1923, 271~272, 290쪽에서 인용한 새로운 텍스트와 현재 인쇄 중인 나의 논문 「인도화된 인도차이나와 관련된 중국의 자료(Quelques textes chinois concernant l'Indochine hindouisée)」[EFEO의 『Études asiatiques』, 1925, II, 243~263쪽에 실림]의 마지막 문단을 추가해야 할 것이다.

279 이 단락의 번역에서 타카쿠스 씨는 이 마지막 문장(廣如南海錄中具述)을 "이들은 『남해록』에서 더 완전하게 논의될 것이다."라고 번역하고, 주에서 그가 번역한 책의 권11을 참조케 했다(『A record of the Buddhist religion as practised in India and the Malay archipelago』, 12쪽). 이는 단지 '권10'의 인쇄상 오류일 뿐이다. 그곳에 이 주제와 관련된 기술이 있다(번역문의 67~68쪽). 그러나 나는 이것이 의정이 여기에서 암시한 권10의 간략한 주석들이라고 생각하지 않는다. 의정은 참조하도록 한 여러 책을 썼지만, 그러나 우리에게 전해지지 않는다(타카쿠스, 『A record of the Buddhist religion as practised in India and the Malay archipelago』, 216쪽을 참고하시오). 그는 인도에 관하여 『중방록(中方錄)』을 쓴 것과(샤반느, 『Mémoire composé à l'époque de la grande dynastie T'ang sur les religieux éminents qui allèrent chercher la loi dans les pays d'occident

(良爲掘倫. 初至交廣, 遂使摠喚崑崙國焉. 唯此崑崙, 頭捲體黑. 自餘諸國, 與神州不殊赤
腳敢曼, 摠是其式, 廣如南海錄中具述).

〔48-7〕『남해기귀내법전』, 음식과 의복에 할애된 권10에서 의정은 위와
같은 주제로(『일본대장경』, 致, VII, 76쪽; 『A record of the Buddhist religion as
practised in India and the Malay archipelago』, 67~68쪽) 돌아와, "잠부드위빠
(Jambidvīpa)와 주변에 있는 바다의 인물과 의복에 관해 말하자면, 나는 간
략하게 말할 수 있다. 마하보디(Mahābodhi)로부터 동쪽으로 가서 임읍(林
邑, 참파)까지 20여 나라가 있는데, 이들은 정확히 환주(驪州, 상부 안남)의 남
쪽에 있다. 남서쪽으로부터 바다에 이르고, 북쪽으로는 카슈미르의 곁에
있다. 아울러 남쪽 바다에는 10여 왕국과 사자섬(실론)이 있다. [이들 나라에
서는] 모두 두 개의 '감만(敢曼)'을 한다. [감만은] 허리띠가 없고 잘리거나 이
는 것도 없다. 단지 넓은 2심(尋)[280]의 천일 뿐으로 그것으로 허리 아래로
두른다. 서인도의 밖, 대양의 모퉁이에 파랄사(波剌斯, 페르시아)와 다지(多氏,
Tajik, 아랍)라는 왕국이 있다. [둘] 모두 적삼과 반바지를 입는다. 나체의 나
라(니코바르)에는 어떠한 의복도 없어, 남녀는 모두 몸을 드러낸다. 카슈미
르와 그 너머로부터 속리(速利, 속디아나)의 호(胡)들, 토번(吐蕃, 티베트), 돌궐
(突厥, 튀르크)에서 [의복은] 대략 비슷하다. [이 사람들은] '감만(敢曼)'을 하지 않

_____

par I-Tsing』, 88쪽을 참고하시오) 마찬가지로, 그는 틀림없이 『남해록』이란 이름
으로 인슐랜드와 아마도 인도차이나 지역에 관한 기술을 편집했을 것이다. 그가
언급한 방식은 이미 없어진 그의 『서방십덕전(西方十德傳)』을 참조토록 한 방식
(廣如西方十德傳中具述)과 정확히 같다. 타카쿠스 씨도 별개의 책으로 정확히 알
고 있었다(181쪽)

280 심(尋)은 8척(尺, 고대 인간의 키와 같다. 『JA』, 1919, 421쪽; 『통보』, 1918~1919,
340쪽을 참고하시오)에 해당하는 고대 중국의 척도이다.

고, 펠트와 털옷에 집착한다.···”(即如贍部洲中及諸邊海人物衣服, 可略言之. 且從莫訶菩提東至臨邑, 有二十餘國, 正當驪州南界也. 西南至海, 北齊羯濕彌羅, 并南海中有十餘國及師子洲, 並著二敢曼矣. 旣無腰帶亦不裁縫, 直是闊布兩尋繞腰下抹. 西天之外大海邊隅, 有波剌斯及多底國, 並著衫袴. 裸國則迥無衣服, 男女咸皆赤體. 從羯濕彌羅已去, 及速利諸胡吐蕃·突厥, 大途相似, 不著敢曼, 氈裘是務···)

〔48-8〕817년 혜림(慧琳)의 『일체경음의(一切經音義)』, 권81에 의정의 사용한 감만(敢曼)에 관하여 다음과 같은 주석이 붙어있다(『일본대장경』, 爲, X, 43쪽). “감만(敢曼). 이 단어는 산스크리트[梵]어 이다. 이곳의 곤고(褌袴)처럼 추한 부분들을 가리는 옷이다. 한 폭으로 이루어진 것[천]이다. 이것은 잘린 것도 재봉한 곳도 없으며, 허리 아래를 수평으로 감는다. 바로 합만(合曼)이라 부르는 것이다.(梵語也. 遮形醜之下裳, 如此方之褌袴. 一幅物, 亦不裁縫. 橫纏於腰下, 名曰[281]合曼也.)”

〔48-9〕혜림(慧琳)의 같은 책, 권100, 104엽, 725년 또는 조금 뒤로 추정되는 혜초(慧超)의 『왕오천축국전』의 주석은 내가 둔황 사본 중에서 그 두 번째 부분을 찾아낸 사본에는 들어있지 않은 것이다.[282] 첫 부분에 캄보디아 조목과 관계되는 것으로 보이는 용어들 가운데, 혜림은 ‘수염을 깎다’는

---

281 펠리오 씨는 ‘백(白)’자를 잘못 옮기고 있어 바로 잡았다.

282 나는 지금까지 온전한 텍스트가 한국에서 발견되었다는 소식을 확인하지 못했다. 이에 관해서는 『통보』, 1929, 413쪽을 참고하시오. [혜초의 어떠한 텍스트도 한국에서 발견되지 않았다. 둔황에서 나온 잔권은 독일어로 발터 푹스(Walter Fuchs)가 726년 북서 인도와 중앙아시아를 지난 혜초의 순례(Huei-ch'ao's Pilgerreise durch Nordwest-Indian und Zentral-Asian um 726), Sitz. ber. Pr. Ak W., Phil.-Hist. Kl. 1938, XXX, Berlin, 1939, 당시까지의 참고문헌을 갖추고 있음. -폴 드미에빌]

의미의 체수(鬄鬚)에 다음과 같은 설명을 붙였다. "남방의 오랑캐들은 각 [나라는] 다른 옷차림을 한다. 그들은 머리를 밀기도 하고 혹 수염을 자르기도 하며, 혹 문신을 하기도 하고, 혹 상투를 하기도(椎髻)하고, 혹 귀를 뚫고, 맨발로 다니며, '아침 놀의 가만(朝霞哥縵)'을 [하기도 한다.]"(南方夷人裝飾各異. 或鬄髮, 或剪鬚, 或文身, 或椎髻·穿耳·跣足·朝霞哥縵). 가만(哥縵)은 [kā-muān]이다. 이는 『수서』가 캄보디아 왕에게 돌린 '아침 놀의 고패(古貝) 만'임을 알 수 있다.283

〔48-10〕 940년 가홍(可洪)의 『신집장경음의수함록(新集藏經音義隨函錄)』은 두 번째 글자의 성음에 관한 주석에 그치고 있다(앞의 책, V, 82쪽). "감만(敢鬘). '만(鬘)'은 [man]으로 발음되고, '길다', '멀다'의 의미이며, [wan]으로도 발음되는데, '오래'의 의미이다"(莫官反長也遠也, 又音万久也).

〔48-11〕 이들 자료에 캄보디아 왕이 입은 면으로 만든, 종아리까지 하체를 가리는 만(瞞)과 관련된 『수서』의 텍스트를 보태야 한다. 『수서』의 표기는 『북사』, 『문헌통고』를 통해 확인된다. 『도서집성』의 편집자들이 이 텍스트를 베끼면서 「변예전(邊裔典)」, 권101, 2쪽에서 바꾼 '만(縵)'자를 고려할 필요는 없다.

〔48-12〕 1225년 조여괄은 삼불제(三佛齊, 팔렘방)의 왕에 관하여, "그는 만(縵)이라는 천을 몸에 두른다."라고 하였다.284 '만포(縵布)'라는 같은 표현이

---

283 '조하(朝霞)'라는 표현은 별도의 주석을 낼 만하다. 우선은 위의 151쪽 주4에서 밝힌 참조 사항을 참고하시오.

『패문운부』(만포 조목)가 인용한 심료(沈遼)의 시구에도 들어있다. "사내아이와 여자아이는 항상 만이라는 베로 꾸며 두른다(兒女帶環著緩布)."[285] 나는 불행히도 심료의 시대 기억하지 못하고, 신속하게 그를 찾아볼 수단도 없다.[286] 나는 논의의 마지막으로 1349년 말의 『도이지략』에서 만(緩)의 진전된 용례를 지적해 둔다.

우리가 접한 형태들은 가반(迦盤, [ka-b'uān]), 간만(干緩, [kān-muān]), 간만(干漫, [kān-muān]), 감만(敢曼, [kām-muān]), 도만(都緩, [tuo-muān]), 도만(都漫, [tuo-muān]), 합만(合曼, [ɣāp-muān]), 가만(哥緩, [kā-muān]), 만(瞞, [muān]), 만(緩, [muān])이다.[287]

사실상 세 가지로 귀결되는 어원은 용어로 추정되었다. 처음으로 '간만' 또는 '도만'에 관해 주목했던 흐루너펠트는 어떠한 어원도 제시하지 않고 그

---

284 <u>원문에는 다음과 같은 참조 사항이 괄호 속에 들어있어 편의상 주석으로 옮겨 둔다. "『제번지(諸蕃志)』, 권1, 6쪽; 身纏緩布. 히어트와 록힐의 『조여괄(CHAU JU-KUA)』, 60, 64쪽을 참고하시오. 역자들은 이에 관해 간만(干緩), 도만(都緩) 등을 참조토록 하였다."</u>

285 <u>이 시구는 심료(沈遼)의 문집인 『운소편(雲巢編)』, 권4에 수록된 「답반곡(踏盤曲)」 2수 중 첫 번째 시에 들어있는데, "여자아이들은 반지를 차고 만포를 입는다(女兒 帶鐶著緩布)"라고 되어있다.</u>

286 [심료는 송나라 시기 1032~1085년까지 살았다. 『송사』, 권334, 5쪽을 참고하시오.-폴 드미에빌]

287 이러한 형태의 목록은 완전하고 정확한 방식으로 작성되지 않았다. 나는 이미 (163쪽에서) 마스페로 씨의 『참파왕국(Le royaume de Champa)』에 관하여 언급했고, 마찬가지로 흐루너펠트는 『말레이군도와 말라카에 관한 주석(Notes on the Malay Archipelago and Malacca)』, I, 260쪽에서 『양서』를 인용하면서 감만과 도만에서 '만'의 두 형태를 뒤바꿨다. 히어트와 록힐 씨는 의정의 '감만(敢曼)'과 혜림의 '합만(合曼)'에서처럼 여러 곳에서 '만(緩)'자를 썼다. 나는 우리가 두 차례 접한 '한만(汗漫)' 형태를 여기서는 뒤바꾸지 않을 것이다. 왜냐하면 첫 번째 글자는 확실히 변형되었기 때문이다. 이러한 오류는 순전히 중국식 표현으로, 육체적, 정신적으로 '무절제'를 표현하는 '한만(汗漫)'과 '만한(漫汗)'의 오용에서 나온 것이다. '한만(汗漫)'의 형태로 이미 『회남자(淮南子)』(기원전 2세기)에 보이고, '만한(漫汗)'의 형태로 장형(張衡, 78~139)의 부(賦)에서 보인다.

용어를 '사롱'으로 번역하는 것으로 만족했다(『Notes on the Malay Archipelago and Malacca』, I, 204, 260쪽). 슐레겔은 그것이 사롱일 수 있다는 점을 부인했다. 왜냐하면 의정은 '간만'을 한 사람들이 "맨다리를 하고 있고", 사롱은 "다리를 완전히 덮는" 것이기 때문이었다(『통보』, 1898, 198~199쪽). 그에 따르면, 간만은 '틀림없이' 말레이어 쿔반(kěnban), 즉 '가슴을 가로질러 여성들이 입는 옷'에 해당한다. 따라서 가슴을 가리는 것이었다. 도만에 관하여, 슐레겔은 '잘 알려진 명칭인 터번(turban)'으로 보았다. 더욱 신중하게, 파커 씨는 『차이나 리뷰』, XIX, 191쪽에서 이미 이러한 해법을 제시했었다. '터번', 즉 페르시아어로 '둘반드(dŭlbănd)'는 분명 아무런 관련이 없다. 그것은 위의 자료들을 읽을 때, 간만이 가슴 가리개가 아니라 정확히 사롱 또는 더 엄격하게 '삼폿'이었음이 명백했다. 그렇지만 쿔반 자체에 대해서는 다시 언급할 것이다.

타카쿠스 씨는 의정의 책 번역에서(『A record of the Buddhist religion as practised in India and the Malay archipelago』, 12, 68쪽), '간만'이 산스크리트어로, 산스크리트어 캄발라(kambala, 양모)에서 찾고자 했던 것은 분명 혜림(慧琳)의 영향을 받았다. 이 견해는 오다 토쿠노오의 사전에서(『불교어대사전』, 218쪽)와 히어트와 록힐 씨에게(『조여괄(CHAU JU-KUA)』, 64쪽) 기정사실로 되었다. 그러나 원문들은 그것이 면으로 만든 띠이고, 양모는 사실상 '남해'에서 알려지지 않았지만, 열대지역 사람들이 덮는 천 띠를 지칭하기 위해 '양모'라는 명칭을 선택했다는 것은 의아하다.[288] 한편, 몽골과 명나

---

[288] '캄발라'의 중국어 음역에 관해서는 오다 토쿠노오의 『불교어대사전』, 캄발라 조목을 참고하시오. 불교 문헌에서 이 용어의 의미와 사용에 관해서는 프르질루스키(Przyluski)의 『JA』, 1919, I, 484쪽 이하와 389쪽 등을 참고하시오. 또한, 프루질루스키가 이 용어를 분석하여, 『파리 언어학 협회 논문집(Les Mémoires de la

라 초기에 중국 음역 표기에서 일반적인 종성 n=l의 대응은 당나라 전후

_____

Société de Linguistique de Paris)』, XXII[1921]에 발표한 논문, 207~208쪽에 을 참고하시오. '덮개', '카펫' 그리고 '덮는 옷'이란 의미에서 캄발라는 인도차이나, 불교 문헌에서 통용되는 난해한 단어로 들어있다. 께스동(Guesdon), 『캄보디아-프랑스어 사전』, I, 163쪽을 참고하시오. 또한, 캄발리(kambalī)는 털로 만든 거친 선의 의미로 말레이어에 들어있다(Favre, 『말레이-프랑스어 사전』, I, 352쪽을 참고하시오). 켐폰(kĕmphŏn, 쓸 때는 kāmphal=kambala)은 시암어로 '귀중한 천'이라는 의미이고, '캄발라'가 간혹 산스크리트어로 가지는 의미인 '부드러운 양모'라는 의미에 해당한다(Pallegoix, 『Dictionarium linguae Thaï sive Sąmensis interpretatione Latina, Gallica et Anglica illustratum』, 234쪽을 참고하시오). 나는 적어도 사전편집상의 실수가 아니라면, 어떻게 '캄마흘리(khămmaḥli)'가 라오스어에서 '면'이라는 의미를 가지는지(Guignard, 『라오스-프랑스어 사전』, 281쪽) 모른다. [나는 '캄발라'와 관련한 고증을 보충하고 싶다. 켐폰(kĕmphŏn)이 시암어로 '귀중한 천'이라는 의미가 있다는 점은 정확한 것은 아니다. 이 의미는 '라따나 켐폰(rătănă-kĕmphŏn)'이란 표현에서만 유효하다. '라뜨(răt)'로 발음되는 '라뜨나(rătănă, 산스크리트어로는 ratna, '보석')는 라따-('rättă'-, 산스크리트어로 'rakta', 팔리어로는 'ratta', '붉은'의 잘못임이 분명하다. '캄발라'는 사실 흔히 형용사 '락타(rakta)', '라따(ratta)'와 결합하여, 'raktakambala' 'rattakambala'로 보인다. 이 표현은 『수서』(위의 160쪽)에 따르면, 진랍(眞臘)의 왕이 허리에 매는 '아침 놀의 붉은 고패로 만든 만'을 연상시키고, '아침 놀의 붉은 천'은 적토(赤土)의 왕이 입었다(위의 332쪽을 참고하시오). 궁궐의 근위병에 관한 시암의 법전으로, 그중 가장 오래된 부분이 1358년으로 추정되는 『Koṭ Mŏnthienban(mandira-pāla)』에 따르면, '라따나켐폰(rättăkĕmphŏn)'은 왕실 의복의 요소 중 하나로 되어있다(§149, R. Lingat, Bangkok, 1936, I, 109쪽). 이들 구성요소를 열거하면서 그것은 허벅지에 딱 붙는 팬츠 뒤에 곧바로 나오며, 대조를 이룬다. 따라서 '간만'에 부여된 기능을 하는 겉옷이다. 이러한 설명들은 '캄발라'를 감만의 어원으로 보는 주장을 내세울 만한 것이 전혀 없다. 음성적 관점에서 유사성도 만족스럽지 않으며, 못지않게 심각한 것은 비문에서 '캄발라'를 접한 기억이 없다. 반면, 확실히 의복을 지칭하는 암발(amval)은 흔하게 보인다. 그것은 아마도 산스크리트어와 팔리어로 '어떤 옷 그리고 그것으로 만든 (윗옷의) 장식'인 암바라(ambara)와 비슷할 것이다. 그 어원으로 『Pali Text Soceity's Pali-English dictionary』(1921)는 다음과 같은 이상한 언급을 하고 있다. "암바라의 어원은 '하늘'(?) 또는 아마 '캄발라'가 잘못된 형태일 것이다. '캄발라'는 'rattambara=ratta-kambala'이기 때문이다. 이 단어는 '라따 캄발라(ratta-kambala)' 대신에 '라딱 암발라(rattak-ambala)'로 잘못 음절을 나눈 것에서 나왔다." 참파어 아반(aban) 그리고 이 위에서 열거된 다른 형태들(그중 암발amval은 새로운 예임)과 유사한 아리아어 암바라(ambara)에서 찾는 것이 더 합리적인 것 같다. 귀나르(Guignard)의 라오스 사전에 보이는 '캄마흘리(khămmaḥli)'는 분명히 산스크리트어로 '케이폭 나무, 가짜 목화'인 샬말리(śālmalī)가 잘못된 형태이다. 이 샬말리의 팔리어는 심발리(simbali, '샬말리 꽃'을 의미하는 베다어 심발라(śimbala)

로는 거의 예가 없다. 『참파왕국(Le royaume de Champa)』에서(10쪽) 마스페로(G. Maspero) 씨는 『양서』의 '간만' 또는 '도만'을 접하고, "지금에도 참파와 말레이 사람들이 입는 카마(kama)이다."라고 하였고, 임읍(참파)의 간만에 관한 문장을 번역하면서 이 '카마'라는 단어를 끼워 넣었다. 참파어 '층이 있는 사원' 칼란(kalan)에 대응하여 칸 란(kan-lan)에 넣는 것과 같은 방식으로 첫 번째 음절 끝에 있는 비음화 때문에, '카마'는 그 자체로 간만에 대한 원형이 될 수 없다. 그러나 '카마'는 참파어나 말레이어에 존재하지 않는다. 마스페로 씨가 생각한 단어는 캄보디아어 형태의 하나인 '여인의 숄', '가슴의 베일'을 의미하는 카마(kamà)로, 우리는 그로슬리에 씨의 가설에서 다시 보게 될 것이다.

그로슬리에 씨는 캄보디아와 관련하여 간만을 접하고, "오늘날 카우민(kaumin)이라 불리는 것은 형태와 명칭으로 기본이 되는 옷에 해당하는 것 같다. 그러나 그것은 여인들이 가슴 주변을 둘러 왼쪽 어깨 위로 매지 않은 자락을 늘어뜨리는 숄에 지나지 않는다. 나는 이 가설을 신중하게 제기한다. '카우민'은 시암어일 것이다.…"라고 썼다(『Recherches sur les Cambodgiens, d'après les textes et les monuments, depuis les premiers siècles de notre ère』, 44쪽). 이에 대해 피노 씨는 "카마(khamà)인 카우민(Kaumin)은 시암어 카오 마(khao ma)이다."라고 하였다(『BEFEO』, XXII, 194쪽). 캄보디아어 사전들은 사실 '여인의 숄', '가슴의 베일'인 'kamà', 'kàmmà', 'khàmà'를 제시한다.[289] 나는 팔르구와(Pallegoix) 씨의 사전에서(Cuaz 씨의

와 유사함)는 캄보디아어로 'sĭmăli', 시암어로 'sĭmphāli'에 해당한다.-조르주 세데스]
[289] 땅다르(Tandart), 『프랑스-캄보디아어 사전』, I, 625쪽과 께스동(Guesdon), 『캄보디아-프랑스어 사전』, I, 126, 233쪽을 참고하시오.

사전을 가지고 있지 않음) 이러한 '카오 마(khao ma)'를 찾지 못했으므로, '카오 마'가 단지 '여인 가슴의 베일'이란 의미가 있는지 말할 수 없다. 반면, 땅다르(Tandart) 씨의 사전, 'langouti' 항목에서 왕실의 용어로서 '신성한 랑쿠티' 쁘라 코마(práḥ kómà)의 정보를 주는데, 여기에서 코마(kómà)는 바로 시암어 '카오 마'에 해당한다고 할 수 있다. 한편, 시암어에서 파(phà)는 '천'과 '랑구티'를 의미하고, 카오(kháo)는 '희다'는 의미이다. 그래서 팔르구와는 '파 카오'가 '흰 천'이라 했다(282쪽). 그러나 동시에 529쪽에서는 파 카오 마(phà kháo ṃa)를 '흰 천, 띠'라고 설명했다. 이것이 바로 쁘라 코마(práḥ kómà)의 코마(kómà)이며, 피노 씨가 보여준 '카오 마(khao ma)'이다. 어쨌든 파 카오 마(phà kháo ṃa)에서 파 카오(phà kháo)가 '흰 천'으로 설명될 수 있다면, '마(ṃa)'는 공중에 뜨게 된다. 이 단어는 '말과 흰색'을 의미할 뿐이다. 팔르구와의 사전은 또한 코마파트(kômăphăt, '나무껍질로 만든 천, 다른 사람에 따르면, 모종의 비단')를 보여주고(304쪽), 또 코마흐파트(kômaḥphăt, '수련 섬유질로 만든 천')을 보여준다(345쪽). 표기와 설명이 다름에도 불구하고 나는 코마파트(kômăphăt), 코마흐파트(kômaḥphăt)가 사실상 같은 단어를 표시하고, 두 번째 단어에서 수련은 연꽃의 이름 중 하나인, 'kômuṭ', 'kômet', 'kumuda'와 음성적 유사성으로 이끈다고 생각한다. 이것은 인도어 기원의 단어임이 분명하므로, 나는 우리가 산스크리트어 크싸우마파따(kṣaomapaṭa, 마로[또는 아마로?] 만든 천)에 해당하는 팔리어 형태에 이르렀다고 생각한다. '카오 마(kháo ma)'가 크싸우마(kṣaoma)에 해당하거나 아니면 시암어로 '희다'는 의미인 카오(kháo)의 영향으로 변경된 것이든, '카오 마'나 캄보디아 차용어인 카마(khamà)도 '간만'의 토대를 이룬다는 것이 그렇게 불가능한 것 같지는 않다. 무엇보다도, 가반(迦盤)은 원음이 [kaban]으로

추정되는데, 간만에 대한 떠오르는 이론적 구성은 [kaman] 또는 [kamban]
이다.290 슐레겔의 주석을 알지 못한 채, 블라그덴(Blagden) 씨는 히어트와

290 가반(迦盤)은 분명히 불교 문헌에서 익숙해진 전사의 형태이다. '만(漫, 曼과 蔓의
동음자)'자는 항상 불교의 전사에서 'man'(maṇ-, mañ-)을 표현한다. 스타니스라
스 쥴리앙(Stanislas Julien)은 '만(漫)'이 [subanta](sub-anta.『Histoire de la Vie
de Hiouen-Thsang』, I, 167쪽;『Mémoires sur les Contrées Occidentales』, II,
528쪽)의 [ban]을 표시해야 하는 경우를 지적했다(『Méthode pour déchiffrer et
transcrire les noms sanscrits qui se rencontrent dans les livres chinois』, 150
쪽). 현장(玄奘)의 전사 방식에서 [sumanta]를 예상했지만, 쥴리앙이 이미 지적한
것처럼, '소반다(蘇槃多)'로 되어있는 의정(義淨)의 해당 단락은(타카쿠수, (『A re-
cord of the Buddhist religion as practised in India and the Malay archipela-
go』, 172~174쪽, 그리고 오다 토쿠노오의 사전, sub-anta 항목) 수반타(subanta)
에 더 잘 어울린다. 마하마유리(Mahāmāyūrī, 공작명왕)의 목록에서, '만(曼)'은
항상 'man'(또는 maṇ-)을 표현하는데, 'van'(『JA』, 1915, I, 127쪽에서 말한 'ban'
이 아님)에 해당하는 경우는 제외된다. 인도차이나에서, '만(蔓)'은 부남 왕의 이름
인 범만(范蔓), 범사만(范師蔓)에서 보이는데, 그에 해당하는 음은 알려지지 않았
다(『BEFEO』, III, 257, 265쪽을 참고하시오). 「The date of the sanskrit in-
scription of Vo-canh」(『Indian Historical Quarterly』, 1940, 484~488쪽)이란 논
문에서 나는 범사만을 당시까지 참파의 유명한 첫 번째 군주로 간주하여온 '스리
마라(Śrī Māra)'로 볼 것을 제안했다. 스타인(R. Stein)은 『한학(漢學)』, II, 112쪽
에서 '-r'에서 '-n'까지 단락의 다른 예들을 제시했다. -조르주 세데스] 그리고 참파
의 왕 이름인 석리인덕만(釋利因德漫)은 스리 인드라[바르]만(Śrī Indra[var]man)
임이 분명하다. 마스페로(G. Maspero), 『참파왕국(Le royaume de Champa)』,
154쪽을 참고하시오. 『신당서』(권222하, 1쪽)는 참파의 재상들은 '파만지(婆漫地,
[buā-muān-d'i])'라고 불렸다. 나는 [po, 'vā' '삼촌'?]가 어떻게 되는지는 모르지만,
'만지'는 분명 '만다린'이란 단어의 발음과 유사한 유성화 된 발음으로 들리는 만
트리(mantrī, 재상)에 해당한다. 645년에 임읍의 왕은 그의 신하[臣] 마하만다가
독(摩訶漫多伽獨)에게 살해되었다(『구당서』, 권197, 1쪽;『신당서』, 권222하, 1쪽;
마스페로(G. Maspero), 『참파왕국(Le royaume de Champa)』, 119쪽을 참고하
시오). 마스페로 씨가 추정한 것과는 반대로, 나는 이 '이름'의 마지막이 인물의
실제 이름([Duk], [Dok], [Gaduk]?)으로 추정한다. 그러나 나는 첫 번째 부분은
'마하만트리(mahāmantrī, 또는 mahāmantrika?)'로 보는 것에는 동의한다. 1349
년 『도이지략』, 판두랑가(Pāṇḍuraṅga) 조목의 마지막이 보여주는 참파의 속국 중
에 '만두라사(曼頭羅沙)'로 읽어야 하는 명칭이 들어있지만, 그 원형은 지금까지
복원되지 않았다. (오루쏘(Aurousseau) 씨는 『BEFEO』, XIV, 39쪽에서 이들 나
라의 명칭들을 산물의 명칭으로 보는 실수를 했다. 록힐은 『통보』, 1915, 98쪽에
서 잘 이해하고 있다. 그러나 모든 목록은 다시 손봐야 하지만, 명칭의 대다수는
상당히 정확하게 고증되었다고 할 수 있다.)

록힐 씨가 『조여괄(CHAU JU-KUA)』에서 '캄발라(kambala)'로 설명하는 것을 보고, "의문의 의복, 또는 그것을 입는 특별한 방식에 대한 말레이어 단어는 켐반(kĕmban)이다."(『JRAS』, 1913, 165쪽)라고 쓴 바 있다. 사실, 나는 말레이어 켐반, 자바어 켐벤(kĕmbĕn)에 대해, 그것이 확실히 하체로 드리운 천 띠임에도, 사전에서 슐레겔이 보여준 가슴을 덮는 숄이라는 의미만 찾았을 뿐이다. 블라그덴 씨는 의문제기조차 하지 않았기 때문에 의미상의 이 문제를 도외시한 것 같다. 아마도 말레이어에 대한 그의 조예로는 이러한 점에 대한 정보를 제공했을 테지만, 그는 아쉽게도 아무런 언급을 하지 않았다. 개인적으로 나는 간만이 근거한 것은 바로 말레이어 켐반(kĕmban), 자바어 켐벤(kĕmbĕn)[291]에 있으며, 수 세기를 거치면서 단어는 인슐랜드에서 인정하지 못할 것도 없는 의미상 진화를 겪었다고 생각하고 싶다. 그러나 더 옛날, 『진서(晉書)』의 가반(迦盤, [kaban])은 순음의 폐쇄음 앞에 비음화가 없다. 한편, 말레이어 켐반(kĕmban) 보다, 원래 의미는 참파어로 '옷', '보통 천', '삼폿, 랑구티, 사롱 또는 인도차이나 사람의 빠네(pagne)', '여자의 치마'[292]를 의미하는 아반(aban, 바나르어로는 habăn)에 들어 있는 것 같다. 나는 어떻게, 어느 정도로 아반(aban)이 켐반(kĕmban)과 비슷해지는지 말하기에는 인도차이나와 인슐랜드의 언어에 조예가 깊지 않다. '아반'은 [kaban]의 현재적 귀결이고 바나르어 'haban'의 'h'는 옛 초성 무음의 남상이라고 추정할 수 있다. 켐반(kĕmban)은 당시 [kaban]의 비음화 된 형태일 뿐이다. 그러나 '아반'은 'ăbăn', 'ābat', 'abad', 'abak' 등의

---

291 파브르(Favre), 『말레이-프랑스어 사전』, I, 351쪽, 파브르, 『자바-프랑스어 사전』, 167쪽.

292 까바똥(Cabaton), 『참파-프랑스어 사전』, 16; 두리스부르(Dourisboure), 『바나르-프랑스어 사전』, 96쪽.

형태로 말레이반도의 토착 방언에서 상당한 확장 영역을 가진다.[293] 이러한 모든 방언에서 초성 'k'가 참파어에서처럼 사라진다고 상정하기는 어렵다. 한편으로 나는 '아반'의 'kaban'과 'kemban'을 분리하는 것은 망설여진다. 초성으로 'k'를 가지는 형태에서 그것을 접두사로 보는 가정은 '오스트로어족'의 전문가들이 결정해줄 문제이다.

어쨌든 간만의 형태가 '켐반(kĕmban)'이라고 하더라도, 7세기 말 '곤륜국(崑崙國)'과 특히 팔렘방에서 가장 많이 사용되었는데, 의정에게만 고유한 표기로 의심의 여지가 없는 것은 바로 의정이 쓴 이 형태이다. 의정은 사실 팔렘방에서 자신의 책을 썼다. 그러나 817년 혜림(慧琳)이 '합만(合暪, [ɣâp-muān])'으로 쓴 것에 주목할 필요가 있다. 이 형태의 설명으로 여러 해법을 생각할 수 있다. 옛날 초성 'ɣ'가 들어간 단어들은 6세기부터 9세기까지 중앙아시아에서 모음을 초성으로 가지는 단어를 옮기기 위해 자주 사용되었지만, 초기에 중국인들은 속디아나 문자(위구르어, 몽골어, 만주어)에서 나온 문자들이 항상 가지고 있는 초성의 알리프(alif)와 유사한 일종의 후두음 개방으로 이해했다. 한편 [ɣâp]의 종성은 순음으로, 이어지는 자음의 초성 순음과 일반적으로 동화된다. 따라서 합만(合暪, [ɣâp-muān])은 참파어 '아반(aban)'으로 이끈다. 매우 비슷하지만 다른 해법은 우리가 다른 예들로부터 알고 있는 것처럼, '합(合)'자는 '함(含, [ɣâm])'자의 잘못으로 보는 것이다. [han-man, ɣâm-muān]은 '켐반(kĕmban)'이나 '아반(aban)'으로 이끈다. 마지막 가정으로, 터키어 명칭들을 위한 전사에서 전혀 사용되지 않는 '합(合)'자는 여기에서 의미 역할을 한다. '합'자는 '합치다'는 의미로,

---

293 스키트(Skeat)와 블라그덴(Blagden), 『말레이반도의 파간 인종(Pagan races of the Malay Peninsula)』, II, 562쪽을 참고하시오.

의정은 사람들이 '두' '합만'을 입으며, 이 옷은 천 '두' 심(尋)으로 만들어진 다고 하였다. 혜림의 '합쳐진 만'의 뜻인 '합만'은 두 천 띠를 동시에 사용 하는 것을 말한다. 우리가 보는 것처럼, 문제는 복잡하다. 카슈갈 출신인 혜림은 틀림없이 갠지스강 너머의 인도 언어들에 개인적인 정보가 전혀 없었으나 그가 여기에서 어떤 자료를 근거했는지 모른다. 그리고 문제는 『양서』가 두 차례나 언급한(참파와 발리에 관하여) 여러 '도만'에 따른, 그리고 『수서』에서 '만(瞞)'자를 사용한 것에 따른 모호함이다.

첫째, 도만(都縵, [tuo-muān])은 어떤 전사로 보인다. '도(都)'자는 산스크 리트어 전사에서 사용된다. '만(縵)'자는 천을 명명하기 위해 비단을 부수 로 가지는 글자를 가져야 한다는 바람에서 나왔다. '도만'은 'tuban'으로 이끈다. 그러나 어떻게 켐반(kĕmban)과 아반(aban)과 비교하여 이 새로운 초성을 입증할 수 있을지 모르고, 다시 '도'의 가능한 의미상 역할에 관한 문제가 제기된다. '도'는 원래 '도읍'을 의미하고, 술어적으로 간혹 '모으다' 는 의미이다. 부사적 용법으로 '전체'라는 의미가 있다. 그러나 또한 여기 에 우리를 흥미롭게 하는 특별한 뜻이 있는데, 그 자체로 천의 이름이다. 기원후 25년 마원(馬援)이 사천에서 황제를 선언한 찬탈자에게 사신을 갔 을 당시, 찬탈자는 '도포(都布, '도'라는 베)'라는 옷을 하사했다(『후한서』, 권54, 1쪽). 주석자들은 '도포'가 '답포(荅布)' 또는 『사기』에서(사실은 '탑포(榻布)'로 되 어있음) 그리고 『전한서』에서 언급한 답포(答布)와 같은 것으로 설명했고, 그들은 이 용어를 '백답(白荅)' 또는 '백첩(白疊)'으로 주석했다(『사원(詞源)』, '답포'라는 두 표기 아래를 참고하시오). 어쨌든 『사원』은 출처를 밝히지 않고, 영 남(嶺南), 즉 매령(梅嶺)의 남쪽의 남중국에 다섯 가지의 마(麻) [천]이 있는 데, 그중 하나는 '락(絡)'으로, 도포(都布)는 '락포(絡布)'와 같다. 또한, '도락

(都落)'이라고도 부른다. 이는 무더위에 좋은 천일 것이다. 한편 원래는 모직이었던 백첩(白疊)은 면으로 만든 천에도 사용되었다. 히어트 씨는 '백첩'을 '튀르크어' 팍타(pakhta)에서 찾고자 했다. 라우퍼 씨는 이러한 어원에 대해 이의를 제기할 근거를 가지고 있었다(『Sino-Inranica』, 490쪽). 그러나 그가 제시한 어원은, 페르시아어 '팜박 디프(pambak dīp)'라는 가설로, 더 낫지 않다. 사실, 백첩의 '첩', 또한 도포(都布) 그리고 답포(荅布)를 언급한 모든 텍스트를 다루지 않고 문제를 연구하는 것은 불가능하다.[294] 도(都, [tuo]), 탑(榻, [tʻāp]), 답(荅, [tāp]) 또는 답(答, [tāp]), 그리고 첩(疊, [dʻiep])이 같은 명칭의 천을 쓰기 위해 차용되었었다는 것이 불가능하지 않고, 아마도 도만(都縵)의 '도'는 천의 이름으로서 들어갔을 것이다.

마지막으로 우리는 『수서』에서만 사용된 만(瞞, [muān])을 만났다. 이 '만'자는 중국어로 '어렴풋한 시력'과 '숨기다'는 뜻이다. 따라서 여기서는 외래어를 옮기기 위해 음성적으로 취한 것이어야 한다. 우리는 분명 아반(aban)과의 연결을 생각할 수 있다. 그 어두음이 탈락한 전사는 [kaban] 또는 켐반(kĕmban)을 말할 때보다 덜 놀랍다. 그러나 연대적으로 이 단어는 『양서』의 간만과 의정의 감만 사이에 사용되었다. 중국인들이 여기에서 '곤륜국(崑崙國)'의 방언적 변형들을 따랐을 법하지는 않다. 나는 거기에는

---

294 원문에는 괄호 안에 다음과 같은 부연 설명이 있다. "라우퍼 씨의 텍스트에 『사원(詞源)』 등의 참조 사항과 프르질루스키(Przyluski)의 연구인 『반열반과 붓다의 죽음(Le parinirvāṇa et les funérailles du Buddha)』에서 보이는 불교적 용도를 추가해야 한다." 독서의 편의를 위해 주석으로 처리했다. 라우퍼 씨는 『Sino-Iranica』에서 말할 계기가 없었지만, 히어트와 록힐 씨가 오늘날 목화를 지칭하는 '면(棉)' 자가 여전히 송나라 시기에 알려지지 않았고, 빨라도 14세기가 되어서야 정확히 언급되었다고 말하는 심각한 오류를(『조여괄(CHAU JU-KUA)』, 219쪽) 지적하는 것이 중요하다. 중국인들은 아주 이른 시기에 목화를 알고 있었고, 목면(木棉) 또는 목면(木綿)은 1세기 초부터 면을 지칭하는 데 사용되었다.

순전히 중국적 현상이 있다는 것이 더 가능성 있다고 생각한다. 바로 인도
차이나와 인슐랜드의 나라들과 접촉하면서 간만이라는 명칭이 '만'으로 축
약된 것은 중국어의 통상적인 용법이다. 의정이 그에게서만 찾을 수 있는
음역 표기로 간만을 사용한 것은 바로 그가 팔렘방에 있었고 정확성을 자
신했기 때문이다. 그러나 이미 『양서』의 '도만', 혜림의 '합만'은 '만'이 단
독으로 옛 '가반(迦盤)'과 '간만'의 역할을 하며, '도'와 '합'이 의미적 가치를
가지는 형태들이었을 수 있다.

어쨌든, 한 때, '눈'을 부수로 가지는 『수서』의 만(瞞)처럼 고립된 한 글
자 '만'으로 축약된 외래어는 환기성이 적다. 우리는 1700년경 『도서집성』
의 편집자들이 임의로 '만(縵)'자로 대체시켰고, 그들이 적어도 비단의 부
수를 가지게 했음을 보았다. 이렇게 하면서 그들은 우리가 본 예들을 따라
서 그들 이전에 감만과 특히 도만의 몇몇 표기들로 주어지게 했을 뿐이다.
'만(縵)'자는 중국어로 가볍고 무늬 없는 비단 천을 의미한다. 이것이 간만
의 축약된 형태 또한 옮기기 위해 채택되었을 때, 혼동이 고유한 의미와
차용된 의미 사이에 혼동이 생겨났다. 1225년 조여괄은 삼불제(팔렘방)의 왕
이 "그의 몸을 '만포'로 두른다(身纏縵布)"라고 하였는데, 여기에서도 '만'이
옛 간만에 대한 다소 의도적인 대체라는 히어트와 록힐 씨에(『조여괄(CHAU
JU-KUA)』, 60, 64쪽) 동의한다. 그러나 1349년 왕대연의 『도이지략』에서 '만'
의 쓰임은 같은 설명으로 적합하지 않고, 그에게는 가벼운 천이라는 이름
그 이상은 아니다. 이미 1178년 주거비(周去非)는 『영외대답(嶺外代答)』에서
(권6, 13쪽) 광동에서는 면제품을 만들었는데, 정교하고 선명한 것들은 '만
길패'(慢吉貝, '만이라는 면포')라 불렸고, 다른 것들은 '추길패(麤吉貝)'라 한다
고 하였다[295](히어트와 록힐, 『조여괄(CHAU JU-KUA)』, 219쪽). 이 '만(慢)'자는

중국어로 '도덕적 해이', '더딤', '늦음'의 의미가 있지만, 적어도 남중국에
서 '느슨한', '간격이 있는', '느슨한 그물판의'라는 의미가 있다. 당나라 시
기부터 『영표록이(嶺表錄異)』(권중, 6쪽)는 밀도가 한결같지 않은 종이에 대
해 '만(慢)'이란 형용사를 붙였다. 주거비와 같은 의미지만, '만(縵)'자와 거
의 비슷하다. 왕대연에게서 여러 차례 사용된 것은 '만(縵)'이고, 그 글자는
단순히 가벼운 면제품을 지칭한다. 무엇보다도 록힐은 일려(日麗, 참파의 속
국)의 사람들을 말하며, "男女椎髻白縵纏頭繫小黃布"을 다음과 같이 번역했
다(『통보』, 1915, 99쪽). "남녀는 그들의 머리를 매듭지어 올리고 흰 사롱과
터번을 한다. 그 주위로 그들은 작고 노란 면포를 맨다." 그러나 두 번째
구에서 사롱과 관계되지 않았음이 분명하다. 그러므로 "남녀는 상투하여,
무늬 없는 흰 [면]포[白縵]로 머리를 올리고, 작은 노란 천을 [허리에] 맨다."
라고 이해해야 한다. 오루쏘 씨도 『BEFEO』, XIV, 40쪽에서 이처럼 번역
했다. '만'의 이러한 쓰임은 너무 명백하여(록힐의 번역문에서, 109, 123, 128,
256쪽에 다시 보임), 109쪽에서 '以紫縵纏頭'라는 구를 록힐은 사롱을 포기하
고 "그들은 진홍색의 터번을 한다."라고 번역해야 했다.

   우리가 조사한 결과를 정리하자면, 다음과 같은 결론에 이른다. 『진서
(晉書)』의 [kaban]과 말레이어 켐반(kĕmban)은 원래 '천', 일반적으로 '옷'의
의미가 있는 것이 분명하다. 정도의 차이는 있어도 참파어 아반(aban) 또
는 칸(khan), 캄보디아어 삼폿(sampot), 시암어 파(phà)와의 경우도 마찬가

---

295 주거비의 원문에 따르면, "폭이 길고 윤기가 나며, 하얗고 깨끗하며, 촘촘하고 가
   는 것을 만길패라고 하고, 폭이 좁고 거칠고 성글며 색이 어두운 것을 추길패라고
   한다(匹幅長潤而潔白細密者日慢吉貝, 狹幅麤踈而色暗者日麤吉貝)"라고 하였다.

지이다. 더 특별하게 [kaban]은 300년경 참파에서, 부남 초기에 있었던 경우와 마찬가지로 여인들이 머리를 통과시켜 입는 자루 같은 옷을 지칭했다. 아마도 인도에서 가져온 사롱은, 율과 버넬에 따르면(『Hobson-Jobson』, 796쪽), 그 명칭이 말레이어이면서 싱할라어의 '사란(saran)'이란 형태로 산스크리트어 '잡색의', 또한 '옷'을 의미하는 '사랑가(sāraṅga)'의 차용어이다. 6세기 초반에 중국인들은 인도차이나와 인슐랜드의 사롱을 켐반(kĕmban)에 해당하는 것이 분명한 '간만'이란 표기를 적용했다. 그러나 이는 인도 갠지스강 너머에서의 특별한 옷은 아니었고, 의정은 이것이 실론과 인도 본토의 것임을 우리에게 말해주려 유념했다. 그가 사용한 용어와 기술은 당시 실제로 '켐반(kĕmban)'이란 명칭으로 두 개의 천을 지칭했는데, 하나는 단순한 빠네(pagne) 또는 랑구티(langouti)이고, 다른 하나는 소위 말하는 사롱이었다는 결론에 이르게 하는 것 같다. 사람들은 하나를 다른 하나 위에 입었다. 이러한 맥락으로, 아마도 우리는 파리(婆利, 발리)와 관련된 텍스트 (48-3)에서 '…와'의 뜻인 '급(及)'자의 일반적 의미를 유지할 수 있을 것이고, 두 개의 천임을 알아볼 수 있을 것이다. 따라서 우리는 히어트와 록힐 씨의 번역에서(『조여괄(CHAU JU-KUA)』, 218쪽), 'or'를 'and'로 바꾸어 다음과 같이 번역할 수 있을 것이다. "이 나라의 사람들은 허리에 두르는 천으로 길패를 입고 '그리고' 사롱을 한다." 어쨌든 사롱을 삼폿으로 대체하면서, 13세기 말 주달관이 말한 것은 명확히 이중의 옷이 분명하다. "[남녀는…] 단지 천 조각을 허리에 두른다. 그들이 나갈 때, 그들은 작은 것 위로 두르는 큰 천을 더 입는다."296

---

296 하나는 [kaban], 다른 하나는 [kĕmban]임을 상정하는 가반(迦盤), 가만(哥縵) 그리고 간만의 상호 교체성은 아마도 캄보디아어 크라마(kramà, 다용도의 옷)에 대

[펠리오는 이러한 자세하고 해박한 주석을 이어가지 못하고 눈을 감았다. 오늘날까지『진랍풍토기』의 고증은 그의 연구성과 아래 유영(遊泳)하고 있다. 이를 생각하면, 펠리오의 죽음은 크게 다가온다. 이후의 주석과 고증작업은 우리에게 고스란히 남겨졌다. 이제야 역자가 이 책을 번역하는 것은 이 이후의 작업을 완성해 가자는 후학의 작은 노력 중 하나이다.]

해, 갈람(葛覽, [kāt-lām])과 '중국 올리브(Canarium)'의 중국 명칭인 감람(橄欖, [kām-lām])을 바꾸어 쓰는 것과 비교될 수 있다. 이 단어에 관해서는 초고이기는 하지만 우선은 극동프랑스학교(EFEO)의『아시아 연구(Études asiatiques)』, II, 260쪽의 주석을 참고하시오.

IV. 부록
: 14세기 이전 캄보디아
연관 자료 번역

부록 IV-1. 『수서』. 권82

[중화서국, 1835~1737쪽]

⑴ 진랍국은 임읍(林邑) 서남쪽에 있다. 원래는 부남의 속국이었다. 일남군에서 배로 60일 거리에 있고, 남쪽은 차거국과 접해있으며, 서쪽에는 주강국이 있다. 그 왕의 성씨는 찰씨(刹氏)이고, 이름은 질다사나(質多斯那)이다. 이미 그의 할아버지부터 점차 강성해졌으며, 질다사나에 이르러, 마침내 부남을 겸병하여 차지하게 되었다. [질다사나가] 죽고 아들 이사나선(伊奢那先)이 대를 이어 즉위했다. 이사나(伊奢那)의 성곽 아래에는 2만여 가구가 산다. 성의 아주 큰 집이 왕이 나랏일을 보는 곳이다. 전체 30개의 큰 성이 있고, 성마다 수천 가구가 있으며, 각각 부락의 장이 있고, 관직의 명칭은 임읍과 같다.

⑵ 이곳의 왕은 사흘에 한 번 조정에 나가 일을 보며, 오향과 칠보로 장식한 평상[五香七寶床]에 앉는데, 위에는 보배로 장식한 장막을 세웠다. 이 장막은 문양 있는 나무로 기둥을 세우고, 상아와 금을 세공하여 벽을 만들어, 작은 방처럼 생겼다. 금으로 만든 불꽃을 걸어 두었는데, 적토와 같은 것이 있다. [평상] 앞에는 금향로가 있고, 두 사람이 양옆에서 시위한다.

⑶ 왕은 조하(朝霞)와 길패로 만든 만(縵)으로 허리와 배를 묶고 아래로 정강이까지 늘어뜨리며, 머리에는 금과 보배로 만든 화관을 쓰고, 진주 목걸이를 차며 발에는 가죽신을 신고, 귀에는 금귀걸이를 한다. 평소에는 백첩(白疊)을 입고, 상아로 [장식한] 풀 신을 신는다. 만약 머리카락을 드러낼

때는 목걸이를 하지 않는다. 신하와 백성의 복식은 대체로 이와 유사하다.

[4] 다섯 대신(大臣)이 있다. 첫 번째는 고락지(孤落支)라 하고, 두 번째는 고상빙(高相憑)이라 하고, 셋째는 파하다릉(婆何多陵)이라 하고, 네 번째는 사마릉(舍摩陵)이라 하고, 다섯째는 염다루(髥多婁)라 부른다. 그리고 여러 하급 신하가 있다. 왕을 알현하는 자는 항상 계단 아래에서 세 번 머리를 조아린다. 왕이 불러 계단을 오르면, 무릎을 꿇고 양손으로 팔뚝을 안은 채로 왕을 둘러 둥글게 앉는다. 정사 의논이 끝나면, 무릎 꿇고 기어서 물러난다. 층계, 뜰, 문, 누각에는 시위하는 천여 명이 갑옷을 입고 무장하고 있다.

[5] 그 나라는 참반(參半)과 주강(朱江) 두 나라와는 화친하고, 임읍(林邑)과 타환(陀桓) 두 나라와는 자주 전쟁한다. 그 나라 사람들은 언제나 모두 갑옷과 무기를 지니고 있어, 정벌이 있으면 그때 사용한다.

[6] 그 풍속에, 왕의 정실 자식이 아니면 후계자가 될 수 없다. 왕이 처음 즉위하는 날, 있는 [그의] 형제들은 모두 형벌을 당하는데, 손가락 하나가 잘리거나, 혹은 그 코가 잘려, 다른 곳에서 부양받도록 하며 벼슬에 나오지 못 하게 한다.

[7] 체형은 작고, 피부색은 검다. 여인 중에 흰 사람도 있다. 모두 곱슬머리에 늘어진 귀이며, 성격과 기질은 날쌔고 굳세다. 사는 곳의 기물은 적토와 상당히 비슷하다. 오른손이 깨끗하다고 여기며, 왼손은 더럽게 여긴

다. 매일 아침 씻고 버들가지로 이를 깨끗이 한 다음, 불경과 주문을 독송한다. 다시 씻고 먹으며, 먹은 뒤에는 다시 버들가지로 이를 깨끗이 한 다음, 또 불경과 주문을 독송한다.

〔8〕음식은 대부분 소락(蘇酪), 사탕(沙糖), 메벼와 조[粳粟], 쌀로 만든 떡이다. 식사를 하고자 할 때는 먼저 고기를 섞은 국을 마련하여, 병(餠)과 잘 섞어 손으로 집어 먹는다.

〔9〕아내를 맞이할 때는 옷 한 벌만 보내고, 고른 날짜에 중매인을 보내 신부를 맞아온다. 양가는 각각 8일 동안 외출하지 않고, 밤낮으로 그침 없이 등불을 켠다. 남자는 혼례를 마친 후, 즉시 부모와 재산을 나누어 분가한다. 부모가 죽고 어린아이 미혼자가 있으면, 나머지 재산을 그에게 준다. 결혼했다면, 그 재물은 관청에 들어간다.

〔10〕이들의 상장례는 아녀자들이 모두 7일간 먹지 않으며, 머리카락을 자르고 곡한다. 승려와 도사 친지들이 모두 모여서 풍악을 울려 고인을 보낸다. 다섯 가지 향나무로 시신을 태우며, 재를 수습하여 금은 병에 담아 강물에 띄워 보낸다. 가난한 자들은 질그릇을 사용하며, 색을 넣어 그리기도 한다. 또한 화장하지 않고, 시신을 산에 데려가 들짐승이 먹게 하기도 한다.

〔11〕이 나라 북쪽에는 산과 언덕이 많고, 남쪽에는 습지가 있어 땅의 기후는 더욱 덥고, 서리와 눈이 없으며, 열병[瘴癘]과 독충이 많다. 토질은 기

장(粱)과 벼(稻)에 알맞으며, 찰기장[黍]과 메조[粟]는 적고, 과일과 채소는 일남(日南), 구진(九眞)과 서로 비슷하다. 다른 것으로 파나사(婆那娑) 나무는 꽃이 없고 잎은 감나무[柿]와 비슷하며, 열매는 동과(冬瓜)와 유사하다. 엄라(奄羅) 나무는 꽃과 잎은 대추나무와 비슷하고, 열매는 배처럼 생겼다. 또 비야(毗野) 나무는 꽃이 모과나무와 비슷하고, 잎은 살구나무와 유사하며, 열매는 닥나무와 닮았다. 파전라(婆田羅) 나무는 꽃, 잎, 열매가 모두 대추나무와 비슷하나, 조금 다르다. 가필타(歌畢佗) 나무는 꽃이 임금(林檎, 사과)과 유사하고, 잎은 느릅나무와 비슷하나 더 두텁고 크며, 배처럼 생긴 열매는 됫박만큼 크다. 나머지는 대부분 구진과 같다.

〔12〕 바다에는 '건동(建同)'이라는 물고기가 있는데, 네 개의 발이 있고 비늘이 없다. 그 코가 코끼리와 비슷하여 물을 빨아 위로 내뿜으면, 높이가 5~60척이다. '부호어(浮胡魚)'라는 물고기는 그 모양이 뱀장어 같지만, 주둥이는 앵무새 같고, 다리가 여덟 개 있다. 큰 물고기가 많은데, 반신을 드러낸 것을 보면 산 같다.

〔13〕 매년 오뉴월에 독기(毒氣)가 퍼지면 즉시 흰 돼지, 흰 소, 흰 양을 잡아, 성의 서문 밖에서 제사를 지낸다. 그렇게 하지 않으면 오곡이 자라지 않고, 여섯 가축이 많이 죽으며 백성들이 질병에 걸린다. 도읍 가까이에 능가발파(陵伽缽婆) 산이 있는데, 위에 있는 신사(神祠)는 늘 오천 명의 병사가 지킨다. 성의 동쪽에 '파다리(婆多利)'라는 신(神)이 있는데, 인육으로 제사를 지낸다. 그 왕은 해마다 따로 사람을 죽여 그것으로 제사하고 기도하는데, 또한 지키는 자가 천 명이다. 그 귀신을 공경함이 이와 같다.

대부분은 붓다의 법을 받드는데, 도사(道士)를 더 믿으며, 승려와 도사들 모두 사원[館]에 상을 세운다.

〔14〕 대업(大業) 12년(616)에 사신을 보내와 공물을 바치자, 황제의 예우가 매우 두터웠으나, 그 뒤에 역시 [관계가] 끊어졌다.

〔1〕眞臘國, 在林邑西南, 本扶南之屬國也. 去日南郡舟行六十日, 而南接車渠國, 西有朱江國. 其王姓刹利氏, 名質多斯那. 自其祖漸已強盛, 至質多斯那, 遂兼扶南而有之. 死, 子伊奢那先代立. 居伊奢那城郡下二萬餘家. 城中有一大堂, 是王聽政之所. 總大城三十, 城有數千家, 各有部帥, 官名與林邑同. 〔2〕其王三日一聽朝, 坐五香七寶床, 上施寶帳. 其帳以文木爲竿, 象牙·金鈿爲壁, 狀如小屋, 懸金光焰, 有同於赤土. 前有金香爐, 二人侍側. 〔3〕王著朝霞古貝, 瞞絡腰腹, 下垂至脛, 頭戴金寶花冠, 被眞珠瓔珞, 足履革屣, 耳懸金璫. 常服白疊, 以象牙爲屩. 若露髮, 則不加瓔珞. 臣人服制, 大抵相類. 〔4〕有五大臣, 一曰孤落支, 二曰高相憑, 三曰婆何多陵, 四曰舍摩陵, 五曰髥多婁, 及諸小臣. 朝於王者, 輒以階下三稽首. 王喚上階, 則跪, 以兩手抱膊, 繞王環坐. 議政事訖, 跪伏而去. 階庭門閣, 侍衛有千餘人, 被甲持仗. 〔5〕其國與參半·朱江二國和親, 數與林邑·陀桓二國戰爭. 其人行止皆持甲仗, 若有征伐, 因而用之. 〔6〕其俗非王正妻子, 不得爲嗣. 王初立之日, 所有兄弟並刑殘之, 或去一指, 或劓其鼻, 別處供給, 不得仕進. 〔7〕人形小而色黑. 婦人亦有白者. 悉拳髮垂耳, 性氣捷勁. 居處器物, 頗類赤土. 以右手爲淨, 左手爲穢. 每旦澡洗, 以楊枝淨齒, 讀誦經咒. 又澡灑乃食, 食罷還用楊枝淨齒, 又讀經咒. 〔8〕飮食多蘇酪·沙糖·粳粟·米餅. 欲食之時, 先取雜肉羹與餅相和, 手擩而食. 〔9〕娶妻者, 唯送衣一具, 擇日遣媒人迎婦. 男女二家各八日不出, 晝夜燃燈不息. 男婚禮畢, 卽與父母分財別居. 父母死, 小兒未婚者, 以餘財與之. 若婚畢, 財物入官. 〔10〕其喪葬, 兒女皆七日不食,

剔髮而哭, 僧尼·道士·親故皆來聚會, 音樂送之. 以五香木燒屍, 收灰以金銀瓶
盛, 送於大水之內. 貧者或用瓦, 而以彩色畫之. 亦有不焚, 送屍山中, 任野獸食
者. 〔11〕其國北多山阜, 南有水澤, 地氣尤熱, 無霜雪, 饒瘴癘毒蠱. 土宜梁稻,
少黍粟, 果菜與日南·九眞相類. 異者有婆那娑樹, 無花, 葉似柿, 實似冬瓜; 奄
羅樹, 花葉似棗, 實似李; 毗野樹, 花似木瓜, 葉似杏, 實似楮; 婆田羅樹, 花葉
實並似棗而小異; 歌畢佗樹, 花似林檎, 葉似楡而厚大, 實似李, 其大如升. 自餘
多同九眞. 〔12〕海中有魚名建同, 四足, 無鱗, 其鼻如象, 吸水上噴, 高五六十尺.
有浮胡魚, 其形似鯛, 嘴如鸚鵡, 有八足. 多大魚, 半身出水, 望之如山. 〔13〕每
五六月中, 毒氣流行, 卽以白豬·白牛·白羊於城西門外祠之. 不然者, 五穀不登,
六畜多死, 人眾疾疫. 近都有陵伽缽婆山, 上有神祠, 每以兵五千人守衛之. 城
東有神名婆多利, 祭用人肉. 其王年別殺人, 以夜祀禱, 亦有守衛者千人. 其敬
鬼如此. 多奉佛法, 尤信道士, 佛及道士並立像於館. 〔14〕大業十二年, 遣使貢
獻, 帝禮之甚厚, 其後亦絕.

부록 IV-2. 『북사』, 권95

[중화서국, 3162~3164쪽, 『수서』와 거의 같은 문장을
보여준다. 약간 다른 곳은 굵은 글씨로 표시했다.]

〔1〕진랍국은 임읍(林邑) 서남쪽에 있다. 원래는 부남의 속국이었다. 일남
군에서 배로 60일 가면 **이른다**. 남쪽은 차거국과 접해있으며, 서쪽에는 주
강국이 있다. 그 왕의 성씨는 찰씨(刹氏)이고, 이름은 질다사나(質多斯那)이
다. 이미 그의 할아버지부터 점차 강성해졌으며, 질다사나에 이르러, 마침
내 부남을 겸병하여 차지하게 되었다. [질다사나가] 죽고 아들 이사나선(伊奢

那先)이 대를 이어 즉위했다. 이사나(伊奢那)의 성곽 아래에는 2만여 가구가 산다. 성의 아주 큰 집이 왕이 나랏일을 보는 곳이다. 전체 30개의 큰 성이 있고, 성마다 수천 가구가 있으며, 각각 부락의 장이 있고, 관직의 명칭은 임읍과 같다.

(2) 이곳의 왕은 사흘에 한 번 조정에 나가 일을 보며, 오향과 칠보로 장식한 평상[五香七寶床]에 앉는데, 위에는 보배로 장식한 장막을 세웠다. 이 장막은 문양 있는 나무로 기둥을 세우고, 상아와 금을 세공하여 벽을 만들어, 작은 방처럼 생겼다. 금으로 만든 불꽃을 걸어 두었는데, 적토와 같은 것이 있다. [평상] 앞에는 금향로가 있고, 두 사람이 양옆에서 시위한다.

(3) 왕은 조하(朝霞)와 길패로 만든 '만(瞞)'으로 허리와 배를 묶고 아래로 정강이까지 늘어뜨리며, 머리에는 금과 보배로 만든 화관을 쓰고, 진주 목걸이를 차며 발에는 가죽신을 신고, 귀에는 금귀걸이를 한다. 평소에는 백첩(白疊)을 입고, 상아로 [장식한] 풀 신을 신는다. 만약 머리카락을 드러낼 때는 목걸이를 하지 않는다. 신하와 백성의 복식은 대체로 이와 유사하다.

(4) 다섯 대신(大臣)이 있다. 첫 번째는 '고락지(孤落支)'라 하고, 두 번째는 '고상빙(高相憑)'이라 하고, 셋째는 '파하다릉(婆何多陵)'이라 하고, 네 번째는 '사마릉(舍摩陵)'이라 하고, 다섯째는 '염다루(髯多婁)'라 부른다. 그리고 여러 하급 신하가 있다. 왕을 알현하는 자는 항상 계단 아래에서 세 번 머리를 조아린다. 왕이 불러 계단을 오르면, 무릎을 꿇고 양손으로 팔뚝을 안은 채로 왕을 둘러[遶] 둥글게 앉는다. 정사 의논이 끝나면, 무릎 꿇고 기어서

물러난다. 층계, 뜰, 문, 누각에는 시위하는 천여 명이 갑옷을 입고 무장하고 있다.

〔5〕그 나라는 참반(參半)과 주강(朱江) 두 나라와는 화친하고, 임읍(林邑)과 타환(陀桓) 두 나라와는 자주 전쟁한다. 그 나라 사람들은 언제나 모두 갑옷과 무기를 지니고 있어, 정벌이 있으면 그때 사용한다.

〔6〕그 풍속에, 왕의 정실 자식이 아니면 후계자가 될 수 없다. 왕이 처음 즉위하는 날, 있는 [그의] 형제들은 모두 형벌을 당하는데, 손가락 하나가 잘리거나, 혹은 그 코가 잘려, 다른 곳에서 부양받도록 하며 벼슬에 나오지 못하게 한다.

〔7〕체형은 작고, 피부색은 검다. 여인 중에 흰 사람도 있다. 모두 곱슬머리에 늘어진 귀이며, 성격과 기질은 날쌔고 굳세다. 사는 곳의 기물은 적토와 상당히 비슷하다. 오른손이 깨끗하다고 여기며, 왼손은 더럽게 여긴다. 매일 아침 씻고 버들가지로 이를 깨끗이 한 다음, 불경과 주문을 독송한다. 다시 씻고 먹으며, 먹은 뒤에는 다시 버들가지로 이를 깨끗이 한 다음, 또 불경과 주문을 독송한다.

〔8〕음식은 대부분 소락(蘇酪), 사탕(沙糖), **메벼**[秔]와 메조[粟], 쌀로 만든 떡이다. 식사를 하고자 할 때는 먼저 고기를 섞은 국을 마련하여, 병(餠)과 잘 섞어 손으로 집어 먹는다.

〔9〕아내를 맞이할 때는 옷 한 벌만 보내고, 고른 날짜에 중매인을 보내 신부를 맞아온다. 양가는 각각 8일 동안 외출하지 않고, 밤낮으로 그침 없이 등불을 켠다. 남자는 혼례를 마친 후, 즉시 부모와 재산을 나누어 분가한다. 부모가 죽고 어린아이 미혼자가 있으면, 나머지 재산을 그에게 준다. 결혼했다면, 그 재물은 관청에 들어간다.

〔10〕이들의 상장례는 아녀자들이 모두 7일간 먹지 않으며, 머리카락을 자르고 곡한다. 승려와 도사 친지들이 모두 모여서 풍악을 울려 고인을 보낸다. 다섯 가지 향나무로 시신을 태우며, 재를 수습하여 금은 병에 담아 강물에 띄워 보낸다. 가난한 자들은 질그릇을 사용하며, 색을 넣어 그리기도 한다. 또한 화장하지 않고, 시신을 산에 데려가 들짐승이 먹게 하기도 한다.

〔11〕이 나라 북쪽에는 산과 언덕이 많고, 남쪽에는 습지가 있어 땅의 기후는 더욱 덥고, 서리와 눈이 없으며, 열병[瘴癘]과 독충이 많다. 토질은 기장(粱)과 벼(稻)에 알맞으며, 찰기장[黍]과 메조[粟]는 적고, 과일과 채소는 일남(日南), 구진(九眞)과 서로 비슷하다. 다른 것으로 파나사(婆那娑) 나무는 꽃이 없고 잎은 감나무[柿]와 비슷하며, 열매는 동과(冬瓜)와 유사하다. 엄라(奄羅) 나무는 꽃과 잎은 대추나무와 비슷하고, 열매는 배처럼 생겼다. 또 비야(毗野) 나무는 꽃이 모과나무와 비슷하고, 잎은 살구나무와 유사하며, 열매는 닥나무와 닮았다. 파전라(婆田羅) 나무는 꽃, 잎, 열매가 모두 대추나무와 비슷하나, 조금 다르다. 가필타(歌畢佗) 나무는 꽃이 임금(林檎, 사과)과 유사하고, 잎은 느릅나무와 비슷하나 더 두텁고 크며, 배처럼 생긴

열매는 됫박만큼 크다. 나머지는 대부분 구진과 같다.

〔12〕바다에는 건동(建同)이라는 물고기가 있는데, 네 개의 발이 있고 비늘이 없다. 그 코가 코끼리와 비슷하여 물을 빨아 위로 내뿜으면, 높이가 5~60척이다. 부호어(浮胡魚)라는 물고기는 그 모양이 뱀장어 같지만, 주둥이는 앵무새 같고, 다리가 여덟 개 있다. 큰 물고기가 많은데, 반신을 드러낸 것을 보면 산 같다.

〔13〕매년 오뉴월에 독기(毒氣)가 퍼지면 즉시 흰 돼지, 흰 소, 흰 양을 잡아, 성의 서문 밖에서 제사를 지낸다. 그렇게 하지 않으면 오곡이 자라지 않고, **가축이** 많이 죽으며 **사람이** 질병에 걸린다. 도읍 가까이에 능가발파(陵伽缽婆) 산이 있는데, 위에 있는 신사(神祠)는 늘 **이천** 명의 병사가 지킨다. 성의 동쪽에 파다리(婆多利)라는 신(神)이 있는데, 인육으로 제사를 지낸다. 그 왕은 해마다 따로 사람을 죽여 그것으로 제사하고 기도하는데, 또한 지키는 자가 천 명이다. 그 귀신을 공경함이 이와 같다. 대부분은 붓다의 법을 받드는데, 도사(道士)를 더 믿으며, 승려와 도사들 모두 사원[館]에 상을 세운다.

〔14〕**수나라** 대업(大業) 12년(616)에 사신을 보내와 공물을 바치자, 황제의 예우가 매우 두터웠으나, **뒤에** 역시 [관계가] 끊어졌다.

〔1〕眞臘國在林邑西南, 本扶南之屬國也, 去日南郡舟行六十日而至. 南接車渠國, 西有朱江國. 其王姓刹利氏, 名質多斯那. 自其祖漸已强盛, 至質多斯那

遂兼扶南而有之. 死, 子伊奢那先代立. 居伊奢那城郭下二萬餘家. 城中有一大堂, 是其王聽政所. 總大城三十所, 城有數千家, 各有部帥, 官名與林邑同. 〔2〕其王三日一聽朝, 坐五香七寶床, 上施寶帳, 以文木爲竿, 象牙金鈿爲壁, 狀如小屋, 懸金光焰, 有同于赤土. 前有金香, 命二人侍側. 〔3〕王著朝霞古貝, 瞞絡腰腹, 下垂至脛, 頭載金寶花冠, 被眞珠纓絡, 足履革屣, 耳懸金鐺. 常服白疊, 以象牙爲屩. 若露髮, 則不加纓絡. 臣下服制, 大抵相類. 〔4〕有五大臣, 一曰孤落支, 二曰相高憑, 三曰婆何多陵, 四曰舍摩陵, 五曰髯羅婁. 及諸小臣, 朝於王者, 輒於階下三稽首, 王呼上階, 則跪, 以兩手抱膊, 遶王環坐. 議政事訖, 跪伏而去. 階庭門閣, 侍衛有千餘人, 被甲持仗. 〔5〕其國與參半·朱江二國和親, 數與林邑·陀桓二國戰爭. 其人行止, 皆持甲仗, 若有征伐, 因而用之. 〔6〕其俗, 非王正妻子, 不得爲嗣. 王初立日, 所有兄弟, 並刑殘之, 或去一指, 或劓其鼻, 別處供給, 不得仕進. 〔7〕人形小而色黑, 婦人亦有白者. 悉拳髮垂耳, 性氣捷勁. 居處器物, 頗類赤土. 以右手爲淨, 左手爲穢. 每旦澡洗, 以楊枝淨齒, 讀誦經咒, 又澡洒乃食. 食罷還用楊枝淨齒, 又讀經咒. 〔8〕飲食多蘇酪·沙糖·秔粟·米餠. 欲食之時, 先取雜肉羹與餠相和, 手擩而食. 〔9〕娶妻者, 唯送女人女, 擇日遣媒人迎婦. 男女二家, 各八日不出, 晝夜燃燈不息. 男婚禮畢, 卽與父母分財別居. 父母死, 小兒未婚者, 以餘財與之. 若婚畢, 財物入官. 〔10〕喪葬, 兒女皆七日不食, 剔髮而喪, 僧尼·道士·親故皆來聚會, 音樂送之. 以五香木燒尸, 收灰, 以金銀瓶盛, 送大水之內; 貧者或用瓦, 而以五彩色畫之. 亦有不焚, 送屍山中, 任野獸食者. 〔11〕其國北多山阜, 南有水澤. 地氣尤熱, 無霜雪, 饒瘴癘毒蠚. 宜粱·稻, 少黍·粟. 果菜與日南·九眞相類. 異者, 有婆羅那娑樹, 無花, 葉似柿, 實似冬瓜; 菴羅樹, 花·葉似棗, 實似李; 毗野樹, 花似木瓜, 葉似杏, 實似楮; 婆田羅樹, 花·葉·實並似棗, 而小異; 歌畢佗樹, 花似林檎, 葉似楡而厚大, 實似李, 其大如升. 自餘多同九眞. 〔12〕海有魚名建同, 四足無鱗, 鼻如象, 吸水上噴, 高五六十尺. 有浮胡魚, 形似鯔, 觜如鸚鵡, 有八足. 多大魚, 半身出, 望之如山. 〔13〕每五六月中, 毒氣流行, 卽以白豬·白牛·羊於城西門外祠之. 不然, 五穀不登, 畜多死,人疾疫. 近都有陵伽鉢婆山, 上有神祠, 每以兵二千人守衛之. 城東神名婆多利, 祭用人肉. 其王年別殺人, 以夜祠禱, 亦有守衛者千人. 其敬鬼如此. 多奉佛法, 尤信道士. 佛及道士, 並立像於其館. 〔14〕隋大業十二年, 遣使貢獻, 帝禮之甚厚, 於後亦絶.

부록 IV-3. 『구당서』. 권197

[중화서국, 5171~5172쪽]

〔1〕진랍국(眞臘國)은 임읍의 서북쪽에 있으며, 원래 부남(扶南)의 속국(屬國)으로 '곤륜(崑崙)'의 부류이다. [중국] 도읍에서 남쪽으로 20,700리 거리이며, [진랍국] 북쪽으로 애주(愛州)에 이르기까지 60일 거리이다. 그 왕의 성씨는 찰리(刹利)이다. 큰 성이 30여 곳 있고, 왕도(王都)는 이사나성(伊奢那城)이다.

〔2〕풍속에 옷을 입는 것이 임읍과 같다. 땅에는 장려(瘴癘)의 독이 많다. 바다에는 큰 물고기가 어떨 때는 몸의 반을 드러내는데, 바라보면 산 같다.

〔3〕매년 오뉴월이면 독기(毒氣)가 퍼지면, 소와 돼지로 제사를 지낸다. 그렇지 않으면, 오곡이 자라지 않는다.

〔4〕그 풍속에 문을 동쪽으로 향하게 내는 것은, 동쪽을 위로 여기기 때문이다.

〔5〕전투용 코끼리가 5,000마리 있는데, 그중에서 특히 좋은 놈들은 고기를 먹여 기른다. 이웃 나라와 전쟁을 할 때는 코끼리 부대를 앞세운다. 코끼리 등위에 나무로 망루를 짓고, 그 위에 4명이 타서 모두 활과 화살을 든다.

〔6〕이 나라는 불도(佛道)와 천신(天神)을 숭상한다. 천신을 [믿는 사람이] 대부분이고, 불도가 그 사람 다음이다.

〔7〕[당 고조] 무덕(武德) 6년(623)에 사신을 보내와 방물을 바쳤다. [당 태종] 정관(貞觀) 2년(628)에 또 임읍국과 함께 와서 조공했다. 태종(太宗)이 육로와 해로의 수고로움을 가상히 여겨 하사품이 매우 두터웠다. 남방 사람들은 진랍국을 길멸국(吉蔑國)이라 한다. [중종] 신룡(神龍) 연간(705~706) 이후로 진랍은 둘로 나뉘었다. 반은 남쪽으로 바다가 가깝고 못과 늪이 많아서, 수진랍(水眞臘)이라고 불렀다. 나머지 반은 북쪽으로 산과 구릉이 많아서, 육진랍(陸眞臘)이라고 불렀고 문단국(文單國)으로도 불렀다. [당] 고종(高宗), 측천(則天), 현종(玄宗) 시기에 모두 사신을 보내와 조공하였다.

〔8〕수진랍국은 그 경계가 동서남북으로 둘레가 약 800리이며, 동쪽으로는 분타랑주(奔陀浪州)에 이르고, 서쪽으로는 타라발저국(墮羅缽底國)에 이르며, 남쪽으로는 작은 바다[小海]에 이르고, 북쪽은 육진랍(陸眞臘)이다. 그 왕이 사는 성은 파라제발(婆羅提拔)이라고 부른다. 나라의 동쪽 경계에는 작은 성들이 있는데, 모두 '국(國)'이라 부른다. 이 나라에는 코끼리가 많다. [당 헌종] 원화(元和) 8년(813)에 이마나(李摩那) 등을 보내와 조공했다.

〔1〕眞臘國, 在林邑西北, 本扶南之屬國, 崑崙之類. 在京師南二萬七百里, 北至愛州六十日行. 其王姓利利氏. 有大城三十餘所, 王都伊奢那城. 〔2〕風俗被服與林邑同. 地饒瘴癘毒. 海中大魚有時半出, 望之如山. 〔3〕每五六月中, 毒氣流行, 卽以牛豕祠之, 不者則五穀不登. 〔4〕其俗東向開戶, 以東爲上. 〔5〕有戰象五千頭, 尤好者飼以飯肉. 與隣國戰, 則象隊在前, 於背上以木作樓, 上有四人, 皆持弓箭. 〔6〕國尙佛道及天神, 天神爲大, 佛道次之. 〔7〕武德六年, 遣使貢方物. 貞觀二年, 又與林邑國俱來朝獻. 太宗嘉其陸海疲勞, 錫賚甚厚. 南方人謂眞臘國爲吉蔑國. 自神龍以後, 眞臘分爲二. 半以南近海多陂澤處, 謂之水眞臘. 半以北多山阜, 謂之陸眞臘, 亦謂之文單國. 高宗·則天·玄宗朝, 並遣使朝貢. 〔8〕水眞臘國, 其境東西南北約員八百里, 東至奔陀浪州, 西至墮羅鉢底國, 南至小海, 北卽陸眞臘. 其王所居城號婆羅提拔. 國之東界有小城, 皆謂之國. 其國多象. 元和八年, 遣李摩那等來朝.

부록 IV-4. 『신당서』, 권222

[중화서국, 6301~6302쪽]

〔1〕진랍(眞臘)은 길멸(吉蔑)이라고도 하는데, 원래 부남(扶南)의 속국이었다. [중국] 도읍으로부터 20,700리 떨어져 있다. 동쪽은 차거(車渠)와 떨어져 있고, 서쪽으로는 표(驃)와 이어져 있으며, 남쪽으로는 바다를 따라 있고, 북쪽으로는 도명(道明)과 붙어 있으며, 동북쪽으로는 환주(驩州)에 이른다. 그 왕은 찰리이금나(利利伊金那)로, 정관(貞觀)초에 부남을 겸병하여 그 땅을 차지했다.

⑵ 집은 모두 동향이고, 앉는 자리는 동쪽을 위로 여긴다.

⑶ 손님이 오면, 가루, 빈랑(檳榔), 용뇌(龍腦), 향합(香蛤)을 내어놓는다. 술은 마시지 않지만 음란하다. [술은] 아내와 방안에서 마시며, 존속(尊屬)과는 피한다.

⑷ 전투용 코끼리 5,000마리가 있는데, 좋은 놈은 고기를 먹여 기른다.

⑸ 참반(參半), 표(驃)와는 우호적 관계지만, 환왕(環王), 건타원(乾陀洹)과는 자주 서로 공격한다.

⑹ [당 고조] 무덕(武德, 618~626)에서 [측천무후] 성력(聖曆, 698~700)에 이르기까지 모두 네 차례 조공했다. [당 중종] 신룡(神龍, 705~706) 이후, 둘로 나뉘었다. 북쪽은 산과 언덕이 많아 육진랍(陸眞臘)이라 불렸고, 반은 남쪽은 바다를 경계로 못과 늪이 넉넉하므로 수진랍(水眞臘)이라고 불렀다.

⑺ 반인 수진랍(水眞臘)은 땅이 800리이고, 왕은 파라제발(婆羅提拔) 성에 산다.

⑻ 육진랍(陸眞臘)은 문단(文單)이라고도 하고 파루(婆鏤)라고도 하였는데, 땅은 700리이고, 왕을 '차굴(笡屈)'로 부른다.

⑼ [현종] 개원(開元), 천보(天寶, 713~755) 연간에 왕자가 친속(親屬) 26명을

거느리고 조공하자, 과의도위(果毅都尉)에 제수했다. [대종] 대력(大曆, 766~779) 연간에 부왕(副王) 파미(婆彌)와 그의 아내가 조정에 와서 길들인 코끼리 11마리를 바치자, 파미를 시전중감(試殿中監)으로 발탁하고 빈한(賓漢)이라는 이름을 하사했다. 이때는 덕종(德宗, 779~805재위)이 막 즉위한 시기로, 진기한 새와 짐승을 모두 풀어주었다. 만이(蠻夷)가 바친 길들인 코끼리는 금원(禁苑)에서 길렀다. 원단(元旦) 조회 때 조정에 두었던 32마리는 모두 형산(荊山)의 남쪽 기슭에 놓아주었다.

〔10〕[헌종] 원화(元和) 연간에 이르러서는 수진랍(水眞臘) 또한 사자를 보내 조공했다.

〔1〕眞臘, 一曰吉蔑, 本扶南屬國. 去京師二萬七百里. 東距車渠, 西屬驃, 南瀕海, 北與道明接, 東北抵驩州. 其王刹利伊金那, 貞觀初并扶南有其地. 〔2〕戶皆東嚮, 坐上東. 〔3〕客至, 屑檳榔·龍腦·香蛤以進. 不飲酒, 比之淫. 與妻飲房中, 避尊屬. 〔4〕有戰象五千, 良者飼以肉. 〔5〕世與參半·驃通好, 與環王乾陀洹數相攻. 〔6〕自武德至聖曆, 凡四來朝. 神龍後分爲二半. 北多山阜, 號陸眞臘. 半南際海, 饒陂澤, 號水眞臘. 〔7〕半水眞臘, 地八百里, 王居婆羅提拔城. 〔8〕陸眞臘或曰文單, 曰婆鏤, 地七百里, 王號笪屈. 〔9〕開元·天寶時, 王子率其屬二十六來朝, 拜果毅都尉. 大曆中, 副王婆彌及妻來朝, 獻馴象十一, 擢婆彌試殿中監, 賜名賓漢. 是時, 德宗初卽位, 珍禽奇獸悉縱之, 蠻夷所獻馴象畜苑中, 元會充廷者凡三十二, 悉放荊山之陽. 〔10〕及元和中, 水眞臘亦遣使入貢.

부록 IV-5. 『송사』, 권489

[중화서국, 14086~14087쪽]

〔1〕 진랍국(眞臘國)은 점랍(占臘)이라고도 하는데, 이 나라는 점성(占城)의 남쪽에 있고, 동쪽은 바다를 경계로 하며, 서쪽은 포감(蒲甘)과 접해있고. 남쪽으로는 가라희(加羅希)에 닿는다.

〔2〕 행정구역과 풍속은 점성과 같고 땅은 사방 7천여 리이다. 청동 누대[銅臺]는 청동 탑 24개, 청동 코끼리[銅象] 8개가 배치되어 그 위를 누르고 있고, 그 청동 코끼리는 각각 4천 근에 달한다.

〔3〕 그 나라에는 전투용 코끼리가 20만 마리에 가깝고, 말[馬]은 많지만 작다.

〔4〕 [북송 휘종] 정화(政和, 1111~1117) 6년(1116) 12월 조공 사신 봉화랑장(奉化郎將) 구마승가(鳩摩僧哥)와 부사 안화랑장(安化郎將) 마군명계시(摩君明稽廗) 등 14명을 보내 조공하자, [황제가] 관복을 하사했다. [구마]승가가, "만 리 멀리 떨어진 나라는 황제의 교화를 바라지만, 여전히 풀로 만든 옷[卉服]에 구애되었는데, 구구하게 앙망하던 마음을 이루다 말할 수 없습니다. 하사하신 관복을 입도록 허락해주시기를 바랍니다"라고 했다. 조서를 내려 따르고, 이어서 그 일을 사관(史館)에 맡겨 책에 기록하게 했다. 이듬해(1117) 3월에 하직하고 돌아갔다.

〔5〕[휘종] 선화(宣和, 1119~1125) 2년(1120), 또 낭장(郎將) 마랍(摩臘), 마독(摩禿)을 보내오자 조정에서는 그 왕에게 점성과 동등하게 관작을 내렸다. [남송 고종] 건염(建炎, 1127~1130) 3년(1129), 교사(郊祀)에 따른 은전(恩典)으로 그 왕 금부빈심(金裒賓深)에게 검교사도(檢校司徒)에 제수하고, 식읍을 더해 주어, 마침내 정규적인 제도가 정해졌다.

〔6〕그 속읍 진리부(眞里富)는 서남쪽 모퉁이에 있고, 동남쪽으로 파사란(波斯蘭)과 접해있으며, 서남쪽은 등류미(登流眉)와 이웃하고 있다. 거느리는 60여 개의 취락이 있다.

〔7〕경원(慶元) 6년(1200)은 그 국왕이 즉위한지 20년으로, 사신을 보내 표를 올리고 방물과 길들인 코끼리 두 마리를 바쳤다. 조서를 내려 도탑게 하사품을 내리고, 바닷길을 멀리 건너야 하므로 이후로 다시 조공하지 않도록 했다.

〔1〕眞臘國亦名占臘, 其國在占城之南, 東際海, 西接蒲甘, 南抵加羅希. 〔2〕其縣鎭風俗同占城, 地方七千餘里. 有銅臺, 列銅塔二十有四·銅象八以鎭其上, 象各重四千斤. 〔3〕其國有戰象幾二十萬, 馬多而小. 〔4〕政和六年十二月, 遣進奏使奉化郞將鳩摩僧哥·副使安化郞將摩君明稽{田+思}等十四人來貢, 賜以朝服. 僧哥言, "萬里遠國, 仰投聖化, 尙拘卉服, 未稱區區嚮慕之誠, 願許服所賜." 詔從之, 仍以其事付史館, 書諸策. 〔5〕明年三月辭去. 宣和二年, 又遣郞將摩臘, 摩禿防來, 朝廷官封其王與占城等. 建炎三年, 以郊恩授其王金裒賓深檢校司徒, 加食邑, 遂定爲常制. 〔6〕其屬邑有眞里富, 在西南隅, 東南接波斯蘭, 西南與登流眉爲鄰. 所部有六十餘聚落. 〔7〕慶元六年, 其國主立二十年矣, 遣使奉表貢方

物及馴象二. 詔優其報賜, 以海道遠涉, 後毋再入貢.

부록 IV-6. 두우(杜佑, 735~812)
『통전(通典)』, 권188, 변방(邊防)4

[중화서국, 1988, 5099~5101쪽]

〔1〕진랍국은 수시로 교통하고 임읍(林邑)의 서남쪽에 있으며 원래 부남(扶南)의 속국이었다. 일남군(日南郡)에서 배로 6~10일 가면 이른다. 남쪽으로 차거국(車渠國)에 접해있고, 서쪽에는 주강국(朱江國)이 있다.

〔2〕왕의 성씨는 찰리(刹利)로, 조상으로부터 점차 강성해졌다. 그 나라 왕 질다사나(質多斯那)에 이르러 마침내 부남(扶南)을 겸병하여 차지했다. [질다사나가] 죽자, 아들 이사나선(伊奢那仙)이 대를 이었다. 대업(大業, 605~618) 연간에 사신을 보내와 조공했다.

〔3〕[그는] 이사나(伊奢那) 성에 살고, 성곽 아래에는 2만여 가구가 산다. 성에는 대전(大殿)이 있는데 왕이 정사를 보는 곳이다. 큰 성 30개소가 있고 성에는 수천 가구가 있으며, 각기 부수(部帥, 수장)가 있는데, 관직 명칭은 임읍(林邑)과 같다.

〔4〕왕은 다섯 향나무와 일곱 보석으로 장식한 침상에 앉는데, 보석으로 만든 휘장을 늘어뜨리고, 문양이 있는 나무로 기둥을 만들고, 상아를 세공

하여 벽을 만들어 모습이 작은 집과 같으며, 황금 광염(光焰)을 걸어두었는데, 적토국(赤土國)과 같다. 다섯 명의 대신과 그 아래 신하들이 있다.

⑸ 왕을 배알할 때는 계단 아래에서 세 번 머리를 조아린다. 왕이 부르면 계단을 올라와 무릎을 꿇고, 두 손으로 어깨를 낀 채로 왕을 빙 둘러앉는다. 정사 논의가 끝나면 무릎을 꿇고 기어나간다.

⑹ 이 나라는 참반(參半), 주강(朱江) 두 나라와 화친을 맺고 있지만, 임읍(林邑), 타원(陀洹) 두 나라와는 자주 전쟁한다.

⑺ 왕이 즉위하는 날에는 형제들은 형을 받는데, 손가락을 자르거나 코를 잘라 다른 곳에서 먹고 살게 하며, 벼슬길에 나올 수 없도록 한다.

⑻ 체형은 작고 피부색은 검은데, 부인 중에는 흰 사람도 있으며, 모두 머리털을 말아 올리고, 귀를 늘어뜨리며 성격과 기질은 민첩하고 굳세다.

⑼ 거처와 사용하는 물건은 적토국(赤土國)과 상당히 비슷하다.

⑽ 오른손을 깨끗하게 여기고, 왼손을 더럽게 여긴다.

⑾ 음식은 수락(酥酪), 사탕[沙糖], 메벼, 조, 쌀, 떡이 많다. 먹을 때는 고깃국과 밥을 섞어 서로 어우러지게 하여, 손으로 문질러 먹는다.

〔12〕 나라 북쪽에는 산과 언덕이 많고, 남쪽에는 수택(水澤)이 많아 땅의 기운은 더욱 덥다. 〔13〕 파나사(婆那娑) 나무는 꽃이 없고, 잎은 감나무 잎 같으며 열매는 동과(冬瓜)와 비슷하다. 암라(菴羅) 나무는 꽃과 잎이 대추나무와 비슷하며 열매는 배[李] 같다. 비야(毗野) 나무는 꽃이 모과나무와 비슷하며 잎은 살구나무와 비슷하고 열매는 오디[椹]와 비슷하다. 파전라(婆田羅) 나무는 꽃, 잎, 열매 모두 대추 같지만 작은 것이 다르다. 가필타(歌畢佗) 나무는 꽃이 능금나무와 비슷하고, 잎은 느릅나무처럼 두텁고 크며, 열매는 배와 비슷하고 되[升]만큼 크다. 나머지는 대체로 구진(九眞)과 같다.

〔14〕 바다에는 건동(建同)이라는 물고기가 있는데, 네 개의 다리가 있고, 비늘이 없으며 코는 코끼리처럼 물을 빨아들여 위로 뿜어내고, 키는 5~10척이다. 부호어(浮湖魚)는 그 모습이 뱀장어[鮰]와 비슷하며 입은 앵무새 같고, 8개의 다리가 있다. 대어(大魚)가 많은데, 반은 물 밖에 내고 있어 바라보면 산과 같다.

〔15〕 오뉴월에는 독한 기운이 유행하여 흰 돼지, 흰 소, 흰 양으로 서쪽 문밖에서 제사를 지낸다. 그렇지 않으면 오곡이 열리지 않고, 갖은 가축들이 죽으며, 사람들이 역병에 걸린다.

〔16〕 동쪽에는 파다리(婆多利)라는 신이 있는데, 인육으로 제사를 지낸다. 왕은 해마다 별도로 사람을 죽여 밤에 제사를 지내고 기도하는데 지키는 사람이 수천 명이다. 귀신을 경외함이 이와 같다. 〔17〕 불교를 받드는 자가 많지만, 도사를 더 신뢰하며, 불승과 도사들은 사원에 상(像)을 세운다.

〔18〕당나라 무덕(武德) 6년(623)에 사신을 보내와 방물을 바쳤다.

〔1〕眞臘國, 隋時通焉, 在林邑西南, 本扶南之屬也. 去日南郡舟行六十日而至. 南接車渠國, 西有朱江國. 〔2〕王姓利利, 自其祖漸以强盛. 至其王質多斯那, 遂兼扶南而有之. 死, 子伊奢那先代立. 大業中, 遣使朝貢. 〔3〕居於伊奢那城, 郭下二萬餘家. 城中有大堂, 是其王聽政之所. 大城三十所, 城有數千家, 各有部帥, 官名與林邑同. 〔4〕其王坐五香七寶牀, 施寶帳, 以文木為竿, 象牙鈿為壁, 狀如小屋, 懸金光焰, 有同於赤土. 〔5〕有五大臣及諸小臣. 朝於王者, 輒於階下三稽首. 王喚上階則跪, 以兩手抱膊, 繞王環坐, 議政事訖, 跪伏而去. 〔6〕其國與參半·朱江二國和親, 數與林邑·陀洹二國戰爭. 〔7〕王初立之日, 所有兄弟並刑殘之, 或去一指, 或劓其鼻, 別處供給, 不得仕進. 〔8〕人形小而色黑, 婦人亦有白者, 悉拳髮垂耳, 性氣捷勁. 〔9〕居處器物頗類赤土. 〔10〕以右手為净, 左手為穢. 〔11〕飲食多酥酪·沙糖·粳·粟·米·餅. 欲食之時, 先取雜肉羹與飯相和, 手擩而食之. 〔12〕其國北多山阜, 南有水澤, 地氣尤熱. 〔13〕有婆那娑樹, 無花, 葉似柿, 實似冬瓜. 菴羅樹, 花葉似棗, 實似李. 毗野樹, 花似木瓜, 葉似杏, 實似楮. 婆田羅樹, 花葉實並似棗而小異. 歌畢佗樹, 花似林檎, 葉似榆而厚大, 實似李, 其大如升. 自餘多同九眞. 〔14〕海中有魚名建同, 四足, 無鱗, 其鼻如象, 吸水上噴, 高五十尺. 有浮湖魚, 其形似鱺, 觜如鸚鵡, 有八足. 多大魚, 半身出水, 覩之如山. 〔15〕每五六月中, 毒氣流行, 即以白猪·白牛·白羊於城西門外祠之, 不然, 五穀不登, 六畜多死, 人衆疾疫. 〔16〕東有神名婆多利, 祭用人肉. 其王年別殺人, 以夜祠禱, 有守衛者千人. 其敬鬼神如此. 〔17〕多奉佛法, 尤信道士, 佛及道士立像於館. 〔18〕大唐武德六年, 遣使獻方物.

부록 IV-7. 1178년 주거비(周去非),
『영외대답(嶺外代答)』

[양무천(楊武泉), 『영외대답교주』, 중화서국, 1999, 81쪽]

〔1〕진랍국은 점성(占城, 참파)보다 멀지만, 여러 외국과는 가깝다. 이 나라 옆으로 와리국(窊裏國), 서붕국(西棚國), 삼박국(三泊國), 마란국(麻蘭國), 등류미국(登流眉國), 제랄달국(第辣撻國)이 있는데, 진랍은 그 중심이다. 북쪽으로는 점성에 닿는다.

〔2〕명향(名香)이 많이 나는데, 등류미에서 나는 향이 가장 뛰어나, 여러 외국의 향이 미치지 못한다.

〔3〕이 나라의 승려와 도사들의 주술은 매우 영험하다. 승려 중에 누런 옷을 입은 자는 아내가 있다. 붉은 옷을 입은 자는 사원에 살며 계율이 매우 엄밀하다. 도사들은 나뭇잎을 옷으로 삼는다.

〔4〕나라에서 하늘 한 모퉁이를 바라보면 항상 작은 흔적이 있는데, 그 나라 사람들은 옛날 여와가 이르지 못한 곳이라고 한다.

〔5〕우리 조정 휘종 선화(宣化) 2년(1120)에 일찍이 사신을 보내 조공했다.

〔1〕眞臘國遠於占城, 而近於諸蕃. 其旁有窊裏國·西棚國·三泊國·麻蘭國·登流眉國·第辣撻國, 眞臘為之都會. 〔2〕北抵占城. 最產名香, 登流眉所產為絕奇, 諸

蕃國香所不及也. 〔3〕其國僧道咒法靈甚. 僧之黃衣者, 有室家. 紅衣者寺居, 戒律精嚴. 道士以木葉爲衣. 〔4〕國中望天一隅, 常有少痕, 其人云, 昔女媧所不至也. 〔5〕本朝徽宗宣和二年曾遣使人貢.

부록 IV-8. 1225년 조여괄(趙汝适),
『제번지(諸蕃志)』

[풍승균(馮承鈞), 『제번지교주』, 중화서국, 1956, 7~8쪽]

〔1〕 진랍(眞臘)은 참파[占城]의 남쪽에 닿아있고, 동쪽으로는 바다 서쪽으로는 포감(蒲甘), 남쪽으로는 가라희(加羅希)에 이른다. 천주(泉州)에서 배를 타고 순풍이면 달포 만에 도착할 수 있다. 그 땅은 사방 7천여 리에 달하고 나라의 도읍은 앙코르[祿兀]이다. 날씨는 추위가 없다.

〔2〕 그 나라 왕의 장식은 대체로 참파와 같지만 출입할 때 수행하는 종들이 지나치게 많다. 간혹 수레를 타는데 두 말을 멍에 지우거나 소를 사용하기도 한다.

〔3〕 그 행정구역[縣鎭]은 참파와 다름이 없다. 관민(官民)은 모두 대나무를 얽고 띠로 덮은 가옥에 살고, 국왕만 돌을 깎아서 거처를 만든다.

〔4〕 청석(靑石)과 연꽃이 있는 멋진 연못이 있고, 황금 다리로 건너가는데 약 30여 장(丈)이 된다. 궁궐은 웅장하고 사치스럽고 화려함이 매우 심하다.

〔5〕 왕은 오향(五香)과 칠보(七寶)의 평상에 앉는데, 보석으로 된 장막이 드리워져 있고, 기둥은 문양이 있는 나무로 만들었으며, 벽은 상아로 만들었다. 군신들이 조정에 들어오면 먼저 계단 아래에서 세 번 머리를 조아리고, 계단에 오르면 무릎을 꿇고 두 손으로 어깨를 껴안는다. 왕을 빙 둘러 앉는데, 정사 논의가 끝나면 무릎을 꿇고 기어나간다. 서남쪽 모퉁이 청동 누대[銅臺] 위에는 청동으로 만든 탑 24개가 늘어서 있고, 8개의 청동으로 만든 코끼리가 누르고 있는데 각각의 무게는 4천 근에 달한다.

〔6〕 전투용 코끼리가 20만 마리에 달하며, 말은 많지만 작다.

〔7〕 부처를 근엄하게 신봉하여 매일 현지 여인 2백여 명이 춤을 추며 공양을 드린다. 그들을 아남(阿南)이라고 부르는데 바로 기녀들이다.

〔8〕 그 나라 풍속에 간음은 불문에 부치고, 도둑질은 손과 발을 자르며 가슴에 불로 지져 낙인을 찍는 형벌이 있다.

〔9〕 그 나라의 승려와 도사들은 주법(呪法)의 영험함이 심하다. 승려 중에 옷이 누런 자는 아내를 들일 수 있고, 옷이 붉은 사람은 사원에서 거주하며 계율이 정밀하고 엄격하다. 도사들은 나뭇잎으로 옷을 만들어 입고 신(神) 중에 파다리(婆多利)가 있으며 제사가 매우 성실하다.

〔10〕 오른손을 깨끗하게 여기고 왼손을 더럽게 여긴다. 고기를 섞은 국을 마련하여 밥을 잘 섞어 오른손으로 집어 먹는다.

〔11〕그 나라 땅은 비옥하나 밭에는 두렁과 경계가 없어 눈이 가는 대로 갈고 씨를 뿌린다. 쌀과 곡물들은 값이 싸서 두 오연(烏鉛)으로 쌀 2두(斗) 와 바꿀 수 있다.

〔12〕토산으로는 상아(象牙), 잠속세향(暫速細香), 조숙향(粗熟香), 황랍(黃蠟), 취모(翠毛)【이 나라에 가장 많다.】, 독누뇌(篤耨腦), 번유(番油), 강피(姜皮), 금안향(金顔香), 소목(蘇木), 생사(生絲), 면포(綿布) 등의 물품이 있다. 외래 상인들은 금은(金銀), 자기(瓷器), 가금(假錦), 양산, 피고(皮鼓), 술, 설탕, 젓갈 등의 물품들을 주로 팔며 교역한다. 그 나라들로는 등류미(登流眉), 파사란(波斯蘭), 나혹(羅斛), 삼락(三濼), 진리부(眞里富), 마라문(麻羅間), 녹양(綠洋), 탐리부(吞里富), 포감(蒲甘), 와리(窊裏), 서붕(西棚), 두회(杜懷), 심번(潯番) 등이다.

〔13〕이 나라는 옛날에 참파와 잘 지내면서 해마다 황금을 바쳤다. 순희(淳熙) 4년(1177) 5월 15일 참파 군주가 수군으로 그 나라 도읍을 습격했다. 화친을 청했으나 들어주지 않고 죽여버려, 결국 원수가 되어 복수를 맹세하게 되었다.

〔14〕경원(慶元) 기미년(1199)에 대거 참파로 들어가 그 군주를 사로잡고 그 신하들을 죽였는데, 살육함에 살아남은 사람이 거의 없었다. 또 진랍 사람을 군주로 삼자, 이제는 참파가 진랍의 속국이 되었다. 당나라 무덕(武德, 616~627) 연간에 비로소 중국과 통상했다. 송(宋) 선화(宣和) 2년(1120)에 사신을 보내 조공해 왔다. 이 나라 남쪽으로는 삼불제(三佛齊, 스리비자야)

의 속국인 가라희(加羅希)와 연접해 있다.

〔1〕眞臘接占城之南, 東至海, 西至蒲甘, 南至加羅希. 自泉州舟行順風月餘日可到. 其地約方七千餘里, 國都號祿兀. 天氣無寒. 〔2〕其王粧束大槩與占城同, 出入儀從則過之, 間乘輦, 駕以兩馬, 或用牛. 〔3〕其縣鎭亦與占城無異. 官民悉編竹覆茅為屋, 惟國王鐫石為室. 〔4〕有靑石蓮花池沼之勝, 跨以金橋, 約三十餘丈. 殿宇雄壯, 侈麗特甚. 〔5〕王坐五香七寶床, 施寶帳, 以紋木為竿, 象牙為壁. 群臣入朝, 先至階下三稽首, 陞階則跪, 以兩手抱膊, 遶王環坐, 議政事訖, 跪伏而退. 西南隅銅臺上列銅塔二十有四, 鎭以八銅象, 各重四千斤. 〔6〕戰象幾二十萬, 馬多而小. 〔7〕奉佛謹嚴, 一日用番女三百餘人舞獻佛飯, 謂之阿南, 卽妓弟也. 〔8〕其俗淫姦則不問, 犯盜則有斬手·斷足·燒火印胸之刑. 〔9〕其僧道呪法靈甚. 僧衣黃者有室家, 衣紅者寺居, 戒律精嚴. 道士以木葉為衣, 有神曰婆多利, 祠祭甚謹. 〔10〕以右手為淨, 左手為穢. 取雜肉羹與飯相和, 用右手搊而食之. 〔11〕厥土沃壤, 田無畛域, 視力所及而耕種之. 米穀廉平, 每兩烏鉛可博米二斛. 〔12〕土產象牙·暫速細香·粗熟香·黃蠟·翠毛【此國最多】·篤耨腦·篤耨瓢·番油·姜皮·金顏香·蘇木·生絲·綿布等物. 番商興販, 用金銀·甆器·假錦·凉傘·皮鼓·酒·糖·醯醢之屬博易. 登流眉·波斯蘭·羅斛·三濼·眞里富·麻羅問·綠洋·呑里富·蒲甘·窊裏·西棚·杜懷·潯番皆其屬國也. 〔13〕本國舊與占城鄰好, 歲貢金兩, 因淳熙四年五月望日, 占城主以舟師襲其國都, 請和不許, 殺之, 遂為大讐, 誓必復怨. 〔14〕慶元己未, 大擧入占城, 俘其主, 戮其臣僕, 勦殺幾無噍類. 更立眞臘人為主, 占城今亦為眞臘屬國矣. 唐武德中始通中國. 國朝宣和二年, 遣使入貢. 其國南接三佛齊屬國之加羅希.

부록 IV-9. 진원정(陳元靚, 1195~1265년 전후 생존)의 『사림광기(事林廣記)』, 전집, 권5

[서원정사간본(西園精舍刊本)]

[진랍국]은 배로 북풍을 타고 열흘을 가면 도착할 수 있다. 추운 날씨가 없다. 아내를 맞을 때는 남자가 여자 집으로 장가드는데, 가장 가소로운 일이다. 이 나라 사람들은 여자아이가 아홉 살이 되면, 승려를 초청하여 산스크리트 율법을 행한다. 손가락으로 처녀성을 파내 빼앗고, 처녀막을 떼어 그 어미의 이마에 붙이고, 이마에 붙이는 것을 '이시(利市)'라고 부른다고 한다. 이렇게 하면 그 여자아이가 훗날 다른 사람에게 시집가서 잘 합방하여 그의 아내가 된다[고 한다]. 무릇 여자아이는 열 살이 되면 시집간다. 아내가 다른 사람과 합방하면, 그 남편은 스스로 자랑하며, 나의 아내가 아름답고 지혜로워 사람들이 좋아한다고 한다. 나라 사람이 도둑질하면, 손을 자르거나, 다리를 자르거나, 가슴과 등에 불로 지져 낙인을 찍거나 이마에 경을 친다. 사람을 죽이는 죄를 지으면, 참수하거나 나무를 깎아 볼기를 때려죽이고, 사람들에게 교살(絞殺)을 당한다. 현지 사람이 중국 사람을 죽이면 그곳의 법에 따라 죽음으로 보상하고, 중국 사람이 현지 사람을 죽이면 벌금을 무겁게 한다. 금이 없으면 몸을 팔아 속죄하게 한다.

舟行北風十日可到. 天氣無寒. 每嫁娶則男歸女舍, 最可笑一事. 國人生女至九歲, 即請僧誦經, 作梵法. 以手指挑損童身, 取其紅, 點其額其母, 亦用點額喚為利市云. 如此則其女他日嫁人, 諧好歡洽, 宜其室家. 凡女滿十歲即嫁. 若其

妻與客合, 夫即喜自詫云, 我妻有姿色且巧慧, 故人暱云. 國人犯盜, 則斬手·斷
腳·燒火印胷背·黥額. 犯罪至死, 則斬或削木橛其尻死, 令眾以當絞罪. 蕃殺害
唐人, 即依蕃法償死, 如唐人殺蕃至死, 即重罰金. 如無金, 則賣身取金贖.

부록 IV-10. 1349년 왕대연(汪大淵),
『도이지략(島夷誌略)』

[후지타 토요하치, 『도이지략교주』, 문전각서장(文殿閣書莊),
1935, 29쪽]

(1) 주(州)의 남쪽 문이 실제 중심 도회지이다. 주위 70여 리의 성이 있
고, 석하(石河)는 주위 폭이 20장이며 전투용 코끼리는 40만 마리에 가깝
다. 궁전은 30여 곳이고, 매우 장엄하고 아름답다. 금과 옥으로 장식하고
은을 깔아 전돌로 삼았으며 칠보의 의자를 놓고 군주를 모신다. 귀족과 인
척들이 앉는 곳은 좌석이 모두 금으로 만든 의자이다.

(2) 해마다 한 차례 만날 때는 옥으로 만든 원숭이, 금으로 만든 공작,
여섯 개의 어금니가 있는 흰 코끼리, 삼각형 은제 발굽을 갖춘 소를 앞에
펼쳐 헌상한다. 동대(銅臺) 위에는 금으로 만든 사자 10마리가 늘어서 있
고, 늘어선 12개의 은탑은 구리로 만든 코끼리가 누르고 있다.

(3) 사람들이 먹고 마실 때는 반드시 금찻잔 굽 높은 제기, 금 그릇에
담아 먹는다.

〔4〕성 밖 백탑주(百塔洲)라는 곳은 금 스투파 1백 개로 이루어졌다. 구소촉(狗所觸)이라는 한 스투파는 꼭대기가 완성되지 않은 채 세워져 있다. 다음은 마사록지(馬司錄池)라고 하는데 다시 5개의 스투파를 세워 황금으로 끝을 만들었다. 다음은 상향불사(桑香佛舍)라고 하는데, 금으로 돌을 싼 40여 장의 다리가 조성되어 있다. 속담에 '부귀한 진랍 사람들'이라고 하는 것이다.

〔5〕기후는 항상 따뜻하고, 풍속은 호화스럽고 사치를 좋아하며 밭에 나는 것들은 풍요롭다. 사람들은 바닷물을 끓여 소금을 만들고 좁쌀[小米]을 발효시켜 술을 만든다. 남녀는 방망이 모양으로 상투를 한다.

〔6〕딸아이가 아홉 살이 되면 승려를 초청하여 산스크리트식 율법을 행한다. 손가락으로 처녀막을 파내고 딸의 이마와 어미의 이마에 붉은 점을 찍는데, 이를 이시(利市)라고 한다. 이렇게 해야 훗날 시집가서 아내가 될 것이라고 한다. 10세가 되면 시집간다. 아내가 손님과 음란행위를 하면 그 남편은 매우 기뻐하며 다른 사람들에게 "내 아내가 재주가 있고 지혜로워 다른 사람이 사랑해 준다."라고 자랑한다. 비단으로 몸을 감고 눈썹 이마에는 구슬을 단다.

〔7〕추장이 출입할 때는 깃으로 장식한 금수레를 사용하며 몸에는 목걸이를 걸치며 오른손에는 검을 들고 왼손에는 먼지떨이[塵尾]를 쥔다.

〔8〕법에는 코를 베고, 발꿈치를 자르고, 찔러 죽이고, 유배 보내는 형벌

이 있다. 나라 사람이 도둑질하면 수족을 자르고 등과 가슴에 낙인을 찍으며 이마에 경을 친다. 중국 사람을 죽이면 사형시키고, 중국인이 현지인을 죽이면 무거운 벌금을 부과하고, 금이 없으면 몸을 팔아 속죄한다.

〔9〕 땅에서는 황랍, 코뿔소 뿔, 공작, 침속향, 소목, 대풍자, 비취새 깃 등이 나는데 외국 중에 으뜸이다. [교역하는] 상품은 은, 누렇고 붉은 소주(燒珠), 용단(龍緞), 건녕금(建寧錦), 사포(絲布) 등이다.

〔1〕 州南之門, 實爲都會. 有城週圍七十餘里, 石河週圍廣二十丈, 戰象幾四十餘萬. 殿宇凡三十餘所, 極其壯麗. 飾以金璧, 舖銀爲磚, 置七寶椅, 以待其主. 貴人貴戚所坐, 坐皆金机. 〔2〕 歲一會, 則以玉猿·金孔雀·六牙白象·三角銀蹄牛羅獻於茀. 列金獅子十隻於銅臺上, 列十二銀塔, 鎭以銅象. 〔3〕 人凡飮食, 必以金茶盤·籩豆·金碗貯物用之. 〔4〕 外名百塔洲, 作爲金浮屠百座. 一座爲狗所觸, 則造塔頂不成. 次曰馬司錄池, 復建五浮屠, 黃金爲尖. 次曰桑香佛舍, 造裏金石橋四十餘丈. 諺云富貴眞臘者也. 〔5〕 氣候常暖, 俗尙華侈, 田産富饒. 民煮海爲鹽, 釀小米爲酒. 男女椎髮. 〔6〕 生女九歲, 請僧作梵法. 以指挑童身, 取紅點女額及母額, 名爲利市. 云如此則他日嫁人, 宜其室家也. 滿十歲卽嫁. 若其妻與客淫, 其夫甚喜, 詫於人, 我妻巧慧, 得人愛之也. 以錦圍身, 眉額施珠. 〔7〕 酋出入, 用金車羽儀, 體披瓔珞, 右手持劍, 左手持麈尾. 〔8〕 法則劓·刖·刺·配之刑. 國人犯盜, 則斷手足·烙胸背·鯨額. 殺唐人則死, 唐人殺番人至死, 亦重罰金, 如無金, 以賣身取贖. 〔9〕 地産黃蠟·犀角·孔雀·沈速香·蘇木·大楓子·翠羽, 冠於各番. 貨用銀·黃紅燒珠·龍緞·建寧錦·絲布之屬.

찾아보기

지은이

주달관(周達觀)

주달관의 정확한 생몰연대는 확인되지 않는다. 초정일민(草庭逸民)이라는 호를 가졌고, 절강성 온주(溫州) 영가(永嘉) 사람으로, 캄보디아로 가는 사신을 수행하여 1296년 7월 온주를 출발하여 캄보디아 앙코르에 갔다가, 1297년 8월 12일 사명[四明, 닝보]으로 돌아와, 『진랍풍토기』를 남겼다.

옮긴이

폴 펠리오(Paul Pelliot)

1878년~1945년. 우리에게는 둔황 석굴에서 혜초의 『왕오천축국전』을 발견한 학자로 잘 알려져 있다. 펠리오는 한마디로 유럽 중국학 연구의 토대를 구축한 동양학자이다. 그는 둔황학 이외의 분야에서도 여전히 살아있는 '천재'라고 말할 수밖에 없다. 그는 아시아 문화 속에 잠들었다. 동서양 문물교류 분야에서 언제든 우리는 그를 깨워올 수 있다. 20세기 유럽의 동양학은 그의 작업반경에서 벗어나지 못했다고 해도 과언은 아닐 것이다. 연관된 주요 연구로 『8세기 말 중국에서 인도로 가는 두 갈래 여정』, 『15세기 초 중국의 대항해』, 『마르코 폴로에 관한 주석』을 들 수 있다.

박세욱

지방에서 동서양 문물교류를 공부하고 있는 '시간강사'이다. 근래 연관 역주서로 『바다의 왕국들』(2019), 『8세기 말 중국에서 인도로 가는 두 갈래 여정』(2021), 『파리에서 둔황까지』(2021), 『바다와 문명: 도이지략역주』(2022)가 있다.

앙코르 캄보디아

『진랍풍토기』 역주

초판1쇄 인쇄 2022년 4월 11일
초판1쇄 발행 2022년 4월 25일

지은이   주달관
옮긴이   폴 펠리오 · 박세욱
펴낸이   이대현
편집   이태곤 권분옥 문선희 임애정 강윤경
디자인   안혜진 최선주 이경진
마케팅   박태훈 안현진

펴낸곳   도서출판 역락
출판등록 1999년 4월 19일 제303-2002-000014호
주소   서울시 서초구 동광로 46길 6-6 문창빌딩 2층(우06589)
전화   02-3409-2060
팩스   02-3409-2059
홈페이지   www.youkrackbooks.com
이메일   youkrack@hanmail.net

ISBN 979-11-6742-298-9 93910